加快经济发展方式转变

2010

中国绿色发展指数年度报告

——省际比较

北京师范大学科学发展观与经济可持续发展研究基地
西南财经大学绿色经济与经济可持续发展研究基地　　著
国 家 统 计 局 中 国 经 济 景 气 监 测 中 心

北京师范大学出版集团
BEIJING NORMAL UNIVERSITY PUBLISHING GROUP
北京师范大学出版社

图书在版编目(CIP)数据

2010 中国绿色发展指数年度报告——省际比较 / 北京师范
大学等著. —北京：北京师范大学出版社，2010. 10
ISBN 978-7-303-11403-0

Ⅰ. ①2… Ⅱ. ①北… Ⅲ . ①地区经济—经济发展—
对比研究—研究报告—中国—2010 Ⅳ. ①F127

中国版本图书馆 CIP 数据核字（2010）第 162698 号

营 销 中 心 电 话　010 - 58802181 58808006
北师大出版社高等教育分社网　http://gaojiao. bnup. com. cn
电 子 信 箱　beishida168@126. com

出版发行：北京师范大学出版社　www. bnup. com. cn
　　　　　北京新街口外大街 19 号
　　　　　邮政编码：100875
印　　刷：北京联兴盛业印刷股份有限公司
经　　销：全国新华书店
开　　本：184 mm×260 mm
印　　张：28.75
字　　数：463 千字
版　　次：2010 年 10 月第 1 版
印　　次：2010 年 10 月第 1 次印刷
定　　价：60.00 元

策划编辑：马洪立　　　　责任编辑：马洪立　陈婧思
美术编辑：毛　佳　　　　装帧设计：李尘工作室
责任校对：李　菡　　　　责任印制：李　啸

课题负责人

李晓西(北京师范大学学术委员会副主任、西南财经大学学术顾问)

潘建成(国家统计局中国经济景气监测中心副主任)

合作单位负责人

赖德胜(北京师范大学经济与工商管理学院院长)

唐任伍(北京师范大学管理学院执行院长)

胡必亮(北京师范大学经济与资源管理研究院院长)

杨志峰(北京师范大学环境学院院长)

甘　犁(西南财经大学经济与管理研究院院长)

刘方健(西南财经大学经济学院执行院长)

协作与支持单位

国家统计局中国经济景气监测中心及相关研究处所

北京师范大学资源学院

北京师范大学地理学与遥感科学学院

北京师范大学生命科学学院

北京师范大学水科学研究院

北京师范大学壹基金公益研究院

西南财经大学公共管理学院

西南财经大学统计学院

西南财经大学能源经济研究所

西南财经大学实验经济学实验室

课题协调人

赵军利(国家统计局中国经济景气监测中心信息分析处处长)

张江雪(北京师范大学经济与资源管理研究院讲师)

联系人

丛雅静　宋　涛

评审专家

前言一

中国经济创造了令世界瞩目的 30 年持续高速增长的奇迹，但也面临着经济与资源、环境之间愈来愈突出的矛盾，面临着气候变化的巨大压力，面临着实现可持续发展的重大挑战。按照科学发展观的要求，坚持以人为本，加快促进中国经济发展方式转变，深入开展有关绿色发展理论与实践的研究，不仅具有重大的现实意义，也具有关乎中华民族发展的长远意义。

由北京师范大学李晓西教授牵头，北京师范大学和西南财经大学的经济、管理、环境、资源等不同领域的专家学者组成跨学科研究团队，与国家统计局中国经济景气监测中心合作，共同完成了《2010 中国绿色发展指数年度报告——省际比较》，做了一件非常有意义的事情。

报告在研究和总结国内外绿色发展、低碳发展和可持续发展等相关理论和实践成果的基础上，依托多学科专家，借助权威数据，从经济的绿色增长、资源与环境的承载、政府的绿色行动等方面进行了严谨深入的分析，建立了一套绿色发展的测算指标体系，并对我国 30 个省、市、自治区绿色发展状况进行了测度和排序，对我国当前绿色发展的现状和未来进行了分析和展望。全书内容丰富，数据翔实，逻辑严谨，评述客观，为我国经济转型、生态保护、环境治理提供了有价值的思路和策略，为促进各地经济绿色发展贡献了才智。课题组成员们关注国事、天下事的视野，勇于创新、积极探索的精神，值得充分肯定。当然，我认为报告中的省际排名是相对的，也是在不断变化中的，推动绿色发展才是报告的本意。

作为教育部直属重点大学，作为国家科技创新的重要力量，北京师范大学在创建综合性、有特色、研究型世界知名高水平大学的进程中，将一如既往地以促进经济发展、引领社会进步为己任，支持为国家战略服务的重大课题，力促多出高质量成果，努力为落实科学发展观、加快经济发展方式转变，为振兴中华作出自己应有的贡献。

最后希望社会各界和报告的创作者们一起，更多地关注中国绿色发展，共创中国绿色未来！

北京师范大学校长 钟秉林

前言二

    绿色是生命的象征，保护绿色就是保护人类自己，追求绿色发展就是为了人类世代的幸福。近年来，世界范围内掀起了一场发展"绿色经济"的浪潮。这有其必然性。显而易见的近因是：在国际金融危机的冲击下，发展绿色经济是世界各国调整经济结构、实现快速复苏、获得进一步发展先机的重大选择。而更深层次的原因则是：经济发展与资源、环境的矛盾在加剧，全球频发的气候及各类灾害在迫使人类选择新的发展方式。从这个意义上讲，发展绿色经济是化解危机、转变经济发展方式和实现可持续发展的战略选择。可以说，全球性的"绿色浪潮"是关系人类生存与发展的一场革命。

    由李晓西教授和潘建成副主任领衔的团队推出的这份"绿色发展指数"报告，从经济增长绿化度、资源环境承载潜力和政府政策支持度三个方面，全面评估中国各地区的绿色经济发展，为贯彻落实科学发展观、实现经济发展方式转变提供参考，也为国内外投资者把握行业发展趋势、发现投资机会提供帮助，同时，又将促进和鼓励社会公众关注生态环境、参与绿色发展。因此，这份报告具有重要的现实意义与理论价值。

    "绿色经济"的发展需要政府、企业和大众的共同行动，"绿色经济"的研究也需要广泛的合作。我高兴地看到，正是由于北京师范大学科学发展观与经济可持续发展研究基地、西南财经大学绿色经济与经济可持续发展研究基地和国家统计局中国经济景气监测中心三家单位卓有成效的紧密合作，这份"绿色发展指数"报告才得以产生。

    西南财经大学是教育部直属的全国重点大学，也是国家"211 工程"重点建设大学。绿色发展的理念与我校"经世济民、孜孜以求"的大学精神是完全一致的。我们将继续支持这个项目的研究，也期待着更加深入的合作，为国家经济社会发展作出更大的贡献。

西南财经大学校长 赵海武

2010 年 8 月 26 日

序一①

自产业革命以来，人类征服自然和改造自然的能力迅速提高，人口数量激增，人们生活水平得到极大的提高。但与此同时，人类的经济活动消耗了大量自然资源和能源，对生态环境的破坏也达到了史无前例的程度。近几十年来，世界各国基本达成共识，传统的发展方式破坏了人类世代繁衍生息的基础，我们必须寻求新的发展模式。正是在这样的大背景下，可持续发展、绿色发展、协调发展、低碳经济等思潮得以产生和迅速发展，并受到全球关注。但不管具体名称如何，都有一个基本的要求，就是要实现人与其赖以生存的自然和生态环境相协调。近几十年来，一些国家和国际组织为了促进人与自然的和谐、探寻新的发展模式，就经济发展与资源环境之间的关系开展了大量的研究，出版了大量有价值的成果。10余年来，我国在这方面的研究也取得了明显进展，但主要集中于学术层面，综合性的评估报告还较少见到。显然，加强我国在这一领域的研究，对我国走科学发展之路具有重要的促进作用。通读报告可以看出，该项研究有以下几个方面的特点：

一是研究框架合理。课题组设计经济的绿色增长、资源与环境的承载、政府的绿色行动三个专题篇，从不同侧面对我国绿色发展度进行评估，对一些重要的相关问题，如公众参与、非化石能源发展、绿色消费、人力资源、绿色金融、绿色科技、法律法规等，设计专题篇进行研究。在此基础之上，对我国及各省际的绿色发展指数进行评估。整个研究框架层层铺垫，互为依托，不仅内容比较完整，而且具有较强的针对性。

二是指标设计总体比较合理。对这类综合性评估报告指标的设计，历来是仁者见仁、智者见智，很难完全与现实一致，也很难满足各方的要求。问题的关键在于，要设计一套比较周密的方案，集思广益，充分听取和吸纳各方意见。课题组就指标设计和指标权重反复征询了几十名专家的意见，并多次分析讨论，方式

---

① 首先感谢专家们的评审意见。课题组负责人在征求意见基础上，从评审意见中选出了三份评审意见作为本研究报告的序，以凸显专家们对发展绿色经济的坚定决心和完善报告的恳切希望。

比较严谨，指标体系比较完整、简洁。

三是基础工作扎实。课题组一共选取了 55 个测度指标，全面获得全国和各省、市、自治区的这些数据难度较大，但课题组通过与国家统计局中国经济景气监测中心紧密合作，完整地获得了这些原始数据并进行了大量的数据资料整理工作。同时，根据对一些重点问题进行分析的需要，课题组还组织撰写了不少小专栏。在对国外研究动态追踪方面，课题组也做了大量工作。

四是研究结论基本可信。从对各省际的绿色发展指数的排名来看，与社会公众平时的直观感觉基本一致。一些单位 GDP 能耗低、生态环境得到较好保护的地方，排名比较靠前；而高度依赖开采资源实现经济增长的地方，排名明显靠后。尽管不同方面的看法可能很难高度一致，但不会受到广泛质疑。

这项研究是一个新的领域，也极具争议性。在这里，提几点个人意见：一是要加大对农业与绿色发展问题关系的研究。尽管农业的劳动生产率、土地产出率较低，但农业不仅是一项产业，也是一项绿色发展事业。如果仅从农业的 GDP 水平及单位 GDP 消耗水平来衡量农业与绿色发展度的关系，必然出现很大偏差。建议今后在条件许可的情况下，就农业发展与绿色发展之间的关系开展专门研究，并就农业运用有关成果进一步完善指标体系。二是要进一步吸收国际研究成果。今后一段时间，国际上在这方面的研究成果将大量出版，建议随时跟踪，并不断吸收新的研究方法和成果。三是适当扩充指标。为了确保指标能够获得，课题组选取的指标均为可以从统计数据中获得的指标，但不是所有问题都可以从现有统计指标中解决。建议在建立专家网络的基础上，选择一些统计数据中没有、但对评估十分重要的指标，广泛征求专家意见并请他们深入评估，以进一步完善现有指标体系。以上意见，仅供参考。

陈锡文

序二

　　当前我国面临着经济发展与节能环保的双重任务与压力，绿色经济是实现经济与环境统筹协调发展的根本途径。我国已经成为世界上最大的温室气体排放国和气候变化的最大受害国，加快发展绿色经济是应对气候变化、推进节能减排、实现可持续发展的必然选择。同时，绿色经济倡导绿色生产、绿色消费，并不断催生新的绿色产业和绿色技术，对于转变经济发展模式具有重要的战略意义。绿色经济综合性强、覆盖范围广、带动效应明显，发展绿色经济、加大绿色投资能够形成并带动一大批新兴的朝阳产业，有助于创造就业和扩大内需，化解产能过剩，是实现经济可持续发展的新引擎；绿色经济被认为是下一轮经济增长的制高点，发展绿色经济是增强国家竞争力、增强国际话语权、提高我国国际政治经济地位的重大战略。

　　李晓西教授和潘建成同志作为课题负责人的《2010中国绿色发展指数年度报告——省际比较》完成于哥本哈根气候变化大会之后，我国"十二五"计划出台之前，正值人类对环境保护、气候变化等问题关注度与日俱增之时，其意义重大，影响必将深远。

　　绿色发展指标和指数的研究将推动中国经济发展观念和发展方式的转变。长期以来，中国的经济发展一味强调GDP的增长，这样的增长方式以大量消耗资源和广泛污染环境为代价，这种发展方式的不可持续性渐成共识。该研究成果以绿色发展指标为标尺，以各省绿色增长指数为对象，对各地的情况进行了测算和评估。成果的推出将有助于我们从单纯追求GDP的观念向绿色发展、可持续发展的观念转变。从实践上讲，中国绿色发展指数可为各地区政府深入贯彻落实科学发展观，实现经济发展方式转变提供决策参考；而对投资者和企业家而言，中国绿色发展指数揭示了未来的投资和发展机会；对社会大众来说，中国绿色发展指数进一步提升了社会公众对生态环境的关注，鼓励大众积极参与绿色发展。

　　该研究的中国绿色发展指标体系科学合理，适合中国国情。该研究的一个重要内容是在参照国际经验的基础上，本着可得、可测量和适当的原则，从1 000多个指标中选择了55个三级指标，且给出了一级、二级指标的权重，组成了中国绿色发展指数体系。该体系结构严谨，自上而下层次明晰，自下而上联系紧密，各指标可得可测，且符合中国国情，权重分配科学合理。

　　该研究对各省、市、自治区绿色发展指数的测算科学、评价客观。其主要内容以 55 个三级绿色指标作为衡量标准，量化地展示了各地区绿色发展的程度和进程，并对各地区进行了排序。作者收集的资料丰富、准确，测算严密，表述平实客观，具有科学性。

　　该研究发现，绿色与发展并不矛盾，实现绿色发展是必要的也是可能的。"经济增长过程既是绿色治理的重要对象，同时，经济增长结果又为绿色发展提供了物质保障。"这一理论会极大地促进绿色发展观念的形成和发展。

　　该研究可圈可点的一个特点是大量介绍了国内外相关案例，不但丰富了研究的内容，也增加了阅读的乐趣。第四篇专题部分从各个侧面丰富了我们对绿色发展的理解，可以引发进一步的思考。某些指标是相互联系并相互影响的，例如专题中提到的过度发展风能将可能引起沙漠化进一步加剧。因此未来政策导向需建立在更加全面、科学的考量之上。

　　绿色经济是全球第四次产业革命，我国完全有可能抓住这次产业革命的难得机遇。为此，要突出绿色经济在国家规划中的重要地位，制定全面、系统、前瞻、可操作及符合中国特色的国家"绿色经济发展规划"；要制定扶持绿色经济发展的产业政策，完善资源环境价格形成机制，发挥价格机制的引导作用；要构建绿色经济的金融支撑体系，加强对企业节能减排、新能源研发等绿色经济领域投资的信贷支持；要开发绿色技术和培育人才，加强前沿技术攻关协作，优化产学研合作体系，克服发展绿色经济的技术瓶颈；要发展绿色经济集聚区，依托现有高新区、经济开发区，推广循环经济模式，推动绿色经济产业集群化；要倡导绿色消费，培育绿色消费观和绿色消费行为，形成绿色消费与绿色生产的互动机制。

　　我相信成果的出版将为推动我国绿色发展作出重大贡献。

序三

这份报告无论从学术研究还是从引导实践的角度，都是有相当大价值的。我觉得有以下几个突出的特点：

一是为促进经济发展方式转变提供了定量评估的重要参考指标。报告提出的绿色发展指数包括三大类一级指标，即经济增长绿化度、资源环境承载潜力和政府政策支持度，以下又分 9 个二级指标和 50 多个三级指标，形成比较完整的评估绿色发展的指标体系。多年来，我们讨论如何衡量经济发展方式转变的进展或程度，主要集中于质量、效益、结构、能耗、排放等方面，考虑全要素生产率、技术进步贡献率和能源利用率等指标，近年来又特别注意单位 GDP 二氧化碳排放或曰碳排放密度等指标。本报告绿色发展指数的指标体系不仅包括了这些方面的一些重要指标，也增加了新的内容，例如鲜明地提出绿色增长效率指标，考虑了三次产业的相关指标，以及资源环境承载潜力的相关指标等。这样就使评估经济发展方式转变进程有了绿色发展的新角度，有了比较具体而明确的切入点和定量标准，可以帮助人们看清哪些方面取得进展，哪些方面进展缓慢甚至倒退，进而找到努力方向和解决办法。

二是突出了绿色发展的政府责任，有助于引导政府正确行使公共管理和服务职能。报告把政府政策支持度作为绿色发展指标体系三大一级指标之一，包括绿色投资指标、基础设施和城市管理指标、环境治理指标 3 个二级指标和 10 多个三级指标，涵盖了农村和城市，涉及城乡居民生活如用水、垃圾处理等内容。我赞同这样的设计。转变经济发展方式的命题是中国政府倡导的，但并不等于政府包办一切，而是应当找到正确的切入点和着力点。政府推动经济发展方式转变和促进绿色发展的作用，应当属于公共管理和服务职能，主要涉及维护公共利益，重点解决市场机制不能解决和私人投资不愿解决的问题。这方面的研究成果和涉及内容很多，为便于集中评估绿色发展方面的政府责任，报告选取的环保和科教文卫支出占财政支出比重、农村人均改水、改厕的政府投资等 10 多项三级指标，是符合我国国情的，反映了农村和城市面临的一些突出问题，也顺应了城乡居民过上更好生活的新期待。希望通过对这些指标的评估，能够对政府正确行使公共管理和服务职能、促进绿色发展起到积极促进作用。

三是对绿色发展进行省际比较，这不仅是相关研究的深化，而且有利于引导各省级地方理清发展思路。报告把绿色发展的评估从国家总体层面深入到省级，这样的研究工作量会更大，对引导各地绿色发展的实践也更有参考价值。近些年来，我国学术界对市场化程度的研究、对城市竞争力的研究，以及对省域竞争力的研究等，表明相关研究由定性分析向定量分析深化，由国家层面向地区层面深化，由经济增长向公共服务深化，由经济领域向资源环境领域深化，由学术研究向引导实践深化。绿色发展的省际比较报告，无疑进一步加强了这种研究趋势，并将增加新的研究文献。根据前述研究报告得到的积极反响，例如不少地方政府越来越在意自己在公共服务、发展环境方面的排名，而不是单纯看重经济增长和投资增长的排名，我相信本报告的问世也会引导地方政府越来越关注本地区绿色发展的成效。

最后，提一点建议，能否考虑增加关于真实财富积累和经济福利水平的指标？例如，可借鉴世界银行关于总储蓄资产、净储蓄资产和调整后净储蓄资产的概念和方法，以反映社会财富和经济福利的真实增加而不是账面增加，毕竟，绿色发展也好，转变经济发展方式也好，最终都要体现为人民从发展中得到更多实惠，而不仅仅看某些排名的提高。

卢中原

专家评议摘要^①

吴敬琏：中国如何实现绿色发展和如何衡量中国发展的"绿色"程度，是一个与中国经济发展方式转型密切相关的核心问题。作者们经过长时期的努力，把他们对绿色发展指标辛勤探索所取得的成果集中体现在这本书中。如何认识和用什么指标来衡量人类经济活动给社会带来的真实福利，这是一个经济学界已经讨论了将近半个世纪的问题。W·诺德豪斯和 J·托宾（1972）把这一指标称为"经济福利量"（MEW），P·萨缪尔森（1976）则称之为"经济净福利"（NEW）。继他们之后，若干国家的政府和一些国际组织还提出了一系列指标来衡量发展"绿色"/"黑色"的程度。其中有些研究成果，例如联合国于1996 年推出的"可持续发展核心指标框架"还付诸实施。北京师范大学、西南财经大学和国家统计局等有关机构通力合作完成的这份报告，紧密结合中国的实际，提出了"中国绿色发展指数"指标体系。他们的工作，填补了我国在这方面的研究空白，使我国能够有根据地参加关于这一问题的国际对话。他们的这一成果不但能够帮助政府改进对各级官员的政绩考核制度，更重要的是，有助于提高全民的绿色发展自觉，因此很值得赞扬和支持。这里提出两点改进的建议：一是在叙述方式上，应先讲科学理论（即"科学发展观"）和绿色发展实际情况，再讲方针政策及评价，而不是相反，以突出正确的发展方针政策必须建立在科学的发展理论和实践的基础之上。二是建议增加一章，更详细讨论本书提出的指标体系的科学性。只有这样，我们测度的省际比较，才具有客观性和说服力。

厉以宁：由北京师范大学科学发展观与经济可持续发展研究基地、西南财经大学绿色经济与经济可持续发展研究基地、国家统计局中国经济景气监测中心编著的《2010中国绿色发展指数年度报告——省际比较》已阅读，我的意见如下：（1）编制中国绿色发展指数是十分有意义的：一方面，这可以为我国落实科学发展观和实现经济发展方式转变提供决策参考；另一方面，这也为国内外的企业界对下一阶段投资于中国的计划提供

---

① 本报告完成后，我们得到国内 20 多位著名学者和相关部门领导的评审意见。他们既充分肯定了本报告的价值，也提出了非常有价值的修改意见。我们逐条分析和吸收了专家的意见并在文中相应部分进行了修改。有一些建议涉及较大的改动，我们准备在明年报告起草过程中再逐步消化吸收。评审意见收齐后，将完整地全部下发课题组各位成员开展分析研究。我们再次感谢专家们精辟指教与宝贵建议。因现已汇总的评审意见近 3 万字。因此，这里先以摘要方式向读者们预报简介，供大家在阅读本报告时参考。

有效的帮助。(2)编制中国绿色发展指数,首先要建立可信的绿色发展指数指标体系。本报告表0-1"中国绿色发展指数一、二级指标及权重"是集中多学科专家的意见而形成的。而表0-2,又增加了三级指标,覆盖面全,反映我国现阶段经济发展的实际情况。我认为这一指标体系基本上可以成立,待一段时间的实践后,先总结经验,再作调整和补充。(3)本报告有关我国资源与环境的承载问题的论述,写得很好。我相信,这方面的论述会给我国各界以较大的启示,使我国经济发展方式的转变能更快地成为公众的自觉行动。(4)本报告有关政府的对策的分析,似乎还应加强,因为这里涉及投资决策等体制的转变问题,即为了加快转变经济发展方式,我国应大力推进由政府主导型的投资向市场主导型的投资体制过渡。这一意见仅供参考。此外,我还感到"省际比较"似乎不足。

张卓元:《2010 中国绿色发展指数年度报告——省际比较》一稿,已收阅。我认为,本报告的主题是很好的,有开拓性意义。中国经济面临转型的历史性任务,而转向绿色发展是中国经济转型的关键点。改革开放以来,中国经济的快速发展在很大程度上是靠各地方(主要是各省、市、自治区)你追我赶、竞相提高 GDP 增速的结果,与此同时,也付出了过大的资源环境代价。现在,中国经济要转型,也要求各省、市、自治区能竞相转向绿色发展,告别黑色发展。本报告对此能起到很好的推动作用。有几点小意见,供参改。一是要适度评价中国经济发展中走绿色经济和可持续发展道路的程度,不宜过高;二是绿色发展指标体系设计应加大对农村的生态、环境问题的关注;三是对省际绿色发展指数的测度与排序要提供令人信服的解释。

魏礼群:《2010 中国绿色发展指数年度报告——省际比较》已阅读。总的看来,这份研究主题重大,内涵丰富,富有创新性,逻辑结构比较合理,图文并茂,引文有据,是一分量重、有重要价值的研究成果。中国 2010 年迈上世界第二大经济体的台阶,是一件值得高兴的事,但持续发展的制约因素很多,特别是水资源短缺、能源资源和重要矿产资源有限,必须切实转变经济发展方式,走绿色增长之路。建议继续深入研究这方面重大课题。报告中某些观点和提法似乎还应斟酌,我提出了一点修改意见,供参考。比如经济增长绿化度还是经济增长绿色度?中国绿色发展指数反映的是绿色发展的结果还是进程?第九章的第三节"国内外生态维护与建设的措施"建议改为"国内外生态保护与建设措施";"经济增长绿化度"建议改为"经济增长绿色度"。

刘世锦:《2010 中国绿色发展指数年度报告——省际比较》以研究和度量中国各省区绿色发展水平为主题,很有意义。本报告思路清晰、结构合理、资料翔实,对现阶段我国绿色发展水平的度量、发展方式的转变作了积极而有益的探索,形成了重要的研究成果。有两点具体建议,供下一步修改时参考。一是如何正确评价"重型工业"结构。中国已经进入工业化中期阶段,能源、材料、装备的重化工业加快发展、比重提高,是合理和必须的。这些行业虽然能耗较高，但收益同样显著。不宜简单批评"高耗能工业"，要从成本收益比较的意义上作出正确判断。二是绿色发展是一个过程。从国际经验看，呈"倒 U 型"曲线。发展初期，自然环境较好；加快发展的爬坡阶段，矛盾突出；但到了较高发展阶段，发展与环保的相关性、一致性增加。报告中提到两者是同向的，还可以把这个发展过程多加论述。

周宏仁：很高兴能有机会读到这样一本极富创意的成果。《2010 中国绿色发展指数年度报告——省际比较》在总结了国内外相关研究成果的基础上，首次提出了"绿色发展指数"的概念，并制订出一套完整的"绿色发展指数指标体系"；同时，利用这套指标体系，对我国各省(自治区、直辖市)的"绿色发展指数"进行了测评。从目前的认识来看，这套指标体系是简洁、合理的，对促进我国各地区的科学、绿色发展有重要意义；而且，从利用 2008 年实际数据的测评结果来看，也是站得住脚的。此项研究工作是一个兼具理论创新和实践创新的重要成果。

一点建议是将"中国绿色发展指数指标"的一级指标"经济增长绿化度"改为"经济增长绿色度"。

潘岳：2010 年，中国经济总量超越日本位居世界第二；据预测，早则 2020 年，迟则 2030 年，中国经济总量将超越美国位居世界第一。但是，凡事有得必有所失，中国经济奇迹背后付出的是自然资源支撑能力和生态环境承载能力日渐困窘的代价。在资源与环境限制之下，中国的经济会如何发展？这不仅是中国必须面对的大挑战，也是国际社会十分关注的。尽管发展阶段和特殊国情难以超越，但继续沿袭传统发展模式，既有远虑，亦有近忧。北京师范大学、西南财经大学、国家统计局三家机构、数十名专家组成的中国绿色发展指数研究课题组，在研究和总结国内外低碳发展、绿色发展和可持续发展等相关理论和实践成果的基础上，结合中国增长和发展的现实，建立了国内第一套绿色发展的监测指标体系和指数测算体系——《2010 中国绿色发展指数年度报告——省际比较》。这是一项繁杂的基础工作，对于中国发展模式转型具有理论、标准、工具等多方面的积极作用。课题组将中国绿色发展指数划分为三大类(一级指标)，化繁为简，操作性强；权重分配，突出了国情、阶段特征，针对性强。当然在理论上还需要进一步深入，比如，绿色发展与绿色经济是同一个概念吗？绿色经济、低碳经济、循环经济之间是什么关系，等等。

甘藏春：推进中国经济社会的绿色发展，是转变经济发展方式的重要内容。绿色发展从一般号召、政策措施到标准评价体系的建设是我国当前推进经济发展方式转变的重大课题。《2010 中国绿色发展指数年度报告——省际比较》的选题具有重要的理论意义和现实意义。该报告的创新在于：(1)从中国的实际发展现状出发，比较、借鉴国际上的低碳发展、绿色发展和可持续发展等相关理论和实践成果，建立了一套绿色发展的监测指标体系和指数测算体系，在国内具有开创意义。(2)依托国家统计局及相关部门、多学科专家团体和公开、权威的数据，运用自己建立的绿色发展的监测指标体系和指数测算体系，对全国各省、自治区、直辖市的绿色发展的状况进行了评价和分析，这对于推进各地转变经济发展方式，优化经济结构有重要的参考价值。建议进一步研究相关指数之间的相互影响关系，如耕地的功能不仅只是粮食安全，还有生态和碳汇功能；又如城市绿地如果过度强调，又会推动城市扩张，占用耕地，等等。

樊纲：见到《中国绿色发展指数年度报告——省际比较》，颇感惊喜，这应该说是本人见到的较为综合、科学的指标体系，是对中国各省区之间进行比较，并反映中国可持续发展整体情况的第一个绿色发展指数。该指数有别于国际上和一些发达国家的指数，专讲绿色时不忘发展。该指数把增长效率、环境生态和政府努力等三个方面进行了系统分析，结合起来反映各个地区的绿色发展状况，具有创新性，也是科学的，理论上站得住脚的，现实意义是重大的。相信随着研究的进一步深入，今后在指标研究编制过程中会逐步得到改进，这里只提一个想法：全球变暖问题与局部环境问题似乎可以分开来，不宜放在一个指标体系中。这对于发展中国家是重要的：全球性公共物品需要发达国家承担更大责任，而局部性污染无论如何要我们自己清楚！因此建议把第二大指标的子指标拆分为三块：资源生态、局部环境、全球变暖。这样，对于比较与监督各地区有着重要的便利。

刘伟：《2010 中国绿色发展指数年度报告——省际比较》，是一项学术价值高、研究难度大，同时理论意义、实践价值和政策含义均十分突出的学术研究成果。一是本项研究成果具有重要的现实意义。报告针对我国目前经济发展的现实问题，把发展绿色经济视为经济发展方式转变的关键。在深入剖析、阐释其内在逻辑联系的理论分析基础上，通过对不同产业绿色增长的特征、问题等的深入比较研究，揭示了我国经济增长绿化度的特点和水平。二是本项研究成果具有较强的可操作性的政策意义。报告把我国经济增长和发展中的环境与资源的承载命题作为实现绿色发展的基本问题和约束条件展开研究。从中国实际出发，深入分析了在资源与环境承载方面的状况、问题以及解决问题的途径、方式和政策建议；同时对资源环境承载潜力指数进行了测算，具有重要的政策意义。三是本项研究成果具有很高的学术与理论价值。报告在突出强调政府的绿色行动意义外，对绿色经济展开了多方面的专题学术讨论和理论上的比较研究。相信研究会持续深入进行下去，其方法上的严谨科学程度必然会进一步提高，所得出的结论和数据必然更加精准。

葛剑平：我国著名经济学家李晓西先生主持撰写的《2010 年中国绿色发展指数年

度报告——省际比较》,是我国第一部关于经济、资源和环境协调发展的"绿色经济"的著作。该书首次明确提出和构建了中国绿色发展指数,涵盖了经济增长绿化度、资源环境承载力和政府政策支持度,并对全国各省市进行了系统分析和专题研究,研究成果对中国可持续发展和金融危机之后的经济结构调整,具有重要理论和战略意义。传统经济模式和制度能否支撑我国生态文明建设和可持续发展?生态资源是否能够参与市场经济过程?这为经济学和生态学理论界提出了一个重大命题,例如,北京的生态资源主要分布在山区,面积占全市 50%以上,但 GDP 不足全市的 5%,城区面积仅仅 8.3%,GDP 就占全市 70%以上。这种巨大反差充分展现了生态资源拥有者(山区农民)与生态消费者(城市市民)之间经济收入差距与理念冲突,尤其是长期以来我们只强调生态资源的公益效应,忽视了生态资源在市场和消费领域的商品价值,山区农民拥有丰富的生态资源却长期生活贫困,城镇居民拥有很高收入却有着巨大的生态需求不能满足。当前急需实现生态建设体制和机制的转变。李晓西先生及其课题组对于上述重大问题进行了深入理论研究和回答,是一项具里程碑性质的生态建设研究。年度报告也必将成为科学界、政府、民众关注的热点,促使各方不断思考和审视中国经济可持续发展的形势和存在的问题。希望课题组坚持长期研究,不断深化,为我国绿色经济研究作出更多贡献。

边慧敏: 拿到《2010 中国绿色发展指数年度报告——省际比较》这部书稿的时候,电视正在直播在我国天津举行的 2010 夏季达沃斯论坛,嘉宾们在讨论一个重要的主题——"使日益枯竭的地球持续发展"。绿色经济、低碳经济、循环经济、生态经济等已经成为国际政治经济舞台的热点话题,发展绿色经济已经成为世界各国的共识。这不只是要求我们简单达到诸如节能减排等各种指标,更重要的是要保护好人类赖以生存的环境、能源和气候条件,使人类的可持续发展得以实现。一场绿色经济革命正在席卷整个世界,这场绿色革命将比以前三次工业革命意义更重大,影响更深远。中国是最早制定实施《应对气候变化国家方案》的发展中国家,也是近年来节能减排力度最大的国家,是世界人工造林面积最大的国家,还是全球新能源和可再生能源增长速度最快的国家,2009 年新能源上的投资是世界第一位……诸此种种,毫无疑问,发展绿色经济已经成为中国实践科学发展观、转变发展方式、实现可持续发展的一个重要战略。以李晓西教授和潘建成先生共同领衔的研究团队完成的《2010 中国绿色发展指数年度报告——省际比较》,是中国第一部评价中国各省绿色经济发展状况的报告,其数据截至 2008 年,有些数据是 2010 年最新的数据;报告对全国除了西藏之外的各省、自治区、直辖市经济绿色发展进行了测算。经过众多专家的精心筛选,确定了 55 个指标,数据均来源于国家统计局,保证了其客观性和准确性。我们相信,通过三家合作单位的共同努力,这份年度报告会越来越好。

许宪春: 绿色发展的进程、差距和不足是我国宏观管理部门和社会各界十分关注并迫切需要了解和解决的问题。《2010 中国绿色发展指数年度报告——省际比较》课题组在深入研究国内外关于绿色发展的相关文献基础上，结合中国的实际情况，科学设计中国绿色发展指数的编制思路、指标体系和编制方法；收集了大量统计数据，测算了全国 30 个省区市绿色发展指数；全面分析了各地区绿色发展的现状，详细剖析了我国绿色发展的地区差异、存在的问题，分析了影响我国绿色发展的主要因素，阐述了我国自然资源、生态环境的现状和约束瓶颈；反映了我国政府在绿色投资、基础设施和环境治理方面的成就和问题；提出了提高经济增长绿化度、增强资源环境承载潜力、促进政府绿色行为的政策措施；介绍了国内外的经验措施，结合测算结果提出相应的启示。课题研究成果充实和丰富了我国在绿色经济衡量监测方面的内容和经验，为判断各地区绿色发展现状、转变经济发展方式、制定"十二五"规划提供了有益的信息，为有关部门和地区制定绿色发展规划和政策提供了有价值的政策建议。因此，报告具有十分重要的理论研究价值和现实意义。当然，有些地方需要完善和扩展，如绿色发展理论概念和研究范围可以进一步加以明确和鉴定；在指数编制的地域范围上可以进一步延伸到全国绿色发展指数和主要国家(地区)绿色发展指数，便于进行国际比较。

张新时：《2010 中国绿色发展指数年度报告——省际比较》(以下简称《报告》)是对我国生态环境承载潜力、发展程度和政府支持力度的综合指数的一个数量化或经济化的综合评判。《报告》不仅是在生态环境的经济化方面具有开拓性意义的理论价值，赋予生态环境资源和建设一系列定量化的综合指标，并对政府的生态环境建设投入力度和方向作出客观的评价，具有政策导向性的作用，因而是一个具有国际水准的，并适于我国生态环境特点与有发展前景的创新性成果，在理论与实践意义方面应给予其很高的评价。一点疑问是：青海的自然资源承载力是很低的，仅稍高于西藏，其理论的自然植被净第一性生产力(NPP)不超过 1-2Ton/Ha.a，为什么该省的绿色发展指数会名列全国第二，资源环境承载潜力排名第一？虽然青海水资源十分丰富，但青海又是一个高寒与干旱的地区，其水系大部是外流的，水分的本地可用性不高，其自然植被以草原和荒漠为主。这些需要给予考虑或解释。

牛文元：《2010 中国绿色发展指数年度报告——省际比较》站在全球发展瓶颈的视野上，结合我国的发展现状和发展阶段，提出编制绿色发展指数，并且从分析三次产业的绿色增长入手，对于资源支撑力、环境承载力、生态承受力，分别作出了详细的分析，为我国深入认识和定量分析绿色发展指数，奠定了坚实的基础。该报告拟订的绿色发展指标体系，在我国具有开创性的意义和价值。从产业健康(绿化度)、资源环境保障(承载力)、政府主导(支持度)三大方面，首次编制完成了中国第一个由 55 个基础性指标(三级指标)组成的定量判别标准，必将对我国以及各省制订"十二五"规划和进一步落实科学发展观，起到积极的推动作用。现提出以下修改或完善的意见供考虑：一是在绿色发展指标体系中，如何反映满足中国发展尤其人口需求的"生存安全"能力和能源供可持续供给的"发展安全"能力。二是在绿色发展指数的指标体系中，可否根据指标要素的重要性和特殊性，区分成"约束性指标"、"限制性指标"、"指导性指标"。三是分类指标如何避免重复问题，如在"环境与气候变化指标"中，包括了各类污染物的排放量，而在"环境治理指标"中，将有关污染物的去除率列入。四是在指标体系中，能否反映"环境与发展"的平衡、"效率与公平"的平衡、"人口与发展"的平衡，"对内与对外"的平衡，以及相应的区域间、城乡间所存在的差距识别，并作出合理的度量。五是能否考虑形成从自然的绿色，到经济的绿色，再到社会的绿色这样一个全局性绿色发展思路及其测度体系。

魏杰： 本报告分析方法及论证路线科学性很强，尤其是从产业方面分析绿色增长问题，很有创意，其指标体系也极为适当和准确。本报告对绿色经济的主体，尤其是政府的角色，作了明确界定，具有可操作性和体制性。我认为本报告既有理论深度，又非常适合中国国情，在体制与政策上均有可操作性，建议通过本报告，并送有关政府机构，作为制定政策的依据和参考，同时应出版，以扩大影响力。

胡鞍钢： 正值 2010 年全球极端气候变化（已经达到了 16 次），又值全国及各地正在加紧制定"十二五"发展规划纲要，《2010 中国绿色发展指数年度报告——省际比较》的发表如同"及时雨"，在关键的时候为关键的决策者提供关键的决策信息，并发挥了关键的决策支持作用。"十二五"规划将是中国第一个绿色发展规划，也是中国绿色现代化的历史起点。报告创意性地提出了中国绿色发展指数，在促进全国及各地区从加快发展转向科学发展，从黑色发展转向绿色发展上，具有重要意义。具体讲，这份报告有两个贡献：一是报告揭示的我国绿色发展水平的地区差异性，突破了以人均 GDP 或人均收入等经济指标分析的地区差异性。二是通过发表绿色发展指数会逐渐引导各地区从追求经济发展转向追求绿色发展。我的修改建议是：不仅要回答"是什么"，还要回答"为什么"。如北京、上海和天津，都是属于经济发展水平较高的地区，为什么它们有较大的差异性？如青海绿色发展指标为什么会明显高于浙江、江苏等发达地区？这就需要做一些地区案例的深入分析。我希望能够在第二个年度报告中作出更具说服力的案例分析和地区比较。

潘家华： 本报告组织跨学科、跨机构团队，对绿色发展的界定、评价方法、比较分析及相关重大问题进行了系统、深入、有创意的探讨，概念总体把握得当，方法具有一定的科学性和可操作性，评价结果具有一定的客观公正性和可比性，对我国落实科学发展观，实现绿色发展，引导地方结构调整和经济转型具有明确的政策和实践意义。尤其值得称赞的是，指标体系凸显绿色发展，结构合理，强调政府的主观能动性和实际绩效，与其他现有体系相比，具有特色。从实际测算结果看，这些指标的效果均得到充分体现。不仅如此，作者对相关专题的分析比较系统、深入，数据充分，来源可靠，内容翔实，是一份具有学术探讨与创新特征、资料客观全面、观点鲜明、参考价值极大的研究报告，值得出版。建议修改的主要有：一是在一级指标中可否加入"市场力量"、"法制法规"、"社会参与"等。二是可否在经济增长绿化度中增加收入分配指标，如高收入与低收入比，或基尼系数、期望寿命；在资源环境内容中，可否增加河流断面水质，主要城市大气质量水平；在政府支持度内容中，可否考虑执法情况和居民上访、投诉等内容。三是地广人稀但环境恶劣的青海似难以成为绿色发展的典范，之所以这样，是因为单位土地面积指标使得青海占据较大优势，建议使用土地生产力指标。四是负碳概念要慎用，化石能源发展前景缺乏经济分析。五是在资源环境承载潜力中建议加入水和空气质量的指标。

陈东琪：研究和发展绿色经济是一项永恒的课题。长期以来，随着工业化和城镇化的快速推进，我们向大自然索取的太多，而给予的太少。妥善解决好我国资源、环境与经济发展之间的突出矛盾，积极应对好气候变化的挑战，努力通过绿色政策摆脱金融危机的影响、带动新一轮繁荣等问题，对于我国加快经济发展方式转变、提高经济发展质量、实现代际公平的绿色发展模式均具有重大理论意义和现实意义。北京师范大学李晓西教授领导的团队即将推出的《2010 中国绿色发展指数年度报告——省际比较》（以下简称《报告》）在这一方面作出了重要探索和深入研究，该报告是当前该领域又一最新力作。就内容而言，《报告》做到了方法科学、数据可靠、判断准确、建议可用，既具有很高的学术价值，又具有较强的政策可操作性。该报告具体有以下几个特点：第一，把绿色经济作为一个总体概念嵌入到经济发展过程之中，从三次产业的维度，对全国及省际的绿色经济发展状况作出量化评估，并在此基础上提出了未来我国绿色经济发展的大方向。第二，《报告》在准确把握我国当前资源、环境和生态基本特征的前提下，分别从资源支撑力、环境承载力和生态承受力等层次对我国经济社会发展的资源瓶颈和环境约束作出了科学而客观的评价。第三，《报告》还从政府角度，系统评估了政策对绿色经济发展的支持度，并提出了未来发展绿色经济过程中，政府应尽的职责和具体的措施。望不断完善，在理论与指标选择上作得更有说服力。

苏伟：本研究基于省际比较开展中国绿色发展指数的研究编制工作，对于促进我国的可持续发展具有重大意义。其思路清晰、内容翔实，研究方法具有一定的创新性，具有较高的学术价值和实践价值。对本研究进一步充实完善，提出以下具体建议：一是在当前生产全球化的历史背景下，研究我国的资源承载力要超越国家界限，从应对全球分工、两种资源的角度，考虑我国的资源承载力。二是研究我国的环境承载力，要重点着眼于地理单元、流域、特定区域、重点城市，研究其生态环境承载能力，笼统研究全国的、全省的承载能力，实际意义不够充分，对需要保护的生态地区，重点是加强国家划定范围内的保护，不能按承载能力布局产业。三是绿色经济是以人为本的经济，建议增加绿色指数中以人为本、社会发展方面的内容。

周喜安： 报告作为一项具有开创性的工作，编写得很好，谨提几点意见，供参考：一是经济增长绿化度的评价应考虑国家产业发展布局，作为高技术产业和轻工业基地与能源原材料基地在单位生产总值能耗等指标上差别很大，性质完全不同。二是指标的选取应有充分的共性，如退耕还林主要在中西部生态脆弱地区实施，作为普遍意义的指标衡量政策支持度就不太合适，可以改为生态建设投资占地区生产总值比重。三是报告的文风建议简明准确，不搞论文体的自撰概念，文字也应更规范。四是要把握好绿色发展概念的历史性、阶段性；五是中外领导人排列上，应中方为先；六是对中国环境资源问题的描述要适度，应体现近年中国付出的努力，也防止为他人提供口实。七是有关能源数据应注意准确和更新。第 3 页上的全国能源消费总量应分别为 14.55 和 30.66 亿吨标准煤；请再核对。有些数据可使用《中国能源统计年鉴 2009》。

贾康： 李晓西、潘建成两位学者和专家主持写作的《2010 中国绿色发展指数年度报告——省际比较》，选题具有开创性新意，把落实科学发展观所迫切需要推进的"绿色发展"结合于现实生活来指标化、数量化。此为难能可贵的开端，值得祝贺。今后一旦形成时间序列成果，可用以直观反映中国"发展方式转变"的轨迹与动态，并成为管理部门、政策研究部门研究分析常年必备的重要资料，和决策部门的重要参考。目前的"送审稿"为总论与前三篇十四章，加上包括十项专题研究的第四篇和三个附录。框架清晰合理，视野开阔，内容丰富，资料翔实，间以大量的图和表，形成为全局把握和省际比较所需的尽可能主要信息之全景图。对于今后绿色发展的趋势和政策优化，也提出了一系列颇有见地的认识和具有重要参考价值的建议。研究团队和作者们表现了严谨态度、专业精神和相当高的学术水准。我认为，这一研究成果达到国内学者在这一重要领域内已有文献中的领先水平。

张健华： 为了落实科学发展观，定期发布中国绿色发展指数报告意义重大。现就《2010 中国绿色发展指数年度报告——省际比较》提出如下意见，供参考：一是可考虑加强绿色消费的现状与发展趋势。中国作为人口大国，绿色消费对于我国绿色发展相应地更具影响力，指标设计时应给予更多的考虑。二是为了确保评价的公平性和数据的稳定性，绿色发展指数体系中的指标采用了静态指标，对于发展的趋势性体现不足，建议今后适当增加变动率指标。三是可考虑选用不同绿色发展指数体系对我国各省（区、市）绿色发展情况进行测算排名，并与报告所编制指数体系测算的排名结果作一比对放置于附录，以作为结果的稳健性参考。

汤敏： 开卷引用霍金的那一段话权威性不够，也不太切题，建议换一位更权威、更平和一些的话。要引起市场的注意，就要在一些关键指标上多下点功夫，例如关于"十一五"有关绿色的各种指标的完成情况，文中已涉及，但还不够突出，也应该列出各省的排名表，把这一节放前，在总论中也应该列出。同样地，对各省减排情况也可排出名次来，这样社会上会更加关注。这套指标的可贵之处在于你们把这些数据都收集整理了，为了造成更大的影响，也为了提供社会服务，建议你们把这套数据在网上公开，每个人能够很方便地进入你们的数据库，这样会有更多的人参与这些题目的研究，也能使这个报告引起更大的注意。

　　陈宗胜：中国经济在经过 30 多年的持续高速增长后，日益受到资源环境生态方面的约束，转变经济发展方式的要求愈益迫切。李晓西教授主持的《2010 中国绿色发展指数年度报告——省际比较》(以下简称《绿色发展指数》)就是转变经济发展方式问题研究的一部力作。尽管国际上存在大量有关绿色发展的研究，也提出了多种形式的测算指标、指数，但依然缺乏综合考虑宏观经济、生态环境、资源能源和社会质量各方面的绿色发展指数指标体系。另一方面，虽然国内存在从环保角度作出的有关环境生态污染的若干制度设计，个别研究机构也尝试对城市绿色 GDP 指数与包括经济、社会、环境和教育的中国发展指数进行测度，但具体的从省级层面对绿色发展指数进行测度并进行比较分析的研究基本上还处于空白。《绿色发展指数》一书研究主题鲜明，具有开创性，书中着眼于编制中国的绿色发展指数，在丰富国内有关转变经济发展方式问题研究的同时，有力地拓展了国内有关绿色发展特别是绿色发展指数测算方面的研究。该书的研究结论表明，经济发展水平越高的省区，反映经济增长中环境和资源使用效率的经济增长绿化度也越高，比如北京、上海、天津、广东和浙江等；自然资源越丰富、人口密度越低的省区；反映自然资源与环境承载空间的资源与环境承载潜力度也越高，比如青海、云南、贵州、海南和甘肃等。当然，该书作为开创之作，也还存在可改进之处，比如，市场机制在减少污染、降低排放、调整产业结构、引导经济发展方式转型方面的作用反映不够；部分重要数据如二氧化碳排放量等的粗略数据还是可以获得的，应当尽量补充；某些反映环境质量的指标也需要恰当构建。

目　录

专　栏

表　目

图　目

总　论[①]

今年以来，哥本哈根气候变化大会引发人类对生存发展环境的讨论，进一步使人类对自然产生了越来越大的敬畏。本报告发布的两个月前即 2010 年的 8 月，著名物理学家史蒂芬·霍金在接受美国著名知识分子视频共享网站 BigThink 访谈时更曝惊人言论，使得人们对生存环境产生了切实的担忧。霍金说："由于人类基因中携带的'自私、贪婪'的遗传密码，人类对地球的掠夺日盛，资源正在一点点耗尽，人类很难避免生存的灾难。地球将在 200 年内毁灭。"[②]不论科学界反应如何，霍金预言都对人类行为具有重大警示意义。我们不能再继续传统的发展方式了，否则就是对子孙后代的犯罪。

>>一、编制中国绿色发展指数的背景及意义<<

编制中国绿色发展指数有三个非常重要的背景：一是解决资源、环境与经济发展之间日益突出的矛盾，实现经济可持续发展；二是应对气候变化的挑战；三是通过绿色新政来摆脱金融危机的影响，把握新发展机遇。进一步，这三个方面又是在中国政府倡导加速经济发展方式转变和"十二五规划"即将问世的最新背景下呈现在大家面前的。

（一）编制中国绿色发展指数的背景

1. 解决资源、 环境与经济发展的矛盾， 实现经济可持续发展

工业化时代的传统发展方式是以生态、环境、资源破坏为代价的，被有的学

---

① 总论定稿时，参阅吸收了毛玉如、施发启、王有捐、江明清、赵军利、王天龙等专家意见，张江雪博士以及 GIG 小组成员也提供了有价值的图表与观点，在此一并表示感谢。

② 《霍金称人类唯一出路是移民太空》，载《参考消息》，2010-08-11。

者称为黑色发展。① 绿色发展是世界潮流，是保护环境与经济增长相协调的可持续发展战略，是保障中国人民乃至世界人民世代幸福的发展方式。绿色发展就是要为后代多保存清洁的水和空气，保存可持续发展需要的土地、矿产、森林资源，保存绿色的生存空间。

人类并不是没认识到这一点。世界各国包括中国，都早已认识到这一点。联合国开发计划署编写的《中国人类发展报告 2002：绿色发展必选之路》，专门就此提出建议。2010 年 4 月 15 日，联合国开发计划署驻华代表 Khalid Malik 先生在《2010 中国人类发展报告：迈向低碳经济和社会的可持续未来》的前言中指出：中国在取得了空前的经济和社会进步的同时，也面临许多新的挑战，这不仅包括协调经济持续发展与环境保护之间的矛盾，也包括应对气候变化的问题。幸运的是中国领导人已经将这些问题摆在了重要位置。而且，人们已经逐渐意识到发展低碳经济和建设低碳社会不仅不会妨碍经济发展，还可以促进经济发展，有利于持续改善中国人民的生活水平。如果进一步使用最新的绿色技术，发展绿色经济，实现绿色增长，中国便能够摆脱几十年来依赖高污染能源的传统发展模式。

中国政府对绿色发展和低碳经济有明确的表态。在 2009 年 9 月召开的联合国气候变化峰会上，中国国家主席胡锦涛指出中国要"大力发展绿色经济，积极发展低碳经济和循环经济，研发和推广气候友好技术。"事实上，2007 年中国共产党第十七次代表大会上，中共中央总书记胡锦涛就提出"坚持以人为本，树立全面、协调、可持续的发展观，促进经济社会和人的全面发展"，要按照城乡、区域、经济社会、人与自然、国内外统筹发展。胡锦涛说：科学发展观，核心是以人为本。

对当代人来讲，"以人为本"是一种代际责任，涵盖当代与后代。后代人没法来监督我们的行为和活动，但他们将承受我们现在活动的结果，或受益，或受害。因此，我们要时时警惕，要多为子孙后代着想，多为后世造福。其中，如何保护好自然与环境，是对后代最大的一个责任。多少年来，人们总以为地球是可以无限索取的，现在才发现并非如此，经济与社会的可持续发展，并不是一件容易的事，需要有一套完善的法规和制度来保证。

中国以及其他发展中国家在解决贫穷方面，在发展经济方面取得了巨大成就，但总体看，付出的代价也很大。改革开放以来，中国经济维持了长达 30 多

---

① 胡鞍钢：《实施绿色发展战略是中国的必选之路》，载中国文化促进会网，http://www.tt65.net/zonghe/luntan/wenxian/1/mydoc009.htm。

年的高速增长，成为令世界瞩目的新兴经济体。但中国经济增长是建立在投入大量资源和污染环境的基础上的。过多地依靠扩大投资规模和增加物质投入，使有限的自然供给能力和生态环境承载能力日渐困窘，经济发展同人口、资源、环境之间的矛盾突显。从长期看，自然资源枯竭、环境污染已经成为制约中国经济增长的主要障碍。目前，我国已经成为世界上煤炭、钢铁、铁矿石、氧化铝、铜、水泥消耗最大的国家，全国能源消费总量从 2000 年的 14.55 亿吨标准煤上升到 2009 年的 30.66 亿吨标准煤。全国有 400 多个城市缺水，如果都想通过调水解决缺水问题，那么上哪去调那么多的水？依靠生产要素数量扩张，高投入、高能耗、高污染、低效益的粗放型传统经济发展方式已难以为继。以人为本的代际观，就是要强调天人协调下的可持续发展，就是要强调保证后代子孙的发展机会和生活水平，因此，以人为本的理念太重要了。现在，中国与世界取得共识，提出绿色发展战略，这将被历史证明是及时的，正确的，也是伟大的。①

可以说，科学发展观揭示了社会经济实践发展的需求，反映了全球化时代的历史潮流，折射出中国人民振兴中华的正确选择，是中国人民实现可持续生存与发展的科学指南。为了转变经济增长方式，"十一五"规划明确提出要落实节约资源和保护环境的基本国策，建设资源节约型和环境友好型社会。"十二五"规划把这个问题提到一个更紧迫、更重要的高度，绿色发展有望成为政绩考核的重要指标。但是，不论中国或国际，实现绿色发展仍然需要付出极大的努力。在长远利益与当前利益之间，在局部利益与整体利益之间，需要权衡与选择，需要明智的政府与社会有识之士的推动。

中国一批有志于促进绿色发展的人士，从理论与实践上全力推动这项伟大的事业。据不完全统计，早在 2004 年就由环境保护部（原国家环境保护总局）直属的中国环境文化促进会等单位主办过"绿色中国与可持续发展论坛"。2008 年 11 月 15 日一批相关单位成功举办了首届中国绿色发展高层论坛。而 2010 年 7 月 28 日，中国科学院在北京发布《中国科学发展报告 2010》，这一报告的主题是绿色发展，力求通过科学发展水平的排名来促进经济社会发展走向"绿色"。

2. 应对气候变化的挑战

2009 年 6 月，联合国秘书长潘基文在墨西哥出席以"你的星球需要你——联合起来应对气候变化"为主题的世界环境日活动的致辞中指出，当今世界需要一个"绿色新政"（Green new deal），着眼于投资可再生能源，建设生态友好型基础

---

① 李晓西：《中国：新的发展观》，3 页，北京，中国经济出版社，2009。

设施并提高能源利用效率，将庞大的新经济刺激计划中的一部分投资于绿色经济，便能将今天的危机转变成明天的可持续增长，并且使向低碳社会过渡的国家获得更丰厚的回报，并处于优势，与别国分享新技术。世界银行《2010 年世界发展报告》①的主题是"发展与气候变化"，其中提出建设"气候明智型"社会（Climate-smart world）。发展中国家可以走低碳道路来促进发展和减少贫困，这需要各国共同合作，促进全球经济可持续发展。

应对气候变化，关键在于对化石能源消耗与碳排放的约束。中国在这方面下了很大决心，做出了很多努力。2009 年 9 月，中国国家主席胡锦涛在联合国气候变化峰会上向国际社会承诺：今后，中国将进一步把应对气候变化纳入经济社会发展规划，并继续采取强有力的措施；争取到 2020 年非化石能源占一次能源消费比重达到 15％左右，到 2020 年森林面积比 2005 年增加 4 000 万公顷，森林蓄积量比 2005 年增加 13 亿立方米。这些庄严而重大的承诺，得到国际社会的高度评价。各国政要均认为，中国的选择将对其他国家产生决定性的影响——正如全球规则、法律和市场的变化也会影响中国一样。② 另一方面，我们也看到，世界各国的专家们都在对绿色经济的未来进行思考，并有许多预测。前世界银行首席经济学家尼古拉斯·斯特恩（Nicholas Stern）于 2006 年 11 月发表的《斯特恩报告》显示，到 2050 年，世界能源产业中的碳含量将降低 60％～75％，以将温室气体排放稳定在 550ppm 二氧化碳当量的水平或之下，届时低碳能源产品的年产值可能达到 5 000 亿美元以上。③ 据麦肯锡报告预测，从目前到 2030 年，中国将掀起一场"绿色革命"，这包括绿色发电、绿色交通、绿色工业、绿色建筑以及绿色生态系统五大领域。④ 许多预测显示，绿色经济将会创造上千万的就业机会。但有一点是肯定的，即绿色经济的某些领域很难实现快速转变——尤其是需要大量投入的能源和交通系统。

---

① 摘自世界银行《2010 年世界发展报告》，详见 http://econ. worldbank. org/WBSITE/EXTERNAL/EXTDEC/EXTRESEARCH/EXTWDRSEXTWDR2010/0,,menuPK：5287748～pagePK：64167702～piPK：64167676～theSitePK：5287741,00. html。

② 陶志彭：《国际社会积极评价中国"减排"承诺》，载新华网，http://news. xinhuanet. com/world/2009-09/25/content_12109923. htm。

③ 英国财政部：《斯特恩报告》（Stern review report），载 http://www. hm-treasury. gov. uk/stern_review_report. htm。

④ Martin Joerss, Jonathan Woetzel：《中国的绿色机遇》（*Green Opportunities in China*），载《麦肯锡季刊》，2009(3)。

3. 通过绿色新政来摆脱金融危机影响，把握新发展机遇[①]

"绿色新政"的浪潮在 2009 年全球经济危机的大环境下日益升温，各国正在加大投入，推进绿色经济发展，一方面借此摆脱经济衰退，另一方面寻求新的发展机遇。"绿色新政"在各国迅速展开。

2009 年，美国总统奥巴马提出了"绿色新政"，可细分为节能增效、开发新能源、应对气候变化等多个方面，其中新能源的开发是"绿色新政"的核心。2009 年 2 月，奥巴马总统在美国丹佛签署了以发展新能源为重要内容的经济刺激计划，总额达 7 870 亿美元。2009 年 4 月，奥巴马总统在一次演讲中提出，美国必须进行全面改革，其中一个重要方面就是要建立新的经济增长点，这便是绿色经济(Green economy)。此后，美国政府相继出台各项政策：加大对新能源的投入；制定严格汽车尾气排放标准；将《美国清洁能源安全法案》(Clean energy and security act)提交国会审议。《美国清洁能源安全法案》中提出，以 2005 年碳排放量为基准，以期在 2020 年减少 17%，到 2050 年减少 83%。此外，还将建立一个碳交易市场以促进替代能源发展。于是，有人称奥巴马总统为"美国绿色总统第一人"；他的"新政"也被视作"绿色新政"(New green deal)。

其他国家也先后启动"绿色新政"。在英国，"绿色新政"对于促进就业、替代能源的发展、可持续发展的交通系统以及节能具有重要作用，同时要求经济发展向低碳经济转型。在新西兰，以"一个温暖的家园和一个凉爽的星球"(A warm home and a cool planet)为口号，出台了"绿色新政"刺激计划，在未来 3 年共提供 33 亿美元的刺激计划，并且保持城市和农村地区的均衡发展和转型。日本在太阳能发电、低油耗汽车、电动汽车等方面具有世界领先的技术，而目前日本面临的问题是能否建立向下一代人交接具有国际竞争力的产业并通过实现低排碳社会的关键技术实用化，为全世界解决环境和能源问题作出贡献。

中国在长期的经济发展过程中，不断提高对环保和可持续发展的自觉性，在循环经济、低碳经济、节能减排等方面都做了大量努力工作。面对国际金融危机，中国政策的绿色印记醒目鲜明：力促经济增长转型、大力调整产业结构调整、探索新能源发展、开展排放权交易，促使绿色经济成为经济发展的新引擎。

2009 年 6 月，由经济济合作与发展组织(OECD)召开的来自 40 个主要国家的部长理事会议，将绿色增长作为当前摆脱或超越危机的重要途径，并且发布了

---

① 参见李晓西等：《国际金融危机下的中国经济发展》，北京，中国大百科全书出版社，2010。

题为《绿色增长：战胜和超越金融危机》(OECD，2009)的报告。[①]

绿色新政与以前的环境保护经济政策有着很大的区别。前者重视花费财力物力保护和恢复生态环境，后者则强调投资于环境项目从而带动经济发展。通过绿色新政实现绿色发展可以节省资源，保护人类赖以生存的空间，造福全人类。

进一步，我们看到，追求绿色发展不仅是为了应对金融危机，不仅是为了当代人民的幸福生活，更重要的还在于追求世世代代人类生活的幸福。如果我们把水和空气都污染了，把大地挖得千疮百孔，把自然资源都消耗完了，我们的后代如何继续生存与发展？绿色是生命的颜色，象征着希望、和谐与活力。为了未来，为了子孙后代，我们就必须让发展模式变成绿色的，把生活方式变成绿色的。

绿色发展是资源高效与节约的发展，是环境被保护与清洁的发展，是经济与社会永久性可持续的发展。因此，绿色发展是经济与环境和谐的发展方式，是以维护人类生存环境、合理保护资源与能源、有益于人体健康为特征的发展方式，是保护人类生存与发展的基础——地球母亲的永恒战略。绿色发展既是从工业文明走向生态文明的转变，也是中国古代文明中"天人合一"、人与自然和谐相处发展观的体现。

（二）编制绿色发展指数的现实意义

中国绿色发展指数研究课题组在研究和总结国内外低碳发展、绿色发展和可持续发展等相关理论和实践成果的基础上，结合中国增长和发展的现实，依托国家统计局、相关部门、多学科专家团队和公开、权威的数据，建立了一套绿色发展的监测指标体系和指数测算体系，用以测度中国绿色发展的现状，观察各地区绿色发展的进展。中国绿色发展指数对研究适合中国特色绿色发展的道路，总结中国绿色发展中的经验与不足，具有重要的意义。

首先，中国绿色发展指数为引导各地区深入贯彻落实科学发展观、实现经济发展方式转变提供了决策参考。高消耗、高污染和低效率的粗放型增长模式对自然环境造成了很大的破坏，部分地区甚至严重威胁到人的生存和发展，转变发展方式已经刻不容缓。中国绿色发展指数的推出就是要从"关注问题"到"关注改变"，把绿色理念变成绿色行动，用可衡量的指数来否定黑色发展，鼓励绿色发

[①] 中国科学院可持续发展战略研究组：《2010 中国可持续发展战略报告——绿色发展与创新》，6 页，北京，科学出版社，2010。

展，用具体化的数量指标来判断经济绿色发展的程度与进程。中国绿色发展指数的推出也是推进和深化节能减排工作，实践探索环保新道路的重要举措。中国绿色发展指数力求在政策层面上形成发展战略的导向作用，满足中国加快转变经济发展方式的政策需求，为改变过去过度依赖 GDP 增长考核地方官员政绩提供重要参考信息。对于各地区来说，中国绿色发展指数的分项比较研究能够正确指出绿色发展切实需要改变或者有待改善的方向；横向比较研究可以发现各地区绿色发展的长板和短板，以及提供消除这些短板的具有可操作性的经验；纵向比较研究可以为决策者评价各项绿色发展政策效力提供参考依据。

其次，中国绿色发展指数可以为国内外投资者准确、便捷地寻找到恰当的投资机会，为企业家提高决策效率提供有效的帮助。中国绿色发展指数为投资者提供了评价投资环境的更高视角。绿色发展的理论综合性决定了其比投资环境的概念更深刻，对投资效益也将产生更重大的影响。绿色发展指数落后的地方，增长的低效益、环境的压力以及政府的不作为都构成现在和未来额外的投资成本。投资者在这样的地区将可能陷于利润空间被压缩、投资效益被蚕食的困境。在绿色发展的时代，继续坚持传统的投资理念、投资方式将会被其他投资者远远地抛在身后。中国绿色发展指数超越传统的投资环境评价，为投资者全面衡量投资项目的收益提供了更高和更全面的视角。中国绿色发展指数将有助于改变企业的生产经营决策。传统意义的企业在衡量成本和收益的时候，往往忽略企业生产经营活动的负外部性造成的社会成本——收益企业独享，污染排放大众买单。中国绿色发展指数的推出，将在政策层面与理念上改变这种不对称的责任分担。企业在生产经营活动中，不仅仅要考虑企业的成本收益，还要考虑企业的社会责任；不仅仅要看到当前的利益，更要看到未来的利益。

最后，中国绿色发展指数有助于聚焦社会公众对生态环境的关注，鼓励大众积极参与绿色发展。中国绿色发展指数的推出，有助于吸引社会公众的兴趣，使绿色发展的概念更深入人心。近年来，环境保护、气候变化等话题使社会公众普遍接受了绿色可持续发展的认识。关于绿色发展的话题也极大地吸引了社会公众的注意。各地区全面的绿色发展评价，将有效地形成社会舆论效应，迫使绿色发展差的地区积极转变发展方式，推动绿色发展基础好的地区不断进步。中国绿色发展指数有助于加深社会公众对绿色发展的认识，从自身做起，推动中国绿色发展的进程，推进资源节约型、环境友好型低碳社会的进程。中国绿色发展指数的推出，将使公众对绿色发展的认识从定性提高到定量的阶段，对绿色发展的各项指标关注程度也将提高，有助于社会公众接受绿色发展的共识和理念，亲身践行，形成良好的社会风气，为绿色发展政策的推出和实践创造坚实的群众基础。

>>二、中国绿色发展指数指标体系的编制思路、结构、指标及测算<<

我们在比较分析各类评价方法的基础上，结合中国实际，提出了编制中国绿色发展指数体系的思路，构造了一个包括 3 个一级指标、9 个二级指标和 55 个三级指标的结构体系，并简单介绍了测算的方法。

(一)国内外与绿色发展相关的评价体系简述

当前，国际组织、政府机构和学术单位等对绿色发展的相关研究很多，有很多以指标(体系)、指数等形式进行测算。从大的分类来看，这些指标或指数根据侧重点的差异可归结为四类，一是侧重宏观经济的绿色指数，包括绿色 GDP 核算、净经济福利指标、扩展的财富等指标；二是侧重生态环境的绿色指数，多是测算经济活动对生态环境的破坏状况，并且关注环境与经济增长之间的相互关系，比如，评价环境质量的"绿色指数"、侧重环境影响的环境可持续性指标、着眼于生态承载力的生态需求指标等；三是侧重资源能源的绿色指数，比如全球替代能源指数等；四是侧重生活质量的绿色指数，比如，关于消费者环境相关消费行为的"绿色指数"等。此外，与绿色发展相关的指标还有可持续发展指标或指数。1992 年联合国环境与发展大会一致通过《21 世纪议程》。1996 年由联合国可持续发展委员会负责，联合其他联合国机构推出可持续发展指标体系，从经济、社会、环境和制度四个方面入手，使用驱动力(Driving force)—状态(State)—反应(Response)—模型(DSR 模型)，提出一个可持续发展核心指标框架。目前，联合国、经济合作与发展组织、美国、英国、我国中科院等都提出了各自的可持续发展评价指标体系。

与绿色经济相比，第一，可持续发展指标或指数的范围更广泛，这与可持续发展经济问题涉及现代经济社会生活的各个领域有关，从经济、资源环境到社会发展；从宏观、中观到微观；从国民经济各部门到社会生产与再生产的各个环节，都存在着可持续经济发展问题。而绿色经济的侧重点则主要在环境的可持续发展。如 1995 年世界银行提出了度量各国发展可持续性的方法。世行的模型认为："可持续性就是给予子孙后代和我们一样多的甚至更多的人均财富"，世行强调了对一国总财富的度量。但对自然资源如清洁空气、矿产储藏等并没有设计出合适的价格体系。第二，其他侧重宏观经济、生态环境、资源环境和生活质量的绿色指数多集中于所衡量内容的某一方面，比如美国耶鲁大学和哥伦比亚大学合作开发环境可持续性指标，每年在达沃斯世界经济论坛发布，包括5个方面，22个核心指标，每个指标使用了2～6个变量共67个基础变量。这是目前较为有影响力的环境可持续性发展评价体系。美国评价环境质量的"绿色指数"的指标多是基于环境评价的角度设计的。第三，相比之下，发达国家的指标体系中，关注更多的是环境、生态和福利指标，而国内虽然也关注资源环境问题，但仍把经济发展放在比较重要的位置。

从现有的测算研究来看，截至目前，国家尚未全面开展系统的省级层面的绿色发展比较工作。从环保角度看，我国已先后制定了城市环境综合整治定量考核制度、创建国家环境保护模范城市、全国生态建设示范区和主要污染物排放总量减排考核等制度设计。环境保护部(原国家环境保护总局)还和经济合作与发展组织(OECD)合作开展了中国环境绩效评估，对我国过去10多年的环境绩效进行了全面回顾和评估，并对未来我国环境管理和政策的制定与实施提出了建议。至于企业层面，在环境影响评价、企业上市和再融资环保核查、环境友好型企业创建等工作中，均有相关的评估指标。而在公众参与方面，国内先后开展了"中国环保民生指数"、"环境状况满意度调查"等，引导公众参与环境保护管理和决策过程。虽有高校或科研机构在测度城市绿色 GDP 指数(北京工商大学)，测度包括经济、社会、环境、教育等方面的中国发展指数(中国人民大学)和中国可持续发展能力评估指标体系(中国科学院)，但尚未有对绿色发展省(区、市)一级的测度，因此，集中进行省(区、市)绿色发展的比较分析，是非政府研究机构为中国经济发展方式转变做的有价值的工作。

(二)绿色发展指数指标体系的编制思路

编制中国绿色发展指数的主要思路，**一是突出绿色与发展的结合**。如上所述，绿色指数多在衡量环境与资源，发展指标多在衡量经济增长情况，绿色发展指数就要突出这两者的结合。本报告中的结合体现在产业发展的绿化程度，环境资源的保护程度，政府在规划与领导经济发展中对绿色发展的关注程度。正因为如此，课题组中不仅有经济学家，也有环境专家、生态专家等若干理工学科的专家。**二是突出了各省(区、市)绿色发展水平与进度的比较**。本报告选取的样本是中国内地 30 个省、自治区、直辖市(西藏自治区因数据暂缺未列入计算)，以省为单位进行比较。中国作为一个大国，各省资源秉赋及经济发展各具特色，各有短长。比较各省的绿色发展，既可交流先进经验，也可促进后起奋进。由于多方面原因，中国台湾省、中国香港特别行政区和中国澳门特别行政区未列入本报告研究范围之内。希望今后能与港澳台地区的专家合作，把这项工作做得更具普遍性。**三是突出了政府绿色管理的引导作用。**政府行为、科技能力及公众参与，是推动绿色发展的三支重要力量，尤其是政府行为，是最为重要的。在我国，政府在经济社会中的主导作用非常大，因此，本报告在选择指标和分类时，希望突出地方政府业绩评价，希望能够督促各地政府在绿色发展方面争先创优。事实上，对照国际上兴起的"绿色新政"高潮，也可看到，各国政府在发展绿色经济中都有着重要的引导作用，是可以互相交流与借鉴的。当然，我们认为企业的绿色发展也是非常重要的，这些将在本报告的专题中有所讨论，同时，也希望能与突出绿色企业和绿色产品的调研机构合作，达到互补互助的目标。**四是突出了绿色生产的重要性。**绿色经济是多方面的，绿色消费就是其中非常重要的内容。美国国家地理学会设立的"绿色指数"，旨在测量消费者选择的生活方式在住房、交通、食品和商品四个方面对环境的影响。但考虑到中国绿色发展的矛盾重点还是在生产方面，尤其是工业生产方面，这里，不仅体现着企业的力量，还体现着政府的作用，因此，本报告重点评估绿色生产的影响。但在专题中，我们同样也反映了对绿色消费的看法。**五是在数据收集中，强调了来源的公开性与权威性。**本报告采用的基础数据全部来源于公开出版的年鉴或者相关部门公布的权威指标数据。原始数据主要来自《中国统计年鉴 2009》、《中国环境统计年鉴 2009》、《中国城市统计年鉴 2009》、《中国能源统计年鉴 2009》、《中国工业经济统计年鉴 2009》、《中国环境统计公报 2008》、《中国统计摘要 2010》以及《新中国六十年统计资料汇编》等。

（三）绿色发展指数指标体系的两级结构

下面，我们分析中国绿色发展指数的结构与内容。

首先，看基本的或一级分类。

图 0-1 显示，我们测度的绿色发展指数主要包括三大分类，即经济增长绿化度、资源环境承载潜力和政府政策支持度。经济增长绿化度反映的是生产对资源消耗以及对环境的影响程度；资源环境承载潜力体现的是自然资源与环境所能承载的潜力；政府政策支持度反映的是社会组织者处理解决资源、环境与经济发展矛盾的水平与力度。

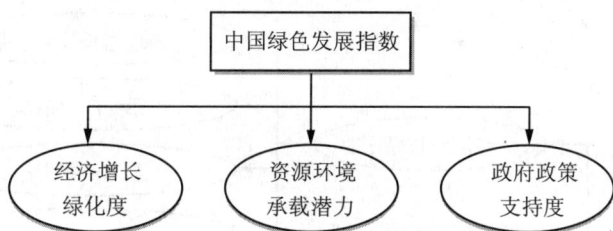

图 0-1　中国绿色发展指数指标一级框架

　　那么，我们是如何选择出这种分类呢？第一，从测度绿色发展指数的目的看，我们希望突出经济增长中蕴涵的绿色程度，希望强调政府政策的支持力度，也希望反映资源与环境承载的潜力。第二，三分法符合状态、压力、响应的分类思路。经济绿色增长的程度和水平是绿色发展的现实状态，资源环境承载潜力是绿色发展的压力体现，政府政策支持则反映了政府的响应。第三，三分法是三级指标归类分析的结果。在选出的三级指标基础上，我们既从三分法思路来归类，同时，也从三级指标本身属性上来确定如何归类最有道理，并希望这种归纳的结果是比较均衡的。事实上，现在三类中三级指标经过多次调整，最后形成现在这种分布较为均衡的格局。第四，从我们研究过程看，选择三大分类是反复取舍的结果。起初，我们征求多学科专家的意见，对分类有多种建议，有三、四、五、六等多种分类，分四类如经济、社会、资源、环境；分五大类有经济发展、能源与资源、环境与生态、政府与政策、社会和谐发展，还有一种是资源支持系统、环境支持系统、人口及智力支持系统、科技支持系统、经济支持系统；分六类的有经济结构、经济效能、社会发展、文化事业、资源利用、环境保护，但为了凸显我们的特色，经多次讨论还是选用了上述三分法。综上，三分法体现着"一体双力"，经济绿色增长是主体，资源环境是基础推力，政府政策是引导拉力，三者结合，为经济绿色发展提供了基础性保证。

　　其次，看一级指标下的二级分类。

　　图 0-2 显示，绿色发展指数指标框架一级指标下还有 9 个二级指标，这是如何确定的？二级指标的确定采取的方法是：两次归类，适度调整。其含义就是，在确定了一级指标和选择三级指标后，三级指标先按一级指标指向归类，然后，一级指标内的众三级指标再按其性质接近程度再归类。对二级指标进一步的解释，将会结合三级指标解释一并进行。

　　现在，我们进一步展示一级和二级指标及权重（见表 0-1）。

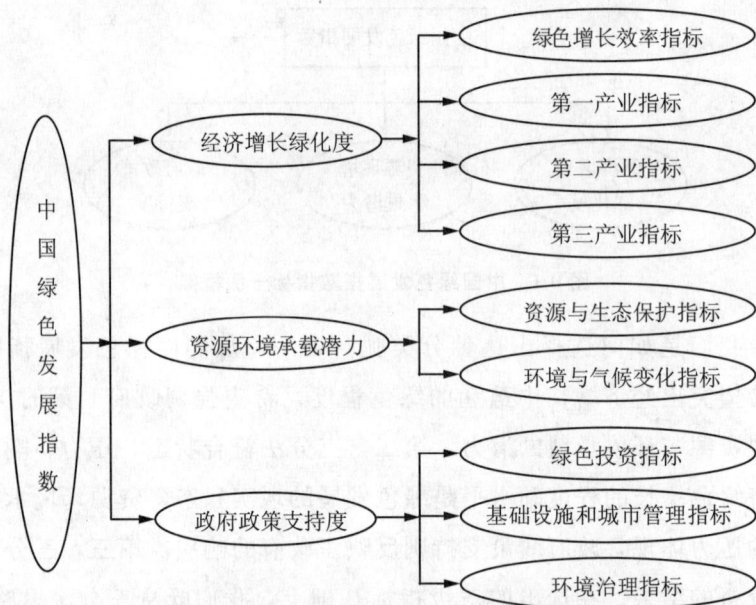

图 0-2　中国绿色发展指数指标二级框架

表 0-1　　　　　　　　　中国绿色发展指数一级、二级指标及权重

一级指标	权重	二级指标	权重
经济增长绿化度	30％	绿色增长效率指标	40％
		第一产业指标	10％
		第二产业指标	35％
		第三产业指标	15％
资源环境承载潜力	45％	资源与生态保护指标	20％
		环境与气候变化指标	80％
政府政策支持度	25％	绿色投资指标	40％
		基础设施和城市管理指标	30％
		环境治理指标	30％

　　上表中列出了一级、二级指标的权重。这是如何确定的呢？我们知道，在测度过程中，鉴于同级各类指标要素的影响和作用互不相同，进行比较评价时，需要区别对待，即权重分配上要有所不同。本次测度工作，课题组选择几十名涉及经济、资源、环境、能源、统计等研究领域的专家，通过会议形式向各位专家就指标权重征求意见，对反馈的意见进行汇总，再经过多次分析讨论，最终确定了每个指标的权重。

　　这里需要重点回答三个一级指标的权重是否合理与科学？第一个基本判断

是：资源环境承载潜力是绿色发展的基础，权重应最高；经济增长绿色度是我们追求的目标，权重要高于政府政策支持度。第二个基本判断是：一级指标权重要受三级指标权重的制约，即判断三级指标重要性相对具体、好操作，加上一级分类包含的三级指标数量，就可以大致制约一级指标的权重；第三个基本判断是：权重是相对的，因此不必过细，以5％或10％为最小单位即可。还有一个规律在起作用，就是经济增长绿化度和政府政策支持度相关度高，也与省区经济发达程度正相关度高，而资源环境承载潜力与自然禀赋相关度高，因此与不发达的中西部地区正相关度高。因此，如果是仅强调绿色，就可提高资源环境承载潜力权重；若仅强调发展，就可压低资源环境承载潜力权重；如果既强调绿色又强调发展，就要对资源环境承载潜力有一个合理的权重。经过不同情景和模式的多角度全方位的模型计算，在不断对照现实中各省区的多项考核情况后，专家们最后一致同意现在权重的分配额度。

二级指标的权重又是如何获取得呢？是否合理与科学？与一级指标权重确定相似，二级指标的权重也是经济、资源、环境、能源、统计等研究领域的专家来商定的，即使用专家评分法。二级指标的权重是在三个一级指标框架内分别确定的，即每个一级指标下，二级指标合成为100分。我们可以看到，在绿色增长度中，效率指标与第二产业的权重分别为40％和35％，反映出专家们的一个共识，即社会总的投入产出效率和工业化对环境资源的有效利用对实现绿色增长是占主体，是关键。在资源环境承载潜力一级指标下，环境与气候变化指标占到80％的权重，反映出一个基本事实：废物、废水和废气的排放对环境与气候的影响已成为最令人担忧的危害。而在政府政策支持度下，绿色投资指标、基础设施和城市管理指标、环境治理指标权重接近，绿色投资指标权重略高一些，反映了政府全面关注资源、环境与经济增长关系，是专家最希望看到的。专家们对现实情况理解的共识，反映出指标权重具有相当的客观性。

三级指标权重的确定与一级指标和二级指标基本相同。二级、三级指标的权重详见本报告的第五章、第十章、第十四章，这三章中权重及指标属性的表格不再标注资料来源。

（四）绿色发展三级指标选择及归类

三级指标选择是本研究项目的基础，需要特别加以说明。先看包括三级指标在内的中国绿色指数指标框架（见表0-2）。

表 0-2 绿色发展指数指标体系

一级指标	二级指标	三级指标	
经济增长绿化度	绿色增长效率指标	1. 人均地区生产总值 2. 单位地区生产总值能耗 3. 非化石能源消费量占能源消费量的比重 4. 单位地区生产总值二氧化碳排放量 5. 单位地区生产总值二氧化硫排放量	6. 单位地区生产总值化学需氧量排放量 7. 单位地区生产总值氮氧化物排放量 8. 单位地区生产总值氨氮排放量 9. 单位地区生产总值工业固体废物排放量
	第一产业指标	10. 第一产业劳动生产率	11. 土地产出率
	第二产业指标	12. 第二产业劳动生产率 13. 单位工业增加值水耗 14. 规模以上工业增加值能耗 15. 工业固体废物综合利用率	16. 工业用水重复利用率 17. 高载能工业产品产值占工业总产值比重 18. 火电供电煤耗
	第三产业指标	19. 第三产业劳动生产率 20. 第三产业增加值比重	21. 第三产业从业人员比重
资源环境承载潜力	资源与生态保护指标	22. 人均当地水资源量 23. 人均森林面积	24. 森林覆盖率 25. 自然保护区面积占辖区面积比重
	环境与气候变化指标	26. 单位土地面积二氧化碳排放量 27. 人均二氧化碳排放量 28. 单位土地面积二氧化硫排放量 29. 人均二氧化硫排放量 30. 单位土地面积化学需氧量排放量 31. 人均化学需氧量排放量 32. 单位土地面积氮氧化物排放量 33. 人均氮氧化物排放量	34. 单位土地面积氨氮排放量 35. 人均氨氮排放量 36. 单位土地面积工业固体废物排放量 37. 人均工业固体废物排放量 38. 单位耕地面积化肥施用量 39. 单位耕地面积农药使用量
政府政策支持度	绿色投资指标	40. 环境保护支出占财政支出比重 41. 环境污染治理投资占地区生产总值比重 42. 农村人均改水、改厕的政府投资	43. 单位耕地面积退耕还林投资完成额 44. 科教文卫支出占财政支出比重
	基础设施和城市管理指标	45. 城市人均绿地面积 46. 城市用水普及率 47. 城市污水处理率	48. 城市生活垃圾无害化处理率 49. 城市每万人拥有公交车辆
	环境治理指标	50. 矿区生态环境恢复治理率 51. 人均造林面积 52. 工业二氧化硫去除率	53. 工业化学需氧量去除率 54. 工业氮氧化物去除率 55. 工业氨氮去除率

现在，需要回答的问题是：表中的 55 个三级指标是如何选定的？这是从近 1 500 个相关指标中经多次筛选后确定的。为了完成此项工作，我们组织了一个"绿色指数信息研究小组"（Green index information group，GIG）。该小组经过一个月的努力，完成了一份《"绿色指数"参考资料汇编》，主要包括了国外相关文献、政府文献、国内专业书籍、国内期刊论文四大方面，得到与绿色发展指数相关的 1 458 个指标，经过三次会商，初步梳理出 514 个，反复讨论后，合并为 366 个指标。经北京师范大学"科学发展观与经济可持续发展研究基地"、西南财经大学"绿色经济与经济可持续发展研究基地"和国家统计局中国经济景气监测中心（简称为"两地一中"）专家讨论和筛选，确定为 112 个指标。会后，GIG 在参考世界银行的《Little green data book》、美国环保专家《绿色指数》、麦肯锡《城市排名测算》和倪鹏飞《2010 全球竞争力报告》的基础上，再次增选到 157 个指标。其后，与统计专家会商筛选出 60 个指标。再经六次专家会议，增增减减，最后定位在上表中的 55 个三级指标上。

选择三级指标的标准是什么呢？一是所选指标或与经济增长绿化度、或与资源环境承载潜力、或与政府政策支持有重要的联系，能对二级指标指数形成有实质性的贡献，这点不必过多解释了。二是数据的可得性。我们搜集了各种统计年鉴，进行了排查，发现各省区数据全有的相关指标是有限的。同时，我们要求的是连续可得性，不能是随机抽样数据。有的数据如森林覆盖率，很重要，2003年和 2008 年有数据，因此，才最终确定采用。当然，下一次则需要用统计方法来处理。三是正指标或逆指标要明确。有些指标，到底是数据高了评价高还是相反，一定要明确。比如，我们没特别强调水电、风电和核电指标，而主要用"非化石能源比重"。因为每一种电力，都会有利也有弊。类似的还比如，新能源比重高低如何评价，现实中，新能源占比很低，但各地上得已太多了，是否要在指标中体现鼓励？再比如，"水土流失治理面积"，有的区域没有土地流失面积，而有的区域太多，正反方向也不是很清楚。四是强调了水平指标而弃用了变化指标。换言之，我们用了绿色发展状态指标，没有用 2008 年与 2007 年相比的变化率指标。为什么？因为通过统计计算与分析，我们发现年度变化率很不稳定，有16 个指标变化率出现奇异值或说某省区某数据出现极高值或极低值，甚至高过同类指标百倍以上，很难进入体系中计算。我们尝试用一些复合指标，也尝试运行统计方法对奇异值进行种种处理，但均因解释会让读者难以理解而放弃了。由于这个原因，虽然我们拟定了 2005 年为基年，2007 年为比较年，2008 年为测度年，但基年和比较年基本上处于备用状态了。五是选择用典型性或代表性指标。

在复杂的类型中，有多种指标都有一定意义，但需要精选。比如，在电力能耗的指标上，我们选择了火电供电煤耗，原因是火电在我们供电比重中最大，火电耗煤量大小是各个省份普遍面临的问题。六是重视指标的相互制约关系。同一指标，尤其是排放量，是人均、地均还是占人均 GDP 的比重，均有不同意义。比如，对人口大省，对面积大省，对经济发展程度不同的省，其评价结果是不同的。因此，我们在测算的大体系中，按三大类将此分别列入，以形成较为合理的体系结果。

这里需要说明的是，我们在选取指标时，力求做得更好，但有时难以做到，一是有的指标对判断绿色发展非常重要，但数据暂缺。比如 CO_2 排放量，这对判断生态环境和气候影响非常重要，但暂时难以得到公认数据，此指标在国际磋商中敏感度比较高，因此，我们列入表中，但未自行计算数据，拟等待数据公布后填入。再比如，在有关的污染物排放量指标中，我们选取了反映经济发展环境效率的指标，但缺少反映环境质量的指标，如"区域环境空气质量达标率"、"区域水环境质量达标率"等指标，这也是很遗憾的。二是有些重要指标只能用替代性数据。比如，省区面积是个非常重要的数据，但统计年鉴中没有，只能用《中国统计年鉴》中"各地区土地利用情况"中的数据。同样，人口数据也是基本数据，但只能用《中国统计年鉴》中各地区人口的城乡构成栏下的总人口数据。三是因GDP 调整，使部分有关数据的取舍或可比性上，遇到些困难。当然，我们力求在统计专家的帮助下做到大家可接受。四是由于西藏 2008 年多数指标数据不能获得，因此本次只考虑 30 个省区市。

还需要说明的是，我们备用了近 30 个"调整指标"，其中 10 个有各省区的数据。调整指标是为了修正结果的奇异值而提出来的，因此，可称为一种"加减分指标"。比如，新能源汽车，可能为有些省加分；而"发生重特大环境污染事故"可能为某些省减分等。但在首次测算中，为了客观性，调整指标暂未使用。

最后要指出，对二级指标、三级指标进一步的详细解释，请看本报告第五章、第十章、第十四章以及指标解释的附录。

（五）绿色发展指数的测算方法

绿色发展指数是我们进行评价的核心指标，如果把绿色发展总指数视为一级，那本报告就共设计四级指标体系，一般我们称本报告指标体系为三级。绿色发展总指数是对所有评价指标数据进行合成的相对数。绿色发展指数值是在各评价指标标准化数值的基础上，按照事先赋予的权数，加权综合而成。本报告中，我们将各地区绿色发展情况与平均水平进行比较，计算绿色发展指数，来测度各地区经济绿色发展的总体情况。

对评价指标进行一致性处理是本项研究工作的重要环节。绿色发展指数是多个评价指标的合成指标，为了保证不同量纲指标之间能够进行有效合成，在完成数据的收集和净化处理后，先对原始数据进行同向化处理和同度量处理（或称标准化处理）。在 55 个评价指标中，有 30 个指标数值与绿色发展指数呈正相关性，也称正指标；正指标无需进行同向化处理。而另有 25 个指标则与绿色发展指数呈负相关性，也称逆指标。为了消除两类指标在合成时相互抵消，对逆指标进行了正向化处理，主要采用倒数法和求补法。本测度中，除了高载能工业产品产值占工业总产值比重采用"求补法"、单位土地面积工业固体废物排放量和人均工业固体废物排放量采用"最大值法"进行处理外，其他逆指标均采用"倒数法"进行正向化处理。

报告中所选的评价指标计量单位多数都不相同，不能直接进行合成，需要消除指标量纲影响。目前，常用的标准化方法主要有最大最小值法和标准差标准化法。考虑到我国区域资源禀赋以及发展水平的不均衡性，特别是人均水资源等数据差异极大，如果采用最大最小值法会使其他地区在该指标上的贡献率几乎为零，形成一枝独大的局面，从而影响评价效果；另外，最大最小值多数情况下都属于超常值，它的可靠程度不容易把握，因此，我们舍弃最大最小值法，而采用标准差标准化法。这种方法在一定程度上能够缓和各区域之间的悬殊差异程度，同时它的测算结果相对稳定。标准差标准化设计思路是把所有地区评价指标的平均值作为参照系，来考察一个地区相对平均水平的偏离程度，高于平均水平记为正数，低于平均水平记为负数，偏离越远，其数值的绝对值就越大。

本报告采用的是相对指标，共有 55 个三级指标。具体来说主要包括两类。一是比率形式的指标，共 36 个。这类指标是一个统计量相对于常见的参照统计量（如 GDP、人口、面积）的比值，它可以剔除各省人口、面积等差异对总量性质的统计指标的影响，因此主要被用于比较各省绿色增长的效率及环境、气候变化情况。二是结构形式指标，共 19 个。它反映了部分与总体的比例，在本书中主要有三个作用：第一用于衡量产业、能源结构合理程度，如非化石能源消费量占能源消费量的比重；第二用于反映环境、资源状况和产业对环境的影响，如森林覆盖率；第三则是评价政府在环保等公共领域的作用力度，如环境保护支出占财政支出的比重。总量指标和速度指标主要是考虑了评价的公平性和数据的稳定性而被放弃的。

为了尽量保证测度的公平客观，对缺少指标数据的省份，我们参考实际情况，采取了不同的处理方法：一是对于有些空缺指标，由于客观原因，在一些地区并不存在，如上海就无矿区生态环境恢复治理率数据，就用中位数代替；二是对于有些空缺指标，经多次核实并用关联指标推断，确实没有发生，就用零代替。对于任何一个空缺指标的处理我们都保持十分谨慎的态度，并做详细的记录说明。

最终结果的确定是对所有测算指标进行正向化处理和标准化处理后，根据确定的权重，加权计算各地区测算指标的综合得分值，即为各地区"绿色发展指数"的最终数值。其他三个分指数的计算方法类似。

为了保证测度结果的客观公正，所有指标口径概念均与国家统计局相关统计制度保持一致。

>>三、中国绿色发展指数测算结果<<

在编制中国绿色发展指数指标体系并进行反复测算的基础上，我们得到了各省（自治区、直辖市）的"绿色发展指数"。量化地展示各地区绿色发展的程度，揭示各地区绿色发展的优势与不足，力求为各地区推进绿色发展提供有价值的参考。

（一）测算结果

我们根据"绿色发展指数"体系，依据各指标 2008 年数据，测算出了我国各省（自治区、直辖市）2008 年度"绿色发展指数"，以及经济增长绿化度、资源环境潜力和政府政策支持度得分（见表 0-3）。

对表 0-3 简单地进行说明：

第一，本测算采用标准化法进行无量纲化处理，得分高于"0"表示该省（区、市）的指数水平高于全国平均水平，在全国各地区中排名位次居前。得分低于"0"表示该省（区、市）指数水平低于全国平均水平，在全国各地区中排名位次居后。指数绝对值的大小，依据对平均值的偏离程度确定。

第二，本表指数不仅有总指数，也有分指数。"绿色发展指数"为总指数，而"经济增长绿化度"、"资源环境承载潜力"和"政府政策支持度"为分指数。总指数排序与分指数有区别，如北京总指数排第 1，但"资源环境承载潜力"排第 11，且 3 个分指数排序也有区别，均是根据各自的三级指标加权测算得到的。这说明，各省不仅需要看自己总指数排名，也需要看自己分指数排名，以更好地实施绿色发展。

第三，本表所测算的是 2008 年数据，即此排序是 2008 年的省区绿色发展排序。这是为了使所获数据能统一截止在某一年份。世界银行等国际机构，通常也是用这种办法来发布其发展报告，即发布年份与所用数据年份相差 2 年。

表 0-3   2008 年中国各地区绿色发展指数及排名

指标	绿色发展指数		一级指标					
			经济增长绿化度		资源环境承载潜力		政府政策支持度	
权重	100%		30%		45%		25%	
地区	指数值	排名	指数值	排名	指数值	排名	指数值	排名
北 京	0.7917	1	0.5637	1	−0.0030	12	0.2310	1
青 海	0.4505	2	−0.2523	30	0.6641	1	0.0387	8
浙 江	0.2833	3	0.2027	5	−0.0780	18	0.1585	2
上 海	0.2799	4	0.4172	2	−0.2039	29	0.0667	7
海 南	0.2057	5	0.0811	9	0.1836	4	−0.0590	23
天 津	0.1602	6	0.3246	3	−0.1527	26	−0.0118	16
福 建	0.1582	7	0.1674	7	−0.0146	13	0.0054	13
江 苏	0.1311	8	0.1965	6	−0.1603	27	0.0949	3
广 东	0.1048	9	0.2234	4	−0.1068	22	−0.0118	17
山 东	0.0915	10	0.1006	8	−0.0934	21	0.0843	5
内蒙古	0.0895	11	−0.0489	13	0.1343	7	0.0041	14
云 南	0.0592	12	−0.1807	26	0.2437	2	−0.0038	15
黑龙江	−0.0249	13	−0.0520	14	0.1161	9	−0.0890	29
新 疆	−0.0473	14	−0.1583	25	0.1509	6	−0.0399	19
陕 西	−0.0480	15	−0.0710	16	−0.0011	11	0.0241	9
贵 州	−0.0491	16	−0.2201	29	0.1926	3	−0.0216	18
四 川	−0.0625	17	−0.1048	22	0.1283	8	−0.0860	28
安 徽	−0.0711	18	−0.0644	15	−0.0293	16	0.0226	10
甘 肃	−0.0910	19	−0.1979	28	0.1532	5	−0.0463	21
江 西	−0.1319	20	−0.1102	23	0.0232	10	−0.0449	20
吉 林	−0.1677	21	0.0050	10	−0.0147	14	−0.1579	30
湖 北	−0.1739	22	−0.0370	12	−0.0880	19	−0.0488	22
辽 宁	−0.1817	23	0.0047	11	−0.1151	24	−0.0712	25
广 西	−0.1831	24	−0.0913	20	−0.0238	15	−0.0680	24
重 庆	−0.1896	25	−0.0902	19	−0.1935	28	0.0941	4
河 北	−0.1955	26	−0.0755	17	−0.1391	25	0.0191	11

续表

指标	绿色发展指数		一级指标					
			经济增长绿化度		资源环境承载潜力		政府政策支持度	
权重	100%		30%		45%		25%	
地区	指数值	排名	指数值	排名	指数值	排名	指数值	排名
湖　南	−0.2364	27	−0.0970	21	−0.0542	17	−0.0851	27
宁　夏	−0.2407	28	−0.1975	27	−0.1128	23	0.0696	6
河　南	−0.2475	29	−0.0826	18	−0.0898	20	−0.0750	26
山　西	−0.4636	30	−0.1551	24	−0.3157	30	0.0072	−12

注：本表根据"绿色发展指数"体系，依据各指标 2008 年数据测算而得；本表各省（区、市）按照绿色发展指数的指数值从大到小排序。

资料来源：根据《中国统计摘要 2010》、《中国统计年鉴 2009》、《中国环境统计年报 2008》、《中国环境统计年鉴 2009》、《中国工业经济统计年鉴 2009》、《中国城市统计年鉴 2009》等测算。

图 0-3 更直观地反映了各地绿色发展指数的分值及排序情况：

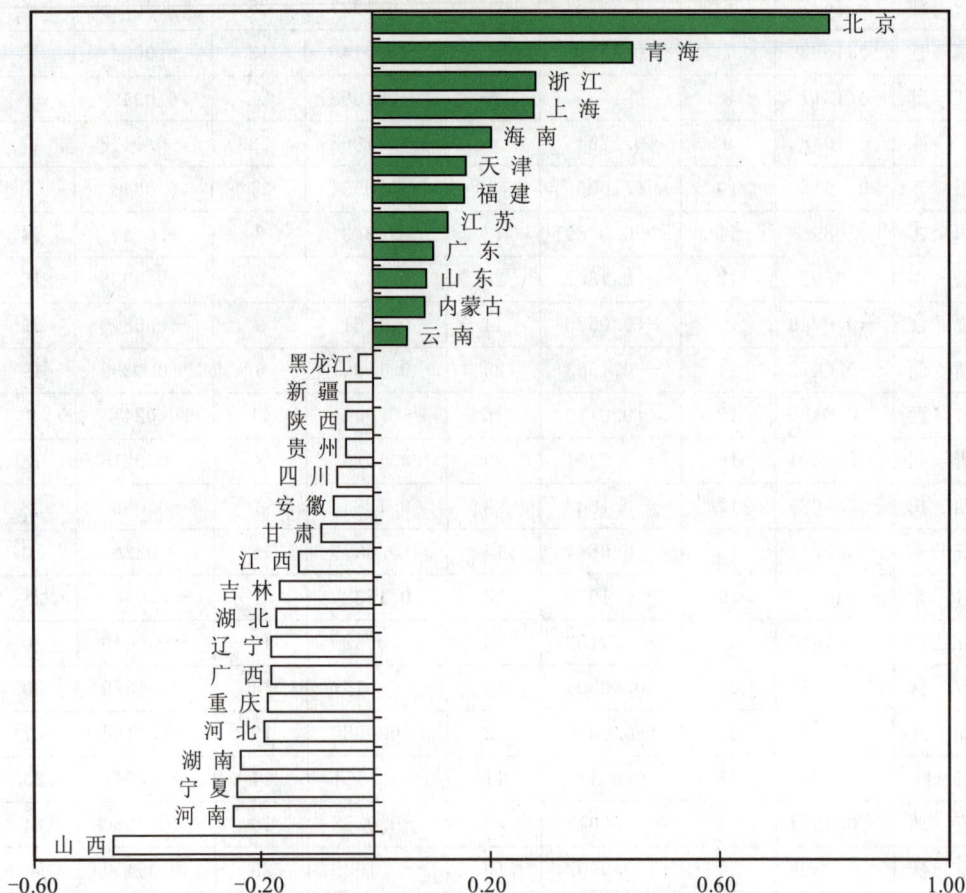

图 0-3　中国绿色发展指数排名地区比较图

将表 0-3 中各地区的绿色发展指数的指数值用图表示出来即形成图 0-3，其省（区、市）的顺序与表 0-3 中绿色发展指数的排名顺序是一致的。该图中，横轴为绿色发展指数值，其中 0 点为绿色发展指数的平均水平。绿色发展指数值高于全国平均水平的省（区、市）用阴影条框表示，绿色发展指数值越高，其阴影条框就越长；相反，绿色发展指数值低于全国平均水平的省（区、市）则用白色条框表示，绿色发展指数值越低，其白色条框就越长。

从表 0-3 中我们可以发现，在参与测算的 30 个省（区、市）中，12 个省（区、市）绿色发展水平高于全国平均水平，18 个地区低于全国平均水平。各地区在三个分指数上的排序各有变化，不尽相同。

测度结果能真实反映各地区的绿色发展水平吗？我们认为，测度结果基本可靠，但具相对性。就我们选取的这 55 个三级指标，就我们采用的体系结构，这个结论是可靠的。我们已多次核对原始数据，检查计算方法，明确测度原则与规则，讨论统计测度的科学性和客观性。因此，这个结果是基本可靠的。但是，一方面，绿色发展本身内涵十分丰富；另一方面，各地区间的差异性仍比较大，我们设计的测度体系，虽是在反复论证、多方求证的过程中形成的，但也是处于不断思考与调整中的。换言之，测度结果会受到部分指标数据的不完整性、原始数据的真实性、计算方法的可选择性等多重因素的影响和制约，呈现出相对性或非客观性，即结论只能具有相对正确性。

(二)绿色发展指数省(区、市)的区域分布与比较

从表 0-3 中可以看到，绿色发展指数排在前十位的省份分别是：北京、青海、浙江、上海、海南、天津、福建、江苏、广东、山东。从地理区位看，上述 10 个地区除青海位于西部外，其他均处于东部地区。位于第 11～20 名的 10 个地区在区位上也相对集中，基本属于自然资源相对丰富而人口密度相对较低的广大西部地区(宁夏除外)和北部边境地区；位于第 21～30 名的地区则主要是处于两者之间的中部内陆地区。为了比较不同地区绿色发展指数的区域差异，我们把 30 个地区按绿色发展指数排序后，分为三个等次，指数排在前 10 名为绿色发展水平好的地区，在我国行政区地图上用深绿色表示；第 11～20 名为绿色发展水平较好的地区，用中度绿色表示；后 10 名为绿色发展水平一般的地区，用浅绿色表示。下图清晰地表现出绿色发展在区域分布中出现的差异。

图 0-4 所示，从绿色发展指数排序的区域分布呈现的总体情况看，可概括为以下方面。

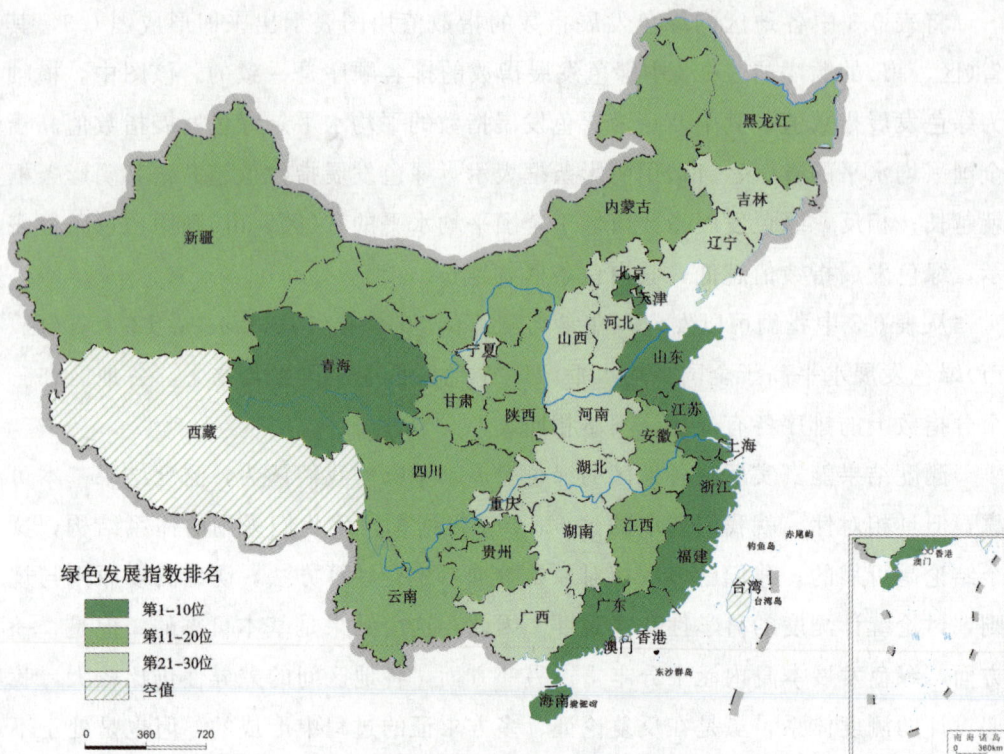

绿色发展指数排名

- 第1~10位
- 第11~20位
- 第21~30位
- 空值

0 360 720

图 0-4　2008 中国绿色发展指数排名地区分布图

　　东部地区绿色发展水平相对最好。从总体上看，东部地区经济相对发达。东部地区由于经济发展水平较高，财力相对较强，也相对较早地遭遇资源环境对经济发展的制约，其产业结构升级相对较快，第三产业比重相对较高，经济发展中的资源使用效率和环境保护力度相对较大，经验相对较为丰富，尽管受资源环境约束最大，但仍表现出相对较高的绿色发展水平。测算结果表明，东部发达地区在经济发展到一定水平后，更加重视经济发展与资源环境的协调，更加重视提高经济增长效率，通过调整和优化产业结构，通过提升能源使用效率，加大环境和生态保护力度，提升了经济增长的绿色程度。除河北省外，东部①其他 9 个地区北京、天津、上海、江苏、浙江、福建、山东、广东和海南的绿色发展指数排名都在前十位，"经济经济增长绿化度"指数也排在前十位，高于全国平均水平，属于绿色发展水平较好的地区。

---

　　① 本报告中全国按四大区划分，即东、中、西和东北地区。其中，东部地区包括北京、天津、河北、上海、江苏、浙江、福建、山东、广东和海南 10 省市；中部地区包括山西、安徽、江西、河南、湖北和湖南 6 省；西部地区包括内蒙古、广西、重庆、四川、贵州、云南、西藏、陕西、甘肃、青海、宁夏和新疆 12 省（市、区）；东北地区包括辽宁、吉林和黑龙江 3 省。

不过，经过近三十年的粗放式增长，经济快速增长及人口聚集导致东部沿海各省市的资源环境压力加大。人均资源占有量低，空气、水等污染严重。经济持续增长遭遇环境和资源瓶颈。9个省市中，只有海南因地理环境优越，"资源环境潜力度"保持在第4位外，其他均排名靠后，大都列于后十位。东部地区面临着较大的资源环境承载压力。

西部地区绿色发展水平较好。西部地区由于其相对富余的资源环境承载空间，以及在资源环境保护方面所接受的相对较多的转移支付，自然禀赋好的西部地区在绿色经济发展中具有天然优势；加上经济相对欠发达客观上尚未造成资源的过度消耗和环境的明显破坏，也表现出一定程度的绿色发展水平。总体来看，西部地区经济发展落后于中部地区，但是由于西部地区多个省份的自然资源优势突出，为经济的绿色发展奠定了基础，因此西部地区绿色发展水平整体上好于中部地区。在绿色发展指数上，青海、内蒙古和云南发展指数高于全国平均水平；内蒙古、四川、贵州、云南、陕西、甘肃和新疆7省（区）绿色发展也属于较好水平，只有广西、重庆和宁夏3省（市）排在后十位。"资源环境潜力度"指数排名在前十位中，有7个是西部地区，分别是青海、云南、贵州、甘肃、新疆、内蒙古、四川。但这几个省的经济发展水平低，"经济增长绿化度"排在全国的倒数几位。表明西部资源大省尽管当前经济落后，但具有增长潜力。要加快西部发展，为保持持久性绿色环境提供物质保障。

中部地区绿色发展水平一般。中部6省绿色发展指数均低于全国平均水平，安徽和江西处于较好水平，分别位于第18位和第20位；其他4省均位于后十位中。我们看到，中部内陆地区作为夹心层目前在绿色发展方面面临的压力最大：一方面大量承接东部的制造业转移，资源环境承载空间会进一步压缩；另一方面经济实力远没有东部雄厚，对资源环境保护的投入力度有限。因此，从全国范围来看，落实科学的发展观，全面实现绿色发展的关键之一，就是在东部产业结构进一步"轻"化、西部资源环境进一步妥善保护（防止西部大开发变成西部大开挖）的同时，高度重视绿色发展中的中部地区短板，采取切实有力措施，制定相应的政策和制度，上下联动，内外呼应，使目前处于经济快速发展中的中部地区绿色度不断加深。

东北地区绿色发展情况出现分化。总体来看，东北地区3省的绿色发展指标均低于全国平均水平。其中，黑龙江列第13位，发展相对较好；吉林和辽宁发展水平一般，分列第21位和第23位。我们看到，东北地区的绿色发展情况呈现出两极分化的趋势，黑龙江省绿色发展潜力明显优于吉林和辽宁。黑龙江拥有丰富的资源储备，其多项环境与气候变化指标也均位于全国前列，可为其提供较大的资源环境承载空间；但是黑龙江的政府政策支持度指标却排名靠后，低于全国平均水平。吉林和辽宁呈现出与黑龙江相反的趋势，它们的经济绿化度排名分列全国第 10 位和第 11 位，而资源环境承载潜力相对较低。令人关注的是，东北地区的典型资源性城市有 25 个，占到了全国的 41.7％，资源型城市的特点就是产业单一化或者资源性产业所占比重过高，在长期的经济发展过程中资源枯竭、产业结构单一、对资源依赖性强、生态环境恶化是这些城市面临的共同发展难题。现阶段，东北地区纷纷开展了资源型城市的转型探索，国家和当地政府纷纷出台优惠政策鼓励资源型城市转型。辽宁阜新已经成功实现了中国首个资源型城市的成功"转身"。在未来的发展过程中，东北地区将充分发挥自身优势，积极寻求产业突破，开展农产品深加工，发展绿色能源（风电等能源），利用自身优势资源，推进经济的绿色发展。

（三）从各地区绿色发展指数比较中得到的若干启示

第一，测算结果表明，绿色与发展并不矛盾，实现绿色发展是可能的、必要的。东部地区在保持经济快速发展的同时，注重调整经济结构，注重转变发展方式，取得了既发展又环保的较好效果，就是一个证明。可以说，经济增长过程既是绿色治理的重要对象，同时，经济增长结果又为绿色发展提供了物质保障。无发展的绿色是脆弱的绿色，而发展后的绿色则是殷实的、持久的绿色。走绿色发展之路是我们的必由选择。

第二，反映经济增长中资源和环境使用效率的绿色增长水平与经济发展水平密切相关，排在前十名的地区大多经济发展水平较高，分别是北京、上海、天津、广东、浙江、江苏、福建、山东、海南和吉林。从经济绿色增长方面看，东部地区明显领先，东北地区次之，西部地区最弱。

第三，反映自然资源与环境承载空间或承载潜力的资源环境潜力度与资源的丰裕情况及人口密度密切相关，排在前十位的分别是青海、云南、贵州、海南、甘肃、新疆、内蒙古、四川、黑龙江和江西，大多属于自然资源丰富、区域面积广阔、人口密度相对较低的西部地区或边境地区（江西除外）。

第四，各地区绿色经济发展政府政策支持力度分值离差不大，说明各地政府均在支持绿色发展，支持力度上有所差别。测算结果表明，在政府政策支持度指标上，30 个地区中，有 14 个地区高于全国平均水平，将近一半；有 16 个低于平均水平。得分最高的北京为 0.231，得分最低的吉林为 -0.158，分值差异不大。

排在前十名的东部地区有 5 个省市,北京(第 1 位)、浙江(第 2 位)、江苏(第 3 位)、山东(第 5 位)和上海(第 7 位);中部仅安徽(第 10 位);西部 4 省,分别是重庆(第 4 位)、宁夏(第 6 位)、青海(第 8 位)和陕西(第 9 位);东北暂无。从政府政策支持力方面看,东部地区和西部地区相对较好,中部地区和东北地区相对较弱。事实上,政府对绿色经济发展的政策和财政支持力度更具地方特色。从总体上讲,各地政府对于绿色经济发展的重要意义认识尚嫌不足,从单纯的经济增长到绿色发展的观念还有待转变。应加强交流,提高各级政府及全社会对于绿色经济发展方式的认识,让绿色发展观念深入人心,为实现绿色增长提供政策保障。

第五,从测度结果中,也看到了实现经济发展方式转变的必要性。对于较发达地区,受到资源环境的约束,需率先加快产业结构的优化升级,提升传统产业附加值,提升能源使用效率,提高现代服务业比重。加快实施低端产业向中西部地区的科学有序转移,减少对资源的过度消耗。对于资源相对丰富的地区,要更加深入贯彻落实“科学发展观”的要求,既要依托资源优势,发挥后发优势,又要做到在保护中发展,实现经济绿色发展。实现天蓝、山青、水秀、民富。

最后一点提示:2008 年测算结果中领先的地区,仅说明其对于全国平均水平的领先,并不表示绿色发展水平领先。与发达国家和地区相比,仍存在着明显的差距。希望各方能共同努力,在互学互帮中实现绿色梦想,共同繁荣!

(四)进一步做好绿色发展指数测算工作

据我们所知,不少部门和地方在开展推进经济可持续发展的工作,推动经济的绿色发展。比如,财政部、税务总局、环境保护部联合调研,研究开展绿色税收政策,正在制定开征环境税的方案。已出台了对减排设备、环境保护设备给予所得税和增值税优惠的政策;完善了对符合环境保护要求综合利用产品的增值税优惠政策,对脱硫副产品、利用医疗垃圾和污泥焚烧发电等给予增值税优惠。比如,绿色保险工作也在开展中。在环境保护部、中国保险监督管理委员会指导下,全国部分省市开展了环境污染责任保险试点工作。江苏省出台了船舶污染责任保险,湖北、湖南、宁波等省市推出了环境污染责任保险产品。比如,政府对绿色贸易支持力度在加大。2008 年,环境保护部发布“高污染、高环境风险”产品名录,含 140 余种产品,涉及出口金额 20 多亿美元。财政部、税务总局、商务部根据名录调整了出口退税政策、加工贸易政策,对遏制这些产品出口、减轻环境压力起到了重要作用。许多“双高”产品出口量已经大幅度减少。对出口企业的环境提高了监管力度，对稀土、焦炭、铁合金和磷矿石等行业的出口企业进行了专项检查。比如，有些地区开展了污染排放指标有偿分配和交易试点。江苏在太湖流域开展排污指标有偿取得和交易试点，出台太湖流域污水处理单位氨氮、总磷超标排污费征收办法。天津、湖北、湖南等省市都纷纷挂牌建立了污染排放权交易所。

我们愿配合有关部门来做好这项工作。从绿色发展指数测算的背景与意义分析中，我们认为测算工作有重要的现实意义，需要坚持长期做下去。

第一，在听取各方意见与反映的基础上，拟每年发布一次各地区的绿色发展指数。在听取各方意见和建议的基础上，进一步改进和完善我们的编制工作，不断提高编制水平。

第二，绿色城市是区域绿色发展的关键。我们愿意在有能力的情况下，也开展对若干重要城市绿色发展的调研与评估，进行绿色发展指数的编制与测算，并适时发布，以更深入地推进各地区绿色发展。

第三，坚持鼓励先进、表扬典型的做法。各省（区、市）所属地、市，都有绿色发展的成功经验，我们希望通过普遍均衡地选择案例，为大家互相学习与交流提供一个平台。

第四，今后我们也将收集整理各省区的地县市级有关不利于或有损于绿色发展的典型案例，供审稿专家和有关决策部门内部参阅，希望能起到警示与提醒的作用。

>>四、本报告的框架结构及分析重点<<

《2010中国绿色发展指数年度报告——省际比较》包括序、专家评议摘要、总论、四大篇（14章、32专栏、10专题）和三个附录。各部分以绿色发展为主线，从不同的角度和不同的方面，阐释了中国绿色发展现状、问题及相关措施。

北京师范大学钟秉林校长、西南财经大学赵德武校长为本报告作了简短但非常深刻且中肯的序。两所国内知名的重点大学，有着强烈的社会责任感。两校领导认准中国绿色发展的必然性和重大意义，从多方面给予本课题大力支持。

鉴于本报告的意义与复杂程度，我们特聘请了30位资深专家或领导进行评审。虽然留给专家评审的时间只有几天，但专家们都非常认真地进行了审阅，并提出了改进的思路与具体修改的观点、数据或文字，其科学态度让我们非常感动。我们对照专家意见，逐一核对修订，尽量吸收采纳，获益非浅。专家们思路性的大建议或涉及报告结构调整的意见，我们将组织课题组讨论消化，力求在今后的研究中进行借鉴。为让读者能领略专家评审的精要，我们特编辑了"专家评议摘要"，置于报告之前，以便全方位地反映本报告的背景、目的和特点。长期参与经济决策工作的陈锡文、辜胜阻、卢中原三位先生，高度关注绿色经济，他们精炼而深刻地阐释了中国发展绿色经济的历史责任，非常客观地评价了本报告的意义与不足，故被课题组推荐为报告之代序。

"总论"是本报告的大纲，概括了全书的主题思想，阐释了中国绿色发展指数指标体系的编制思路、结构、指标、测算方法及地区排序等。"总论"指数体系的结构决定了全书的结构。

中国绿色发展指数的三个一级指标即经济增长绿化度、资源环境承载潜力和政府政策支持度，分别形成了正文的三大篇。显然，这三篇的设置与报告指标体系的三分法是相对应的，每篇自成一个体系，但各自间又相互联系，从不同的角度反映中国绿色发展情况。这三大篇每篇中包括着专家章与测算章。专家章是由各领域的专业学者领衔完成的。他们多是从全国的视角，运用尽可能新的数据，以学术思维进行分析与比较的。因此，他们的观点虽与本报告主题和一级指标的框架要求一致，但具体分析中有自己的独特见解，并不限于对本报告指标的解释。第一篇分析经济的绿色增长。主要通过第一章"经济发展方式转变与绿色增长"、第二章"第一产业的绿色增长"、第三章"第二产业的绿色增长"和第四章"第三产业的绿色增长"，从经济整体发展和三次产业的角度，来反映中国经济的绿色增长情况。第二篇分析资源与环境的承载。这一篇通过第六章"中国经济社会发展的资源瓶颈与环境约束"、第七章"资源支撑力"、第八章"环境承载力——污染物减排"和第九章"生态保护与建设"，以资源瓶颈和环境约束为背景，从资源、环境和生态的角度，来反映其对中国未来经济发展的承载。第三篇为政府的绿色行动。通过第十一章"政府的绿色投资"、第十二章"基础设施和城市管理"和第十三章"环境治理及其政策"，从政府财政投资、城市规划管理和环境治理的角度，来反映中国政府对经济绿色增长的支持。

前三篇中还设有相应一级指标的具体测算章，即第五章、第十章和第十四章。测算章是"总论"测算的延伸，是对二级、三级指标及测算结果更具体的说明和解释，这三章的测算与总论的测算形成一个整体。这三章分别阐述经济增长绿化度、资源环境承载潜力及政府政策支持度的测算结果及启示，并用指标及排名的形式将各省 2008 绿色发展的具体情况呈现给大家。

第四篇共 10 个专题。10 位专家从消费、历史、科技、操作、法规、方法论等多个角度论述了中国绿色发展情况。譬如："我国绿色消费的现状与发展趋势"和"公众参与绿色经济"等，从公众行为与绿色消费的角度谈绿色发展；"从历史角度看绿色经济"的专题，研究了中国古代绿色经济的发展情况；"科技在推进经济绿色增长中的作用"与"非化石能源发展前景"，从科技角度分析了促进绿色发展的路径；而"中国推进绿色经济中的跨部门协同"和"绿色经济与法律法规"，展示了实践绿色发展的行动基础。每个专题都各具特色，内容丰富，颇具学术和实践价值。

本报告还有32个专栏，基本上是按一省（区、市）一个案例编写成的。为查找方便，在正文目录后编排了专栏目录。除了总论、各篇的概括章以及测算章，其他各章均有三至四个专栏。这些专栏是专家们经过分析比较，从全国各省（区、市）挑选出的绿色发展先进典型。做法各有特色，交流相得益彰。还要说明，所选案例虽经多渠道查实，但由于时间紧迫等原因，没能进行实地考察调研，选择与概括上定有不准确之处，愿能听到意见与指教，也特别希望各省（区、市）相关部门或专家在下次报告形成时能提出案例选择的建议。

附录有3个，分别是"55个测度指标定义及数据来源"、"国外绿色指数相关研究述评"和"我国绿色发展指数相关研究述评"。对每个测度指标定义及数据来源的解释，不仅是为了证明本报告编制指数的态度与专业水平，更是为了让读者方便查对与核实。对国内外研究绿色指数、绿色发展指数的综述，不仅是梳理本课题组研究过程中的思路，更是为了让读者方便了解国内外这方面的情况，提供资料性的服务。

本报告力求客观、全面地反映近年来中国各省（区、市）的绿色发展情况，充分交流国内外有价值的信息，全力配合政府推进经济发展方式转变，促进"十二五"规划的落实，为推动绿色经济发展贡献微薄之力。但我们也深知，完成如此重大且涉及多领域多学科的课题，需要不断的积累经验，需要进一步提高我们测度工作的水平，需要得到各方面的支持。我们愿虚心接受各方面的指教，完善报告，把这项工作坚持下去！

第一篇
经济的绿色增长

第一章

经济发展方式转变与绿色增长

　　加快经济发展方式转变是贯彻落实科学发展观的重大战略举措，是实现经济社会可持续发展的必由之路。绿色增长是经济发展方式转变的必然要求，只有实现经济的绿色增长才能确保资源的支撑力与环境的承载力。提高投入产出效率是实现绿色增长的关键，只有提高资源利用效率才能实现"绿色"与"增长"的有机统一、实现经济与环境的协调发展。绿色增长要求国民经济各产业部门转变发展方式，三次产业的绿色增长奠定经济发展方式转变的基础。

>>一、党和国家领导人强调加快经济发展方式转变<<

　　2010 年 2 月 3 日，胡锦涛总书记在中央党校省部级主要领导干部研讨班上讲，要把加快经济发展方式转变作为深入贯彻落实科学发展观的重要目标和战略举措，毫不动摇地加快经济发展方式转变，并在经济发展方式的转变上提出了八点意见。① 2010 年 3 月 5 日，温家宝总理在十一届全国人大二次会议中，强调要加快转变发展方式，推进经济结构战略性调整。在节能减排和生态环保工作方面提出了 6 项重点工作。在 2010 年召开的博鳌亚洲论坛开幕式上，习近平副主席对我国转变经济发展方式的议题作出了阐述。国务院副总理李克强 2010 年 5 月 8 日上午出席在北京举行的绿色经济与应对气候变化国际合作会议开幕式并发表主旨演讲。②

　　结合中央领导讲话精神，我们理解转变经济发展方式的内涵和外延概括起来

---

　　① 2010 年 2 月 3 日胡锦涛在省部级干部落实科学发展观研讨班上的讲话。
　　② 绿色经济与应对气候变化国际合作会议由中国国际经济交流中心主办，这是由发展中国家民间智库就应对气候变化问题而主动组织召开的一次大型国际会议。

包括以下几个方面。第一，从结构调整方面，要加快推进经济结构调整，加快调整国民收入分配结构，加快调整城乡结构和城镇化步伐，加快调整区域经济结构和国土开发空间结构，加快推进产业结构调整，促进三次产业在更高水平上协同发展。第二，从自主创新的角度来看，应当加快推进自主创新，紧紧抓住新一轮世界科技革命带来的战略机遇，加快科技成果向现实生产力转化，加快科技体制改革，加快建设创新型科技人才队伍，为加快经济发展方式转变提供强有力的科技支撑。第三，从推进农业发展方式的转变来看，加快推进农业发展方式转变，加快构建粮食安全保障体系，加快构建现代农业产业体系，加快推进农业科技和经营体制创新，大幅提高农业综合生产能力，是提高农业现代化水平，扎实推进社会主义新农村建设的必然举措。另外，从生态保护、社会协调、文化培育的角度，我们应当加快推进生态文明建设，深入实施可持续发展战略，大力推进资源节约型、环境友好型社会建设，推进节能减排，加快发展文化产业，推动整个社会走上生产发展、生活富裕、生态良好的文明发展道路，加快推进经济社会协调发展。第四，从对外经济发展的角度，我们应当坚持对外开放的基本国策，坚持互利共赢的开放战略，调整出口贸易结构，加快调整进口贸易结构，加快提高利用外资的质量和水平，继续实施"走出去"战略，不断提高开放型经济水平。总的来说，胡锦涛总书记的八条意见，是当今我国转变经济发展方式内涵的重要阐述，也指明了我国未来经济发展的方向。多位领导同志今年以来的重要讲话，对社会经济的绿色发展有重要的指导意义。绿色发展的根本目的是改善人民生存环境和生活水平。所谓绿色发展，是指我们每一个人、每一个家庭、每一个单位、每一家公司、每一个政府部门都应该节能减排，推动低碳经济。当今世界，绿色发展已经成为一个重要趋势，许多国家把发展绿色产业作为推动经济结构调整的重要举措，突出绿色的理念和内涵，甚至实施所谓绿色新政，以此来谋划后金融危机时代的发展，并以此更加有效地利用资源，扩大市场需求，提供新的就业，培育新的经济增长点。要推动绿色发展，加快经济发展方式转变，促进世界经济健康复苏和可持续发展，使绿色发展和可持续发展同人的全面发展相互促进、相辅相成。

加快推进生态文明建设，深入实施可持续发展战略，推动整个社会走上生产发展、生活富裕、生态良好的文明发展道路。加快污染防治，继续强化重点流域、区域污染防治，加强石漠化、荒漠化治理，大力发展清洁能源，实施重点防护林、天然林保护和京津风沙源治理等生态建设工程。加快实施生态工程，建设环境友好型社会。

大力推进资源节约型社会建设。加快建立资源节约型技术体系和生产体系,抓好工业、交通、建筑三大领域节能,继续推进十大重点节能工程建设,落实电机、锅炉、汽车、空调、照明等方面的节能措施;严格执行能耗国家标准,加快推进节能减排,健全节能环保各项政策,落实节能减排指标体系、考核体系、监测体系;加大节能技术和产品推广应用力度,开展全民节能减排行动,国家机关、公共企事业单位要发挥表率作用;积极发展核电、风电、太阳能发电等清洁能源,推进洁净煤技术产业化,大力发展循环经济,加强资源综合利用。要整顿规范矿产资源开发秩序。要合理开发利用海洋资源。

实施应对气候变化国家方案,提高应对气候变化能力。加强气象、地震、防灾减灾、测绘基础研究和能力建设。

加快推进经济结构调整,加快推进产业结构调整;加快推进农业发展方式转变,推进农村环境综合整治;加快推进经济社会协调发展。加快推进对外经济发展方式转变,继续扩大开放,大力推动国际新兴产业合作,尤其是加强节能减排、环保、新能源等领域合作,携手推进亚洲和世界经济可持续发展。

>>二、绿色增长是经济发展方式转变的必然要求<<

经济发展方式的转变是一个具有深刻内涵和广泛外延的范畴,更加注重经济与环境、社会的全面协调发展,更加注重经济社会的可持续发展。而当前,中国经济社会可持续发展面临的最大挑战是资源瓶颈与环境约束。在传统的经济发展方式下,经济的快速增长是以大量消耗资源和广泛污染环境为代价的,这种发展方式必然会因为资源的稀缺性与环境承载潜力的有限性而不可持续。因此,转变经济发展方式的核心在于突破高投入、高耗能、高污染的传统路径,走资源节约型和环境友好型的绿色增长之路。

(一)绿色增长是实现可持续发展的必由之路

不同于大量消耗能源与资源、损害人体健康的损耗性经济,绿色经济是维护人类生存环境、合理保护资源与能源、有益于人体健康的经济,是一种平衡式经济。这一概念最早可以追溯到 20 世纪的八九十年代。与此相应,"绿色增长"指的是保持环境友好的经济增长。绿色增长的核心,就是节能减排。绿色 GDP 概念的提出也与此有紧密联系。不同于现行的 GDP 统计口径,绿色 GDP 扣除了由于环境污染、自然资源退化、教育低下、人口数量失控、管理不善等因素引起的经济损失成本，从而得出真实的国民财富总量。从 1978 年以来，中国平均 GDP 增长率达到 9.83％ 的高速经济增长。但是，由于中国资源的浪费、生态的退化和环境污染的严重，在很大程度上抵消了增长的真实质量。换句话说，中国的高速增长有相当部分是通过自然资本损失和生态赤字换来的。

走绿色增长之路以实现经济、环境、气候的全面协调发展，在社会各界已经形成广泛共识。转变经济发展方式，走绿色增长之路也面临许多挑战，正如厉以宁所指出的，转变经济发展方式进程缓慢的原因有多方面，包括资源定价仍然沿袭着计划经济体制下的做法，国家定价、价格偏低，某些行业仍实行行业垄断，以及对地方政绩的考核主要看产值和经济增长率，而忽视把资源消耗率和环境受损害程度等包括在内的综合考核，忽视对经济增长质量的考核。这就阻碍了地方经济增长方式的转变。① 在全球变暖和金融危机的严峻形势下，经济绿色增长的意义不言而喻。中国经济体制改革研究会副会长樊纲强调，低碳经济将成为新的经济增长点是后危机时代的第三个趋势；而能否抓住机遇分享这个新的增长点，对中国和中国企业将是一大挑战。② 世界银行首席经济学家林毅夫认为，对于全球气候变暖，目前各国都已经形成了三个共识：一是二氧化碳排放积累到大气当中会提高气温；二是二氧化碳主要来自于发达国家工业化以后的排放；三是气候变暖所导致的异常天气的频率提高，所受伤害最大的是发展中国家。因此，在这些共识的前提下，发达国家和发展中国家必须共同采取行动，都要走低碳发展道路。③

改革开放以来，我国经济取得了举世瞩目的成就，但同时对以绿色发展为核心的经济发展方式转变，也日益迫切。据资料显示，2009 年我国人均 GDP 是 3 700 美元左右，2001 年我国人均 GDP 超过 1 000 美元，从 1 000 美元到将近 4 000 美元我们只用了 8 年时间，在未来 10 年左右，我国人均 GDP 按照不变价加上汇率升值，加上价格指数，有可能在 2020 年之前达到人均 GDP 超过 10 000 美元，经济增量位居世界第一，成为全球第一大经济体。但是如果我们不及时转变经济发展方式，走绿色发展道路，我们的资源承载能力、生态环境容量将无法支持这种高速增长。也正因为如此，我们需要从自身实际出发，借鉴国际经验，把可持续发展作为国家战略，把建设节约资源、环境友好型社会作为重大任务，把节能减排作为国民经济和社会发展的约束性指标，对外公布节能减排综合性工作

① 厉以宁：《转变经济增长方式的关键》，载 http://finance.qq.com/a/20050312/000016.htm。
② 樊纲：《低碳经济将成为新的增长点》，载 http://theory.people.com.cn/GB/10124507.html。
③ 林毅夫：《中美两国经济复苏是全球经济复苏的基础》，载 http://www.gov.cn/jrzg/2009-11/11/content_1462274.htm。

方案和应对气候变化的国家方案，力促经济可持续发展。

2009 年年底，中央经济工作会议明确提出，要把加快经济发展方式转变作为深入贯彻落实科学发展观的重要目标和战略举措，强化节能减排目标责任制，开展低碳经济试点，加强生态保护和环境治理，可以说绘就了"推动绿色发展"的路线图。不仅如此，我们还要注重推动生产、流通、分配、消费和建设等各个领域的节能增效，更加注重保护生态环境，牢固树立生态文明理念，把节约文化、环境道德纳入社会运行的公序良俗，大力倡导绿色消费，使"推动绿色发展"成为建设资源节约型、环境友好型社会的真正动力。

发展绿色经济是转变发展方式的重要抓手和突破口。发展绿色经济，就必须节能减排，抑制高耗能、高排放产业的增长，加快淘汰落后产能；就必须大力发展循环经济，使经济发展建立在节约能源资源和保护环境的基础上；就必须使经济、人口、资源、环境发展相协调；就必须把解决当前利益与谋划长远发展统筹结合起来；就必须把追求物的增长转变到追求"以人为本"的发展目标上。

(二) 只有实现绿色增长才能确保资源支撑力

我国经济发展伴随着能源的大量消耗。图 1-1 显示了我国 1952 年到 2009 年的能源消耗总量的变动趋势。从 1952 年到 2009 年，我国能源消费总量从 9 644 万吨标准煤变化到 306 660 万吨，总体呈上升趋势。目前，中国能源总消耗仅次于美国，是世界第二大能源消耗国。在 2009 年，中国的钢铁、水泥消耗占世界总产量的 50%，能源总产量的 18%，但是 GDP 只有世界总量的 8% 左右，外贸只占全球 9.6%，二氧化碳和二氧化硫的排放量居世界之首。

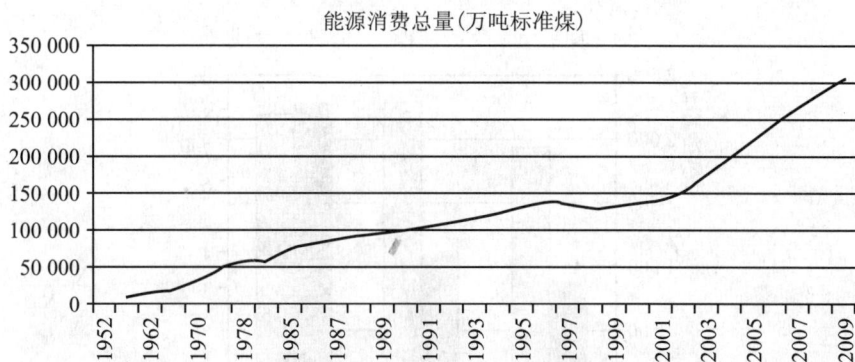

图 1-1　中国能源消费总量变动趋势：1952—2009

资料来源：国家统计局：《中国统计年鉴》(1985、1995、2009)，北京，中国统计出版社，1985、1995、2009。

从我国能源消费结构来看，煤炭、石油、水电、天然气依次占据了我国能源消耗的前四强，总共占到了总消费的 90％以上。然而从 20 世纪 50 年代到现在，我国的能源消耗结构也发生了许多变化，见图 1-2。其中，煤炭所占比例从 1957 年的 92.3％下降到了 2007 年的 69.5％。石油的消费量在 70 年代前持续快速上升，80 年代之后消费量趋于平稳。对于天然气、水电、核电等而言，消费量占比一直比较稳定。

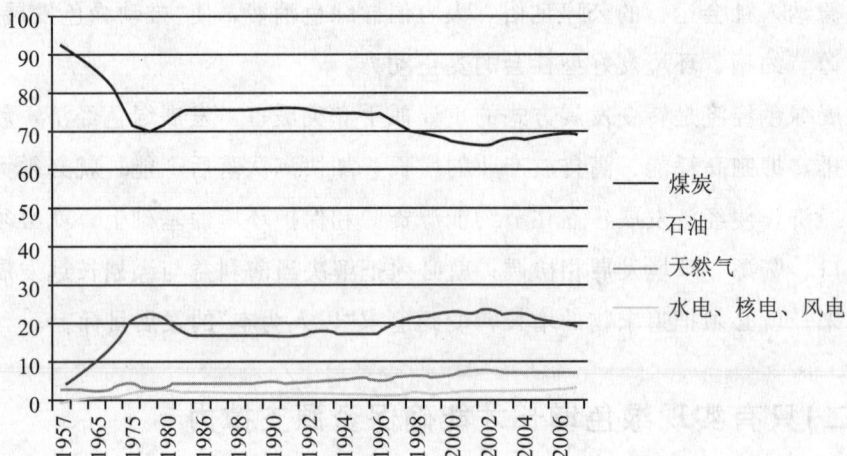

图 1-2 中国能源消费结构：1957—2007

资料来源：国家统计局：《中国统计年鉴》(1985、1995、2009)，北京，中国统计出版社，1985、1995、2009。

从总量上看，我国经济发展过程中的能源耗费是巨大的。但由于我国人口众多，因此从人均量上看，从 20 世纪 90 年代到现在，我国的能源消耗是低于世界平均水平的，但是近年来呈上升趋势，如图 1-3 所示。

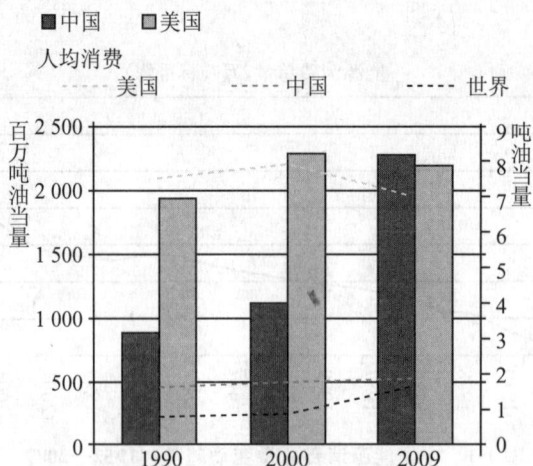

图 1-3 中国、美国、世界人均能源消耗对比

资料来源：http://www.iea.org/stats/countryresults.asp? COUNTRY _ CODE ＝ CN＆Submit＝Submit。

在我国能源消费量巨大而能源供给有限的情况下，为了实现我国经济持续高速增长，绿色经济增长方式是我国未来发展的重要选择。换言之，只有实现绿色增长才能确保资源支撑力，才能确保我国未来的可持续增长。

（三）只有实现绿色增长才能确保环境承载力

绿色增长对于我国经济发展的意义不仅在于确保资源支撑力，还在于确保我国的环境承载力。目前，我国生产、生活排放的废弃物数量巨大，这严重威胁到我国的生态平衡和环境质量。

根据 2010 年我国政府发布的《第一次全国污染源普查公报》[①]，在调查时点，我国各类源废水排放总量为 2 092.81 亿吨，废气排放总量为 637 203.69 亿立方米。主要污染物排放总量：化学需氧量 3 028.96 万吨，氨氮 172.91 万吨，石油类 78.21 万吨，重金属（镉、铬、砷、汞、铅，下同）0.09 万吨，总磷 42.32 万吨，总氮 472.89 万吨；二氧化硫 2 320.00 万吨，烟尘 1 166.64 万吨，氮氧化物 1 797.70 万吨。到 2009 年，二氧化硫排放量为 2 214.4 万吨，烟尘排放量为 847.2 万吨，工业粉尘排放量为 523.6 万吨，分别比 2008 年下降 4.6%、6.0%、11.7%。污染物排放量居前的行业主要包括：造纸及纸制品业、纺织业、农副食品加工业、化学原料及化学制品制造业、饮料制造业、食品制造业、医药制造业、有色金属冶炼及压延加工业、石油加工炼焦及核燃料加工业、煤炭开采和洗选业、电力燃气及水的生产和供应业等。[②]

表 1-1 是我国 2006 年到 2009 年二氧化硫排放量、烟尘排放量以及工业粉尘排放量的数据。从近年来的变化我们看到，三种污染物的排放量方面，工业排放量有所减少，而生活污染物的排放量则呈上升趋势。

由于我国目前正处在工业化发展阶段，经济增长主要依靠大量投资以及能源拉动，再加上我国人口压力较大，生活污染物排放量较高，因此从总体上讲，我国目前污染物排放的形势还是比较严峻的。

[①]　普查的标准时点为 2007 年 12 月 31 日，时期为 2007 年度。普查对象是我国境内排放污染物的工业污染源（以下简称"工业源"）、农业污染源（以下简称"农业源"）、生活污染源（以下简称"生活源"）和集中式污染治理设施。普查内容包括各类污染源的基本情况、主要污染物的产生和排放数量、污染治理情况等。

[②]　三部门联合发布的《第一次全国污染源普查公报》，载 http://www.ce.cn/macro/more/201002/10/t20100210_20951384_1.shtml。

表 1-1   全国废气中主要污染物排放量年际变化

项目 年度	二氧化硫排放量(万吨)			烟尘排放量(万吨)			工业粉尘排放量 (万吨)
	合计	工业	生活	合计	工业	生活	
2006	2 588.8	2 234.8	354.0	1 088.8	864.5	224.3	808.4
2007	2 468.1	2 140.0	328.1	986.6	771.1	215.5	698.7
2008	2 321.2	1 991.3	329.9	901.6	670.7	230.9	584.9
2009	2 214.4	1 866.1	348.3	847.2	603.9	243.3	523.6

资料来源：根据环保部《中国环境状况公报(大气环境)》2009 年数据整理。

目前，中国地表水总体为中度污染。七大水系里，辽河支流、黄河支流、海河水系为重度污染。重点湖泊里，太湖为重度污染，轻度富营养。滇池水体为重度污染，重度富营养。近岸海域水质差于上年同期，其中东海为重度污染，渤海为中度污染。地表水污染成为我国安全饮水的重大隐患。从大气质量上看，虽然全国酸雨分布区域保持稳定，但酸雨污染仍较重。2009 年，在监测的 488 个城市(县)中，出现酸雨的城市 258 个，占 52.9%；酸雨发生频率在 25% 以上的城市 164 个，占 33.6%；酸雨发生频率在 75% 以上的城市 53 个，占 10.9%。[①] 这严重威胁到人民的生活质量和身体健康。另外，目前全球气候变化形势比较严峻，沙尘、风暴、极端温度等灾害性天气频发；在政治、经济甚至民间领域，低碳发展的压力对于我国更加强烈。

在传统的经济发展方式下，在经济高速增长的同时也消耗了大量的资源，并造成严重的环境污染。而绿色增长的重要目的，就是保证环境生态的平衡，保证人民生活的安康，以及经济的可持续发展。因此，综上所述，经济发展方式转变的核心在于绿色发展，也就是在节约有限的资源的同时，尽量减少环境污染物的排放，使经济步入资源节约型和环境友好型的绿色增长轨道。

(四)节能减排是实现经济发展方式转变的重中之重

作为绿色增长的核心，节能减排这一概念出自我国"十一五"规划纲要，其目标是：到"十一五"期末，能源供应基本满足国民经济和社会发展需求，能源节约取得明显成效，能源效率得到明显提高，结构进一步优化，技术取得实质进步，经济效益和市场竞争力显著提高，与社会主义市场经济体制相适应的能源宏观调控、市场监管、法律法规、预警应急体系和机制得到逐步完善，能源与经济、社

---

①　数据来源于《中国环境状况公报(大气环境)》(2009)。

会、环境协调发展。《中华人民共和国节约能源法》指出"节约资源是我国的基本国策。国家实施节约与开发并举、把节约放在首位的能源发展战略。"国家发展和改革委员会会同有关部门制定的《节能减排综合性工作方案》进一步明确了实现节能减排的目标和总体要求。节能减排的内涵有广义和狭义两个层面。广义的层面是指节约物质资源和能量资源，减少废弃物和环境有害物的排放。狭义的层面指的是节约能源和减少环境有害物的排放。节能减排作为转变经济发展方式的重要环节，是贯彻落实科学发展观、构建社会主义和谐社会的重大举措；是建设资源节约型、环境友好型社会的必定选择；也是推进经济结构调整、转变增长方式的必由之路，也是维护中华民族长远利益的必然要求。因此，只有坚持集约发展、情节发展、安全发展，才能更好地推动我国经济持久健康的增长。

为了实现节能减排，我们应当从各个层面推动产业结构调整、大力发展循环经济以及强化技术创新。第一，要加快产业结构调整，大力发展第三产业。要大力发展生产性服务业，提升生活性服务业，大力发展高技术产业，走新型工业化道路，淘汰落后产能。另外，对于土地、信贷和市场准入门槛，我们要严格考核，确保执行项目开工建设必须满足的土地、环保、节能等"六项必要条件"，控制高耗能、高污染行业过快增长。第二，要按照循环经济理念，推进生态保护进程，推进行业间废弃物循环，推进企业清洁生产，加快实施十大重点节能工程，多渠道筹措节能减排资金。第三，要强化技术创新，组织培养科技创新型企业，围绕资源高效循环利用，积极开发高新技术。组织编制重点行业循环经济推进计划。全面推行清洁生产，对节能减排目标未完成的企业，加大实行清洁生产审核的力度，限期实施清洁生产改造方案。此外，从制度和管理角度上讲，我们要严格执行固定资产投资项目节能评估和审查制度。强化对重点耗能企业的跟踪、指导和监管，加强各级组织领导，健全政绩考核机制，从单一 GDP 的指标扩展到对生态、能源利用效率的考核上。第四，要加强各界的宣传和教育工作，提高全民节约意识。组织好每年一度的全国节能宣传周、全国城市节水宣传周及世界环境日、地球日、水宣传日活动。把节约资源和保护环境的理念渗透在各级各类的学校教育教学中，将发展循环经济、建设节约型社会宣传纳入重大宣传活动。

>>三、提高投入产出效率是实现绿色增长的关键<<

资源瓶颈与环境约束要求转变经济发展方式，走绿色发展道路，但是，绿色发展不等于不发展。那么，如何解决经济发展与资源、环境的矛盾呢？关键在于提高国民经济的投入产出效率、提高资源的使用效率，在保证经济发展的同时节约资源、减少环境污染物的排放。

（一）投入产出效率低下制约资源的集约化利用

由于我国投入产出效率低下，我们走的是粗放型增长路线，经济增长主要是靠生产要素的投入，无法实现资源的集约化利用，这种增长的代价必然导致资源的浪费和环境的污染。

从某种角度讲，全要素生产率能够部分反映除了劳动和资本以外的要素的使用效率，虽然不能完全分离出能源使用效率的改进所带来的增长，但我们希望这里简单分析 TFP 的变化，能够让我们加深对我国能源使用效率变动的理解。对于 TFP 而言，有不同的学者进行了测算，在具体数值上差别很大。首要原因在于，估算 TFP 的数据有众多不同的版本，因为国家统计局并没有公布官方的信息。图 1-4、图 1-5 是李宾、曾志雄（2009）估计的近三十年我国增长业绩分解，以及各学者在研究中估计 TFP 的结果比较图。

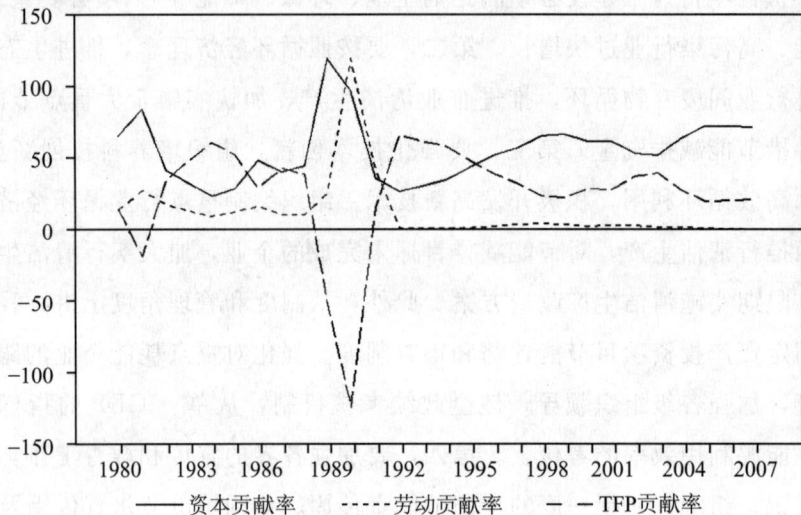

图 1-4 中国增长业绩分解：1980—2007

资料来源：李宾、曾志雄：《中国全要素生产率变动的再测算：1978—2007》，载《数量经济技术经济研究》，2009(5)。

图 1-5 为不同学者对我国 TFP 测算的变动情况。这些测算从细节上看有所区别，但从趋势上讲大体一致。由图可见，在 20 世纪 80 年代后期和 90 年代初期，我国的 TFP 相对较高，随后逐渐稳定到 5％以下的水平。研究者认为，TFP 较高的时段可能由于我国制度的创新、科技的引进以及能源利用效率的相对提高；

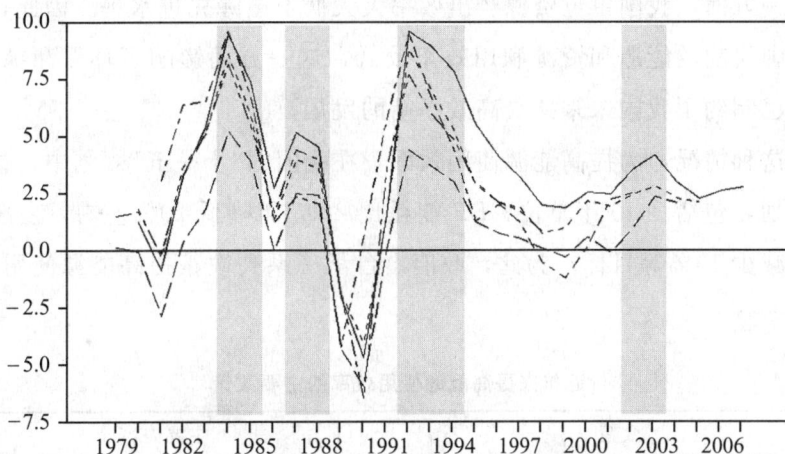

图 1-5　不同学者估计的 TFP 变动：1979—2007

资料来源：李宾、曾志雄：《中国全要素生产率变动的再测算：1978—2007》，载《数量经济技术经济研究》，2009(5)。

而近年来 TFP 的低谷，则说明了我国制度创新的推动力很大程度上被释放，当前推动科技进步以及提高能源利用效率是我国未来经济发展的动力。

(二)提高资源使用效率才能实现绿色与增长的有机统一

总体来说，我国目前资源利用存在两个问题，一是资源利用效率低，消耗高；二是每单位资源所产生的效益差，与国际先进水平相比存在很大差距。资源的低利用率加剧了资源对经济社会发展的瓶颈制约。从能源使用效率上看，只有提高资源使用效率才能实现绿色与增长的有机统一。

目前，我国能源利用效率为 33%，比发达国家低 10%；单位 GDP 能耗是世界平均水平的 2 倍多；我国 8 个行业(石化、电力、钢铁、有色、建材、化工、轻工、纺织)主要产品单位能耗平均比国际先进水平高 40%；燃煤工业锅炉平均运行效率比国际先进水平低 15%～20%。我国建筑采暖、空调能耗均高于发达国家，其中单位建筑面积采暖能耗相当于气候条件相近的发达国家的 2～3 倍。[①] 能源利用效率与国外的差距表明，我国节能潜力巨大。根据有关单位研究，按单位产品能耗和终端用能设备能耗与国际先进水平比较，目前我国节能潜力约为 3 亿吨标准煤。一方面，矿产资源总回采率仅为 30%，比世界平均水平低 20 个百分点，矿产资源采选冶综合回收率及共伴生有用矿物的综合利用率均低于世界平均

[①] 《中国能源利用总体状况》，载 http://www.jn.buct.edu.cn/detail.asp? id=119。

水平;另一方面,我国单位资源产出效率大大低于国际先进水平。因此,从总体上说,我国目前的能源和资源利用效率较低,这一方面影响了环保和绿色事业;另一方面也制约了我国未来持久高效平衡的发展。

针对这种情况,为提高能源使用效率,在我国的"十一五"规划中,详细制定了节能计划,包括 2010 年单位 GDP 能耗比 2005 年降低 20％左右,主要污染物排放总量减少 10％等目标。为此,政府出台了一系列政策提高能源使用效率(见表 1-2)。

表 1-2   近年来提高能源使用效率的主要政策

日期	政策	主要内容
2006.1	《民用建筑节能管理规定》	建筑节能标准,鼓励发展建筑节能新技术、产品及可再生能源的开发利用
2006.4	《千家企业节能行动实施方案》	要求企业进行节能技术改造
2006.4	《关于加快电力工业结构调整促进健康有序发展有关工作的通知》	实施节能调度,优先安排可再生、高效、污染排放低的机组发电
2006.7	《关于印发"十一五"十大重点节能工程实施意见的通知》	拟通过十大重点节能工程节约 2.4 亿吨标准煤
2007.1	《关于加快关停小火电机组若干意见》	关停 5 000 万小火电机组
2007.8	《节能发电调度办法(试行)》	按机组能耗和污染物排放水平由低到高排序,依次调用发电资源
2010	《关于进一步加强淘汰落后产能工作的通知》	淘汰电力、煤炭、钢铁、水泥、有色金属、焦炭、造纸、制革、印染等行业落后产能

经过一系列努力,近年来,能源使用效率得到一定的提升。国家统计局公布,2006 年至 2009 年单位 GDP 能耗降幅分别从 1.79％、3.66％、4.6％和 2.2％修订为 2.74％、5.04％、5.20％和 3.61％。"十一五"前四年,全国化学需氧量排放量累计下降 9.66％;全国二氧化硫排放量累计下降 13.14％,提前一年实现"十一五"减排目标。在"十一五"期间,按照"全面推进、突出重点"的原则,共达到节能 5.6 亿吨标准煤,达到了环境和经济效益显著的目标。而为了实现未来的可持续发展,我国需要进一步推进能源利用效率的提高,也就是要分别从三大产业入手,实现三次产业的绿色增长,从而奠定经济发展方式转变的基础。

根据目前我国的能源投入产出情况,提高能源效率是实现可持续发展的关键。但是,由于采用不同的投入、产出定义,对同一研究对象的研究结论往往差距很大,因而,目前的很多测算存在着问题,并且能源效率的变动会受到经济结构变动、技术进步、制度变化等因素的影响，因此能源利用效率变动的研究还需要进一步深入。

>>四、三次产业的绿色增长奠定经济发展方式转变的基础<<

经济发展方式转变的核心是经济的绿色增长，而绿色经济的基础是国民经济中三次产业都实现绿色增长。第一产业的绿色增长是转变经济发展方式的重要保障；第二产业的绿色增长是转变经济发展方式的重点领域；第三产业的绿色增长是转变经济发展方式的未来方向。

（一）第一产业的绿色增长是经济发展方式转变的重要保障

农业作为国民经济的基础，是最本质的物质生产部门，强化农业的基础地位，这是保障工业化、城市化顺利进行的必然要求。转变农业发展方式，是贯彻落实科学发展观的根本要求，是实现农业现代化的必然选择，对于转变经济发展方式无疑有重要的意义。而转变农业发展方式的核心，就是发展现代农业。只有加快推进农业发展方式转变，才能不断破解农业发展面临的矛盾和难题，提升农业产业的质量、效益和竞争力，为国民经济平稳较快发展提供强力支撑。当前，我国的工业化、城市化进程不断加快，对外经济关系的不断深入也对我国农业发展质量提出了更高的要求。因而，进一步强化农业基础地位，加快推进农业发展方式转变，对于我国保持可持续发展有重要意义。

然而，当前我国农业发展存在一系列问题。包括环境污染、资源利用率低下，包括耕地、水资源等，农业生产的集约化程度不高、生产技术缺乏，农业产品质量层次不齐，农民群体收入整体偏低，农村城市的收入差距较大，这些问题都对目前的农业发展方式提出了挑战。

土地资源利用效率低，浪费严重，主要表现在土地产出率低。一是农业土地单位面积产量尚有提高的潜力（我国尚有 2/3 左右的耕地为中低产田）。二是非农业建设用地产出率低，全国城镇人均用地面积已超过国家规定人均 100 平方米的标准。我国的用水效率很低，水资源浪费量大、污染严重，同时海水和再生水等非传统水资源利用量也较少。目前我国水资源的利用效率和效益与国际先进水平相比存在很大差距，2002 年我国万元 GDP 用水量为 537 立方米，相当于世界平均水平的 4 倍；工业用水重复利用率不足 60%，远低于发达国家 75%～85% 的水平；农业灌溉水利用系数仅为 0.4～0.45，大大低于国外先进水平的 0.7～0.8。①

针对这种情况，发展绿色农业和现代农业的要求就异常紧迫。"绿色农业"发展模式，即"充分运用先进科学技术、先进工业装备和先进管理理念，以促进农产品安全、生态安全、资源安全和提高农业综合经济效益的协调统一为目标，以倡导农业标准化为手段，推动人类社会和经济全面、协调、可持续发展的农业模式。而现代农业，在 2010 年中央一号文件中，被描述为以资本高投入为基础，以工业化生产手段和先进科学技术为支撑，以达到产量多、质量好、收入高、生态优为目标。推进绿色农业与现代农业建设，符合我国经济发展的趋势与当今世界农业发展的规律，是实现第一产业发展方式转变的基础，也是实现农业现代化和农业资源节约平衡发展的必由之路。从技术角度，要提高农业的机械化和信息化水平，发展农业高新技术和设备的研究，从而使得农业技术成为装备现代农业的坚实基础。从教育角度讲，各级政府应当提高农民教育水平，重视新型农民的培养。因此，大力推动绿色农业和现代农业发展，符合当今我国经济发展和产业平衡的需要，对于解决环境资源与发展的矛盾有重要意义，也是实现社会主义新农村建设、建设新型农业的必然举措。

(二)第二产业的绿色增长是经济发展方式转变的重点领域——

工业作为我国国民经济的主导，它不仅为农业技术改造和发展社会主义农业经济提供物质条件，并且促进轻工业生产技术水平和劳动生产率的提高，为运输业、通讯传播事业、建筑业等部门提供先进的技术装备，为科学研究和国防事业提供先进装备。

但是，我国工业生产的基础是消耗能源和资源，在我国工业经济高速发展的背后，环境的污染和能源的大量消耗成为经济发展过程中的重要问题。随着我国工业化、城市化进程加快，长期积累的问题，包括产业结构不合理、产能过剩、产业集中度较低等问题，都对我国第二产业的未来可持续发展提出了挑战。因此，在这种背景下，实现节能减排与工业发展方式的转变，有极为重要的意义。

工业企业是节能技术创新的主体，节能的主要生产者和消费者，是节能型社会建设的主要推动力量。由于种种原因，我国工业部门的平均能耗远远高于发达国家平均水平。目前，钢铁、有色金属、电力、化工等八个高耗能行业单位产品

---

① 《中国能源利用总体状况》，载 http://www.jn.buct.edu.cn/detail.asp？id＝119。

能耗比世界先进水平高 40% 以上。在我国目前工业能源消耗的背景下，相应的科技或者政策措施没有跟上，这是我国工业绿色发展面临的很大课题。

目前，要实现产业结构的逐步优化，推动产业结构由"重化工"向"高加工度化"演变，实现产能结构的逐步优化。此外，要继续推进十大重点节能工程建设，坚持节能、节水、节地，资源利用方式向集约化推进。同时，工业的绿色化发展应当同全球气候变化联系起来。政府应当加快开展工业领域应对气候变化工作，探索低碳工业发展思路，启动重点行业应对气候变化研究，提出工业领域减缓温室气体排放的应对策略，起草制定工业领域应对气候变化国家行动方案，启动低碳工业园区试点，从而改造我国传统工业与传统技术，使得我国经济实现可持续发展。

（三）第三产业的绿色增长是经济发展方式转变的未来方向——

第三产业是指为生产和消费提供各种服务的部门，具体可分为四个层次。第一层次：流通部门。包括交通运输业、邮电通讯业、批发零售业、饮食业、物资供销和仓储业。第二层次：为生产和生活服务的部门。包括金融、保险业、房地产、公用事业、居民服务业、咨询服务业和综合技术服务业。第三层次：为提高科学文化水平和居民素质服务部门。包括教育、文化、广播电视、科学研究、卫生、体育和社会福利事业等。第四层次：为社会公共需要服务的部门。包括国家机关、政党机关、社会团体、军队。

第三产业是国民经济的重要组成和经济增长的主要动力。大力发展第三产业，对于吸纳就业人员增加就业率，实现城市化和工业化，推进我国产业结构的调整升级，促进我国人民生活水平的提高，都有极为重要的作用。高度发达的社会化大生产要求城市提供更多更好的配套性服务行业，如金融、保险、科技、通讯业；商品流通要求有仓储、运输、批发、零售业的服务；市场营销要求有广告、咨询、新闻、出版业的服务；专业化程度越高，越要求企业间的协作与交流，越要求有发达的市场服务体系。随着收入的提高和闲暇时间的增多，人们追求更丰富多彩的物质消费和精神享受，由此促进城市文化教育、体育娱乐、医疗保健、旅游度假、法律诉讼等行业的发展。因此，第三产业作为我国经济未来发展的引擎，对于我国经济高速持续发展以及经济结构转型，有极为重要的意义。而第三产业的绿色增长，也是我国实现绿色增长与和经济发展方式转变的必要路径。

虽然第三产业对于资源和能源的消耗相对于工业、农业需求弹性较低，但是目前我国第三产业的能源消耗规模仍然较大。从生活能源消费上看，从 20 世纪 80 年代到现在我国的人均生活能源消费基本呈稳步上升的状态，生活垃圾、生活资料浪费严重，见图 1-6。

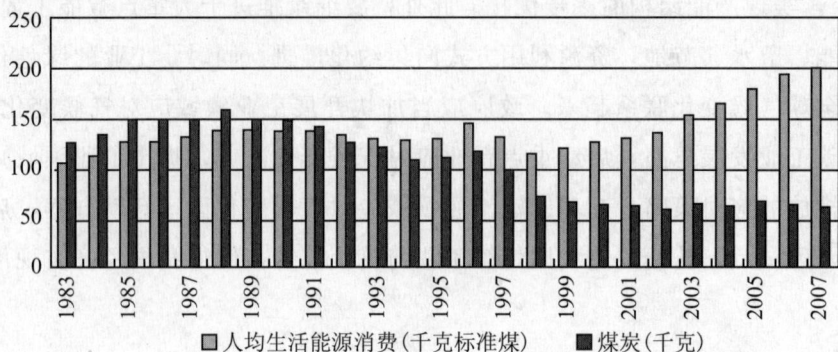

图 1-6　中国人均生活能源消费（千克标准煤）：1983—2007

资料来源：国家统计局：《中国统计年鉴》（1999、2005、2007、2009），北京，中国统计出版社，1999、2005、2007、2009。

另外，第三产业中的交通运输业等能源消耗和污染物排放情况也不容乐观。近年来，我国交通运输业能耗增长率总体上高于全社会能耗增长率，占全社会能耗比重基本维持在 7.5% 左右。未来 10 年，我国交通运输能源消耗总量将进一步攀升，这要求加快转变交通运输业的发展方式，实现"绿色交通"，以应对我国日渐加重的交通运输压力。

当然，在大力发展第三产业的过程中需要着重提升服务质量，提高投入产出效率，特别是要实现服务业的绿色发展。要大力发展旅游业等高附加值绿色产业，注重环保和可持续发展。另外，考虑到第三产业的产值、就业比重都将逐步上升成为国民经济的主导地位，服务业的绿色增长是实现绿色经济的重要基础。特别地，要求实现绿色服务、倡导绿色消费方式，要求大力发展公共交通，构筑节能、环保的运输体系，培育第三产业的绿色发展潜力，从而为我国经济未来长期平稳发展提供保障。

>>参考文献<<

[1] 林毅夫，蔡昉，李周. 中国的奇迹：发展战略与经济改革[M]. 上海：上海人民出版社，1994.

[2] 厉以宁. 经济增长方式转变为何缓慢[J]. 价格理论与实践，2005.

［3］吴敬琏．中国增长模式抉择［M］．上海：上海远东出版社，2006．

［4］胡鞍钢，郑京海．中国全要素生产率为何明显下降［N］．中国经济时报，2004-03-26．

［5］李晓西等．国际金融危机下的中国经济发展——绿色新政［M］．北京：中国大百科全书出版社，2010．

［6］李宾，曾志雄．中国全要素生产率变动的再测算：1978—2007［J］．数量经济技术经济研究，2009，5．

［7］魏楚，沈满洪．能源效率研究发展及趋势［J］．浙江大学学报（人文社会科学版），2009，5．

［8］李世祥，成金华．中国能源效率评价及其影响因素分析［J］．统计研究，2008，10．

［9］党银侠，杨改河．我国绿色农业制约因素分析与发展对策［J］．西北农林科技大学学报（社会科学版），2009，11．

［10］杨勇华．服务业发展与经济增长方式转变的理论和实证分析［J］．国外经济管理，2007，4．

第二章
第一产业的绿色增长

在中国，第一产业主要指农业。近半个世纪来，随着经济建设的逐步深入，农业生产水平得到了大幅度提高。但与此同时，农业的工业化和现代化也给我们带来了很多负面影响，如耕地污染、森林大肆砍伐、农产品绿色壁垒等。种种生态、环境、经济问题，要求我们必须做出改变。为了摆脱农业困境，实现农业可持续发展，世界各国先后提出了"有机农业"、"生物农业"等多种发展新模式。这些新模式在保护环境、节约资源等方面，取得了一定成效，但效果并不显著。

近年来，美国、日本、中国等多个国家经过多年学习和自身实践，先后又提出了"绿色农业"发展模式，即"充分运用先进科学技术、先进工业装备和先进管理理念，以促进农产品安全、生态安全、资源安全和提高农业综合经济效益的协调统一为目标，以倡导农业标准化为手段，推动人类社会和经济全面、协调、可持续发展的农业模式。"①。该农业发展模式吸取了传统农业与现代农业的精华，做到了资源可持续利用和生态环境保护，具有广阔的市场和发展前景。

本章正是以农业的绿色增长为研究重点，通过中国在耕地保护、保护性耕作推广、林业建设、渔业政策体系完善、畜牧业呈现新气象、绿色食品产业水平提高等方面的绿色发展情况，来反映中国第一产业绿色增长的现状与存在的问题，并学习总结国内外第一产业绿色增长的经验措施，为中国今后第一产业的绿色增长提供借鉴。

>>一、第一产业绿色增长特征<<

中国农业在巨大的资源、人口、生态、环境压力下，积极地探索农业发展新

---

① 刘连馥：《绿色农业初探》，北京，中国财经出版社，2005。

模式。"绿色农业"的提出，为中国农业开辟出了一条资源节约和环境友好的发展道路。在近几年的发展中，中国农业严格以促进农产品安全、生态安全、资源安全和提高农业综合经济效益的协调统一为目标，倡导资源节约和环境友好的发展理念，呈现出以下几个绿色增长特征。

（一）耕地保护政策体系逐渐完善，耕地面积减少量逐年降低

耕地是农业生产的基础，耕地保护是农业绿色增长的前提。在几年促进农业发展的过程中，党和国家领导人多次强调耕地保护的重要性，并陆续制定出了相关的法律法规，完善耕地保护的政策体系，降低耕地面积减少量。

1. 耕地保护政策体系逐渐完善

2009 年到现在，是中国耕地保护政策体系不断完善的阶段。这一时期，政府下发了一系列文件，出台了许多耕地保护政策，以逐步实现耕地的最严格保护。

2009 年中央一号文件《关于 2009 年促进农业稳定发展 农民持续增收的若干意见》明确提出实行最严格的耕地保护制度和最严格的节约用地制度，使基本农田必须落实到地块、标注在土地承包经营权登记证书上，并设立统一的永久基本农田保护标志，严禁地方擅自调整规划改变基本农田区位。

2010 年中央一号文件《加大统筹城乡发展力度 进一步夯实农业农村发展基础的若干意见》中强调要有序推进农村土地管理制度改革，坚决守住耕地保护红线，建立保护补偿机制，加快划定基本农田，实行永久保护。

一系列中央文件和耕地保护政策的出台，反映了国家和政府对耕地保护的重视，丰富并逐步完善了中国耕地保护政策体系，使耕地得到了切实保护。

2. 耕地面积减少量逐年降低

据国家统计局和国土资源部资料显示，自 1997—2008 年，中国平均每年减少的耕地面积高达 693.39 千公顷。但随着耕地保护政策体系得到有效的贯彻实施，耕地减少的势头得到逐步的遏制。自 2005 年以来，每年耕地减少面积已经远远低于近 12 年年均耕地减少面积，到 2008 年中国耕地面积净减少量只有 19.3 千公顷，是平均值的 2.78%。2005—2008 年中国耕地面积及其减少量如表 2-1 所示。

表 2-1　　　　　　　2005—2008 年中国耕地面积及其减少量　　　　　　单位：千公顷

年份	2005	2006	2007	2008
耕地面积	122 082.7	121 775.9	121 735.2	121 715.9
耕地面积减少量	361.6	306.8	40.7	19.3

资料来源：国家统计局：《中国统计年鉴》（2006—2009），北京，中国统计出版社，2006—2009。

由表 2-1 可知，从 2005—2008 年，中国的耕地面积在逐年较少，四年间由 2005 年的 122 082.7 千公顷减少为 2008 年的 121 715.9 千公顷，累计共减少 728.4 千公顷。但每年耕地面积减少量却在逐年下降，由 2005 年减少 361.6 千公顷，占 12 年年均耕地减少面积的 52.15％，下降到 2008 年减少 19.3 千公顷，仅占平均值的 2.78％，成为自 1997 年以来耕地面积减少量最低的年份。

分析其原因，一方面是政府部门严格审查建设用地审批，力保地方建设占用耕地的规模控制在计划之内，如 2008 年上报国务院审批的项目，被核减耕地 2.33 千公顷；另一方面是加大了通过土地整治补充耕地的力度，仅 2008 年就补充耕地 229.6 千公顷，超过了当年因建设占用的耕地 191.6 千公顷。

专栏 2-1　贵州都匀：以茶产业为龙头，实现现代农业绿色增长

都匀市位于贵州南部，总面积 2 274 平方公里，总人口 50 万，是贵州南部主要的政治、经济、文化的中心，曾先后荣获中国优秀旅游城市、全国卫生城市、全国广播电视先进市、全国体育先进市、全国文化先进市、全国园林绿化先进市、全国科技进步先进市、全国食品卫生示范先进市等多个荣誉称号。

都匀是贵州传统的农业城市，农业资源丰富，农业基础好。其中，都匀出产的都匀毛尖位列中国十大名茶之一，是都匀最出名的农产品，使都匀拥有"中国毛尖茶都"的美誉。

近年来，为了充分利用现有丰富农业资源，推动都匀现代农业绿色发展，都匀市决定"以发展毛尖茶产业为龙头，力争在现代农业发展上取得实效"。为此，2008 年以来，政府在政策、财政等方面采取多种措施，推动都匀茶产业发展。

政策支持方面，都匀市出台了《关于加快都匀毛尖茶产业发展的意见》，大力实施退耕还茶，扩大茶叶生产规模。同时，依据国家有关法律法规，制定毛尖茶统一标准，打击仿冒伪劣产品，严把质量关，保护都匀毛尖茶品牌。

财政资金扶持方面，都匀市将茶产业发展基金从每年 30 万元增加到 500 万元，并整合科技、农业、水利、林业、交通及其他共计 8 000 多万元集中对茶产业的种植、茶区道路、茶园基础设施建设等方面进行重点扶持。此外，不断加大招商引资力度，引进多家企业投资开发建设生态茶园、都匀毛尖茶叶基地等。

经过一系列政策措施，都匀市茶产业发展迅速，对农业的带动作用明显。

2008 年，全年农业总产值完成 10.73 亿元，比 2007 年增长 13.16％；粮食总产量 11.54 万吨，比 2007 年增长 4.05％；33 个农业龙头企业带动农民增收人数达 12 468 人，带动农民收入 4 300 万元。茶产业方面，全市可采茶园达 4 万亩，茶叶价格达 1 600 元/公斤，有 29 家茶叶生产经营企业和 3 家茶叶深加工企业，19 个乡（镇）、办事处的 85 个行政村、3 万多户、10 万余人从事茶叶生产，带动了广大农民勤劳致富。

2009 年，全市农业总产值继续增长，粮食总产量同比增长 5.95％，连续 6 年获得丰收。全市实施“185”工程 2.5 万亩，坝固现代农业示范园区建设稳步推进。茶产业方面，新建茶园面积 2 万亩，使全市茶园面积达到 13.3 万亩，摆忙—甘塘“十里毛尖长廊”产业示范带初具规模，社会、经济、生态效益显现。此外，都匀毛尖成功入选上海世博会十大名茶，实现了继 1915 年巴拿马万国博览会金奖之后的又一个百年梦想，拓展了从名茶走向名牌的市场平台。

现在，都匀农业已经形成了以茶产业为龙头，实现现代农业快速增长的格局，其市场化、生态化、品牌化特征，稳步地推动着都匀现代农业绿色、健康发展。

资料来源：

[1]都匀市政务门户网站. http://www.dys.gov.cn/.

[2]第一食品网. http://www.foods1.com/.

[3]都匀市 2008 年政府工作报告.

[4]都匀市 2009 年政府工作报告.

[5]都匀市 2010 年政府工作报告.

（二）保护性耕作大力推广，社会、生态、经济效益显现——

保护性耕作是农业可持续发展的重要内容之一，其作为一项通过对农田实行免耕、少耕、地表覆盖、合理种植从而减少农田土壤侵蚀、保护农田生态环境、提高土壤肥力、抗旱节水、节能降耗及节本增效的先进农业耕作技术，[1] 于 20 世纪 70 年代末开始在中国进行推广。

2005 年、2006 年和 2008 年，中央一号文件都提出了要改革传统耕作方法，发展并坚决贯彻实施耕地保护性耕作。十七届三中全会通过的《中共中央关于推

---

[1] 张海林、高旺盛等：《保护性耕作研究现状、发展趋势及对策》，载《中国农业大学学报》，2005(1)。

进农村改革发展若干重大问题的决定》，也对发展保护性耕作、编制实施相关建设规划提出了要求。

2009年6月，根据中央一号文件及十七届三中全会决定指示，农业部、国家发展和改革委制定了《保护性耕作工程建设规划（2009—2015）》，该规划为中国有序地实行保护性耕作工程建设拉开了大幕。

经过多年的发展，保护性耕作已经在中国多个省市得到大力推广，社会效益、生态效益、经济效益得到显现。

社会效益方面，保护性耕作工程的实施将进一步推进农业机械的应用，提高农机化水平，提高农业劳动力整体素质，减轻农民劳动强度，提高劳动生产率。同时，可以有效缓解农村劳动力结构性短缺压力，促进农业农村经济健康协调发展。

生态效益方面，保护性耕作工程对有效减少地表裸露，减轻风蚀强度，减少农田扬尘量，降低空气中浮尘含量，降低沙尘天气发生的强度和频率有积极的作用。同时，还可以减少耕地表土流失，减少有机质和氮、磷、钾等养分的流失，持续提高土壤蓄水能力，减少二氧化碳排放，改善大气环境。

经济效益方面，保护性耕作工程实施后，每个生产周期平均可减少田间作业工序1～4次，每年可减少柴油消耗4万～5万吨，节省化肥投入50万～70万吨，节水3亿～6亿立方米，亩均降低生产成本15～30元，与传统耕作相比粮食增产5%以上。

截至2007年年底，中央财政累计在保护性耕作项目上投入1.7亿元，加上地方投入，保护性耕作技术已在中国北方15个省（区、市）的501个县设点示范，实施面积3 000多万亩，涉及400多万农户。[①]

专栏2-2 从传统游牧到粮棉基地：聚焦新疆石河子现代农业

石河子是新疆生产建设兵团直辖的县级市，是一座以农场为依托、工农结合、农工商一体化的军垦新城。该市经济以农业为主，是典型的灌溉农业，水、土、光资源较为丰富，宜农、宜林、宜草、宜牧。

50年前，石河子还是新疆众多游牧区中的一部分。1950年，解放军挺进石河子，拉动了"军垦第一犁"，建设了石河子新城。50年来，石河子从传统的游牧区到现在的粮棉生产基地，农业发展十分迅速。

进入21世纪后，根据新时期形式的需要，石河子把发展现代农业作为新阶

---

① 农业部、国家发展改革委：《保护性耕作工程建设规划（2009—2015）》，2009-06。

段农业、农村、团场工作的重点，立足本地资源优势，以市场为导向，大力实施农业产业化、标准化、科技化战略，初步构筑起现代农业的新机制、新体系、新格局，农业、农村和团场经济发展呈现良好局面。

一方面，石河子不断优化产业结构，使农民、牧工收入增长。2009 年，按照师市党委稳棉、稳粮、增畜、增果的要求，石河子调减棉花种植面积 24.3 万亩，实现皮棉总产 25 万吨，国家公检合格率 100%，机采面积扩大到 88.4 万亩，占棉花种植面积的 46.2%。同时，率先在全疆推行了团场与龙头企业共建基地的畜牧业发展模式，新建集约化养牛场 15 个，预计牲畜年末存栏 51 万头，增长 16.3%，肉类总产 4.4 万吨，增长 45%，鲜奶总产 12 万吨，增长 6.9%。到年底，团场实现生产总值 59.8 亿元，增长 12.5%。其中，一产增加值 37.2 亿元，增长 9.1%，农牧工家庭人均纯收入 8 800 元，增长 9%，农产品加工产值与农业总产值之比达到 1∶1，实现了石河子加快农业产业化进程的重大突破。

另一方面，实施科教兴农，使农产品产量增长。近 10 年，石河子通过实施"科技兴农"战略，大力推行精准农业、膜下滴灌技术及高密度植棉模式，促进了"特色、优质、高效"农业的发展。到 2010 年，石河子已逐步迈向农业现代化：农业机械化程度达到 85%，科技贡献份额达 45% 以上，农业商品率达到 85% 以上，机采棉面积达到 100 万亩。

此外，石河子还完善农业产业链条，提高农产品加工转化能力。石河子师市党委提出坚定不移地走农业产业化之路，做大做强龙头企业，延长产业链条，将农副产品利润都留在本市。目前，石河子农户纷纷与诸多农业产业化龙头企业签订"公司＋农户"式协议，以订单、合同等形式直接将生产的农产品销售到当地农业企业，在保证农户农产品销量的同时，又使农产品的附加值留在本市，既增加了农民的收入，又促进了经济发展。

如今，石河子在师市党委的领导下，通过优化产业结构、科教兴农、完善农业产业链等方式，坚定不移地走现代化农业之路，既提高了农业发展水平，又促进了经济增长，同时还在一定程度上解决了城乡二元结构问题，加快了社会主义新农村建设，是我国现代化农业发展的典范。

资料来源：

[1]中国广播网. http://www.cnr.cn/.

[2]中国·石河子. http://www.xjshz.gov.cn/structure/zfb/zfbsy.

[3]石河子市 2008 年政府工作报告.

[4]石河子市 2009 年政府工作报告.

[5]石河子市 2010 年政府工作报告.

（三）林业建设成绩突出，"林业新政"带来新活力

林业是农业的重要组成部分。林业的绿色发展对推动整个农业的绿色增长有重要意义。近几年来，随着"三北防护林"和"退耕还林"等工程在中国防风护沙、涵养水源等方面发挥的重要作用，林业的绿色增长成绩突出。据第七次中国森林资源清查结果，截至 2008 年，中国森林面积已达 19 545 万公顷，森林覆盖率 20.36%，活立木总蓄积量 149.13 亿立方米，森林蓄积量 137.21 亿立方米。此外，2008 年 6 月，政府开始在全国范围内推广"林业新政"，即集体林权制度改革，为农业的绿色增长带来了新活力。

1. "三北防护林"工程建设成效显著

三北防护林是一项修建绿色万里长城的生态工程，是中国林业发展史上的壮举。1979 年，国家决定在西北、华北北部、东北西部风沙危害较大、水土流失严重的地区，通过人工造林、封山封沙育林、飞机播种造林等措施建设大型防护林工程，其规划范围包括中国北方 13 个省 551 个县，东西长 4 480 公里，南北宽 560～1460 公里，总面积 406.9 万平方公里，以求能够锁住风沙，减少自然灾害。

30 多年以来，在党中央、国务院的正确领导下，在政府部门的大力支持和协助下，三北防护林正在逐步完成其阶段性任务，建设成效十分显著。

一方面，工程累计完成造林保存面积 2 446.9 万公顷，工程区森林覆盖率由 1977 年的 5.05% 提高到目前的 10.51%，林木蓄积量由 7.2 亿立方米提高到 13.9 亿立方米。在严重的水土流失区，营造水保林和水源涵养林 817 万公顷，治理水土流失面积 38.6 万平方千米，局部地区的水土流失得到有效治理，水土流失面积和侵蚀强度均在减小。

另一方面，防护林区的风沙危害在逐步减小，土地沙化程度呈下降趋势。在东起黑龙江宾县、西至新疆乌孜别里山口的万里风沙线上，初步建起了一道由乔灌草、多林种、多树种有机结合，面积达 561 万公顷的防护林体系，使 2 780 万公顷的沙化土地达到有效治理，1 000 多万公顷严重沙化、盐碱化的草原、牧场得到有效保护，风沙侵蚀的危害在逐步减小，土地沙化程度降低。

此外，平原农区防护林体系基本建成，使区内农民增产增收。在东北、华北、黄河河套等平原农区，营造规模宏大的区域性农田防护林 253 万公顷，有效保护农田 2 248.6 万公顷，平原农区实现了农田林网化，一些低产低质农田变成了稳产高产田。三北地区的粮食单产由 1977 年的 118 公斤/亩，提高到 2007 年的 311 公斤/亩，总产由 0.6 亿吨提高到 1.53 亿吨。农民收入由 100 多元提高到

3 600 多元，干鲜果品产量增加了近 20 倍。[1]

2. 退耕还林工程稳步推进

退耕还林工程是中国乃至世界上投资最大、政策性最强、涉及面最广、群众参与程度最高的一项重大生态工程，是世界生态建设史上的创举。自 1999 年党中央、国务院做出实施退耕还林工程的重大战略决策以来，到 2008 年刚好是其第 10 个年头。这 10 年间，中国退耕还林工程成绩显著，极大地促进了农业的绿色增长。一方面加快了国土绿化进程，改善了生态环境，减少了水土流失，减轻了风沙危害；另一方面改善了农村产业结构，促进了农民增产增收，促进了社会转型，推动了生态文明建设。此外，退耕还林工程还拓宽了林业发展空间，促进了现代林业发展，反映了中国绿色发展的决心，提升了中国政府的形象。

据资料显示，1999—2008 年，中国累计实施退耕还林任务 4.03 亿亩，其中退耕地造林 1.39 亿亩，荒山荒地造林 2.37 亿亩，封山育林 0.27 亿亩。工程范围涉及 25 个省市和新疆生产建设兵团的 3 200 万农户、1.24 亿农民，累计实现投资 4 337 亿元。[2]

2009 年以后，退耕还林进入巩固成果新阶段。做好新时期的退耕还林工作是建设资源节约型、环境友好型社会的重要任务，是建设社会主义新农村，发展绿色农业，实现农业绿色增长的重要途径。政府将继续贯彻落实党中央、国务院的发展战略，稳步推进退耕还林工程，实现人与土地、人与农业、人与社会的和谐。

3. "林业新政"为农业绿色增长带来新活力

集体林权制度是中国林业发展的重要制度，为改革开放 30 年来中国集体林业建设发挥了重要作用，对中国经济发展和生态环境保护作出了重要贡献。进入 21 世纪后，由于存在产权不明晰、经营主体不落实、经营机制不灵活、利益分配不合理等问题，原来的集体林权制度已经不能够完全满足新时代发展的要求，一定程度上制约了林业的发展。为了进一步解放和发展林业生产力，发展现代林业，增加农民收入，建设生态文明，中共中央、国务院决定对现有的集体林权制度进行改革，并于 2008 年 6 月下发了《关于全面推进集体林权制度改革的意见》，施行新的集体林权制度。此次集体林权制度改革，即是所谓的"林业新政"。

---

[1] 《国务院副总理回良玉在三北防护林体系建设 30 周年总结表彰大会上的讲话》，2008-11-19。

[2] 《国家林业局副局长李育材在全国退耕还林工程建设十周年总结大会上的讲话》，2009-09-08。

此次中央政府"林业新政",全面推动集体林权制度改革,明晰产权、放活经营权、落实处置权和保障收益权,对现代农业发展,农民减负增收具有重要意义。

截至 2009 年,全国已有福建、江西、浙江、云南、辽宁、河北、湖北、安徽、重庆、贵州 10 省市基本完成了明晰产权、承包到户的任务,另有 12 个省集体林权制度改革已全面推开,其他省(区、市)正在进行改革试点。全国完成林地及林木确权面积 1.01 亿公顷,占集体林地的 59.4%,发证面积 0.76 亿公顷,占集体林地总面积的 44.6%。①

显而易见,集体林权制度改革,符合新时期林业绿色增长的要求,其实现林业生产力大解放,培育林业发展市场主体,充分释放林业巨大的生态功能,有利于发挥林业的社会、经济、生态和文化等多种功能,构建现代林业体制机制,有效提升中国的生态承载力,为农业绿色增长带来活力。

(四)渔业政策不断健全,有利于渔业的绿色发展

中国是世界上捕捞渔船和渔民数量最多的国家,大量渔民依靠渔业进行生产生活。在中国渔业发展过程中,由于发展水平不高,长期采取粗放型、掠夺式的捕捞方式,造成重要渔业资源品种的苗种数量降低,渔获物的低龄化、小型化、低值化现象严重,捕捞生产效率和经济效益明显下降,对生态环境多样性的破坏在增加。鉴于此,为了加强对水生资源和水域生态环境的保护,合理利用海洋资源,分阶段、有步骤地推进渔业健康发展,各级政府陆续采取了相关的政策和措施,如完善海洋休渔政策,实行绿色养殖、推广增殖放流活动等,以保证渔业的绿色增长。

2006 年,农业部等有关单位制定了《中国水生生物资源养护行动纲要》。该纲要提出了新时期和市场经济条件下水生生物资源养护管理工作的要求,明确了水生生物资源养护的指导思想和原则,提出了实行绿色养殖等具体措施。

2009 年,农业部又公布了《关于调整海洋伏季休渔制度的通告》。该通告根据中国渔业资源的实际情况,调整了休渔海域、休渔作业类型、休渔时间等内容,切实做到了对海洋生物资源的保护。

经过一系列政策的完善,中国渔业绿色发展情况良好,在实现了渔业产值增长的同时,也保护了海洋生态资源。2009 年,中国渔业产值 5 937.37 亿元,比

① 国家林业局:《2009 年中国国土绿化状况公报》,2010-03-12。

2008 年同期增长 14.11%；中国水产品总产量 5 116.40 万吨，比 2008 年同期增长 4.51%。同时，休渔期休渔渔船达 11 万多艘，休渔渔民近 100 万人，使黄渤海、南海粤东和北部湾渔场多种经济鱼类资源都有明显好转，东海带鱼平均资源量比休渔制度实施前提高了 40% 以上。

（五）畜牧业政策体系逐渐成熟，畜牧业发展呈现新气象

畜牧业是农业的重要组成部分，畜牧业的绿色增长对推动中国农业的绿色发展有积极作用。近年来，为了保证畜牧业的健康发展，政府制定了一系列的政策措施，使中国畜牧业政策体系逐渐成熟，畜牧业发展呈现出新气象。

2007 年 4 月，为加强草原保护建设，实现草原合理永续利用，改善草原生态环境，保护草原生物多样性，农业部制定并编制了《全国草原保护建设利用总体规划》。该规划明确了草原的战略地位和作用，制定了草原保护的指导思想和目标任务，并对草原保护工作的顺利进行提出了保障措施。

2010 年 1 月，农业部又制定了《2010 年畜牧业工作要点》。该要点要求大力建设有中国特色的现代畜牧业，加速调整畜牧业产业结构，切实做好草原保护工作，逐步实现草原生态改善。

经过一系列法律法规的制定和实施，中国畜牧业政策体系逐渐成熟，2005—2008年中国畜牧业发展情况如表 2-2 所示。

表 2-2   2005—2008 年中国畜牧业发展情况

年份	2005	2006	2007	2008
畜牧业总产值（亿元）	13 310.8	12 083.9	16 124.9	20 583.6
占农业总产值比重（%）	33.74	29.61	32.98	35.49
肉类产量（万吨）	6 938.9	7 089.0	6 865.7	7 278.7
奶类产量（万吨）	2 864.8	3 302.5	3 633.4	3 781.5
牧草地面积（万公顷）	26 214.4	26 193.2	26 186.5	26 183.5
牧草地面积减少量（万公顷）	56.28	21.2	6.7	3

资料来源：国家统计局：《中国统计年鉴》(2005—2009)，北京，中国统计出版社，2005—2009。

由表 2-2 可知，2005—2008 年，中国畜牧业发展成绩突出，畜牧业绿色增长形势喜人。

首先，畜牧业总产值增加，占农业产值比重保持稳定。2005 年畜牧业实现产值 13 310.8 亿元，到 2008 年实现产值 20 583.6 亿元，净增 7 272.8 亿元，4 年内总增长率为 54.64%。占农业总产值比重方面，2005—2008 年，畜牧业的比重

一直在 30％～35％上下波动，基本保持稳定。

其次，畜牧业产量呈上升趋势。肉类方面，2005 年实现产量 6 938.9 万吨，到 2008 年实现产量 7 278.7 万吨，净增 339.8 万吨，4 年内总增长率为 4.90％。奶类方面，2005 年实现产量 2 864.8 万吨，到 2008 年实现产量 3 633.4 万吨，净增 916.7 万吨，总增长率为 32％。

最后，牧草地保护成效显著，牧草地面积减少量降低。2005 年，中国牧草地面积为 26 214.4 万公顷，到 2008 年，中国牧草地面积为 26 183.5 万公顷，牧草地面积每年都在减少。但 4 年内，中国每年牧草地减少面积分别为 56.28 万公顷、21.2 万公顷、6.7 万公顷和 3 万公顷，牧草地面积减少量每年都在降低。

（六）市场推动绿色农业，绿色食品蓬勃发展

中国绿色食品蓬勃发展是市场推动绿色农业的代表。中国绿色食品的提出源于 1989 年，到 2009 年刚好是其发展的第 20 个年头。在过去的 20 年中，绿色食品从无到有，从当初的概念设想到现在产业的蓬勃发展，取得了非常大的成就。

首先，绿色食品产业规模不断扩大。1990—2009 年中国绿色食品产业规模情况如表 2-3 所示。

表 2-3　　　　　　　　1990—2009 年中国绿色食品产业规模情况

项目　　时间	企业数量（家）	年均增长率（％）	产品（个）	年均增长率（％）	生产总量（万吨）	产地面积（万亩）
1990 年	63	27	127	29	50	60
2009 年	6 003		15 707		10 000	25 000

资料来源：载中国绿色食品网，http://www.fjgreenfood.org.cn/sites/MainSite/。

从 1990 年到 2009 年，中国绿色食品企业由 63 家增长到 6 003 家，平均年增长率为 27％；产品由 127 个发展到 15 707 个，年增长率为 29％；生产总量由 50 万吨增长到 10 000 万吨；产地面积由 60 万亩发展为 25 000 万亩，制定绿色食品标准 152 项，覆盖农产品及加工食品的 1 000 多个品种。到 2009 年，实现国内年销售额达到 3 162 亿元，出口额达到 21.6 亿美元，占中国农产品出口总额的 5.6％。[①]

其次，绿色食品品牌影响力增强，且逐步走向国际化。中国绿色食品通过规范的产品认证，严格生产监管，其质量抽检合格率一直稳定保持在 98％以上，消费者对绿色食品的信任度非常高。同时，通过各级政府、企业及媒体理性的宣传，绿色

---

① 《中国绿色食品发展中心主任王运浩在绿色食品 20 周年座谈会上的发言》，2010-06-19。

食品品牌的知名度和影响力不断提高,部分城市消费者对品牌的认知度和信任度已分别超过 70％和 80％。此外,不少企业还在中国香港、日本、美国等 9 个国家和地区成功申请绿色食品商标,将中国的绿色食品推向世界。

最后,绿色食品产业发展水平稳步提高。20 年来,中国绿色食品产业发展情况如表 2-4 所示。

表 2-4　　　　　　　　　　　中国绿色食品产业发展情况

	产业发展初期	现阶段
产品特征	初级产品为主,品种单一,附加值低,产品档次不高	加工产品为主(70％),初级产品为辅(30％);品种涉及农林、畜禽、水产、饮料 4 个大类,产品差异化大,产品档次和附加值高
产品出口	初级加工品出口为主,出口品种单一,出口额增长缓慢	深加工品出口为主,出口品种多样化,出口额增长迅速,占中国农产品出口总额的 5.6％
品牌建设	品牌不多,种类单一,中国知名品牌少,品牌附加值不高	品牌数量多,种类丰富;知名品牌众多,走向国际化,品牌附加值增加
企业认证	认证企业以中小企业为主,数量不多	认证的国家级、省级企业及标准化生产基地逐年增多,以大企业为主
市场竞争	市场竞争不激烈,市场进入壁垒小,模仿竞争为主,利润空间大	市场竞争激烈,市场进入壁垒提高,以差异化竞争为主,利润空间相对缩小

资料来源:载中国绿色食品网,http://www.fjgreenfood.org.cn/sites/MainSite/。

经过 20 年的发展,中国绿色食品产业在产品特征、产品出口、品牌建设企业认证、市场竞争等方面不断提升,产业发展水平得到稳步提高。2009 年,通过绿色食品认证的国家级和省级企业分别达到 263 家和 1 090 家,中国已有 25 个省、市、自治区建成绿色食品大型原料标准化生产基地 432 个,面积达到 1.03 亿亩,生产总量 5 718 万吨,对接龙头企业 1 138 家,带动农户 1 297 万个,直接增加农民收入 6.5 亿元以上。[1] 绿色食品产业的高速发展,是市场推动第一产业绿色增长的结果,是第一产业绿色增长的典范。

>>二、第一产业绿色增长存在的问题<<

近几年,中国第一产业绿色增长成绩突出,在农业、林业、渔业、畜牧业等多个方面取得了突出的成绩。但是在发展过程中,依然存在不少问题,需要在未来予以解决。

---

[1] 《中国绿色食品发展中心主任王运浩在绿色食品 20 周年座谈会上的发言》,2010-06-19。

（一）农业化工污染形势日益严峻

农业化工污染是指在农业生产过程中农药、化肥、化学农膜等农用化学物资的不合理和过量使用而造成的水体、土壤、生物和大气的污染。中国农业化工污染主要表现在两个方面：化肥、农药过量使用导致的污染，以及化学农膜污染。

一方面，化肥、农药过量使用导致的污染。农业部门调查显示，中国农村过量施用化肥的现象十分普遍，平均过量 30％。中国的耕地只占世界的 7％，化肥使用量却超过了世界总量的 40％。据《中国统计年鉴 2009》测算，目前中国平均每公顷耕地施用化肥量为 430.43 千克，远远高出发达国家认定的 225 千克/公顷的安全上限。施用的化肥只有 1/3 能被农作物吸收，2/3 的化肥进入空气、水体、土壤及农产品中。其中，最直接的影响是导致作物贪青倒伏、病虫害增加，导致农产品中硝酸盐含量严重超标，氮富营养化，同时成为河流、湖泊、水库等富营养化的重要污染源，也污染了地下水。农药滥用不仅造成植物毒素残留太高，影响食品安全，同时还污染了大气环境和水环境等。

另一方面，化学农膜污染。近年来随着农业科技的发展，农膜已成为农业生产中重要的生产材料，中国农膜使用面积逐年增加。据《中国农村统计年鉴 2009》显示，1995 年，中国农膜使用量为 91.5 万吨，覆盖面积 6 493.0 千公顷，到 2008 年使用量到达了 200.7 万吨，覆盖面积 15 308.1 千公顷。从 1995—2008 年，农膜使用量增长了 109.2 万吨，增长了 1.19 倍，覆盖面积增长了 8 815.1 千公顷，增长了 1.36 倍。农膜大面积使用，对农业增产增效发挥了显著效益，但年复一年，农膜碎片在土地里越来越多，且不易被自然分解，导致土地被严重污染。据研究表明，不可降解的塑料薄膜自然腐烂需要 200 年以上。目前，农膜污染问题尚未得到各级各部门以及广大农民的足够重视，还没有农膜环境方面的法规及农膜土壤残留标准，土壤残膜污染处于放任自流的状态。

（二）畜禽养殖业污染逐渐显现

据第一次全国污染源普查公报显示，2007 年，全国畜禽养殖业粪便产生量 2.43 亿吨，尿液产生量 1.63 亿吨，主要水污染物排放量中，化学需氧量 1 268.26 万吨，占全国化学需氧量总排放的 41.9％，总氮 102.48 万吨，总磷 16.04 万吨，铜 2 397.23 吨，锌 4 756.94 吨，大部分排泄物无法及时处理，对环境造成了一定的危害。许多大中型畜禽养殖场在建立之初就缺乏对畜禽污染物无害化、资源化处理的总体考虑，致使相当一部分污染物被直接排入河流或随意堆放。一方面，与农田流失的氮、磷等一同流入水体，导致河流、湖泊、近海海域的富营养化；另一方面，畜禽污染物中的各种病原体对水体污染影响巨大，成为引发水体有机污染的重要原因。

目前，珠江三角洲、长江三角洲和京津地区已成为畜禽污染严重的地区。根据发达国家的经验，中国在未来5～10年内，畜禽产品在居民膳食结构中的比重还会增加，畜禽养殖及其污染物的排放量将进一步增加，在农业污染中的比例也会呈现上升趋势。

(三)土地资源数量短缺，土地质量有待提高

近年来，随着中国工业化、城市化的加速推进，中国耕地面积大量减少，耕地保护面临严峻挑战。目前，中国人均土地仅0.8公顷，只及世界平均水平的1/3，人均耕地也是世界平均的1/3。中国70％以上的耕地为中低产田，大部分耕地有机质含量低，有的非常瘠薄，有的滞涝，有的干旱缺水，有的盐碱化，有的沙化。草地方面，虽然中国草地面积总量为世界第4位，但人均草地也只及世界水平的1/3。中国草地主要分布在北部和西北部干旱、半干旱地区，草场质量较差，生产力较低，草场资源减少而牧区牲畜头数增加，超载过牧现象严重，草地资源沙化、退化问题严重。

此外，中国1/3以上的国土面积存在水土流失问题，据中国水土流失与生态安全科学考察估算，每年水土流失给中国带来的经济损失相当于GDP的2.25％左右，带来的生态环境损失更是难以估算。[1]

(四)管理不善出现的事件

近年来，一些第一产业管理不善的事件时有发生，如安徽阜阳毒奶粉事件、三聚氰胺牛奶事件、森林火灾等，既影响中国第一产业产品形象，又对第一产业资源造成了损失，不利于中国第一产业的绿色增长。

1. 毒奶粉事件

2003年5月，安徽省阜阳市出现关于劣质奶粉造成婴儿营养不良的投诉。随后，该市又出现多起对劣质奶粉投诉的案件。据统计，从2003年5月到2004年4月，该市一年时间内因食用劣质奶粉而死亡的婴儿共计12人，造成营养不良的

---

[1] 李秉龙、薛兴利：《农业经济学》，118页，北京，中国农业大学出版社，2004。

婴儿 229 人，其中轻中度营养不良 189 人。

这是近年来由于质量问题而造成的不利于第一产业绿色增长的典型事件之一。事件中的劣质奶粉严重地危害了婴儿的身体健康，情节恶劣，影响极坏，损害了奶粉业产品形象，不利于奶粉业未来的发展。

2. 三聚氰胺牛奶事件

2008 年 9 月 9 日，甘肃 14 名婴儿被查出因食用三鹿奶粉而患肾结石。随后，陕西、宁夏、湖南、湖北、山东、安徽、江西、江苏等地也有类似案例发生。9 月 12 日，以国家质检总局牵头成立的联合调查组经调查确认，"受三聚氰胺污染的婴幼儿配方奶粉能够导致婴幼儿泌尿系统结石"。截至 9 月 21 日上午 8 时，政府宣布全国因食用含三聚氰胺奶粉导致住院的婴幼儿 1 万余人，确认 4 例患儿死亡，共有 22 家奶粉厂 69 批次产品检出三聚氰胺超标。

此次事件是又一起极不利于第一产业绿色增长的典型事件。中国奶制品业形象因为本次事件而再次严重受损，其产品因为质量问题而受到全国人民的质疑。

3. 森林火灾

近年来，中国森林火灾情况越来越严重。发生的次数、造成的经济损失等逐年增加，严重地破坏了中国林业资源。据《中国统计年鉴 2009》数据显示，2007 年，中国发生森林火灾 9 260 次，其中重大火灾 4 次，火场总面积达 125 128 公顷，受灾森林面积 29 286 公顷，94 人伤亡，直接经济损失 12 415.5 万元。到 2008 年，各方面的情况都有所加重：发生森林火灾 14 144 次，其中重大火灾 13 次，火场总面积达 184 495 公顷，受灾森林面积 52 539 公顷，174 人伤亡，直接经济损失 12 593.9 万元。越来越严重的森林火灾，给中国带来了重大的经济损失和人员伤亡，严重地阻碍了林业的绿色增长。

＞＞三、国内外扶持第一产业绿色发展的措施＜＜

绿色农业在资源节约、环境友好方面的优势，不断地吸引着世界各国对其进行探索。由于时间上比中国早，某些方面的技术水平比中国高，美国、德国、日本等发达国家在探索绿色农业的过程中，有很多有利于绿色农业发展的政策措施值得中国学习。此外，中国在发展绿色农业的过程中，由于党中央、国务院及各级政府的重视，也总结了不少经验教训，可为以后的发展提供借鉴。

(一)中国林业生态工程，建设绿色万里长城

中国林业生态工程，是世界林业发展史上的典范，是现代中国建造的绿色万里长城。为了推动林业的绿色发展，保护生态环境，中国政府开始在中国范围内实行林业生态工程。几十年间，天然林保护工程、三北防护林工程、退耕还林工程、长江防护林工程等绿色万里长城在中国拔地而起，成为守护中国的一道绿色屏障。

据第7次森林资源清查，中国森林面积1.95亿公顷，比上次清查净增0.21亿公顷；森林覆盖率20.36%，净增2.15个百分点；活立木蓄积量149.13亿立方米，净增11.28亿立方米；人工林面积0.62亿公顷，净增840万公顷，继续保持世界首位。其中，天然林保护工程完成公益林建设154.2万公顷，三北防护林工程累计完成造林118.64万公顷，退耕还林工程完成荒山荒地造林和封山育林118.68万公顷，长江防护林工程两湖两库治理效果明显，沿海防护林工程实现了基干林带合拢。

(二)美国绿色农业补贴，内容丰富成效显著

美国高水平的现代农业，是世界农业史上的典范。但随着农业现代化给环境和资源带来巨大压力，美国政府开始推行绿色农业政策，对农业进行绿色补贴。

美国农业绿色补贴政策，将农业的发展与农业环境保护紧密结合起来，对促进农业生态环境的良性循环起着重要作用。其主要内容包括以下几个方面：第一，着手改革商品粮生产计划和其他政策条款；第二，提高农业法案中现有环保条例的效率和执法力度；第三，将农业的支持与环境保护进行捆绑，逐步将农业补贴转化为农业污染补贴；第四，在实施农业绿色补贴的同时，加强对农民的环境保护教育，以逐步提高农民的环保意识。[1]

绿色补贴政策的实施，为美国第一产业绿色发展带来显著效果。首先，农业污染内部化，有效地解决了土地污染等问题，对改善土壤、水质，减少温室效应起了很大的作用。其次，兼顾了效率和公平。绿色补贴政策使农民主动保护土地，减少污染，同时使所有农民都能够享受补贴，既保持了效率，又兼顾了公平。最后，提高了农民环保的自觉性。绿色农业补贴的实施，克服了以前单纯以条例对农业进行环保管理的缺陷，使农民能在市场的作用力下自发保护土地。

---

[1] 朱文玉：《中国生态农业政策和法律研究》，载《东北林业大学学报》，2009(3)。

中国也有对农业进行补贴的政策，如粮食直补、购买农机补贴、良种补贴、农用生产资料综合补贴等。但这些补贴政策针对农业绿色发展的比较少，将补贴与环境保护直接联系的政策也比较少，在推动农业绿色增长方面效果有限。

（三）德国严格的生态农业标准

德国是世界上农业比较发达的国家，其约一半国土面积用于农业生产，农畜产品种类繁多，质量优异。德国对于生态农业的要求十分严格，其 2002 年公布的农业法案中对生态农业有着详细的标准规定。

2002 年农业法案中规定，作为生态农业，必须具备以下条件：①不使用化学合成的除虫剂、除草剂，使用有益天敌或机械除草方法；②不使用易溶的化学肥料，而是使用有机肥或长效肥；③利用腐殖质保持土壤肥力；④采用轮作式等方式种植；⑤不使用化学合成的植物生长调节剂；⑥控制牧场载畜量；⑦动物饲养采用天然饲料；⑧不使用抗生素；⑨不使用转基因技术。[①]

严格的生态农业标准，使德国的农业污染受到显著控制，农业生产实现可持续发展，农业产品在世界享有极高的声誉，农业实现了良好的绿色增长。

专栏 2-3　北京市昌平区：科技推动都市型现代农业发展

昌平区位于北京市西北部，区域面积 1 343.5 平方公里，是首都的中郊区，在历史上素有"京师之枕"的美誉。昌平区属于暖温带大陆性季风气候，生态环境良好，自然风光秀丽，四季分明，降雨量充足，一直是首都发展农业的重要区域。

近年来，为了保证昌平对首都农业的支撑作用，为主城区提供绿色、健康、环保的农业产品，区委、区政府制定了依托科技大力推动都市型现代农业发展的战略部署。经过多年的规划和发展，昌平区依托现有科技资源，重新对全区农业产业进行了功能定位和整体布局，都市型现代农业发展取得显著成效。

一方面，利用农业科学技术，加快了林果产业升级。以苹果产业为例。2000年，昌平区开始大力实行苹果标准化栽培技术，之后又先后推广人工授粉、简化修剪、果实套袋、土壤改良等十余项综合实用技术。到 2007 年，昌平区实现苹果标准化栽培技术应用率 90% 以上，精品苹果率 80% 以上，全区苹果种植面积 2.1 万亩，平均亩效益 5 500 元，年产值突破 1 亿元。

---

① 朱文玉：《中国生态农业政策和法律研究》，载《东北林业大学学报》，2009(3)。

另一方面，结合昌平实际情况，扶持发展生态花卉产业。昌平西北部山区地带，自然条件恶劣，水资源比较匮乏，但经过专家研究论证，该区却具有适宜百合生长的沙滩地、充足的光照和丰富的风力资源等。区委区政府经过讨论规划，将百合花卉产业确定为西北部山区重点发展产业，以生态科技公司为龙头，启动百合生产示范基地建设项目。2007年，百合生产基地100栋日光温室完成主体工程，全部实现节水配套，32栋温室实现农膜、供暖基质等配套到位，部分温室已完成种球栽植。

此外，还实施科技示范，建设小汤山现代农业科技示范园。2002年，小汤山现代农业科技示范园正式开园。该园区总投资30个亿，规划面积111.6平方千米。园区以科技展示现代农业的崭新观念和技术，是首都现代农业基本实现现代化的窗口，先后获得国家级农业科技园区和全国农业旅游示范点等称号。园区依据"科技示范、辐射带动、旅游观光"的总体功能定位，经过几年的建设已基本形成了"七区一园"的发展格局，即林木种苗区、精准农业区、水产养殖区、农产品加工区、果品采摘区、休闲度假区、园林园艺区和籽种农业园，先后引进新技术116项，新品种571个，是名副其实的高科技现代农业园区。

2009年，全区继续有条不紊地完善了"一花三果"等特色产业扶持政策，新实施了百合种球国产化、柿子脱涩加工等富民产业项目，成功筹办了第七届世界草莓大会，新发展了标准化果园3 050亩，设施农业总面积达到3.2万亩。昌平区以科技推动都市型现代农业发展，为中国现代农业提供了很好的经验和借鉴，有力地推动了我国农业绿色、健康的发展。

资料来源：

[1]北京昌平.http://www.bjchp.gov.cn/WebApp/default.htm.

[2]北京昌平国家农业科技园区网站.http://www.nyy.bjchp.gov.cn/MainWebSite/default.aspx.

[3]农村科技服务港.http://www.bjctcc.cn/index.asp.

[4]北京市昌平区2008年政府工作报告.

[5]北京市昌平区2009年政府工作报告.

[6]北京市昌平区2010年政府工作报告.

(四)推广保护性耕作方式，土壤质量得到保障

实行保护性耕作方式，对于防止土壤侵蚀，减少水土流失，保证土壤肥力有积极的作用。这方面，美国和中国都有很好的措施。

美国以大力推广免耕的工作方式，提高土壤质量。美国将免耕定义为任何收

获后用残茬覆盖至少 30% 土壤表面以减少水蚀的耕作和种植制度即为免耕。① 免耕具体包括三种方式：覆盖耕作、垄耕和不耕。经过多年的推广，到现在为止，美国农业免耕面积占总耕地面积 50% 以上，成效显著。一方面，改善了土壤的可耕作性，增加了土壤有机质，减少了土壤侵蚀；另一方面，锁住了土壤水分，提高水分利用率，降低了化学物质对水的污染。

中国于 20 世纪 70 年代开始进行保护性耕作的试验。进入 21 世纪，才开始在中国范围内大力推广。近几年，国家投入大量的人力、物力、财力，积极推广保护性耕作制度，取得了很好的成绩。截至 2007 年年底，中央财政累计投入 1.7 亿元，加上地方投入，保护性耕作技术已在中国北方 15 个省（区、市）的 501 个县份设点示范，实施面积 3 000 多万亩，涉及 400 多万农户。保护性耕作对于土地的循环利用，对于农业的绿色增长有积极的意义，国家应该坚定不移地推广这种耕作方式，实现人与土地的和谐。

>>参考文献<<

[1] 李晓西等. 国际金融危机下的中国经济发展[M]. 北京：中国大百科全书出版社，2010.

[2] 国家统计局. 中国统计年鉴（2006—2009）[R]. 北京：中国统计出版社，2006—2009.

[3] 国家统计局. 中国环境统计年鉴（2006—2009）[R]. 北京：中国统计出版社，2006—2009.

[4] 国家统计局农村社会经济调查司. 中国农村统计年鉴[R]. 北京：中国统计出版社，2009.

[5] 刘连馥. 绿色农业初探[M]. 北京：中国财经出版社，2005.

[6] 李秉龙，薛兴利等. 农业经济学[M]. 北京：中国农业大学出版社，2004.

[7] 国家林业局. 2009 年中国国土绿化状况公报[R]. 2010-03-12.

[8] 朱文玉. 中国生态农业政策和法律研究[J]. 东北林业大学学报，2009，3.

[9] 张海林等. 保护性耕作研究现状、发展趋势及对策[J]. 中国农业大学学报，2005，1.

[10] 罗秀娟，孙凯. 中日农业政策比较及借鉴[J]. 农村经济，2009，5.

① 载河南兴农网，http://www.hnnw.net/news/view.php? noid=21589.

[11] 徐晓雯. 美国绿色农业补贴及对中国农业污染治理的启示[J]. 理论探讨，2006，4.

[12] 李艳军，赵军. 绿色农业对农民收入的影响研究[J]. 生态经济，2009，10.

[13] 严立冬等. 绿色农业理论体系与组织管理方法初探[J]. 中南财经政法大学学报，2007.

[14] 崔楠，侯素霞. 发展绿色生态农业推进农业产业化结构调整[J]. 安徽农业科学，2010.

[15] 王玉荣，王立杰等. 河北省绿色农业发展对策研究[J]. 农业经济，2010，1.

[16] 郑冬梅. 绿色农业的外部性分析与思考[J]. 中共福建省委党校学报，2006，5.

[17] 王晓玲等. 中国生态农业和绿色食品的现状及发展对策[J]. 安徽农业科学，2007.

[18] 中华人民共和国国家统计局网站，http://www.stats.gov.cn/.

[19] 中华人民共和国环境保护部网站，http://www.zhb.gov.cn/.

[20] 中华人民共和国国家发展和改革委员会网站，http://www.sdpc.gov.cn/.

[21] 中华人民共和国林业局网站，http://www.forestry.gov.cn/.

[22] 中国渔业政务网，http://www.cnfm.gov.cn/.

[23] 中华人民共和国农业部网站，http://www.moa.gov.cn/.

[24] 中国绿色食品网，http://www.fjgreenfood.org.cn/sites/MainSite/.

第三章
第二产业的绿色增长

改革开放三十多年来，我国第二产业，尤其是工业的发展取得了举世瞩目的成就。据统计，2009 年，我国实现工业增加值 13.5 万亿元，有 210 种工业品产量居世界第一，已经成为具有全球影响力的制造业大国。然而，绿色发展已成为当今世界的时代潮流，能源价格的大幅提高和环境质量的急剧恶化必将对中国工业经济带来深远影响，对第二产业特别是工业绿色增长的研究势在必行。因此，探索分析第二产业绿色增长的特征，挖掘这一进程中存在的问题，并归纳总结国内外扶持第二产业绿色发展的先进经验和措施，对推进节能减排、加快工业结构调整和发展方式转变，进一步促进我国经济增长方式的转变，具有十分重要的意义。

>>一、第二产业绿色增长特征<<

党和国家领导人多次强调要转变经济增长方式，目前，第二产业，尤其工业是资源消耗最多、对生态环境破坏程度最为严重的产业部门，因此绿色第二产业，尤其是绿色工业自然成为绿色经济中各国关注的焦点。温家宝总理在庆祝中科院建院 60 周年时指出："要依靠科学技术形成少投入、多产出的生产方式和少排放、多利用的消费模式，走出一条生产发展、生活富裕、生态良好的新型工业化和城镇化道路。"2010 年 6 月召开的"2010 中国绿色工业论坛"，更是明确了工业未来的"绿色"发展道路。绿色工业既包括生产过程是否环保，又包括产品在使用时和报废后是否环保，还包括对生产资源的有效利用，因此发展绿色工业就是要促进工业向资源节约、环境友好的方向转变。近年来，我国工业发展逐步"由黑转绿"，建筑业紧跟环保、宜居新标准，可以说，第二产业绿色增长的"优结构、低能耗、低排放、低污染"特征逐步显现，具体表现在以下几个方面。

（一）产业结构逐步优化

2009 年，我国在全球金融危机的困境中实现了工业增速的"V"形复苏。2010 年 5 月，全国工业增加值累计同比增长 18.5％，正好与 2007 年同期的累计增速持平。工业增长速度恢复的同时，产业结构的调整成为实现第二产业绿色增长的关键所在。主要包括三个方面的内容：一是传统产业的优化升级；二是产业结构由"重化工"向"高加工度化"演变；三是产能结构的逐步优化。具体体现在以下几个方面。

传统产业不断改造升级。"十一五"以来，应用信息技术改造提升传统产业不断取得新的进展，工业设计研发信息化、生产装备数字化、生产过程智能化和经营管理网络化水平迅速提高。据统计，大中型工业企业购买使用微电子控制设备的比重不断上升，微电子控制设备占企业固定资产原价比重已从 2005 年的 8.64％上升到 2007 年的 10.06％，占生产经营用设备原价比重则从 2005 年的 12.13％上升到 2007 年的 13.08％。[1] 同时，能源、交通运输、钢铁、机械和建材等行业的信息化水平进一步提高。

高科技产业快速发展。高科技产业对整个经济发展的拉动力强，我国工业也开始向高附加值的高科技产业演进，高新技术产业园区发展快速，据统计[2]，2008 年 54 个国家高新区的营业收入超过了 6.5 万亿元，比 2007 年增长 18.6％，工业增加值达到 1.3 万亿元，比 2007 年增长 18.6％，虽然增速与 2007 年相比回落了 6.5％，但是高科技产业的工业增加值占到了工业整体增加值的 9.8％，比 2007 年增长 1％。同时，国家实施"国家重点新产品计划"，激励企业产品创新。2007—2008 年共受理新产品计划项目 4 801 项，包括电子与信息，航空航天及交通，光机电一体化，生物技术，新型材料，新能源与高效节能，环境与资源利用，地球、空间及海洋工程，医药与医学工程等，高新技术产业的实力不断增强。

工业高载能行业增加值增速有所放缓。由于工业高载能行业产品的物理、化学特性、生产工艺等，决定了其工业生产过程中需要消耗大量煤炭、电力、焦炭、热力等各种能源产品。为降低工业生产能耗水平和推动工业产业结构调整，2006 年起国务院、发改委就相继发布《国务院办公厅转发发展改革委等部门关于

---

① 郭朝先：《重化工业未必增加能耗污染环境》，载《中国经济导报》，2010-06-03。
② 科技部：《国家科技计划年度报告 2009》，载 http://www.most.gov.cn/ndbg/2009ndbg/。

加强固定资产投资调控从严控制新开工项目意见的通知》和《国家发展改革委关于防止高耗能行业重新盲目扩张的通知》，开始积极控制高耗能行业的扩张。2007年，国家发改委确立了 6 大高载能行业，即：电力与热力的生产和供应业，化学原料及化学制品制造业，黑色金属冶炼及压延加工业，非金属矿物制品业，石油加工、炼焦及核燃料加工业和有色金属冶炼及压延加工业。截至 2010 年 6 月，六大高载能行业增加值同比增长 17.2%，增速比一季度回落 2.4 个百分点；6 月当月，六大高载能行业增加值同比增长 11.8%，比上月回落 4 个百分点。在六大高载能行业中，化学原料及化学制品制造业、非金属矿物制品业、黑色金属冶炼及压延加工业三个行业工业增加值增速分别比 2007 年同期下降 2.8 个百分点、3.5 个百分点、7.3 个百分点，由于目前全球金融危机对我国工业生产的负面影响已逐渐降低，这些工业行业增加值增速的降低显示出我国工业结构调整的优化趋势。

产能结构不断优化。为确保"十一五"节能降耗和污染减排总目标的实现，我国从 2007 年起加强了淘汰落后产能的工作。2009 年国务院转发十部委联合上报的《关于抑制部分过剩和重复建设引导产业健康发展的若干意见》，加快了主要工业行业淘汰落后产能的步伐，2009 年淘汰落后产能的实际进展超过了"十一五"前三年的平均水平。2010 年 5 月，国务院公布《关于进一步加大工作力度确保实现"十一五"节能减排目标的通知》，随后工业和信息化部向各地下达了淘汰落后产能的新目标，① 8 月，工信部又向社会公布《2010 年工业行业淘汰落后产能企业名单》，与 5 月预定的目标相比，对各行业淘汰落后产能的力度均有所加强（详见表 3-1）。除了表 3-1 列出的 9 个行业外，对其他行业淘汰落后产能的任务也有明确规定。② 这反映出我国在淘汰落后产能方面的举措已经不仅仅只停留在重工业方面，优化工业产能结构的范围、力度都在不断升级。

表 3-1　　　　　中国"十一五"时期主要行业淘汰落后生产能力一览

行业	内容	单位	2006—2008 年	2009 年	2010 年计划
煤炭	关闭小煤矿	处	10 000	1 088	8 000
电力	实施"上大压小"关停小火电机组	万千瓦	3 421	2 617	1 060

① 《工业和信息化部下达 18 行业淘汰落后产能目标任务》，载 http://www.gov.cn/gzdt/2010-05/27/content_1614817.htm。

② 玻璃 993.5 万重量箱，造纸 465.26 万吨，酒精 68.8 万吨，铜冶炼 14.49 万吨，锌冶炼 11.3 万吨，铅冶炼 29.37 万吨，味精 19.49 万吨，柠檬酸 1.7 万吨，皮革 1 435.75 万标张，印染 38.14 亿米以上，化纤 67.39 万吨。

续表

行业	内容	单位	2006—2008 年	2009 年	2010 年计划
炼铁	300 立方米以下高炉	万吨	6 059	2 113	3 524.6
炼钢	年产 20 万吨及以下的小转炉、小电炉	万吨	4 347	1 691	876.4
电解铝	小型预焙槽	万吨	—	31.25	37.10
铁合金	6300 千伏安以下矿热炉	万吨	356.9	162.1	171.9
电石	6300 千伏安以下炉型电石产能	万吨	240.32	46.68	74.47
焦炭	炭化室高度 4.3 米以下的小机焦	万吨	6 440.94	1 809.06	2 586.5
水泥	等量替代机立窑水泥熟料	万吨	14 000	7 416	10 702.7

资料来源：《温家宝总理在十一届全国人大三次会议上所作的政府工作报告》；张平：《国务院关于转变发展方式调整经济结构情况的报告》；我的钢铁网；工信部网站。

随着落后产能的不断淘汰，工业产品的科技含量不断提升，产品结构也不断优化，2007 年起，中国环境保护产业协会开始进行"绿色之星"产品的评定，对科技创新型的环境友好产品授予"绿色之星"的标识以示嘉奖。目前仍在有效期内的工业绿色产品包括 9 类汽车、13 类能源产品、24 类家居产品、2 类包装产品、28 类建筑建材产品、3 类消防产品、2 类通信产品、3 类办公产品、17 类电器产品和 15 类其他产品。

（二）资源利用方式向集约化推进

资源节约是强调"3R"原则（"减量"、"再用"、"循环"）的循环经济思想的本质，自然也是第二产业绿色增长重点关注的方面。在当前全球关注气候变暖问题的时代背景之下，资源的集约利用不仅是打破我国经济发展资源约束的根本措施，也是实现温室气体减排的重要手段。2006 年，我国单位 GDP 能耗首度出现下降。2008 年金融危机后，资源利用方式的转变更加受到政府的关注，十一届全国人大第二次会议中明确提出要突出抓好工业、建筑等领域的节能工作，继续推进十大重点节能工程建设，坚持节能、节水、节地。我国工业、建筑业的粗放型增长方式逐步转变，资源利用效率不断提高。

工业能耗明显下降。2009 年我国规模以上企业的单位工业增加值能耗为 2.05 吨标准煤/万元[1]，与 2005 年相比，降幅达到 20.76%。[2] 尽管全球金融危

---

[1] 2005 年数据来自前国家统计局局长谢伏瞻出席国务院新闻办举办的新闻发布会时的答记者问，2009 年数据根据 2005 年数据及工信部部长李毅中讲话中提到了 2005—2009 年规模以上工业增加值能耗降幅计算。

[2] 《一季度中国单位工业增加值能耗不降反升》，载《人民日报》，2010-06。

机期间，大量企业的关停从客观上推动了我国工业能耗的下降，但从近年来我国在工业结构调整上做出的努力和淘汰落后产能的进展上看，能耗水平的下降绝不能单纯地归因于金融危机造成的行业生产衰退，需要正视工业节能取得的成绩。此外，由于火电发电技术的提高，供电煤耗从 2005 年的 370 克标准煤/千瓦时降为 2009 年的 340 克标准煤/千瓦时，电力行业的能源效率明显改善。

非能源资源利用效率逐步改善。在水资源节约利用方面，2008 年工业用水重复利用率达到 83.8%[①]，比 2005 年的 75.1%[②]提高了 8.7 个百分点；单位工业增加值水耗从 2005 年的 166.41 立方米/万元降为 2008 年的 127.34 立方米/万元。2009 年工业用水总量比上年下降 8.20%[③]，工业用水效率进一步提高；工业固体废弃物综合利用率也从 2007 年的 62.1%[④]上升至 2009 年的 65%[⑤]。在非能源矿产资源利用方面，据最新资料显示[⑥]，我国矿产资源总回收率已近 35%，共伴生矿产综合利用率已近 40%。

建筑业节能降耗取得新突破。"绿色建筑"的概念虽然在我国刚刚兴起，但在欧美等发达国家已经走过了近四十年的发展历史。根据我国《绿色建筑评价标准》中对绿色建筑的定义，发展绿色建筑业也就是要在国内提高"节约资源、保护环境和减少污染，为人们提供健康、适用和高效的使用空间，与自然和谐共生的建筑"的比例。

"十一五"期间，我国建筑业在资源利用方面取得了重要突破。一是全国新建及施工建筑中执行节能标准的比例取得突破。2006 年全国城镇的新建建筑在设计阶段执行节能标准的比例为 96%[⑦]，施工阶段执行该标准的比例仅为 54%；截至 2009 年年底，全国城镇在设计阶段执行节能强制性标准的比例达到 99%，施工阶段执行节能强制性标准的比例也达到 90%[⑧]。二是根据国务院提出的"开展大型公共建筑节能运行管理与改造示范"的要求，建立了国家机关办公建筑和大型公共建筑节能监管体系，第一批 24 个省市的 29 359 栋建筑完成了耗能情况的

---

① 环保部网站：《2008 年环境统计年报》，2009-09。
② 环保部网站：《2005 年环境统计年报》，2006-06。
③ 中华人民共和国中央人民政府网站：《工业和信息化部发布工业经济运行 2010 年春季报告》，2010-03。
④ 环保部网站：《环境统计年报》(2007—2008)，中国环境科学出版社，2007—2008。
⑤ 中华人民共和国中央人民政府网站：《工业和信息化部发布工业经济运行 2010 年春季报告》，2010-03。
⑥ 朱剑红、发改委：《我国明确"十二五"资源综合利用重点》，载《人民日报》，2010-07-25。
⑦ 住建部网站：《2007 年全国建设领域节能减排专项监督检查建筑节能工作检查报告》。
⑧ 住建部网站：《关于 2009 年全国建设领域节能减排专项监督检查建筑节能检查的通报》。

统计，已对758栋建筑的能耗进行了实时动态监测。三是北方采暖地区既有建筑供热计量，节能改造也稳步推进，截至2009年北方15省市已完成节能改造面积10 949万平方米，可节省能耗75万吨标准煤。

此外，根据《住房和城乡建设部、国家工商行政管理总局、国家质量技术监督检验检疫总局关于加强建筑节能材料和产品质量监督管理的通知》，初步建立起建筑节能材料和产品质量监管的长效机制，墙体材料革新工作取得积极成效，管理体制进一步理顺，相关规章制度、标准规范体系进一步完善，新型墙体材料产量占到了墙体材料总产量比重的61%，在新建建筑中应用比例达到60%。

(三)环境友好程度不断提升

2009年3月，温家宝总理在十一届全国人大第二次会议中提出：要在应对经济危机的同时，毫不松懈地加强节能减排和生态环保工作，环境保护被列为政府工作的重点。环保部召开的2009年年会更是突出了要把扎实推进污染减排作为主攻方向，同时把加快推进环保基础设施建设作为减排的有力保障。2005年至今，工业废水、废气及固体废弃物的减排效果明显，同时建筑业也取得了新的突破。

单位工业增加值废水排放量下降。我国单位工业增加值废水排放量逐年降低，从2005年的31.48吨/万元降为2008年的22.03吨/万元，降幅达30%。同时，工业废水中污染物浓度也呈现逐年下降的趋势，其中，工业废水中的化学需氧量浓度下降0.004个百分点，工业废水中氨氮浓度下降0.001个百分点，其他有毒有害物[①]浓度降幅最大，下降了0.017个百分点，参见表3-2：

表3-2　　　　　　　2005—2008年工业废水排放相关指标变动表

年份	单位工业增加值废水排放量(吨/万元)	工业废水中化学需氧量浓度(‰)	工业废水中氨氮浓度(‰)	工业废水中其他有毒有害污染物浓度(‰)
2005	31.48	0.23	0.02	0.41
2006	27.55	0.23	0.02	0.31
2007	24.62	0.21	0.01	0.25
2008	22.03	0.19	0.01	0.24

资料来源：根据环保部网站《中国环境统计年报2008》、《中国统计年鉴2009》数据计算。

单位工业增加值废气排放量得到一定控制。2006—2008年，单位工业增加

---

① 指汞、镉、六价铬、铅、砷五种有统计的污染物。

值废气排放量得到了一定程度的控制，平均维持在 3.7 立方米/元的水平。而工业废气中单位工业增加值的各种污染物排放量均不断减少。其中，单位工业增加值二氧化硫排放量从 2005 年的 0.028 吨/万元降至 2008 年的 0.018 吨/万元；单位工业增加值氮氧化物排放量从 2006 年的 0.013 吨/万元降至 2008 年的 0.011 吨/万元；单位工业增加值烟尘和粉尘排放量从 2005 年的 0.024 吨/万元降至 2008 年的 0.011 吨/万元。

表 3-3   2005—2008 年工业废气排放相关指标变动表

年份	单位工业增加值废气排放量（立方米/元）	单位工业增加值二氧化硫排放量（吨/万元）	单位工业增加值氮氧化物排放量（吨/万元）	单位工业增加值烟尘和粉尘排放量（吨/万元）
2005	3.48	0.028	—	0.024
2006	3.80	0.026	0.013	0.019
2007	3.88	0.021	0.013	0.015
2008	3.68	0.018	0.011	0.011

资料来源：根据环保部网站《中国环境统计年报》（2005—2008）、《中国统计年鉴 2009》数据计算。

工业固体废物排放量大幅减少。2008 年，工业固体废物排放量 782 万吨，仅为 2005 年排放量的 47.25%，可以说工业固体废物排放量减少了一半以上。工业固体废物中的危险废物排放量更是从 2006 年的 60 万吨降为 0.07 万吨，亦低于 2005—2008 年这 4 年间的平均水平 5.19 万吨。

建筑业在环保方面的新突破。传统建筑在建造过程中，常常造成噪声、扬尘、光污染、水污染等环境问题，目前单纯的"节能"标准已经不能适应绿色发展对建筑业的要求，必须推动节能建筑向"绿色"建筑转型，提倡生态环境与建筑相结合的绿色建筑才是建筑业发展的必然趋势。2006—2008 年，我国出台《绿色建筑评价标准》及其细则等规章制度，并开展了"低碳建筑和绿色建筑双百工程"和"绿色建筑评价标识"工作，我国"绿色"建筑评定正式起步，天津中新生态城、深圳光明新区、河北唐山曹妃甸新城、江苏苏州工业园区、湖南长株潭和湖北武汉资源节约环境友好配套改革试验区等开始进行低碳生态城区建设实践。由表 3-4 可以看出，从 2008 年到 2010 年上半年，我国共有 18 个建筑项目被评定为"绿色建筑"项目，其中公共建筑 12 个，住宅建筑 6 个。

表 3-4   2008—2010 年上半年"绿色建筑"设计评价标识项目

项目类型	序号	项目名称	单位名称
公共建筑	1	上海市建筑科学研究院绿色建筑工程研究中心办公楼	上海市建筑科学研究院(集团)有限公司
	2	华侨城体育中心扩建工程	深圳华侨城房地产有限公司
	3	中国 2010 年上海世博会世博中心	上海世博(集团)有限公司
	4	绿地汇创国际广场准甲办公楼	上海绿地杨浦置业有限公司
	5	奉贤绿地翡翠国际广场 3 号楼	上海绿地汇置业有限公司
	6	中国银行总行大厦	中国银行总务部
	7	山东交通学院图书馆	山东交通学院
	8	上海市建筑科学研究院绿色建筑工程研究中心办公楼	上海市建筑科学研究院(集团)有限公司
	9	都江堰市李冰中学	成都市兴蓉投资有限公司
	10	莘庄综合楼	上海市建筑科学研究院(集团)有限公司
	11	苏州物流中心综合保税大厦	苏州物流中心有限公司
	12	杭州市科技馆	杭州市科学技术协会
住宅建筑	1	金都·汉宫	武汉市浙金都房地产开发有限公司
	2	金都·城市芯宇(1 号、2 号、3 号、5 号、6 号)	杭州启德置业有限公司
	3	深圳万科城四期有限公司	深圳市万科房地产
	4	无锡万达广场 C、D 区住宅	无锡万达商业广场投资有限公司
	5	大屯路 224 号住宅及商业项目(1♯)	金融街控股股份有限公司
	6	新疆缔森君悦海棠绿筑小区	新疆缔森地产开发有限公司

资料来源：载中国住房和城乡建设部网站，http://www.mohurd.gov.cn/gsgg/gg/jsbgg/。

>>二、第二产业绿色增长存在的问题<<

虽然我国第二产业绿色增长的特征逐步显现，但不可否认，我国第二产业增长主要依靠投资和资源消耗拉动的粗放型发展方式没有得到根本转变，资源消耗高、产出效率低、污染排放重、自主创新能力不强，部分行业产能过剩等矛盾和问题突出。如何实现第二产业的绿色增长，是当前和今后面临的紧迫任务。

(一)高载能工业行业比重偏高

由于历史原因，我国工业结构重型化问题一直比较严重，再加上我国经济增长长期对投资过度依赖，因而资金密集型的石化、钢铁、水泥等高载能工业行业在工业中所占的比重居高不下。2005—2007 年，我国石油加工、炼焦及核燃料加工业，化学原料及化学制品制造业，非金属矿物制品业，黑色金属冶炼及压延加工业，有色金属冶炼及压延加工业和电力、热力的生产和供应业这六大耗能最高的工业行业在工业总产值中所占的比重分别达到 33.68％、33.86％、34.16％，2008 年时该比重略有降低，为 34.12％。2005—2007 年，美国这六大行业占工业总产值的份额分别为 6.83％、7.09％、7.02％，2008 年略有上升，为 7.45％。[①]可见，我国高载能工业行业比重仍然偏高，工业增长对能源高度依赖的问题十分突出。

（二）工业资源利用效率较低

虽然我国工业的资源利用效率得到了一定程度的改善，规模以上工业企业能耗强度从 2005 年的 2.58 吨标准煤/万元降为 2009 年的 2.05 吨标准煤/万元，但目前要实现"十一五"期间单位 GDP 能耗降低 20％的目标仍具有一定难度。与发达国家相比，我国的工业资源利用效率明显偏低。以美国[②]为例，2005 年美国工业能耗强度为 5.96 吨标准煤/万美元，2009 年下降为 5.12 吨标准煤/万美元。若按 2009 年美元对人民币年平均汇率（1 美元＝6.83 元人民币）进行换算，美国工业能耗强度约为中国的 37％，可见我国与发达国家在工业资源利用效率方面还存在不小的差距。工业资源利用效率较低的主要原因，一方面是由于我国工业内部产业结构过度倚重高载能的重化工业，造成能源等资源消耗总量较多，2009年，"我国消耗了世界上 46％的钢铁、45％的煤炭、48％的水泥、10％的油气"[③]；另一方面则是由于工业整体生产技术水平较低，落后产能仍大量存在。

（三）建筑资源消耗快速增长

随着我国城市化速度的加快，从 2005 年到 2009 年，我国建筑业增加值从6 899.71亿元增长到 15 272.5 亿元，翻了一倍以上，且增速由 2006 年的 17.63％上升到 2009 年的 28.21％，有不断加快的趋势，建筑业的快速发展使得建筑对各

[①]　根据美国经济分析局网站（www. bea. gov/index. htm）公布的工业分行业总产值数据按2005 年不变价计算。

[②]　根据美国经济分析局网站（www. bea. gov/index. htm）公布的分行业增加值数据（2005 价格）与 EIA 网站美国分行业能源消费量（英制热量单位 Btu）计算，并将英制热量单位折算为标准煤。

[③]　中华人民共和国中央人民政府网站：《工业和信息化部发布工业经济运行 2010 年春季报告》，2010-03。

种资源的消耗也在大幅度增加。建筑对资源的消耗包括两部分:一是建筑业对资源的消耗,主要是钢材、木材、水泥等建材的使用;二是建筑能耗,包括城市生活住宅能耗、办公和公共建筑能耗、农村生活用能。

我国在建筑技术上与发达国家存在相当差距,2005 年至 2007 年建筑企业技术装备率始终停留在人均 9 200 元的水平上,2008 年虽然增长至 9 915 元/人,但相比 2003 年就已经达到的 9 957 元/人的水平,"十一五"期间我国建筑企业在技术装备上的投资力度处于停滞状态。技术落后导致我国建筑业在发展过程中消耗大量的资源。据统计,2004 年,建筑业对钢材、木材、水泥三种建材的消耗量分别为 15 863.9 万吨、8 700 万立方米、67 900 万吨,[1] 2008 年建筑业对这三种建材的消耗量分别增长了 41.70%、12.54%、22.90%,[2] 其中建筑业对钢材、水泥的消费量[3]约占到了全社会总消费量的 41.48% 和 61.95%。建筑业对资源的大量消耗已成为我国经济粗放增长的重要原因,据最新资料,2009 年,中国钢材的表观消费量占到全球的 46.4%[4];水泥消费量[5]比 2008 年增长 4%,而同期全球水泥消费量却缩减了 1.7%。

在建筑能耗方面,据统计[6],包括采暖、空调、热水供应、照明动力等在内的建筑能耗已经占到总能耗的 27% 以上,实际上已成为仅次于工业、交通业的第三"耗能大户"。随着电气化水平的提高,建筑能耗的主体是对电力的消耗。我国建筑用电量增长较快。从表 3-5 可以看出,2005—2009 年,我国居民生活用电量快速增长。2008 年我国居民用电量比 2007 年增加了 435 亿千瓦时,增速也从 2007 年的 11.41% 升至 12% 以上。至 2009 年,居民用电量比 2008 年进一步增长 510 亿千瓦时,在全社会用电量中的比重达到 12.49%。而建筑技术、建筑设计在一定程度上影响了建成后的建筑能耗水平。截至 2009 年年底,全国累计建成的节能建筑面积仅占城镇建筑面积的 21.7%。[7] 可见,我国在促进建筑节能设计技术的推广方面仍然任重道远。

---

① 王炜芹、张星:《浅析建筑业资源消耗问题》,载《建筑经济》,2008(6)。

② 根据《中国建筑业统计年鉴 2008》数据计算。

③ 《中华人民共和国 2008 年国民经济和社会发展统计公报》,载统计局网站。

④ 《数据显示:中国钢铁产量和消费量占全球半壁江山》,载中国经济网,http://www.ce.cn/。

⑤ 《2009 年全球水泥消费量缩减 1.7%》,载中国市场调查研究中心网站,http://channel.cmir.com.cn/。

⑥ 《中国的绿色建筑运动》,载《中国建材资讯》,2010(3)。

⑦ 《进一步推广节能建筑是发展低碳经济重要举措》,载中国新闻网,http://www.chinanews.com.cn/。

表 3-5   2005—2009 年居民生活用电

	2005	2006	2007	2008	2009
居民生活用电 （亿千瓦时）	2 825	3 252	3 623	4 058	4 568
占全社会用电的 比重（%）	11.33	11.38	11.08	11.80	12.49

资料来源：国家统计局：《中国统计年鉴》(2008、2009)，北京，中国统计出版社，2008、2009；国家电监会相关数据。

（四）环境污染形势依然严峻

第二产业对环境的污染情况虽有改善的趋势，但速度较为缓慢。在工业中，废水、废气排放带来的环境污染更为突出。2005—2008 年，工业废水排放量始终在 240 亿吨以上，减排趋势并不明显；而工业废气排放量更是从 268 988 亿立方米上升到 403 866 亿立方米，增长了 50% 以上。从污染物减排角度来说，废水中化学需氧量去除率、氨氮去除率至 2008 年分别达到 74.2%、68.7%，仍处在较低水平；废气中的氮氧化物去除量从 2007 年的 114.68 万吨降为 2008 年的 71.88 万吨，氮氧化物去除率仅为 5.4%。

除了工业对环境的污染，建筑业带来的环境问题也开始显现，节能建筑的推广力度还有待加强，相比欧美等发达国家，我国的绿色建筑评价工作起步较晚，评价标准也还很不完善，如何处理发展节能建筑与促进建筑由"节能"标准转为"绿色"标准是值得关注的问题。目前绿色建筑在城镇建筑面积中的比例不足 1%，[①] 绿色建筑的发展道路仍然十分漫长。

>>三、国内外扶持第二产业绿色发展的措施<<

第二产业绿色发展需要以传统产业升级改造为支撑，以开发利用新能源为关键环节，以建立生态工业园为有效途径，通过经济手段激励和政策法规保障等综合措施，扶持第二产业绿色转型，降低第二产业发展对资源能源的消耗及对生态环境的负面影响，实现人与自然的和谐发展。

---

①   根据有关专家在 2010 年 6 月 18 日海峡绿色建筑与建筑节能博览会上的讲话整理。

（一）科技推动传统产业绿色转型

技术是工业产业结构升级的根本动力，通过加强资源节约、环境保护技术的研发和引进消化吸收，改造提升传统产业，成功推动传统产业升级转型。

英国：信息化提升制造业的核心能力。

英国是世界工业革命的发源地，曾一度引领世界工业经济发展，现已步入后工业化社会。当前，英国在能源、环保和生命科学领域掌握着世界尖端技术，牢牢把握高端技术和核心工业能力，占领高端制造业的顶端。目前，在英国考文垂、伯明翰等地区聚集着像空中客车（英国）公司、劳斯莱斯等航空工业研发和生产基地。

随着以电子计算机和互联网为核心的信息技术的迅猛发展，英国在20世纪50年代开始了工业信息化进程。尤其是20世纪90年代后，随着英国传统产业竞争力日趋下降、人力成本不断增加、全球化压力不断增强，在工业特别是关键行业应用信息化，提高生产效率、提升竞争力尤为重要。比如，空中客车公司是一家高度全球化的航空制造公司，直接雇用的员工数量52 000人，加上外围服务人员达到26万人，在全球设有250个地区服务机构、11个工程中心、5个区域中心和4个训练中心。[①] 目前，空客公司形成了网络化的协同设计平台，实现全球协同研发和协同生产，整合全球智力资源，大大缩短了研发周期，形成了多线程联合研发设计体系和新型研发设计模式。还有很多企业实现了由制造型向服务型的转型提升，通过信息化深化应用，实现对设备运营状况、故障诊断、位置的全方位服务，以信息化提升产品的管理水平。

专栏3-1　河北唐山：从煤钢兴唐到绿色多极增长

唐山因煤而建、因钢而兴，钢铁、煤炭在唐山经济总量中一度占到六成以上，是一座典型的资源型重工业城市，也是中国近代工业发祥地之一。中国第一座现代化煤井、第一条标准轨距铁路、第一台蒸汽机车、第一袋机制水泥均诞生于此。在经济高速增长的同时，唐山资源支撑、生态环境等方面的压力逐渐凸显。钢铁、煤炭等企业造成重度污染；百年开采造成城东998公顷、南部1 391公顷大面积下沉，成为地表的"疤痕"。冶金、能源行业依托于唐山丰富的铁、煤

---

① 《借鉴经验 开拓视野 加快信息化推动传统产业进程》，载工业和信息化部人才交流中心，http://www.miitec.org.cn/chuguo/ShowArticle.asp? ArticleID＝1359。

资源发展成为支柱产业，但创新能力、可持续发展能力却存在一些问题。从"拼资源、拼消耗、高耗能、高污染"发展模式到绿色增长的转型成为唐山的必然选择。为此，唐山积极开展引进消化吸收再创新、大力推进集成创新、创造条件进行原始创新，建设创新型城市，促进经济结构的优化升级。

一方面，唐山搭建科技创新平台，为产业技术创新提供支撑。全市培育建设市级及以上企业工程技术研发中心、行业重点实验室等各类科技研发机构达到100家。唐山市技术转移服务平台建设列入国家创新基金项目支持，丰润区生产力促进中心被认定为国家级示范生产力促进中心。实施钢铁产业技术创新发展路线图计划，推进钢铁产业向高端、精品、专业化、深加工方向发展，搭建钢铁产业技术创新联盟，引导推动钢铁行业产学研协作创新；节能减排新技术新工艺路线图计划，在钢铁、水泥、化工等重点行业，组织实施工业节能减排关键技术攻关，积极探索三废资源综合利用科学发展新模式。

另一方面，唐山加快发展以高新技术产业为支撑的新兴产业，规划构建南北互动的高新技术产业带。在唐山湾高新技术产业隆起带，着力培育建设精品钢材、煤化工、盐化工、装备制造、港口物流和镁材料加工等特色产业基地，发展风电、太阳能等新兴可再生能源产业，促进高新技术产业集群创新发展。在市区高新技术产业聚集带，重点培育了焊接、汽车零部件、电子信息等高新技术产业；加强高新技术产业园区和基地建设。大力支持各县（区）建立10平方公里的高新技术产业园区或特色基地，加速形成各具特色的高新技术产业集群。丰润区高速动车组装备制造园区、开平现代装备制造产业园区、玉田电子信息产业基地等初具规模。创建了电子元器件、盐化工、冶金矿山装备、现代工程机械制造、镁合金制品、煤化工6个河北省特色产业基地。

总之，唐山已由"一钢独大"向由钢铁、装备制造、化工构成的"三足鼎立"模式成功转型，2010年唐山成为科技部首批20国家创新型试点城市之一，标志着由资源型城市向创新型城市转变迈出了关键的一步。

资料来源：

张立忠，吴志博，卢山. 唐山以科技创新助推发展方式转变. http://www.chinacity.org.cn/csfz/cscx/58826.html.

（二）开发利用新能源促进低碳化

新能源的开发利用，如太阳能、生物能、风能、地热能、海洋能等，能够减少对高碳化石能源的消耗，发展绿色能源以促进能源的低碳化和绿色化是保障第二产业绿色发展的重要内容和关键环节。目前，各国的能源战略可大体分为两类：一是鼓励开发利用替代化石能源的新能源；二是倡导节能降耗，致力于节能技术和节能产品的研发。由于 20 世纪 70 年代石油危机的刺激，一些国家开始探索开发新能源，20 世纪 90 年代以来，新能源的开发得到越来越多国家的重视，与其相关的政策措施也越来越多。近几年来，石油价格的高涨促使各国对节能技术、节能产品加以关注。

日本：政策推动新能源开发和节能。

日本规定，电力公司有义务扩大可再生能源的利用。从 2003 年 4 月开始，电力公司根据其销售的电量，必须使用新能源发电量的比例。规定的新能源发电有 5 种，分别是风力发电、太阳能发电、地热发电、1MW 以下的小型水力发电和生物质发电。如果违反规定将处以 100 万日元以下的罚款。目前，风力发电正在日本快速增长，2005 年已经跻身全球十大风能市场。在新能源的长期发展战略方面，2004 年 6 月，日本通产省公布了"新能源产业化远景构想"，目标是 2030 年以前，要把太阳能和风能发电等新能源技术扶植成商业产值达 3 万亿日元的支柱产业之一，同时采取优惠政策，促进企业参与新能源开发，扶持新能源产业及产品。据估计，太阳能、风力、燃料电池领域的市场规模将从 2003 年的 4 500 亿日元增加到 2030 年的 3 万亿日元，该领域的就业规模也将达 31 万人。[①] 在节能领域，日本是节能体制建设较完善的国家，相应的节能政策措施全面而细致，2005 年日本环境省甚至提出改变上班着装习惯达到节能目的的新措施。

专栏 3-2　江西新余：从钢城到国家新能源技术示范城

江西新余市地处赣西，总人口仅 113 万，面积仅 3 178 平方公里。过去的新余被称为"钢城"，是传统重工业城市。钢铁产业占 GDP 的 70％，对财政贡献达 58％，产业单一化使地方经济面临很大的潜在风险。在这种情况下，新余市以高科技为突破口，确立了新能源在经济发展中的战略地位，作为转变发展方式的主攻方向，并举全市之力扶持核心企业成长壮大，造就了令人瞩目的"新余模式"。

2005 年新余引入赛维 LDK 公司，并全力支持赛维抢占光伏产业至高点。通过自主研发，赛维建立了国际最先进的全闭环循环系统，将所有的生产工艺成分及废弃物全部进行回收，节约成本、保护环境，解决了生产多晶硅的最大技术瓶

① 《国外新能源和节能政策及其启示》，载中国科技成果网，http://www.gxi.gov.cn/bgcy/bgcy_jtny/bgcy_jtny_scfx/201001/t20100118_170811.htm，2010-01-18。

颈。其成本控制远远超越国内现有生产水平，达到国际先进水平。赛维投产次年就在纽交所上市，被国际专业人士称为"LDK 速度奇迹"，是中国新能源领域最大的一次 IPO。目前，新余已成长为全球产能最大、技术最先进、工艺最环保的多晶硅及太阳能硅片生产基地。

在新余新能源产业布局中，风电产业同样引人注目。掌握了最先进的风电发电设备生产技术的力德公司与国内最大的永磁直驱风力发电机成套设备供应商结为战略合作伙伴，参与制定了低速永磁同步风力发电机的国家标准。公司计划通过上市，迅速做大做强，成为全球最大的永磁直驱风力发电机供应商、全球技术领先的天然纤维复合材料叶片供应商。

以螺杆膨胀发电机为重点的节能减排设备制造业是新余新能源板块的另一大亮点。螺杆膨胀发电机是一项不用汽油、柴油，而是利用工业生产过程中产生的低品质余热、废弃蒸汽、烟气等进行发电的新专利技术，还适用于地热、太阳能、生物质能发电。根据规划，新余将建设年产 1 万台螺杆膨胀发电机组产业基地。

通过近年的不断努力，2009 年新余被批准为全国首个新能源科技示范城。正如国家科技部在批复中所述，"新余市目前已形成光伏产业、风电产业和节能减排设备制造业三大新能源板块，具有良好的技术储备、产业基础和较大的发展潜力，具备了建设国家新能源科技示范城的扎实基础。"站在新的起点上，新余致力于打造 3 个世界级基地，即世界最大光伏产业基地、永磁风力发电机基地、螺杆膨胀发电机基地。相信在不久的将来，新余不仅能够实现这个宏伟目标，而且会创造更大的成就，带给我们更多的惊喜和启发。

资料来源：

[1]于越洋，舒凯. 新余理想：太阳能之城. 中国外资. 2009，4.

[2]江西新余. 迈向国家新能源科技示范城. 科技日报. http://www.stdaily.com/big5/kjrb/content/2009-11/18/content_125326.htm.

（三）生态工业园实现清洁生产

生态工业园以生态工业理论为指导，着力于园区内生态链和生态网的建设，最大限度地提高资源利用率，从工业源头上将污染物排放量减至最低，实现区域清洁生产。与传统的"设计—生产—使用—废弃"生产方式不同，生态工业园区遵循的是"回收—再利用—设计—生产"的模式，使不同企业之间形成共享资源和互换副产品的产业共生组合，从而实现资源的循环利用和废弃物的减量化，有效推动工业的绿色发展。

丹麦：生态工业园的示范区。

丹麦卡伦堡生态工业园是世界上最早的工业共生系统，也可以说是最成功的生态工业园之一，为 21 世纪生态工业园的发展与完善奠定了基础。20 世纪 60 年代，丹麦污染税征收政策出台，为补偿或减少排污成本等政府对环境规制所造成的企业生产成本，丹麦卡伦堡市的火力发电厂和炼油厂首先自发探索生态化途径，随后，生态化范围逐渐扩展为 6 家大型企业，发电厂、炼油厂、生物工程公司、建材公司等企业通过市场交易共享水、气、废气、废物等资源，形成包括政府、企业在内的多方利益共享。整个卡伦堡工业共生体系的环境、经济效益得到世界公认，尤其在减少资源消耗、减少环境污染以及废料再生利用等方面有显著优势。园区内生态工业循环如图 3-1 所示：

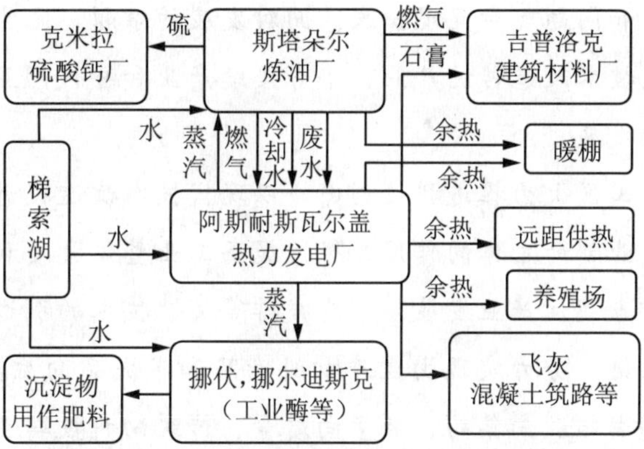

图 3-1　丹麦卡伦堡生态工业园的工业共生体

资料来源：《生态工业园的先驱：丹麦卡伦堡工业共生体》，载 http://www.bdza.cn/BDZA-Portal/Middle.do? act＝show&cid＝112&mid＝116&id＝00000410。

国内比较成功的是广西贵港国家生态工业（制糖）示范园区，也是我国第一个国家级生态工业园。该园区以上市公司贵糖（集团）股份有限公司为核心，以蔗田系统、制糖系统、酒精系统、造纸系统、热电联产系统、环境综合处理系统为框架，各系统间通过中间产品和废弃物的相互交换而相互衔接，形成一个较完整和闭合的生态工业网络。园区内不仅资源得到最佳配置，废弃物得到有效利用，而且解决了制糖工业对环境的污染，此外，还促进甘蔗种植技术在当地的发展应用，并解决了附近地区甘蔗的销售问题，实现了生态工、农业相互促进的局面，这种模式适宜推广到生态环境脆弱和农业生产技术落后的西部地区。迄今为止，我国已批准建设 26 个国家生态工业示范园区，包括综合类园区 17 个，占总数的

65%，其中，国家级经济技术开发区 6 个，国家高新技术产业开发区 2 个，国家级保税区 1 个，环保产业园 1 个，省级工业园区 6 个；行业类园区 8 个，占总数的 31%，覆盖了制糖、电解铝、盐化工、矿山开采、磷煤化工、海洋化工、钢铁和煤化工等行业；静脉产业类园区 1 个，占总数的 4%。①

专栏 3-3　内蒙古元宝山：从塞外煤电名城到国家可持续发展实验区

元宝山区缘煤而立，因煤而兴，2008 年元宝山区煤炭总产量 2 485 万吨，发电量 108 亿度，是全国重点产煤县和国家重要的能源基地。迄今，已有 3 亿多吨煤、1 500 亿度电从这里输往全国各地，为国家和地方经济社会发展作出了巨大贡献，元宝山区也因此被誉为"塞外煤电名城"。在为国家经济建设作出巨大贡献的同时，由于资源减少和市场环境的变化，在发展过程中长期积累的结构性、体制性、机制性矛盾和问题逐步显现出来。面对发展的难题，元宝山区毅然决定转变发展方式，通过技术改造传统产业，培育接续产业和替代产业，调整优化产业结构，实现可持续发展。

一方面，元宝山区大力推进科技创新，以现代技术改造提升传统产业，带动产业升级；发挥企业创新主体的作用，努力提高工业整体素质和支柱产业的工艺技术装备水平，重点关注产业发展、节能减排等关键技术的引进和创新应用；最大限度地延长产业链，努力实现由生产初级产品和半成品向生产终端产品转变，全面推动工业经济由粗放向集约、数量向质量、传统向科技转变，切实提高产业综合经济效益。

另一方面，元宝山区着力培育和引进能够引领产业发展、支撑地区经济、注重环保节能的优势企业，加强基地、园区建设；大力发展非资源型产业；积极承接先进非资源型产业转移；实行以新兴主导产业接续替代资源型主导产业的横向转型，构筑多元化支撑的产业体系。比如，元宝山区在平庄工业集中区发展绿色食品加工、制药、羊绒纺织等科技含量高、吸纳劳动力就业能力强、无工业污染的产业；在五家工业集中区发展污染小、用水少的机械加工产业；在云杉路工业集中区培育以铜产品加工为主导的有色金属产业。逐步形成以工业园区为载体，能源、化工、机械制造、食品加工四大产业为主导的工业体系。

通过不懈努力，元宝山区产业经济展现了惊人的变化和活力，可持续发展能

---

① 张磊、张志辉、耿巍娜：《基于循环经济理念的城市生态工业园区发展探究》，载《商业时代》，2010(15)。

力不断增强，并于 2009 年被科技部正式批准为国家可持续发展实验区。元宝山人的远见卓识为所有资源型城市转型探索出了一条充满希望的新道路，值得我们充分学习和思考。

资料来源：

[1]破解"矿竭城衰"的一次漂亮转型. http://news. mzyfz. com/times/region/a/20081103/163427. shtml.

[2]内蒙古赤峰市元宝山区大力发展循环经济走可持续发展道路. http://www. czkj0355. cn/cz-Exc/neimengguchifengshiyuanbaoshanqudalifazhanxunhuanjingjizoukechixufazhanzhilu/.

[3]机械加工制造——元宝山区工业新亮点. http://www. ybs. gov. cn/Show. asp？IID＝231＆PID＝4＆BID.

（四）经济措施激励绿色发展

政府可以借助经济杠杆的调节作用，包括价格、税收、信贷、工资等多种措施，对国民经济进行宏观调控，对经济活动主体进行引导，以推动第二产业绿色发展。

美国：多种经济手段激励第二产业绿色发展。

美国是市场经济国家，但在推动绿色经济领域依靠"看不见的手"和"看得见的手"的共同调节和引导，并以此激励第二产业的绿色转型。

主要的经济措施可归纳为以下四个方面。一是政府奖励和补贴政策。美国设立了"总统绿色化学挑战奖"，支持化工界降低资源消耗、防治污染的有实用价值的新工艺新方法的研发；并在经济刺激计划中，划拨出 677 亿美元用于发展清洁能源和节能交通。二是税收优惠政策。主要针对使用再生资源利用类设备的企业。如美国的亚利桑纳州对分期购买回用再生资源以及污染控制型设备的企业可减销售税 10％；美国政府承诺为混合动力车和新燃料电池的开发提供 24 亿美元资助，并为购买节能型汽车的消费者减税。三是政府采购政策。美国几乎所有州均有相关政策规定，使用再生材料的产品政府优先购买，联邦审计人员有权对各联邦代理机构未按规定购买的行为处以罚金。四是税费政策。针对将垃圾直接运往倾倒场的公司和企业征收垃圾填埋和焚烧税。奥巴马政府近 8 000 亿美元的经济复兴计划中，用于清洁能源的直接投资及鼓励清洁能源发展的减税政策的有1 000亿美元。①在政府 2010 年财政预算中，美国计划通过碳排放交易机制，在

---

① 陆静超、闫灵均：《发达国家与我的循环经济政策比较分析》，载《行政论坛》，2009（1），76～78 页。

未来十年内向污染企业征收 6 460 亿美元，其中 1 500 亿美元将投入清洁能源技术的应用，以推动美国能源结构绿色化。

（五）政策法规保障循环经济

循环经济以资源的高效利用和循环利用为核心，以"减量化、再利用、资源化"为目标，实现"低消耗、低排放、高效率"的绿色发展。

德国：从垃圾经济到可持续生产与消费体系。

德国是世界上公认的循环经济发展起步最早、水平最高的国家之一，其发展历程可分为两个阶段：第一阶段从 1972 年到 1996 年，是从强调废弃物的末端处理到循环经济模式被正式确认的探索转变过程；第二阶段从 1996 年至今，是循环经济大规模开展并不断完善的过程。相关法律法规的出台，推动着德国循环经济一步步向前迈进。如 1972 年的《废弃物处理法》、1975 年的《国家废物管理计划》、1986 年的《废弃物限制处理法》、1991 年的《包装条例》、1992 年的《废旧车辆限制条例》、1996 年的《循环经济与废弃物管理法》（2000 年修订）、1999 年的《联邦水土保持与废旧物法令》、2000 年的《社区垃圾合乎环保放置及垃圾处理法令》、2003 年的《可再生能源法》、2006 年的《简化垃圾监控法》等。此外，德国政府还根据各个行业的不同情况，制定促进该行业循环经济发展的规定，如《饮料包装押金规定》、《废旧汽车处理规定》、《废旧电池处理规定》、《废木料处理规定》等。这些规定非常具体，如《饮料包装押金规定》中规定，在购买饮料时，每个 1.5 升容量以下的瓶装或罐装饮料要收取 0.25 欧元押金，15 升以上的则收取 0.5 欧元。① 迄今，德国大约有 8 000 余部联邦和各州的环境法律和法规，欧盟的 400 多个法规在德国也具有法律效力，已经形成了一套完善的循环经济法律体系。

最值得一提的是德国《循环经济与废弃物管理法》，该法是德国发展循环经济的总"纲领"，它把资源闭路循环的循环经济思想推广到所有生产部门，其重点在于强调生产者的责任是对产品的整个生命周期负责，规定对废物问题的优先顺序是避免产生、循环使用、最终处置，即：首先是减少污染物的产生量，在生产和消费过程中尽量减少各种废物的产生；其次是对不能避免产生又可利用的废弃物

---

① 欧文汉：《循环经济与财税政策——德国循环经济发展概况及启示》，载《财政研究》，2006(3)。

要加以回收利用；只有那些不能利用的废弃物，才被允许进行最终的无害化处置。[①]

我国从 20 世纪 90 年代初开始推行清洁生产，通过采用先进的工艺技术和设备，改善管理，提高资源利用率，2003 年正式颁布实施《清洁生产促进法》。为促进循环经济发展，2008 年通过了《循环经济促进法》，不仅建立了循环经济规划制度，而且强化了对高耗能、高耗水企业的监督管理，还明确了关于再利用和资源化的具体要求。我国还先后于 2005 年 10 月、2007 年 12 月分两批开展了循环经济示范试点工作，探索城市发展循环经济的思路，形成若干发展循环经济的示范城市。

专栏 3-4　安徽铜陵：从铜都到循环经济试点市

铜陵被称为"中国古铜都、当代铜基地"，是典型的因铜而生、因铜而兴的资源型城市，资源性产业占工业的比重曾超过80％。随着资源日渐枯竭，铜陵市先后关闭破产了 12 座矿山，目前，只有 2 座处于开采中期，其余全都处于开发后期。面对日益趋紧的资源约束，在"发展循环经济是资源型城市转型的根本出路"这一理念的指导下，铜陵市紧紧围绕率先发展、科学发展、和谐发展，走出了一条循环经济新路。

做大做强铜产业，铜陵靠的不是传统的铜矿开采和冶炼，而是借助纵向拉长产业链的做法，逐渐降低对资源的依赖。以铜冶炼为起点，"拉"出六条产业链：第一条是电解铜—铜箔—覆铜板—印制电路板；第二条是电解铜—无氧铜杆—铜线—特种漆包线；第三条是电解铜—铜带—集成电路引线框架；第四条是电解铜—铜合金粉—铜合金零部件；第五条是电解铜—特种铜管（棒）—铜合金管（棒）；第六条是电解铜—铜合金型材—铜合金结构件。通过构建这六条产业链，铜陵市将改造提升铜冶炼水平，大力发展铜材加工，发展壮大出一个产值逾千亿元的铜产业集群。

与此同时，铜陵还将循环经济理念实践到社会经济的每一个层面，打造三个层面的立体循环。一是基于企业层面的"小环"：每个企业内部以"减量化、再利用、资源化"为原则，以物质闭路循环和能量梯次使用为特征，按照自然生态系统物质循环和能量流动方式运行，通过物流、能流、废水之间的梯级、循环利用，构成物质循环和能量循环，实现污染的低排放甚至零排放，实现资源的高效

① 《德国的循环经济》，载 http://www.smes-tp.com/Article_Show.asp? ArticleID=24050。

利用和循环利用。二是基于园区层面的"中环"：横港循环经济工业示范区内，众多不同产业的骨干企业集聚一处，发展以废弃物回收、垃圾焚烧和再资源化为主体的静脉产业链，实现资源综合利用、能量梯级利用、污染物的减排与集中治理。三是基于社会经济层面的"大环"：比如在工业领域，重点围绕铜矿、硫铁矿、石灰石三大矿产资源的综合利用，铜陵市构建起了三条生态工业链。

以发展循环经济为主要途径，铜陵不断推动经济由粗放向集约利用资源转变，由铜产业一枝独秀向多业并举转变，并不断促进观念转新、经济转型、体制转轨、环境转优，成功实现了从污染严重的资源枯竭城市向绿色生态城市的转型。

资料来源：

[1] 安徽铜陵走出循环经济新路. 中国经济网. http://city.cctv.com/html/default/a9973cad124063ffad6dfc1db12161a3.html. 2009-10-28.

[2] 安徽铜陵：循环经济模式促发展. 安庆日报. 2010-06-07.

[3] 安徽铜陵市炼"废"成"金"延伸循环链条. http://news.hexun.com/2010-08-03/124460834.html.

>>参考文献<<

[1] 北京师范大学经济与资源管理研究院. 2008 中国市场经济发展报告[M]. 北京：北京师范大学出版社，2008.

[2] 陈诗一. 能源消耗、二氧化碳排放与中国工业的可持续发展[J]. 经济研究，2009，4.

[3] 段宁，孙启宏，博泽强，元炯亮. 我国制糖(甘蔗)生态工业模式及典型案例分析[J]. 环境科学研究，2004，17(4)：29-36.

[4] 冯之浚，周荣. 低碳经济：中国实现绿色发展的根本途径[J]. 中国人口、资源与环境，2010，20(4)：1-7.

[5] 李克强. 推动绿色发展促进世界经济健康发展[J]. 环境保护，2010，9.

[6] 李晓西. 中国：新的发展观[M]. 北京：中国经济出版社，2009.

[7] 李晓西等. 国际金融危机下的中国经济发展[M]. 北京：中国大百科全书出版社，2010.

[8] 李晓西等. 新世纪中国经济报告[M]，北京：人民出版社，2006.

[9] 厉无畏. 绿色发展，需要技术有重大突破[J]. 绿叶，2010，Z1：33-38.

[10] 联合国环境规划署. 全球环境展望 4[M]. 北京：中国环境科学出版

社，2008.

[11] 刘德进. 新型工业化道路与振兴老工业基地[J]. 商场现代化，2007，7（510）：223-225.

[12] 陆静超，闫灵均. 发达国家与我国的循环经济政策比较分析[J]. 行政论坛，2009，1.

[13] 世界银行. 2009 年世界发展指标 [M]. 北京：中国财政经济出版社，2010.

[14] 唐元. 关于"十二五"期间我国工业发展的几点思考[M/OL]. http://www.sss.net.cn/.

[15] 唐元.中国工业的绿色发展之路[J].中国制造业信息化,2009,12.

[16] 王炜芹,张星.浅析建筑业资源消耗问题[J].建筑经济,2008,6.

[17] 王兆华,尹建华.循环经济视角下的我国工业园可持续发展路径研究[J].科学管理研究,2007,25(5):26-30.

[18] 夏光."绿色经济"新解[J].环境保护,2010,7.

[19] 徐建中,马瑞先.循环经济与东北老工业基地产业重组[J].理论探讨,2007,6:74-76.

[20] 薛秀春.建筑节能,紧跟时代步伐的绿色事业——新中国成立 60 年科技进步一瞥[J].广西城镇建设,2009,10.

[21] 赵斌.中国绿色经济理论与实践的思考[J].中国社会科学,2006,2.

第四章

第三产业的绿色增长

"十一五"以来,我国第三产业保持了快速、健康的发展势头。2008 年我国第三产业增加值总计达 120 486.6 亿元,占国内生产总值的比重为 40%,对整个国民经济的贡献率达 42.9%。[1] 第三产业迅速发展的同时,造成的环境影响也日趋广泛和深刻。第三产业带来的环境污染已经成为继农业、工业污染之后又一种不可忽视的环境污染方式,日益引起政府和公众的普遍关注。随着"绿色文明"在全世界的传播和深入人心,必须加强对第三产业"绿色发展"的引导,"转变发展观念,拓宽发展思路,着力解决存在的问题,加快把服务业提高到一个新的水平,推动经济社会走上科学发展的轨道,促进国民经济又好又快发展。"[2]

>>一、第三产业绿色增长的特征<<

(一)第三产业能耗强度低、对环境影响小————

总体而言,相对于第一产业和第二产业,第三产业是整个经济部门中最"绿色"、最接近于生态化的产业。在最一般的意义上,第三产业涉及产业结构中提供各种劳务的服务行业,它包括流通部门、生产和生活服务部门以及社会公共服务部门。这些部门主要靠人力尤其是智力的运作,对物质材料的加工不直接或较少涉及,因此第三产业的运作并不直接或较少消耗物质资源,从而对生态环境的破坏也相对强度较弱。

---

[1] 国家统计局:《中国统计年鉴 2009》,北京,中国统计出版社,2009。
[2] 引自《国务院关于加快发展服务业的若干意见》国发[2007]7 号,载 http://www.gov.cn/zwgk/2007-03/27/content_562870.htm。

表 4-1 　　　　　　　　　　2008 年中国综合能源消费构成表

指标	能源消费量（万吨标准煤）	能源消费比重（%）
能源消费总量	291 448	100
生活消费量	31 898	10.9
生产消费量	259 550	89.1
第一产业	6 013	2.1
第二产业	213 115	73.1
第三产业	40 422	13.9

注：第一产业包括农、林、牧、渔、水利业；第二产业包括工业和建筑业；第三产业包括交通运输、仓储和邮政业，批发、零售业和住宿、餐饮业及其他行业。

资料来源：国家统计局能源统计司：《中国能源统计年鉴》(2009)，北京，中国统计出版社，2009。

表 4-1 显示，2008 年我国能源消费总量共计约 291 448 万吨标准煤，其中生产能源消费量约 259 550 万吨标准煤，占能源消费总量的 89.1%。在生产能源消费中，第三产业的能源消费量约 40 422 万吨标准煤，占生产能源消费总量的 13.9%，仅为第二产业能源消费量的 19%。

表 4-2 　　　　　　　　　　2008 年中国三次产业能耗表

指标	增加值（亿元）	能源消费量（万吨标准煤）	单位增加值能耗（吨标准煤/万元）
国内生产总值	300 670	291 448	0.969
第一产业	34 000	6 013	0.177
第二产业	146 183	213 115	1.458
第三产业	120 487	40 422	0.335

注：①本表按当年价格计算；②单位增加值能耗＝能源消费量/增加值。

资料来源：国家统计局能源统计司：《中国能源统计年鉴》(2009)，北京，中国统计出版社，2009。

单位增加值能耗指标同样反映出第三产业能耗强度低的特点。根据表 4-2，2008 年我国国内生产总值单位增加值能耗为 0.969 吨标准煤/万元，其中，第三产业单位增加值能耗为 0.335 吨标准煤/万元，高于一产，但仅为第二产业的 23%。

(二)第三产业对国民经济贡献率不断提高

改革开放以来，我国第三产业迅速发展，三产增加值占国内生产总值比重稳步提升，第三产业对国民经济的贡献率不断提高。

表 4-3　　　　　1978—2008 年中国三次产业增加值变化表（%）

年度	一产增加值比重	二产增加值比重	三产增加值比重	年度	一产增加值比重	二产增加值比重	三产增加值比重
1978	28.2	47.9	23.9	1994	19.9	46.6	33.6
1979	31.3	47.1	21.6	1995	20.0	47.2	32.9
1980	30.2	48.2	21.6	1996	19.7	47.5	32.8
1981	31.9	46.1	22.0	1997	18.3	47.5	34.2
1982	33.4	44.8	21.8	1998	17.6	46.2	36.2
1983	33.2	44.4	22.4	1999	16.6	45.8	37.7
1984	32.1	43.1	24.8	2000	15.1	45.9	39.0
1985	28.4	42.9	28.7	2001	14.5	45.1	40.5
1986	27.1	43.7	29.1	2002	13.7	44.8	41.5
1987	26.8	43.6	29.6	2003	12.8	46.0	41.2
1988	25.7	43.8	30.5	2004	13.4	46.2	40.4
1989	25.1	42.8	32.1	2005	12.2	47.7	40.1
1990	27.1	41.3	31.6	2006	11.3	48.7	40.0
1991	24.5	41.8	33.7	2007	11.1	48.5	40.4
1992	21.8	43.4	34.8	2008	11.3	48.6	40.1
1993	19.7	46.6	33.7				

注：本表按当年价格计算。

资料来源：国家统计局：《中国统计年鉴》(2009)，北京，中国统计出版社，2009.

　　根据表 4-3 所示，1978 年，我国三产增加值比重为 23.9%，2001 年达 40.5%，"十五"以来，这一指标一直保持在 40% 以上，2008 年达 40.1%，相较改革开放之初提高了 26.2 个百分点。

表 4-4　　　　　2000—2008 年中国三次产业贡献率表（%）

年度	国内生产总值	第一产业	第二产业	第三产业
2000	100.0	4.4	60.8	34.8
2001	100.0	5.1	46.7	48.2
2002	100.0	4.6	49.7	45.7
2003	100.0	3.4	58.5	38.1
2004	100.0	7.8	52.2	40..0
2005	100.0	6.1	53.6	40.3
2006	100.0	5.3	53.1	41.7
2007	100.0	3.3	54.2	42.4
2008	100.0	6.5	50.6	42.9

注：①本表按不变价格计算；②三次产业贡献率指各产业增加值增量与 GDP 增量之比。

资料来源：国家统计局：《中国统计年鉴》(2009)，北京，中国统计出版社，2009。

表 4-4 显示，2000 年以来，我国第三产业贡献率有一定的波动性，总体而言是稳步提高的，尤其是"十一五"期间，第三产业贡献率逐年上升，始终稳定在 40％以上，2008 年达 42.9％，与第二产业之间的差距逐步缩小。

（三）第三产业产业结构不断优化

"十一五"期间，我国第三产业结构不断优化，金融业等低耗、低污染、科技含量较高的新兴产业总量不断扩大，占第三产业增加值的比重不断提高。

表 4-5　　　　　　　　　　2006—2008 年中国第三产业增加值构成表（％）

指标	产业增加值（亿元）			产业增加值比重（％）		
年份	2006	2007	2008	2006	2007	2008
第三产业	84 721	103 880	120 487	100.0	100.0	100.0
交通运输、仓储和邮政业	12 481	14 806	16 590	14.7	14.3	13.8
批发和零售业	15 471	18 866	23 101	18.3	18.2	19.2
住宿和餐饮业	4 792	5 547	6 624	5.7	5.3	5.5
金融业	8 490	13 332	16 817	10.0	12.8	14.0
房地产业	9 664	12 278	12 720	11.4	11.8	10.6
其他	33 823	39 051	44 635	39.9	37.6	37.0

注：本表按当年价格计算。

资料来源：国家统计局：《中国统计年鉴》(2009)，北京，中国统计出版社，2009。

由表 4-5 可知，2006—2008 年，金融业在第三产业中所占的比重不断提高。2006 年、2007 年、2008 年，我国金融业增加值分别为 8 490、13 332、16 817 亿元，占第三产业比重分别为 10.0％、12.8％、14.0％，金融业成为我国第三产业中发展最快的行业。

专栏 4-1　海林：挖掘林业资源，实现生态转型

海林市位于黑龙江省东南部，素有"林海雪原"、"中国雪乡"之称。2003 年海林市被批准为国家可持续发展实验区，通过调整产业结构，发展生态城镇，海林市实现了自身的跨越式发展，先后获得了"全国科技进步先进县"、"中国优秀旅游城市"、"中国特色魅力城市"等称号。2005 年海林市被联合国人居署列为可持续发展城市计划试点市，成为中国最具魅力的城市之一。

海林森林资源丰富，境内 3 个森林工业局占地面积高达全市辖区面积的 86.9％。过去，海林主要依赖资源的高消耗来换取经济的增长，工业比重达到 50％以上。随着国家"天保"工程的大力实施，林业职工要吃饭、产业要转型、生

态要恢复、资源要培育的矛盾越来越突出。为了彻底使国有林区摆脱困境，实现经济、社会、人口、资源与环境的可持续发展，海林市积极探索新的经济增长模式，制定了《海林市可持续发展总体规划》，确定了生态旅游、水能、绿色食品、森林有机功能食品"四大产业"和天然林保护、城市建设、环境保护和机制转换"四大工程"，着力推进经济向节约型、循环型、生态型转变，促进了全市经济、社会与环境的持续、协调、快速、健康发展，基本形成了适于我国北方林区可持续发展的新模式。

在林业资源的保护方面，海林市强力推进封山育林、管护经营、承包荒山等措施，"十一五"期间累计完成封山育林、营造公益林、荒山造林和退耕还林115万亩，森林覆盖率提高了3.4个百分点。在林业资源的开发利用方面，海林市着力从棚户区改造、森林生态旅游、多种经营产业等方面下功夫，加快森林生态小城镇建设步伐，不断推进城乡一体化和跨越式发展，创建森林旅游品牌。2009年海林通过招商引资及自筹资金共投入2 600余万元，构建了"三区"（中国雪乡、威虎山、莲花湖）、"一园"（杨子荣烈士陵园）、"一城"（生态明珠城）旅游格局。投资3.8亿元，开发了"两园一城"（俄罗斯风情园、东北虎林园和威虎山影视城）、海浪河漂流、中国雪乡、"北方小九寨"等生态旅游项目32个。2009年海林市旅游人数达到152万人次，旅游业收入实现2.7亿元，直接从业人员达4 200人，旅游业逐步成为海林市汇聚人气、提升活力、拉动经济增长的强势产业和实现追赶跨越的战略支点。

目前，通过积极实践新的生态发展道路，在多个领域开展扎实而有成效的工作，海林市实现了由单纯的林木经济向林区经济的转变，成功探索出了经济、社会、资源、环境的协调发展模式，并对周边和同类的东北林区市（县）的发展产生良好的辐射和示范作用，成为我国北方林区可持续发展的典范。

资料来源：

[1]中华人民共和国科学技术部. 黑龙江省海林市国家可持续发展实验区建设成效显著. http://www.most.gov.cn/kjbgz/201004/t20100419_76825.htm. 2010-04.

[2]海林成为国家可持续发展实验区. 人民网. http://www.people.com.cn/GB/paper39/9002/839235.html. 2003-04.

[3]海林市成功探索我国北方林区可持续发展新模式. 新华网. http://news.163.com/09/1020/10/5M2H77O2000120GU.html. 2009-10.

（四）关于第三产业"绿色增长"的探索实践不断丰富

第三产业涉及的行业众多，种类丰富，与人们的生活也关系最为密切。因此，随着第三产业的环境污染问题越来越被广泛关注，与之相关的探索实践也逐渐丰富起来。目前，诸如"绿色物流"、"绿色金融"、"生态旅游"等服务业相关行业可持续发展的理论研究和具体实践探索方兴未艾。下面对部分相关概念做简单归纳和介绍。

"绿色物流"是指在物流过程中抑制物流对环境造成危害的同时，实现对物流环境的净化，使物流资源得到最充分利用。[①] 与传统物流不同的是，"绿色物流"强调从环境角度对物流体系进行改进，形成一个环境共生型的物流管理系统。这种物流管理系统建立在维护全球环境和可持续发展的基础上，改变原来发展与物流、消费生活与物流的单向作用关系，在抑制物流对环境造成危害的同时，形成一种能促进经济与消费健康发展的物流系统，从而使物流活动最大限度地减少对环境的危害，有利于经济社会的可持续发展。

根据《美国传统词典》(2000年第4版)的定义，"绿色金融(环境金融)"是环境经济的一部分，研究如何使用多样化的金融工具来保护环境，保护生物多样性。具体而言，绿色金融就是要通过绿色金融业务，将资源和环境保护变量纳入经济发展的内生性因素加以考量。即在投融资行为中要注重对生态环境的保护及对环境污染的治理，注重环保产业的发展，通过其对社会资源的引导作用，促进经济的可持续发展与生态的协调发展。"绿色金融"理念提出前后，世界各国政府、国际组织、民间金融机构以及非政府组织在环保领域进行了多种尝试，国际金融公司在2003年6月提出了著名的"赤道原则"，绿色金融产品创新和绿色金融业务近年来在英美等发达国家发展也十分迅速。2007年7月，当时的国家环保总局、中国人民银行和银监会三部门联合提出了《关于落实环境保护政策法规范信贷风险的意见》，随后至2008年2月25日半年多的时间里，环保总局(环保部)会同银监会、保监会、证监会等金融监管部门相继推出"绿色保险"、"绿色证券"等"绿色金融"新政，中国的"绿色金融"制度初具框架。

"生态旅游"是一种"在生态学和可持续发展理念指导下，以自然区域或某些特定的文化区域为对象，以享受大自然和了解、研究自然景观、野生生物及相关文化特征为旅游目的，以不改变生态系统的有效循环及保护自然和人文生态资源与环境为宗旨，并使当地居民和旅游企业在经济上受益为基本原则的特殊形式的旅游行为。"[②]生态旅游的目标是"在为旅游者提供高质量的旅游环境的同时，改

---

① 崔奕、郝寿义、陈妍：《低碳经济背景下看低碳产业发展方向》，载《生态经济》，2010，6(226)，91～93页。

② 刘如飞：《论生态旅游可持续发展》，载《合作经济与科技》，2010，3(388)。

善当地居民的生活水平，并在发展过程中保持生态环境的良性循环，增强社会和经济的未来发展能力。"与传统大众旅游相比，"生态旅游"最大的特点就是其追求人与自然的和谐，走的是一条人与自然、生态共荣的绿色道路。

专栏 4-2　重庆缙云山：体验式生态旅游

享有"川东小峨嵋"美称的重庆市缙云山国家级自然保护区，位于素有"重庆后花园"之称的北碚，气候宜人，物种丰富，地文景观众多，文化资源丰富多彩，交通便捷，旅游资源优势明显，是重庆市区及周边地区如合川、璧山、江津、永川、巴南、渝北等地区居民周末休闲、踏青、避暑、赏雪的理想之地，可谓是重庆市北大门的天然绿色屏障，是重庆主城区附近的天然氧吧。

旅游资源的开发、经济的发展和人为活动的增加，也曾一度给缙云山的生态环境带来威胁和破坏，面对这些问题，重庆缙云山国家级自然保护区管理应用科学的手段加强对保护区的管理，明确提出了"保护绿色屏障、建设生态缙云"，在此基础上大力发展体验式生态旅游，实现了生态保护与产业发展的良性互动，走出一条颇具特色的第三产业发展之路。

缙云山1998年第一次提出了"让城市人到农场来体验采果、赏花"的生态旅游口号，如今，缙云山成了人们自由自在、分享成果、回归自然的世外桃源。遵循"四季有果、有花"的思路，缙云山在原有大面积果树、花卉的基础上，种植了葡萄、油桃、李子、枇杷等奇异的金色瓜果，特别是2000年年初在果园的上山路上修建起了2.5公里长的葡萄长廊，种植了12种精品葡萄，打造了西南地区第一葡萄长廊，每年的葡萄产量高达50吨以上，游客可以边采果品尝边在舒适的环境里登山。如今，在上千亩果园中拥有可供游客赏花、采果的17个园区，形成春夏有桃、李、枇杷、葡萄、40多种瓜，秋冬有各类柑橘的景观，一年四季都有各种赏花节、采果节。经过几年的市场推广，缙云山已成为市民有口皆碑的旅游景区，年接待游客多达25万人次，不仅重庆及周边大量游客涌来度假，不少住在高星级酒店的外国游客也成为这里的常客。景区拟巨资打造以生态农业为主题的农耕博物馆，反映中国五千年农耕文化、农业方式、农业工具、历史人物及现代农业的发展，并计划在葡萄长廊附近修建占地300亩的新疆歌舞表演广场、新疆饮食风情寨、新疆服饰街、新疆休闲木屋等休闲场所。景区通过大力发展生态旅游、体验旅游如日光浴、游泳、飞艇、跳伞、观日出、垂钓、登山等，着力营建了一批星级农家乐和乡村会所，打造了一批具有较强影响力的生态旅游景区(点)，构建富有特色的生态旅游体系，使生态旅游成为促进缙云山经济发展新的增长点，在保护生态资源的同时促进了地区经济的发展。

资料来源：

[1]直辖十年·影响重庆的十大品牌. http://hot.cqnews.net/brand/index6.asp? id＝51.

[2]重庆缙云山国家级自然保护区网. http://www.jinyunshan.com/.

>>二、第三产业绿色增长存在的问题<<

(一)第三产业比重仍然不高

改革开放以来，我国第三产业发展迅速。但是与世界平均水平尤其是发达经济体相比，我国第三产业在国民经济中所占的比重仍然偏低。

表 4-6　　　　世界部分国家和地区服务业占 GDP 百分比(%)

国家/地区	服务业占 GDP 的百分比	
	1995	2007
全世界	65[w]	69[w]
低收入国家	45	46
中等收入国家	52	53
高收入国家	68	72
美国	72	77
法国	72	77
日本	64	68
印度	46	52
巴西	67	66
中国[a]	33	40

注：[a] 由生产者价格构成，[w] 表示加权平均值。

资料来源：世界银行：《2009 年世界发展指标》，北京，中国财政经济出版社，2009。

表 4-6 显示，2007 年中国服务业占国内生产总值百分比为 40%，这一数值不但与美国、日本等发达国家有显著差距，也低于低收入国家平均水平(46%)以及世界平均水平(69%)。

(二)现代服务业占三产比重偏低

目前，世界主要发达国家和地区的第三产业主要以信息、咨询、科技、金融等新兴产业和行业为主，这些新兴产业的科技含量高，对资源环境的破坏小。相比较而言，我国的第三产业还处于低级成长阶段，交通运输、批发零售、住宿和餐饮等传统产业所占的比重较大，这些产业在第三产业中相对能耗高，对环境污染大，而信息、金融、房地产、文化等科技含量较高的现代服务业相对发展不足，第三产业对我国经济绿色增长的贡献潜能亟待挖掘。

表 4-7 第三产业增加值及构成

指标	增加值（亿元）	比重（%）
第三产业	103 880	100.0
交通运输、仓储和邮政业	14 806	14.3
信息传输、计算机服务和软件业	6 000	5.8
批发和零售业	18 866	18.2
住宿和餐饮业	5 547	5.3
金融业	13 332	12.8
房地产业	12 278	11.8
租赁和商务服务业	3 772	3.6
科学研究、技术服务和地质勘查业	2 926	2.8
水利、环境和公共设施管理业	1 105	1.1
居民服务和其他服务业	3 998	3.8
教育	7 286	7.0
卫生、社会保障和社会福利业	3 804	3.7
文化、体育和娱乐业	1 514	1.5
公共管理和社会组织	8 646	8.3

注：本表按当年（2007 年）价格计算。

资料来源：国家统计局：《中国统计年鉴》（2009），北京，中国统计出版社，2009。

表 4-7 显示，2007 年我国第三产业增加值为 103 880 亿元，其中批发零售、住宿餐饮等对环境影响较大的传统生活型服务业占了相当的比重，而科技含量较高，代表现代服务业发展方向的生产性服务业占第三产业的比重仅为 39.3%，包括现代物流、信息传输、计算机服务和软件业、金融业等行业发展严重滞后，与发达工业国家相比差距较大。

（三）第三产业污染源多，对环境影响不确定性大

与工业污染相比，第三产业对环境的影响和破坏相对较弱，但是第三产业大多处于繁华闹市区和居民区，污染点源分散，形式多样，其造成的环境污染具有无形性、长期性和难以确定性等特点。

具体而言，第三产业环境污染主要包括：仓储和交通运输业在仓储和运输过程中有害物质的释放，污染周围的水质和空气；旅游业的过度开发造成生态环境污染和破坏；餐饮业产生的油烟气、废水、食物垃圾以及使用一次性物品造成"白色污染"；文化娱乐业等产生的声、光污染影响人们的生活质量；城市交通发展、机动车尤其是小轿车数量的快速增长产生的交通噪声和大气污染愈来愈严重；信息产业的发展给人们生活带来方便的同时也产生了电磁辐射等污染，成为信息社会的副产品，对人体健康造成的危害不容忽视；过度包装、一次性用品及人们追求奢华生活造成生活垃圾量不断增长等。[①]

第三产业门类众多，对其发展的环境成本难以统计和估算，但其造成的环境压力不断增大，对人类身心健康的影响直接、广泛，必须予以足够的重视和警惕。

(四)政府对第三产业环境污染缺乏监管

由于服务业对于环境的破坏往往是隐性的，需要经过较长的时期才能体现出来，因此当前政府和公众对服务业的环境污染问题认识不足，重视不够。尽管目前我国已经制定了对废气、污水、噪音和固体废料进行治理的政策和法规，但相关法律体系不够完善，执法不到位的现象也普遍存在。只有充分认识到问题的严重性，在大力发展第三产业的同时，采取相关政策和措施引导和鼓励第三产业向绿色、生态的方向发展，才能在促进经济增长的同时保护好环境，落实科学发展观，实现可持续发展。

>>三、国内外扶持第三产业绿色发展的经验措施<<

第三产业造成的环境问题日益突出，从国内外扶持第三产业绿色发展的实践中借鉴相关经验对于我国第三产业的可持续发展具有重要意义。

(一)发展循环经济，实现第三产业可持续发展

第三产业循环经济，主要是指第三产业服务产品与设施的设计与开发的经济。在其整个服务周期过程中，都要考虑进行减少服务主体、服务对象和服务途径的直接与间接环境影响，从而实现第三产业的可持续发展。国外服务业发展循

[①]　汪琴：《北京市第三产业清洁生产的必要性现状和对策建议》，载《北京化工大学学报》，2010，1(69)，32～36页。

环经济贯穿于整个服务的流程之中。主要包括前期的绿色设计采购、服务过程中节能降耗和服务后期的废弃物循环再利用。

首先，国外服务业企业很重视对源头进行控制，在建设初期就尽量避免后期环境破坏和能耗过大的发生。这些企业在选址、建筑材料和设备设施的选用上都会尽量减少对环境的影响，同时注重科学规划能源利用。其中，较为典型的例子是美国圣母玛利亚群岛的玛奥湾和谐庄园，该庄园整个建筑物几乎全部采用回收的材料建成，废水泥和废纹板用作屋顶板，回收的球根植物作地板砖。还有加拿大落基山脉东面山脚下的阿鲁姆饭店，该饭店充分利用太阳能供热，同时还进行了很多项节能设计。[①]

其次，国外服务业很重视服务过程中的节能降耗管理，通过各种措施来节能降耗。国外的服务业企业尤其是饭店和餐饮业许多都通过使用节能节水设备减少能耗。其中，较为典型的是希尔顿墨尼黑公园饭店。该饭店自行编制了70多页的涉及有效利用能源、环境保护、节水政策及培训等内容的行动计划，建立了环境委员会以监督全体员工承担起节能降耗的责任。

最后，在服务过程后期，国外的服务行业很重视废弃物的循环再利用。在以日本新大谷饭店为代表的企业内部循环模式中，酒店与餐饮企业通过引进新技术和新设备在企业内部自行进行废弃物的处理并循环利用，实现了企业内部的资源和经济循环。美国不少酒店与餐饮企业采用进入社会再循环的外包模式，将废弃物的处理及循环外包给专业垃圾处理公司进行处理，由这些专业公司统一对废弃物进行循环利用。在美国的拉斯维加斯，大多数饭店将垃圾再循环需要做的垃圾分拣和归类工作外包给专业垃圾处理公司，例如将纸板打包，把玻璃、铝制品和塑料等可循环的东西从垃圾中挑出，进行循环利用，将食物垃圾送到养猪场进行加工，高温蒸煮后作为猪饲料。

专栏 4-3　长岛："四个百万"工程，创造"负碳长岛"

长岛，又称庙岛群岛，位于胶东、辽东半岛之间，黄渤海交汇处。长岛县是山东省唯一的海岛县，地处环渤海经济圈的连接带，东临韩国、日本。长岛由32个岛屿和8 700平方公里海域组成，岛陆面积56平方公里，海岸线146公里，岛上海洋地质、生物、风能等资源丰富，生态条件得天独厚。

长岛利用区位与资源条件，创新思维，充分贯彻清洁生产、绿色消费、绿色经营的理念，通过推进"四个百万"生态产业工程，实施可持续发展模式，选择性

---

① 夏晶、陆根法、钱瑜：《服务行业的环境影响及其对策》，载《四川环境》，2003(1)。

发展生态渔业、生态旅游、生态工业等高端新产业，保护和提升当地环境生态系统，走出了一条具有长岛特色的"负碳发展"之路。

"四个百万"生态产业工程是指建设 100 万亩海底森林和 100 万亩生态养殖基地、开发建设 100 万千瓦海上风电场、吸引 100 万进岛高端游客。具体而言，为了在保护生态的前提下更好地发挥海洋渔业资源优势，长岛将在北五岛建设 100 万亩海底森林和 100 万亩生态养殖基地，发展生态渔业，打造国家级生态渔业示范区；在陆上风电运营规模位居全省之首的基础上，为了充分发挥海洋风能资源优势，长岛规划在大黑山岛西部近海 680 平方公里海域建设总装机容量 100 万千瓦的海上风电场，打造国家海洋新能源开发基地；在南五岛打造国际旅游岛，年吸引 100 万进岛高端游客。

目前"四个百万"工程撑起了长岛经济发展的脊梁。2008 年，长岛县人均生产总值 8.1 万元，人均存款余额 3.2 万元，渔民人均纯收入 10 019 元，城镇居民人均可支配收入 17 628 元。百万亩生态养殖基地将带来每年 150 亿元的产值，渔民年人均纯收入 10 万元。"渔家乐"特色旅游年接待游客 40 多万人次，综合收入 1 亿元。去年，来自 60 多个城市的游客达 150 万人次，旅游收入 6 亿多元。在岛陆上安装的 80 台风力发电机，西南近海建设的 100 万千瓦的海上风电场，年实现销售收入 30 亿元，利税 13 亿元。在投资 8 400 多万元新铺设 35 千伏海底电缆和海底光缆之后，北部岛屿渔民免去了每年靠柴油机发电的 2 000 多万负担，破解了诸岛电力通信传输难题。

"四个百万"工程的实施将有效保护和利用长岛海域的生物资源和生态环境，促进长岛经济社会的可持续发展，是打造"负碳长岛"的有效途径和关键措施。实施"负碳经济"发展模式，长岛每年在将自身经济社会发展中产生的二氧化碳全部吸收和移除的同时，还能使消耗大气及海洋中的二氧化碳超过前者 2 倍。这种高于"低碳经济"的前沿性理念与模式，涉及环境、产业、管理及社会等广泛领域，对我国沿海地区生态文明建设具有引领意义，是中国海岛资源保护和持续利用的成功范例，值得向沿海地区其他县市区进行推广。

资料来源：

[1]长岛以负碳经济模式 拓展沿海生态文明绿色通道. 胶东在线网. http://www.jiaodong.net/news/system/2010/08/07/010921764.shtml.

[2]山东长岛"生态蜕变"描绘蓝色发展新美画卷. 新华网. http://www.sd.xinhuanet.com/wq/2009-08/10/content_17352163.htm.

[3]长岛：蓝色经济新战略. 中国日报网. http://www.chinadaily.com.cn/zgzx/2009-07/22/content_8460021.htm.

(二)积极研发清洁生产机制，推行第三产业清洁生产

发达国家很早便开始积极研发清洁生产机制，并取得了丰硕的成果。结合中国国情，吸收和借鉴发达国家在第三产业开展清洁生产的经验，对促进我国第三产业绿色发展具有重要意义。目前，推行清洁生产的成功做法主要表现在以下几个方面。

第一，在清洁生产机制的研发方面，1994 年，联合国环境规划署增加了"服务业清洁生产"这个重点项目。联合国环境规划署为旅店宾馆提供了"旅馆行动软件包"，指导旅馆业的环境管理。

第二，在经济刺激方面，目前几乎所有国家在推行清洁生产项目时都采用了相关经济手段。通过环境税、资源税、排污权交易、环境损害责任险等措施推进清洁生产。

第三，不断提升科技水平，为清洁生产提供技术支持。较为典型的是荷兰的清洁生产实践活动。荷兰政府起草了"第一环境状态"和"国家环境政策计划"，建立了优先废物总量的削减和管理协议，在清洁生产和生态设计技术工具的开发等方面展开了一系列探索性研究。

(三)防治白色污染，加快资源回收

白色污染是第三产业特有的污染形式。白色污染物主要是指一次性难降解的塑料包装物。随着第三产业的不断发展，白色污染的问题越发凸显。一次性泡沫快餐具、塑料袋等塑料包装物埋在土壤中很难分解，会导致土壤能力下降，如果焚烧则会导致大气污染，造成长期的、深层次的生态环境问题。

白色污染问题最早出现在欧美等发达国家。在处理白色污染方面，美国、日本以及欧洲一直走在世界的前列。美国现在已建立起一套严密的分类回收系统，制定了《资源保护与回收法》，对固体废物管理、资源回收、资源保护等方面的技术研究、系统建设及运行、发展规划等都做出了明确的规定。加利福尼亚、缅因、纽约等 10 个州先后出台了包装用品的回收押金制度。日本在《再生资源法》、《节能与再生资源支援法》、《包装容器再生利用法》等法律中列出专门条款，以促进制造商简化包装，并明确制造者、销售者和消费者各自的回收利用义务。德国在《循环经济法》中明确规定，谁制造、销售、消费包装物品，谁就有避免产生、回收利用和处置废物的义务。

20 世纪 90 年代后期，我国白色污染问题逐渐突出。我国借鉴西方发达国家

的成功经验，积极采取措施，在防治白色污染方面取得了一定的成绩。

在政策制度方面，铁路部门从 1994 年下半年开始，在沿线分区划段包干。部分旅客列车采用袋装垃圾，禁止向车外抛弃废物，而是将垃圾袋卸在车站，由车站集中处理。目前铁路线路两侧基本消除了白色污染。我国部分地方政府明文规定禁止使用一次性难降解的塑料包装物，比如杭州、武汉、哈尔滨、福州、广州、厦门、宁波、汕头等城市。有些地方政府则采取强制回收利用的措施，如天津市环保局完成了《天津市防治白色污染工程可行性调研报告》，提出了一整套防治方案。

在技术方面，以纸代塑和广泛采用可降解塑料是目前最主要的途径。纸的主要成分是天然植物纤维素，废弃后容易被土壤中的微生物分解。在塑料包装制品的生产过程中加入一定量的添加剂（如淀粉、改性淀粉或其他纤维素、光敏剂、生物降解剂等），使塑料包装物的稳定性下降，成为较容易在自然环境中降解的塑料。目前，北京地区已有 19 家研制或生产可降解塑料的单位。试验表明，大多数可降解塑料在一般环境中暴露 3 个月后开始变薄、失重、强度下降，逐渐裂成碎片。

（四）政府主导和公众参与并重，实现绿色消费

一些发达国家，在 20 世纪 80 年代末就已大力提倡绿色消费。美国国家地理学会编制了"绿色指数"体系，衡量居民的绿色消费状况。目前，"绿色消费"这一概念已被越来越多的人所接受。世界上众多国家开展了环境标志的认证工作，如德国蓝天使标志、加拿大环境选择标志、北欧白天鹅标志、日本生态标志、欧共体环境标志等。环境标志是标在产品或其包装上的一种证明性商标，要经过严格的认证程序才能获得。这些都有助于绿色消费的实现。

服务业的绿色发展离不开政府的重视、企业的配合和公民的参与。在发达国家，政府重视环保产业，关于绿色消费的法律法规也相对很健全；企业在政府的引导下，愿意放弃一部分经济利益，生产绿色产品；民众有很高的社会责任感，通过购买绿色产品来支持绿色产业的发展。如泰国普吉岛的 Le Meridien 饭店在客房里给出告示，[1] 鼓励"绿色消费"，要求客人帮助节能节水，对参与清洁海洋废弃物计划的人员提供免费潜水待遇等。只有政府、企业、公众三方面的共同参与，绿色消费才能得以实现。

---

[1] 夏晶、陆根法、钱瑜：《服务行业的环境影响及其对策》，载《四川环境》，2003(1)。

专栏 4-4　四川雅安："绿色宝石"的绿色行动

四川雅安市依托区内丰富的自然和人文资源，大力发展生态旅游业，并以此贯通整个区域生态经济的发展，成为一个名副其实的生态城市。

雅安拥有丰富的生态旅游资源。在自然生态旅游资源方面，雅安的生态优势十分突出，被誉为"绿色宝石"。全市山地面积占 94％，森林覆盖率达 55.5％，空气质量一级，水质量二类，有"天然氧吧"之称。在人文生态旅游资源方面，雅安的历史文化丰厚，被誉为"熊猫故乡"，是世界茶文化发祥地，是茶马古道的起点，是"汉代文物之乡"，是红军文化故里，还有丰富的"三雅"文化，"雅女、雅雨、雅鱼"集天地造化之灵气，被誉为雅安"三绝"。雅安凭借其得天独厚的生态禀赋，长期以来大力发展生态旅游，成果显著，荣获"西部生态乐园"、"成都的后花园"、"中国优秀生态旅游城市"等美誉，2009 年共计接待游客 800 万人次，同比增长 14％；实现旅游综合收入 39.8 亿元，同比增长 22％。

依托良好的生态资源，生态旅游的快速发展使生态理念在雅安深入人心，政府与公众共同参与，掀起一场绿色行动，使雅安成为名副其实的生态之城。

基于对生态经济的认识，雅安在产业结构调整中，发展生态经济的思路日益明晰：第一产业，大力推广使用有机肥料和有机农药，发展有机食品和绿色食品，发展生态畜牧业和有机畜牧食品；第二产业，大力发展对生态环境质量要求高又无污染的水电业、制药业、电子业等行业以及以生态产品为原料的有机食品、绿色食品、天然食品加工业，做大污染可集中治理的水泥、冶金、建材、机械加工业，逐步淘汰规模小、污染重的化工、水泥、建材、矿产品采洗等产业；第三产业，以高标准创建生态山水园林休闲城市，让旅游休闲成为雅安的主导产业。

通过一场全域经济的绿色行动，全市上下，无论是政府还是企业，无论是机关还是个人，绿色节能理念正在成为全社会的共识。"十一五"以来，雅安全市节能降耗工作取得明显成效，在大批高能耗、高污染企业退出历史舞台的同时，高效节能产业不断崛起：光伏产业在迅速壮大，被称为"清洁能源"的水电产业日益发展，"循环"链条越伸越长，低能耗、高科技含量、高附加值的新材料、新能源产业已成长为雅安工业的"脊梁"，为雅安经济铺就一条绿色的发展新路。通过绿色行动，发展生态农业，壮大生态畜牧业，培育生态工业，拓展生态能源，加工生态食品，借助天然林保护、退耕还林还草等生态工程的实施，雅安建设了 16 万多亩茶叶基地、26 万多亩优质水果基地、20 多万亩蔬菜基地、25 万亩竹林、

20 万亩优质牧草……"生态亮点"越来越多。

认准"生态强市"这条道，雅安前行的步履坚定而从容，早在 2000 年 12 月雅安撤地设市以来，雅安明确提出"发展生态经济，构筑生态形态，打造西部生态经济第一城"的发展思路，2002 年 8 月被批准为省级生态示范区建设试点市，2003 年 6 月被国家环保总局批准为第八批全国生态示范区建设试点市，2006 年成为国家级生态示范区，获得"中国优秀旅游城市"和"中国十佳魅力城市"殊荣。生态创建工作使雅安自然生态环境得到了有效保护，广大人民群众的生产和生活质量得到了显著提高，有效促进了经济、社会与环境的和谐发展。

资料来源：

[1] 四川省统计局. 加大第三产业投资力度，加快雅安第三产业发展. http://www.sc.gov.cn/.

[2] 雅安市统计局. 雅安市综合经济实力显著增强，产业结构优化升级. 2009.

[3] 雅安市环境保护局. 落实科学发展观，建设生态魅力新雅安. 2007.

>>参考文献<<

[1] 李晓西等. 新世纪中国经济报告[R]. 北京：人民出版社，2006.

[2] 李晓西. 中国：新的发展观[M]. 北京：中国经济出版社，2009.

[3] 李晓西等. 国际金融危机下的中国经济发展[M]. 北京：中国大百科全书出版社，2010.

[4] 北京师范大学经济与资源管理研究院. 2008 中国市场经济发展报告[R]. 北京：北京师范大学出版社，2008.

[5] 国务院关于加快发展服务业的若干意见，国发[2007]7 号[R/OL]. http://www.gov.cn/zwgk/2007-03/27/content_562870.htm.

[6] 李克强. 推动绿色发展促进世界经济健康发展[J]. 环境保护，2010，9.

[7] 联合国环境规划署. 全球环境展望 4[M]. 北京：中国环境科学出版社，2008.

[8] 世界银行. 2009 年世界发展指标[M]. 北京：中国财政经济出版社，2010.

[9] 夏晶，陆根法，等. 服务行业的环境影响及其对策[J]. 四川环境，2003，22（1）：60-66.

[10] 朱琳，陆根法，王远，周洁，曲新华，王新. 第三产业环境行为信息公开指标体系研究[J]. 环境保护科学，2004，30(124)：52-54.

[11] 唐琪虎等. 发展第三产业循环经济的思考[J]. 安庆师范学院学报，2003，

22(61)：128-130.

[12] 王远，陆根法，朱琳，周洁，曲新华. 城市第三产业环境行为信息公开化研究初探[J]. 环境污染与防治，2003，25(5)：277-278.

[13] 崔奕，郝寿义，陈妍. 低碳经济背景下看低碳产业发展方向[J]. 生态经济，2010，6(226)：91-93.

[14] 汪琴. 北京市第三产业清洁生产的必要性现状和对策建议[J]. 北京化工大学学报，2010，1(69)：32-36.

[15] 蔺栋华. 我国第三产业发展中的环境代价分析与对策[J]. 中共济南市委党校、济南市行政学院、济南市社会主义学院学报，2000，3：35-41.

[16] 杨凯. 上海第三产业生态化建设的调控激励机制[J]. 上海社会科学院学术季刊，2002，3：45-52.

[17] 张婧. 江苏省第三产业可持续发展研究——以旅游业溱湖生态旅游度假村为例[D]. 南京：南京师范大学，2008.

[18] 徐波，吕颖. 发达国家发展循环经济的政策及启示[J]. 生态经济，2005，6.

[19] 魏卫，张文敏，曲波. 国外饭店与餐饮业发展循环经济的经验与启示[J]. 生态经济，2006，7.

[20] 侯小伏. 英国环境管理的公众参与及其对中国的启示[J]. 中国人口、资源与环境，2004，5.

[21] 刘如飞. 论生态旅游可持续发展[J]. 合作经济与科技，2010，3(388).

第五章
经济增长绿化度测算及分析

　　落实科学发展观，统筹区域发展和经济社会发展，都需要充分考虑并努力实现经济的绿色增长。经济增长绿化度即是对一个地区经济发展过程中绿色程度的综合评价。它是绿色发展指数的重要内涵之一。

　　在前面几章分析的基础上，本章根据"中国绿色发展指数评价体系"中经济增长绿化度的测度体系，结合各省（区、市）2008 年的年度数据，从绿色增长效率和三次产业等四个角度对我国 30 个省（区、市）（除西藏外）的经济增长绿化度指数进行了测度。在测算结果的基础上，根据各地区的经济现实情况对测算结果进行了简要分析，并指出了在经济增长绿化度指数测算比较中所得到的发现和启示。

>>一、经济增长绿化度的测算结果<<

　　根据中国绿色发展指数指标体系中经济增长绿化度指数的测度体系和权重标准，我国 30 个省（区、市）经济增长绿化度指数的测算结果如表 5-1 所示。

表 5-1　　　　　2008 年中国各地区经济增长绿化度指数及排名①

指标	经济增长绿化度		二级指标							
			绿色增长效率指标		第一产业指标		第二产业指标		第三产业指标	
权重	100%		40%		10%		35%		15%	
地区	指数值	排名	指数值	排名	指数值	排名	指数值	排名	指数值	排名
北京	0.564	1	0.255	1	0.051	2	0.097	3	0.161	1

---

① 由于缺少主要测算数据，故测算结果不包括西藏。

续表

指 标	经济增长 绿化度		二级指标							
			绿色增长 效率指标		第一产业指标		第二产业指标		第三产业指标	
权 重	100%		40%		10%		35%		15%	
地 区	指数值	排名	指数值	排名	指数值	排名	指数值	排名	指数值	排名
上 海	0.417	2	0.153	2	0.054	1	0.103	2	0.107	2
天 津	0.325	3	0.118	3	0.025	7	0.149	1	0.032	4
广 东	0.223	4	0.083	6	0.023	8	0.084	4	0.034	3
浙 江	0.203	5	0.086	5	0.033	5	0.064	7	0.020	5
江 苏	0.197	6	0.105	4	0.019	9	0.066	6	0.007	6
福 建	0.167	7	0.067	7	0.040	4	0.055	8	0.005	7
山 东	0.101	8	0.030	9	0.014	10	0.071	5	−0.014	17
海 南	0.081	9	0.046	8	0.046	3	−0.008	17	−0.003	13
吉 林	0.005	10	−0.008	11	0.003	13	0.009	10	0.000	10
辽 宁	0.005	11	−0.033	20	0.026	6	0.009	11	0.003	9
湖 北	−0.037	12	−0.028	17	−0.008	16	−0.006	16	0.005	8
内蒙古	−0.049	13	−0.056	24	−0.005	15	0.011	9	0.000	11
黑龙江	−0.052	14	−0.027	16	−0.014	21	0.004	13	−0.016	18
安 徽	−0.064	15	−0.017	12	−0.022	23	0.004	14	−0.029	27
陕 西	−0.071	16	−0.034	21	−0.015	22	0.005	12	−0.027	26
河 北	−0.075	17	−0.040	22	0.004	12	−0.015	18	−0.024	24
河 南	−0.083	18	−0.023	15	−0.013	19	−0.003	15	−0.044	30
重 庆	−0.090	19	−0.018	13	−0.024	24	−0.046	22	−0.001	12
广 西	−0.091	20	−0.033	19	−0.010	17	−0.019	20	−0.030	28
湖 南	−0.097	21	−0.021	14	−0.004	14	−0.052	24	−0.020	21
四 川	−0.105	22	−0.030	18	−0.011	18	−0.042	21	−0.023	22
江 西	−0.110	23	−0.004	10	−0.014	20	−0.057	25	−0.035	29
山 西	−0.155	24	−0.083	27	−0.041	29	−0.015	19	−0.016	19
新 疆	−0.158	25	−0.072	25	0.008	11	−0.082	29	−0.012	16
云 南	−0.181	26	−0.050	23	−0.032	27	−0.075	26	−0.025	25
宁 夏	−0.198	27	−0.106	30	−0.027	25	−0.046	23	−0.018	20
甘 肃	−0.198	28	−0.075	26	−0.033	28	−0.079	28	−0.010	15
贵 州	−0.220	29	−0.092	28	−0.045	30	−0.079	27	−0.005	14
青 海	−0.252	30	−0.093	29	−0.029	26	−0.107	30	−0.023	23

注：①本表根据经济增长绿化度的指标体系，依据各指标 2008 年数据测算而得；②本表中各省（区、市）按照经济增长绿化度的指数值从大到小排序。

资料来源：根据《中国统计摘要 2010》、《中国统计年鉴 2009》、《中国环境统计年报 2008》、《中国环境统计年鉴 2009》、《中国工业经济统计年鉴 2009》、《中国城市统计年鉴 2009》等测算。

从表 5-1 中看到，排在经济增长绿化度前十位的省份依次是：北京、上海、天津、广东、浙江、江苏、福建、山东、海南和吉林（排序见图 5-1）。其中，绿色增长效率指标排名前十位的省份依次是：北京、上海、天津、江苏、浙江、广东、福建、海南、山东和江西；第一产业指标排名前十位的省份依次是：上海、北京、海南、福建、浙江、辽宁、天津、广东、江苏和山东；第二产业指标排名前十位的省份依次是：天津、上海、北京、广东、山东、江苏、浙江、福建、内蒙古和吉林；第三产业指标排名前十位的省份依次是：北京、上海、广东、天津、浙江、江苏、福建、湖北、辽宁和吉林。

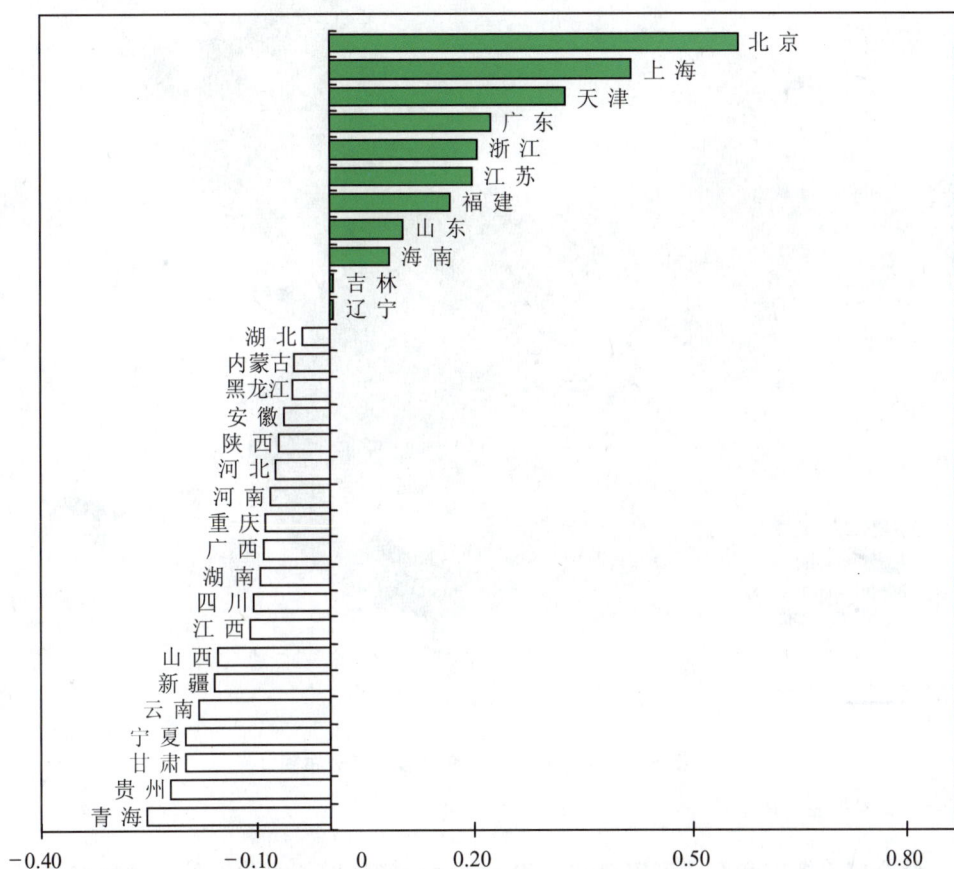

图 5-1　经济增长绿化度排名地区比较图

图 5-1 是根据表 5-1 中各地区的经济增长绿化度的指数值绘制出来的，各省（区、市）的顺序与表 5-1 中经济增长绿化度的排名顺序是一致的。该图中，横轴为经济增长绿化度指数值，其中 0 点为经济增长绿化度的平均水平。经济增长绿化度指数值高于全国平均水平的省（区、市）用绿色条框表示，经济增长绿化度指数值越高，其绿色条框就越长；相反，经济增长绿化度指数值低于全国平均水平的省

(区、市)则用白色条框表示，经济增长绿化度指数值越低，其白色条框就越长。

各地区经济增长绿化度的地理分布见图 5-2，其中排在前十位的省份用"深绿色"表示；排在第 11～20 的省份用"中度绿色"来表示，排在后十位的省份用"浅绿色"表示。不同颜色代表经济增长绿化度的不同程度，颜色越深，表明经济增长绿化度越好。从地理区域来看，用"深绿色"代表的省份集中在我国的东部沿海地区，"中度绿色"省份集中在我国的中部偏东部的地区，"浅绿色"省份则集中在我国的中部偏西部的地区。

图 5-2　经济增长绿化度排名地区分布图

注：根据表 5-1 制作。

结合以上各表和图，可以总结出我国各地区经济增长绿化度的总体特点如下。

（一）经济增长绿化度区域差异明显，总体呈现东部较好、东北偏上、中部居中，西部较低的局面

从经济增长绿化度的区域分布来看，经济增长绿化度呈现东部较好、东北偏上、中部居中，西部较低的特点。

在东部地区①的 10 个省份中，排在前十位的有 9 个，河北排在第 17 位。其中，北京更以 0.564 的高分居全国第 1 位，从各项指标来看，北京在绿色增长效率指标，第一、第二、第三产业指标上的得分均排在全国前三位，整体较好。东北三省的排名分别为第 10、第 11 和第 14 位，处于中等偏上水平；中部地区的 6 个省份排名介于第 12～24 位之间；西部地区的 11 个（除西藏外）参评省份中，除内蒙古排在第 13 位、陕西排在第 16 位以及重庆排在第 19 位以外，其他 8 个省份排名介于第 20～30 位之间，整体排名较为靠后。

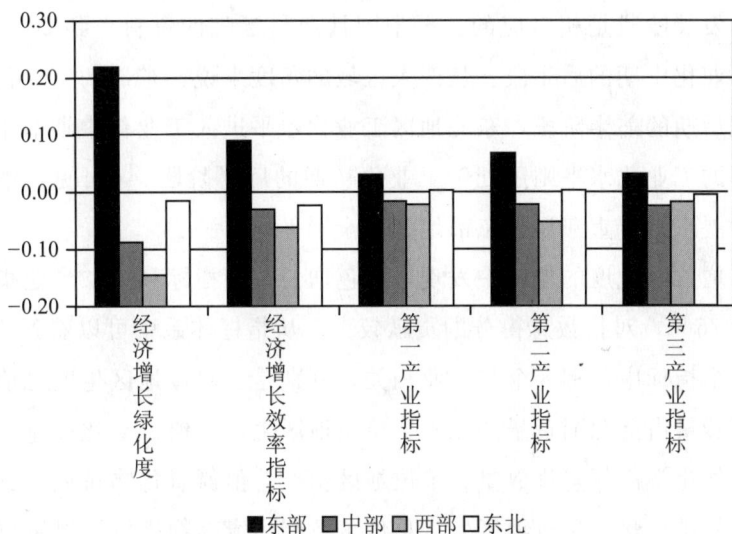

图 5-3　四大区域经济增长绿化度情况

注：上图中数据为四大区域中各省份指标值的算术平均值。下同。

若以经济增长绿化度的指标构成来说，在绿色增长效率指标中，东部与其他三个区域的差距最大，其次是第二产业指标；相对而言，第一产业指标的差距最小（详见图 5-3）。由于绿色增长效率指标和第二产业指标的权重占经济增长绿化度指数的 75％，因此，这两项得分对经济增长绿化度最终排名的影响较大。例如，排在后六位的省份依次为新疆、云南、宁夏、甘肃、贵州和青海，均来自西部地区。对比发现，这 6 个省份排名之所以靠后，其主要原因就在于绿色增长效率指标和第二产业指标的得分较低，影响了最终排序。但值得说明的是，新疆的第一产业指标排在全国第 11 位，贵州的第三产业指标排在第 14 位，处于中等偏上水平。

①　东部地区包括：北京、天津、河北、上海、江苏、浙江、福建、山东、广东和海南；中部地区包括山西、安徽、江西、河南、湖北和湖南；西部地区包括内蒙古、广西、重庆、四川、贵州、云南、西藏、陕西、甘肃、青海、宁夏和新疆；东北地区包括辽宁、吉林和黑龙江。

（二）经济增长绿化度的排名顺序与经济发展水平密切相关

从经济增长绿化度的排名来看，经济增长绿化度指数的排名顺序与各省份的经济发展水平密切相关。基本呈现经济发展水平越高，在经济增长绿化度指数上的排序越靠前的态势。

区域发展水平差异较大是我国经济发展中不可回避的现实。东部地区较为发达，而中西部地区相对落后。从我国的现实情况来看，经济发展水平的差异与工业化所处的发展阶段是相对应的。据中国社会科学院的资料，到 2005 年，我国已经进入工业化中期的后半段。从四大区域的角度来说，东部的工业化水平已经进入工业化后期的前半阶段，东北地区工业化水平进入工业化中期前半阶段，而中部和西部的工业化水平则还处于工业化初期的后半阶段。[①] 可见，中西部地区的工业化发展水平严重滞后于东部地区和全国平均水平。

从经济增长绿化度的排序中发现，绿色增长效率指标和第二产业指标权重较高，合计为 75％，对指数总得分的贡献较大。从指标体系中可以看到，在绿色增长效率的 9 个指标中，有 8 个与工业相关，分别是：单位地区生产总值能耗、非化石能源消费量占能源消费量的比重、单位地区生产总值二氧化硫排放量、单位地区生产总值化学需氧量排放量、单位地区生产总值氮氧化物排放量、单位地区生产总值氨氮排放量、单位地区生产总值工业固体废弃物排放量以及单位地区生产总值二氧化碳排放量。除了非化石能源消费量占能源消费量的比重和单位地区生产总值二氧化碳排放量由于缺少数据而不参与测算外，其他 6 个指标均参与测算，6 个指标合计权重占总权重的 8.375％。在第二产业的 7 个指标中，有 6 个指标涉及工业生产，分别是单位工业增加值水耗、规模以上工业增加值能耗、工业固体废物综合利用率、工业用水重复利用率、高载能工业产品产值占工业总产值比重和火电供电煤耗，6 个指标合计权重占总权重的 9.00％。即在经济增长绿化度指数的测算中，涉及工业的测算指标共有 14 个，这些指标的权重占总权重的 17.375％，占经济增长绿化度指标的权重则高达 70％以上。可见，工业相关指标的指标值对经济增长绿化度指数的影响之大，而这也正是经济增长绿化度排名与经济发展水平以及工业化发展水平正相关的原因所在。

以东部地区和西部地区为例，东部地区经历了改革开放 30 多年较长时期的快速发展，工业体系相对较为成熟。近几年，随着产业结构调整力度的加大，产

---

① 参见中国社会科学院网站，http://www.cass.net.cn/file/20070927102194.html。

业布局不断调整和优化。西部地区随着西部大开发战略的深入实施，各省份获得了长足的发展。但比较而言，西部各省份在经济发展过程中，仍面临着东部地区产业向中西部转移以及外部大环境不断变化等因素的影响，在经济增长方式的选择上还处于摸索阶段，一些省份仍然采用高投入、高耗能和高污染的粗放型发展模式，工业体系尚不成熟。因此，工业相关指标的指标值偏低，影响了在经济增长绿化度中的总排序。

（三）经济增长绿化度对绿色发展指数有很大影响

对比各地区经济增长绿化度指数排序与绿色发展指数排序后发现，30个参评省份名次变动差异较大。名次变动在5名以内的省份的有17个，超过总参评省份的一半。名次变动超过10个位次的省份有8个，接近参评省份数量的1/3，分别是青海、云南、贵州、辽宁、新疆、吉林、河南以及湖北（详见表5-2）。

表 5-2　　　　　　　　　绿色发展指数与经济增长绿化度排名差异比较

地区	绿色发展指数排名	经济增长绿化度排名	位次变化	地区	绿色发展指数排名	经济增长绿化度排名	位次变化
北京	1	1	0	河南	29	18	−11
天津	6	3	−3	湖北	22	12	−10
河北	26	17	−9	湖南	27	21	−6
山西	30	24	−6	广东	9	4	−5
内蒙古	11	13	2	广西	24	20	−4
辽宁	23	11	−12	海南	5	9	4
吉林	21	10	−11	重庆	25	19	−6
黑龙江	13	14	1	四川	17	22	5
上海	4	2	−2	贵州	16	29	13
江苏	8	6	−2	云南	12	26	14
浙江	3	5	2	陕西	15	16	1
安徽	18	15	−3	甘肃	19	28	9
福建	7	7	0	青海	2	30	28
江西	20	23	3	宁夏	28	27	−1
山东	10	8	−2	新疆	14	25	11

注：本表根据表0-3和表5-1整理而得。

在30个参评的省份中，名次变动最大的是青海省，在经济增长绿化度中其排在第 30 位，但在绿色发展指数中则排在第 2 位，总名次上升了 28 位。近几年，青海工业得到了迅速发展，逐渐形成了以石油和天然气、盐化工、有色金属和电力行业为主的四大支柱产业。工业的迅速发展，使得伴随工业生产而排放的污染物也逐渐增多。虽然污染物排放总量不大，但与其他省份比较，其单位地区生产总值的污染物排放量较高，考虑到工业相关指标在经济增长绿化度中的比重，青海排序较为靠后也就不足为奇了。因此，这就意味着青海省必须在资源环境承载潜力和政府政策支持度上的指数值较高，才能保证总名次在第 2 位。从绿色发展指数来看，青海省以 0.667 的高分排在资源环境承载潜力的第 1 位，远远超过第 2 名云南的 0.2432。作为长江、黄河以及澜沧江的发源地，青海被称为"中华水塔"，青海以人均当地水资源量 11 900.54 立方米居全国第 1 位。加之青海生态环境在我国的特殊地位，因此，青海国家级以及省级自然保护区面积占到了辖区总面积的 30.30%，居全国第 1 位。而且，青海的土地面积辽阔，同样数量的污染物排放对于青海和东部沿海省份而言构成的潜在威胁是不同的，青海的资源环境承载潜力较高。在政策支持上，青海的政府政策支持度排在第 8 位。一方面，随着西部大开发战略的进一步深入推进，国家层面上给予了青海很多产业发展的优惠；另一方面，青海省政府也采取了诸多综合配套措施，促进了青海省近几年经济的快速发展。

>>二、各地区经济增长绿化度比较分析<<

根据经济增长绿化度的测算体系，本次主要从绿色增长效率指标、第一产业指标、第二产业指标和第三产业指标四个方面来评价一个省份的经济增长绿化度情况。从三次产业划分的角度来讲，几乎涵盖了国民经济运行的各个方面，是对各地区测度年份（本报告中为 2008 年）经济发展中"绿色"程度的综合评价。

（一）绿色增长效率指标比较

在经济增长绿化度测度体系中，绿色增长效率指标占经济增长绿化度指数的权重为 40%，相对于其他三个指标，这一指标对经济增长绿化度指数的贡献较大。从指标构成来看，绿色增长效率指标主要是由表 5-3 中的 9 个指标加权组合而成。

表 5-3　　　　　　　　　　绿色增长效率三级指标、权重及指标属性

指标序号	指　　标	权重(%)	指标属性
1	人均地区生产总值	1.500	正
2	单位地区生产总值能耗	3.375	逆
3	非化石能源消费量占能源消费量的比重	1.125	正
4	单位地区生产总值二氧化硫排放量	1.000	逆
5	单位地区生产总值化学需氧量排放量	1.000	逆
6	单位地区生产总值氮氧化物排放量	1.000	逆
7	单位地区生产总值氨氮排放量	1.000	逆
8	单位地区生产总值工业固体废弃物排放量	1.000	逆
9	单位地区生产总值二氧化碳排放量	1.000	逆

由于指标的重要性不同，在指标权重的设计上，指标 2"单位地区生产总值能耗"权重最大，远高于绿色增长效率指标中的其他指标，占总权重的 3.375%。这一指标的重要性，从《中华人民共和国国民经济和社会发展第十一个五年规划纲要》把"单位生产总值能耗降低"作为约束性指标确定下来，就可见一斑。2010 年 5 月，国务院又下发了《关于进一步加大工作力度确保实现"十一五"节能减排目标的通知》(国发[2010]12 号)，要求各地区、各部门继续采取有效措施，努力实现"十一五"单位国内生产总值能耗降低 20% 左右的目标。[①] 自 2006 年以来，各地区认真贯彻科学发展观，把节能减排作为调整经济结构、转变发展方式的重要抓手，取得了积极效果。而与之相对应，"单位地区生产总值能耗"的绝对水平也是衡量各个地区能源使用效率以及节能减排工作成效的重要标尺，是衡量一个地区经济增长是否"绿色"的重要标准。其次，绿色增长效率指标中，权重较高的是指标 1"人均地区生产总值"，占总权重的 1.50%。作为衡量一个地区经济发展的重要指标，我们坚持"简约而不简单"的原则，只选用了一个，因此在权重的分配上适当做了倾斜。在指标 3 至指标 9 中，除了指标 3"非化石能源消费量占能源消费量的比重"略高外，其他 6 个指标的权重均占总权重的 1.00%。

从表 5-1 以及图 5-4 中可以看到，在绿色增长效率指标中，东部省份得分较高，内部差异明显，得分介于−0.04~0.255 之间；东北和中部地区各省接近于平均水平，差距较小；西部地区普遍偏低。

排在绿色增长效率指标前三位的是北京、上海和天津，与经济增长绿化度指

---

① 参见新华网，http://news.xinhuanet.com/politics/2010-05-05/c_1275664.htm，2010-08-09。

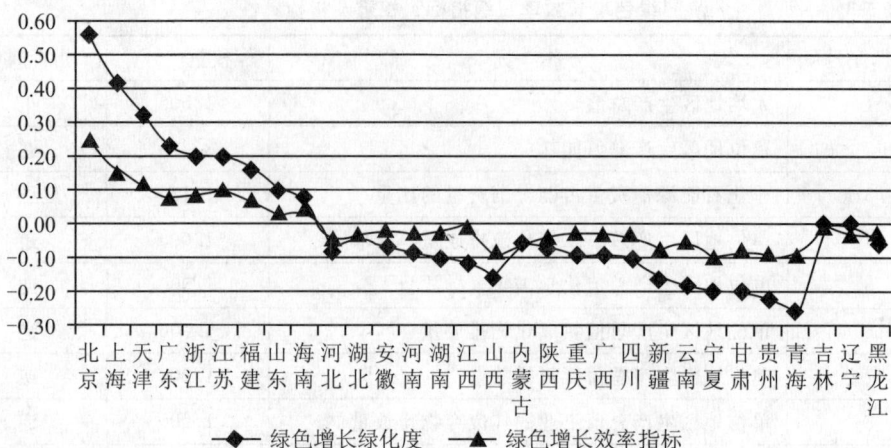

图 5-4　绿色增长效率指标与经济增长绿化度指数对比

注：本表从东部、中部、西部和东北地区划分的角度，根据经济增长绿化度指数大小自左到右排列。下同。

数总排名一致。其次是江苏、浙江、广东、福建、海南、山东以及江西，分别列在第 4～10 位。从统计数据来看，2008 年，上海、北京、天津的人均地区生产总值排在全国前三位，分别为 75 109、66 797 和 58 656 元；[①]江苏、浙江、广东、福建以及山东，排名介于第 4～10 位，海南和江西分别排在第 23 位和第 24 位。从区域分布的情况来看，排在前十位的省份中，除江西省属中部地区以外，其他9 个省份均来自东部地区。东部是我国经济最为发达的地区，但同时也是节能减排难度较大的区域。在几个涉及"绿色"的指标中，北京、上海、天津、江苏、浙江 5 个省份均排在全国前十位。可见其节能减排工作力度之大，成效之明显。比较发现，受产业结构的影响，北京的万元地区生产总值能耗为 0.66 吨标准煤，低于 30 个参评省份 1.47 吨标准煤的平均水平；每亿元地区生产总值二氧化硫排放量仅为 12.52 吨，远远低于 30 个参评省份的平均水平 117.10 吨。与之类似，在指标 5 到指标 8 中，前十位的省份除江西和海南个别指标略高于平均水平外，其余指标均排在 30 个省份的前 1/3 水平。

绿色增长效率指标排在第 11～20 位的省份依次是：吉林、安徽、重庆、湖南、河南、黑龙江、湖北、四川、广西以及辽宁。其中，4 个省份来自中部地区，3 个省份来自西部地区，东北 3 省全部在列。综合来看，中部 4 个省份绿色增长效率的各项指标中，除人均地区生产总值和单位地区生产总值氨氮排放量指

①　国家统计局：《中国统计摘要 2010》，北京，中国统计出版社，2010。

标值排序稍有靠后外，其他 5 个指标的位次均处于中间位置。其中，湖南单位地区生产总值化学需氧量排放量和氨氮排放量的指标值居第 27 位。对比 2005—2008 年的数据发现，虽然湖南废水排放的绝对量逐年下降，化学需氧量从 89.5 万吨降到 88.5 万吨，氨氮排放量从 10.1 万吨降到 8.5 万吨。但与其他省份相比，单位地区生产总值所产生的废水量仍然较大，需要政府和企业继续采取措施，减少废水的排放。对于西部地区来说，广西、重庆和四川是绿色增长效率中较为靠前的省份。其中，广西的单位地区生产总值能耗指标值居第 12 位，重庆除单位地区生产总值固体废弃物排放量和二氧化硫排放量稍有靠后外，其他指标值均处于第 15 位之前。四川的单位地区生产总值氮氧化物排放量指标值则排在第 6 位，由于人口较多，四川人均地区生产总值排在第 25 位。东北 3 省全部排在中间位置，3 个省份的内部差距较小。

值得说明的是，从测算的原始数据来看，30 个参评省份每万元工业固体废物排放量介于 0～3.87 吨，各省份之间的差距较大。虽然此指标的权重较小，但对绿色增长效率指标得分的影响较大。

（二）第一产业指标比较

在经济增长绿化度测算体系中，第一产业指标占经济增长绿化度指数的权重为 10%，是经济增长绿化度四个指标中权重最低的。由于第一产业指标只由"第一产业劳动生产率"和"土地产出率"两个分指标构成（见表 5-4），因此，单个指标的权重占总权重的比重并不低，均为 1.50%。

表 5-4　　　　　　　　　第一产业三级指标、权重及指标属性

指标序号	指标	权重（%）	指标属性
10	第一产业劳动生产率	1.50	正
11	土地产出率	1.50	正

从表 5-1 以及图 5-5 中可以看到，四大区域在第一产业指标的比较上差异不明显，得分介于 -0.045～0.054 之间。加之第一产业指标比重较小，因此第一产业指标的指标值对经济增长绿化度指数的排序影响不大。

分区域来看，第一产业指标排名前十位的依次是：上海、北京、海南、福建、浙江、辽宁、天津、广东、江苏和山东，9 个来自东部地区。其中，上海、北京以及天津三个直辖市的第一产业比重非常小，2008 年，上海第一产业占地

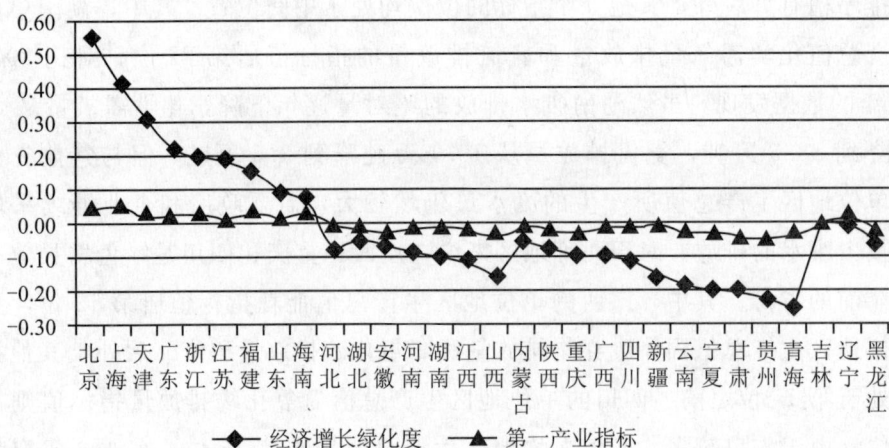

北上天广浙江福山海河湖安河湖江山内陕重广四新云宁甘贵青吉辽黑
京海津东江苏建东南北北徽南南西西庆西川疆南夏肃州海林宁龙
　　　　　　　　　　　　　　　古　　　　　　　　　　　　江
◆ 经济增长绿化度　　　▲ 第一产业指标

图 5-5　第一产业指标与经济增长绿化度指数对比

区生产总值的比重为 0.82%，北京为 1.08%，天津为 1.93%。[①] 排在第一产业
指标后十位的是：黑龙江、陕西、安徽、重庆、宁夏、青海、云南、甘肃、山西
以及贵州，多为西部地区。研究表明，在家庭联产承包责任制实施后，伴随着区
域差异的扩大，我国农业经济增长的差距也在拉大。而造成这种差距的原因之一
就在于农业劳动生产率的地区差异。在农业劳动生产率方面，东西部地区之间的
差距最大，中西部次之，东中部最小。这种差异主要是由要素禀赋差异、技术进
步差异以及产业结构等因素共同造成的。尤其对于东部和西部而言，技术进步的
差异是造成劳动生产率差异的最主要原因。[②] 因此，对于西部省份而言，要加大
对农业技术的投入，加快农业人口向第二、第三产业的转移，提升第一产业从业
人员的素质，从而提高第一产业的劳动生产率。

　　从 13 个粮食主产省[③]的角度来看，辽宁、江苏和山东 3 个省份排在第一产业
指标的前十位；河北、吉林、湖南、内蒙古、湖北、四川、河南以及江西 8 个省
份排在第 11～20 位；黑龙江排在第 21 位；安徽则排在第 23 位。对比这些省份
的土地产出率后发现，每公顷种植业产值超过全国平均水平 2.02 万元的有山东、
辽宁、江苏和河北，多为东部地区省份。在这些省份，农业的机械化程度较高，
单位面积的农业产出较大。

---

　　①　数据根据《新中国六十年统计资料汇编》计算而得。
　　②　辛翔飞、刘晓昀：《要素禀赋及农业劳动生产率的地区差异》，载《世界经济文汇》，2007
(5)，1～18 页。
　　③　13 个粮食主产省(区)分别为：河北、内蒙古、辽宁、吉林、黑龙江、江苏、安徽、江西、
山东、河南、湖北、湖南以及四川。

（三）第二产业指标比较

在经济增长绿化度测算体系中，第二产业指标占经济增长绿化度指数的权重为35％，权重仅低于"绿色增长效率指标"。第二产业指标由指标12到指标18共7个指标构成，除指标12代表第二产业的劳动效率以外，其余6个指标均代表了第二产业尤其工业中能源利用效率和资源的循环利用程度，从一个侧面反映了"工业的绿化度"。在指标权重设计上，采取均权的方法，即每个指标的权重占总权重的1.50％（见表5-5）。

表 5-5　　　　　　　　　　第二产业三级指标、权重及指标属性

指标序号	指标	权重（％）	指标属性
12	第二产业劳动生产率	1.50	正
13	单位工业增加值水耗	1.50	逆
14	规模以上工业增加值能耗	1.50	逆
15	工业固体废物综合利用率	1.50	正
16	工业用水重复利用率	1.50	正
17	高载能工业产品产值占工业总产值比重	1.50	逆
18	火电供电煤耗	1.50	逆

面对当前的三大全球危机——"金融、燃料与粮食危机"（3F）——联合国提出了一系列绿色倡议与战略。例如，联合国秘书长提出了"绿色新政"，要求减少对化石燃料的依赖，减少对生态系统的破坏并且解决水资源短缺问题，继续推进千年发展目标的实施。在该框架下，联合国工业发展组织提出了"绿色工业倡议"，提倡改变传统的工业生产方式，实现资源的有效利用。

从某种角度上讲，工业的"绿化"是"绿色工业"的一部分。由于工业污染的很大一部分是由工业生产过程中对资源利用不当或利用不足所导致的，[①] 因此，有限的资源和日趋恶化的环境要求我们进行"绿色的工业生产"，以减少工业污染源的排放。绿色工业要求我们在生产满足需要的同时，能够尽可能实现自然资源和能源的有效利用，减少对环境的破坏。从表5-5中可以看到，除指标12"第二产业劳动生产率"外，指标13到指标18均体现了工业生产过程中要尽量减少物质消耗，同时实现工业废物减量化、资源化和无害化的理念。

---

①　参考"绿色工业"百度百科，http://baike.baidu.com/view/2878812.htm? fr = ala0_1，2010-08-09。

从表 5-1 以及图 5-6 中可以看到，除海南和河北略低于平均水平外，东部地区其他省份第二产业指标得分较高，尤其是天津；东北三省得分略高于平均水平，分值相差较少；中部地区除安徽略高于平均水平外，其他 5 省均低于平均水平；西部地区内部差异较大，内蒙古和陕西高于全国平均水平，其他省份则整体偏低。

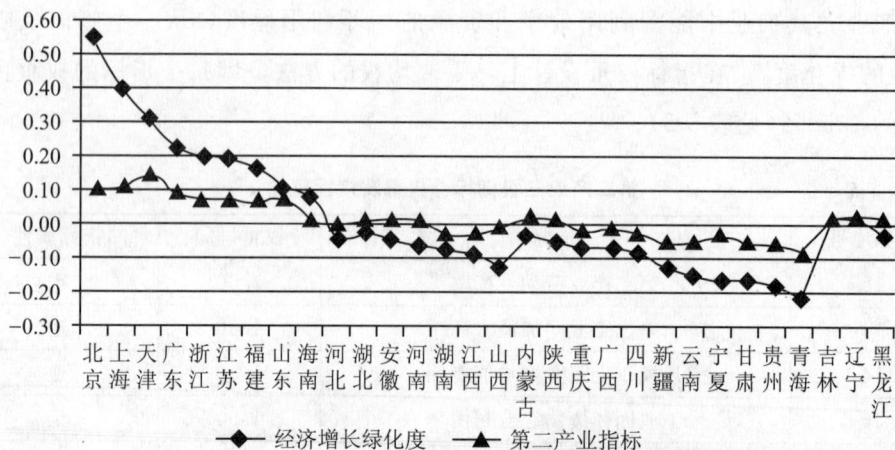

图 5-6　第二产业指标与经济增长绿化度指数对比

排在"第二产业指标"前十位的省份依次为：天津、上海、北京、广东、山东、江苏、浙江、福建、内蒙古和吉林。从区域分布来看，除内蒙古属于西部地区、吉林属于东北地区外，其他 8 个省份均来自东部地区。从第二产业指标的构成来看，天津之所以排在第一位，其原因在于，天津在单位工业增加值水耗、工业固体废物综合利用率两个指标得分上排在全国第 1 位，工业用水重复利用率得分排在全国第 3 位，第二产业劳动生产率、规模以上工业增加值能耗得分排在全国第 4 位，而火电供电煤耗以及高载能工业产品产值占工业总产值比重的得分分别排在第 9 位和第 12 位。综合来看，天津第二产业的各个指标排名都较为靠前。

从天津第二产业发展的现实状况来看，天津工业企业生产在 2008 年是较为困难的一年。从 2008 年年初开始，原材料、燃料以及动力购进价格持续上涨；加之企业先天的许多不足，工业生产经营难度大大增加。受能源、原材料价格持续走高以及人工成本上升等因素的影响，企业资金链也十分紧张，大多企业在微利甚至亏损的情况下进行生产。因此，企业维持生存尚且举步维艰，实现工业的绿色生产又谈何容易！在这种情况下，第二产业比重上升的势头开始显现。从数据上看，天津的三次产业结构由 2007 年的 2.2：57.3：40.5 转变为 2008 年的

1.9：60.1：38.0，① 与 2007 年相比，2008 年第二产业比重上升了 2.8 个百分点，第一、第三产业比重则分别下降了 0.3 和 2.5 个百分点。改革开放以来，天津一直以第二产业尤其重工业作为全市经济发展的主要动力。从二产比重的变化来看，2003—2008 年天津二产比重快速上升。在这种大背景下，2008 年，天津的每万元工业增加值水耗仅为 12.32 立方米，远远低于 30 个省份的平均水平132.20 立方米；而工业固体废物综合利用率和工业用水重复利用率分别为98.20％和 93.53％，高于平均水平的 66.46％ 和 70.25％（详见表 5-6）。工业总体上实现了"绿色"生产。

表 5-6　　　　　　　天津市第二产业指标与 30 个省份平均水平比较

指标	单位	平均水平	天津
第二产业劳动生产率	万元/人	9.46	14.33
单位工业增加值水耗	立方米/万元	132.2	12.32
规模以上工业增加值能耗	吨标准煤/万元	2.54	1.05
工业固体废物综合利用率	％	66.46	98.2
工业用水重复利用率	％	70.25	93.53
高载能工业产品产值占工业总产值比重	％	41.36	33.93
火电供电煤耗	克/千瓦时	353.08	344

注：平均水平为 30 个参评省份的算术平均值；天津数据根据《中国统计年鉴 2009》、《中国环境统计年鉴 2009》以及《中国工业经济统计年鉴 2009》整理而得。

(四)第三产业指标比较

在经济增长绿化度的测度体系中，第三产业指标占经济增长绿化度指数的权重为 15％。第三产业指标由指标 19 到指标 21 共 3 个指标构成，在指标权重设计上，采取均权的方法，即每个指标的权重占总权重的 1.50％（见表 5-7）。

表 5-7　　　　　　　第三产业三级指标、权重及指标属性

指标序号	指标	权重(％)	指标属性
19	第三产业劳动生产率	1.50	正
20	第三产业增加值比重	1.50	正
21	第三产业从业人员比重	1.50	正

第三产业各项指标在国民经济中的比重是衡量经济发展是否"绿色"的重要标

---

① 数据根据《新中国六十年统计资料汇编》整理而得。

准之一。第三产业的发展水平与经济发展的整体水平密切相关。这也就意味着,经济发展水平的地区差距将直接导致第三产业发展水平的差异。2009 年,东部地区第三产业增加值占全国第三产业增加值的比重为 57.7%,高于东部地区地区生产总值占全国 GDP 的比重(53.7%);而其他三个区域的第三产业增加值占全国比重都低于各区域地区生产总值占全国 GDP 的比重。这从一个侧面反映了第三产业发展的地区差异(详见图 5-7)。

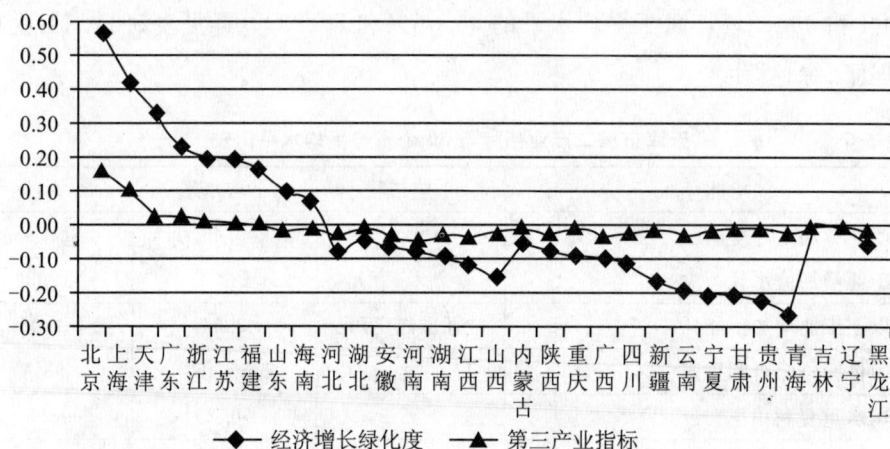

图 5-7　第三产业指标与经济增长绿化度指数对比

从表 5-1 中可以看到,在四大区域的第三产业指标排序中,东部的 10 个省份有 7 个排在全国前七位,依次是:北京、上海、广东、天津、浙江、江苏以及福建。海南排在第 13 位,山东第 17 位,河北第 24 位。其中,北京和上海的得分分别为 0.161 和 0.107,高于东部地区其他省份,且远高于 30 个省份的平均水平。而且从图 5-7 中不难看出,除北京和上海外,其他东部省份在第三产业指标的得分上差异较小。中部 6 省中,湖北较为靠前,居第 8 位,山西、湖南、安徽、江西和河南分别排在第 19、第 21、第 27、第 29 和第 30 位,较为靠后。西部的 11 个参评省份中,区域内部差异较大。其中,内蒙古、重庆、贵州、甘肃分别排在第 11、第 12、第 14、第 15 位,位置中等偏上;新疆和宁夏分别排在第 16 位和第 20 位,其余 5 个省份排名介于第 22~28 位之间。东北 3 省中,辽宁和吉林分别排在第 9、第 10 位,黑龙江排在第 18 位。

分指标来看,在第三产业的劳动生产率上,东部地区最高,东北次之,中部最低;从第三产业增加值比重来看,东部最高,其次是西部,中部最低;从第三产业从业人员比重来看,东部最高,东北次之,中部最低(详见表 5-8)。总体而言,第三产业指标的区域性差距较大,甚至超过了四大区域在经济发展水平上的差距,发展极不均衡。

名　称	第三产业劳动生产率(万元/人)	第三产业增加值比重(%)	第三产业从业人员比重(%)
东部地区	7.70	43.29	40.57
中部地区	3.39	34.90	31.36
西部地区	3.92	36.64	32.04
东北地区	4.98	35.63	36.55

表 5-8　　　　　　　　　　　　四大区域第三产业指标比较

资料来源：根据《中国统计年鉴2009》计算而得。

>>三、从经济增长绿化度指数测算中得到的启示<<

在经济增长绿化度测算以及各省区的比较中,得到的启示如下。

(一)"节能减排"有助于推进经济发展方式的转变

通过绿色增长效率指标的测算发现,在"节能减排"工作中成绩较为突出的省份,一般而言,在经济增长绿化度的排名中较为靠前。但同时,在有些省份,粗放型的经济发展方式尚未实现根本性转变,经济发展与资源环境之间的矛盾仍然比较突出。节能减排作为"十一五"规划的约束性指标,自2006年以来,始终是各地区推进经济发展方式转变,调整产业结构和产业布局的重要抓手。无论是从节能减排工作的现状看,还是从转变发展方式的要求看,各地区都需要继续推进节能减排工作,以节能减排来促进产业结构的调整和优化,实现经济发展方式的转变。尤其对于中西部地区的资源大省和东部地区的工业大省而言更需如此。在这些地区,要坚决淘汰落后产能,进一步加快工业内部转型步伐,增强工业发展后劲,并带动其他地区产业结构的主动调整,实现经济持续增长与"节能降耗"共赢。

(二)减少农业污染,有利于促进农业的生态化发展

在经济增长绿化度的测算过程中发现,由于指标数量较小,第一产业指标对总结果的影响不大,但在第一产业指标排名中较为靠前的省份仍然在总排名中获得了较好的位次。通过对比发现,在这些省份,农业劳动生产率较高,受污染程度低,环境破坏程度较轻,农业的生态化发展取得了一定的成效。而在另一些省份,农业仍然走的是一条粗放型的发展道路,农业生产效率低、经济效益不高、

农产品品质差、有毒物质残留量严重超标等问题突出。这些做法不仅对农业资源造成了极大的浪费，也使生态环境受到了很大破坏。这就要求各地区应继续深入落实可持续发展观，减少农业污染，促进农业的生态化发展。农业的生态化发展可以在保护和改善农业生态环境的前提下，通过集约化经营的方式，提高资源利用效率，增强农业生态的稳定性和持续性，实现农业的可持续发展。

（三）积极推广"绿色工业"，有利于提高经济"绿化度"

在经济增长绿化度的测算和分析中发现，在绿色增长效率指标和第二产业指标中，工业污染物排放量少或工业废物循环利用率高的省份，在排名上较为靠前。工业生产是造成资源浪费和环境破坏的主要原因之一。因此，"绿色工业"发展模式有助于提高各地区的经济增长"绿化度"。建立符合资源节约型社会要求的低碳的绿色工业生产体系，有利于实现原材料的有效利用，提高工业和非工业废弃物的循环利用率；有利于保护和合理开发利用自然资源，保护可再生资源的再生产能力，防止环境污染与破坏，使工业产业尽快步入可持续发展的轨道。从长期来看，则可以有效减缓经济增长对资源环境造成的压力。

（四）大力发展服务业，有利于促进经济的绿色增长

从经济增长绿化度的测算和分析中发现，要想实现经济的绿色增长，促进第三产业发展是最有效的手段之一。与第一、第二产业对比，第三产业本身就具有"低碳"的特点。很多国家和地区都把现代服务业称为"绿色经济"，并将其作为经济发展的首位经济。因此，在今后的工作中，各地区要把投资少、消耗低、污染小、效益高的现代服务业作为工作的一个重点来抓，提高诸如金融服务业、商贸服务业、现代物流业、信息与软件服务业、科技服务业、中介服务业等行业在国民经济中的比重。尤其在政府招商引资过程中，要把服务业作为优先考虑的行业。第三产业比重的提高，有利于优化产业结构，促进经济发展方式的绿色转型。

>>参考文献<<

［1］国家统计局，环境保护部. 中国环境统计年鉴 2009［R］. 北京：中国统计出版社，2009.

［2］中华人民共和国环境保护部. 中国环境统计公报 2008［R］. 北京：中国环境科学出版社，2009.

[3] 国家统计局. 中国统计年鉴 2009[R]. 北京：中国统计出版社，2009.

[4] 国家统计局. 中国统计摘要 2010[R]. 北京：中国统计出版社，2010.

[5] 国家统计局国民经济综合统计司. 新中国六十年统计资料汇编[R]. 北京：中国统计出版社，2009.

[6] 李晓西等. 新世纪中国经济报告[R]. 北京：人民出版社，2006.

[7] 李晓西. 中国：新的发展观[M]. 北京：中国经济出版社，2009.

[8] 北京师范大学经济与资源管理研究院. 2008 中国市场经济发展报告[R]. 北京：北京师范大学出版社，2008.

[9] 倪鹏飞. 中国城市竞争力报告 NO.6，城市：群起群飞襄中华[M]. 北京：社会科学文献出版社，2008.

[10] 朱向军. 后危机时期的弯道超越[M]. 上海：上海三联书店，2010.

[11] 王圳. 绿色工业能否成为亚洲经济新一轮增长的引擎[J]. 国际经济合作，2009，10：85-87.

第二篇

资源与环境的承载

第六章
中国经济社会发展的资源瓶颈与环境约束

本章通过介绍我国自然资源相对稀缺性及其消耗特征，比较了资源的相对丰裕程度，全面分析了当前经济发展所面临的资源瓶颈，解读了中国面临的环境压力和经济发展的环境约束。

>>一、中国的自然资源及其消耗特征<<

中国的自然资源和它的消耗特征可概括为：资源丰富，但人均拥有量低，时空分布不平衡；资源利用效率低，数量巨大，呈快速增长，同时一些主要资源对外依存度大。

(一)中国自然资源的特征

中国有960万平方公里的陆地国土以及300万平方公里的海洋国土，疆域辽阔，仅次于俄罗斯和加拿大，居于世界第3位。领土及领海跨越寒温带、暖温带及亚热带、热带四个气候带，气候复杂多样；地质构造过程复杂，地表形态丰富。这些自然条件十分有利于各种自然资源的形成和发展。因此，中国资源总量和类型都是十分丰富的，很多自然资源的蕴藏量在世界上位居前列，可以说是一个资源大国，但具体分析，却有许多明显的不足。

1. 总量丰富，人均资源相对不足

中国自然资源总类繁多，资源绝对数量可观，按资源总量计算，我国耕地、森林、草地、淡水、矿产等自然资源都位居世界各国的前列。但由于我国人口众多，按人均计算，中国大多数资源的人均占有量都低于世界平均水平，中国人均国土面积仅为世界平均水平的1/3，耕地、森林、淡水等资源的人均占有量分别

只有世界平均水平的 1/2、1/4 和 1/3(见图 6-1)。

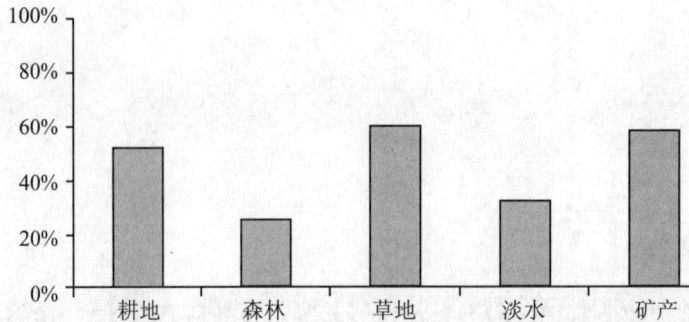

图 6-1　中国资源人均量相对世界平均水平的比例

资料来源:国家统计局:《国际统计年鉴》(2010),北京,中国统计出版社,2010。

2. 自然资源的时空分布不平衡, 资源分布与经济区域结构不匹配

中国地处东亚季风带,降水在时间上分布极不平衡,冬季相对干燥,旱灾频繁,危害作物生长或增加生产成本;夏季雨量丰沛,很多地方洪涝成灾,造成滑坡或泥石流,危及人民生命和财产安全。中国自然资源在空间上的分布也很不平衡,尤以水资源、能源和矿产资源更为突出。中国 83％的水资源集中在占全国耕地 38％的长江流域及以南地区,而黄河、淮河、海河、辽河等流域,耕地占全国 42％,水资源却仅占 9％;80％的矿产资源分布在西北部,石油和煤炭的 75％以上分布在长江以北,而工业分布却集中在东部沿海,能源消费也集中在东部。

3. 自然资源中, 低劣资源比例较高, 资源缺口较大, 矿产资源对国民经济发展的保证程度差

中国一些重要的资源,例如铜矿和铁矿资源虽然总量能够满足目前社会生产的需要,但由于其中富矿比例很少,仍需要进口相当的富矿,才能弥补国内资源的缺陷。据预测,到 2010 年,45 种矿产资源中,能够保证国民经济和社会发展需求的仅有一半,而石油、天然气等 17 种矿藏不能保证或品种上存在不足,需要不同程度的进口以弥补国内供应不足;铬、钴、铂族、钾盐、金刚石 5 种矿产则严重不足,完全依赖进口。

(二)中国自然资源的消耗特征

总体来讲,中国的资源消耗特征可归纳为以下几个要点。

1. 资源消耗量大, 绩效较差

中国科学院《2006 年中国可持续发展战略报告》选取一次能源、淡水、水泥、

钢材和常用有色金属的消耗量来计算节约系数，对世界上 59 个主要国家的资源绩效水平进行了排序，结果表明丹麦是资源绩效最好的国家，而中国仅排在第 54 位，属于资源绩效最差的国家之列。其重要原因之一在于中国的经济发展至今仍然奉行一种粗放型的、以能源资源投入为主的增长方式，而不是以技术进步换取生产效率。与其他国家相比，中国仍然处于十分粗放的发展阶段。2006 年中国经济增长 10.7%，增速已连续四年保持在 10% 或者多一点。但是经济增长付出的资源环境代价过大。2006 年，按现行汇率初步测算，中国 GDP 总量占世界的比重约 5.5%，但重要能源资源消耗占世界的比重却较高，比如能源消耗24.6 亿吨标准煤，占世界的 15% 左右；钢表观消费量为 3.88 亿吨，占 30%；水泥消耗 12.4 亿吨，占 54%。2006 年中国主要矿产品煤炭、石油、铁、铜、铝的消费量分别为 23.7 亿吨、3.20 亿吨、4.04 亿吨（生铁）、361 万吨（精炼铜）、865 万吨（精炼铝），占世界消费量的比重分别为 38.6%、9.0%、46.6%、21.1% 和25.4%。近十多年来，中国的资源利用效率有所提高，但与发达国家相比，仍有一定差距。

2. 水资源消耗总量增加，利用效率偏低

中国总供水量有增加的趋势（见图 6-2），其中地下水供水量基本保持不变，地表水供水量与总供水量变化趋势一致，增加的供水量主要为地表水。从人均用水量变化趋势中可以看出（见图 6-3），人均用水量在 400～450 立方米/人之间，变化幅度较小。

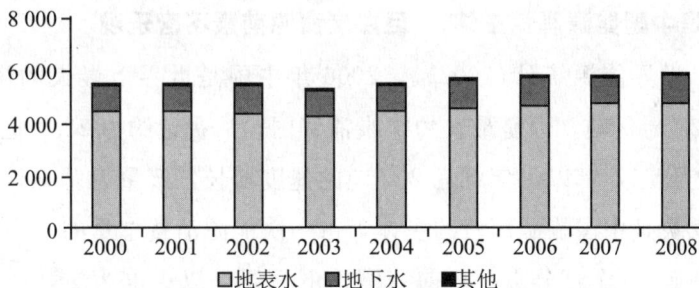

图 6-2　2000—2008 年中国供水量变化趋势

资料来源：国家统计局：《中国统计年鉴》(2009)，北京，中国统计出版社，2009。

水资源利用效率低，浪费严重。农业生产是中国水资源消耗的大户，约占中国全部水资源消耗的 62%（见图 6-4）。灌溉方式属粗放型，渠道防渗能力低，灌溉水利用系数在西北多数地区仅为 0.45 左右，东南沿海发达地区仅 0.6 左右，而发达国家达到 0.85 左右；工业用水量大，万元 GDP 用水量高达 399 立方米，

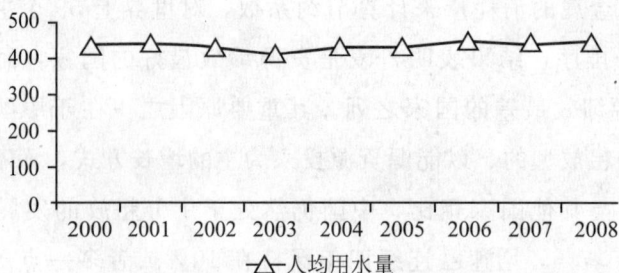

图 6-3　2000—2008 年中国人均用水量变化趋势

资料来源：国家统计局：《中国统计年鉴》(2009)，北京，中国统计出版社，2009。

发达国家仅为 55 立方米；水的重复利用率多数地区小于 0.4，而发达国家达到 0.7 左右；城市居民用水较少依靠市场配置，普遍节水意识淡薄；自来水管网漏失率达 21%，而发达国家仅为 5%～10%。

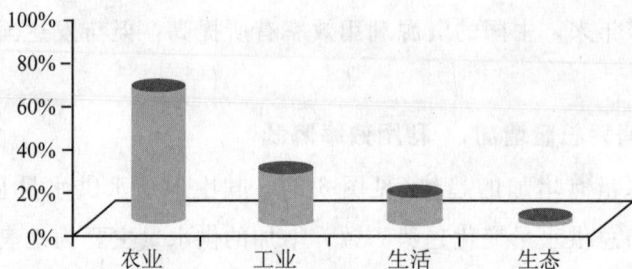

图 6-4　2008 年中国水资源消耗结构

资料来源：国家统计局：《中国统计年鉴》(2009)，北京，中国统计出版社，2009。

3. 煤炭是中国能源消耗主体，且煤炭资源前景不容乐观

根据《BP 世界能源统计(2007)》，2006 年中国是世界上最大的煤炭生产国，年产量约为 23.8 亿吨，也是最大的煤炭消费国，消费量约为 23.7 亿吨。中国的煤炭消费量连续三年都以每年将近 2 亿吨的速度增长，产量也基本保持着这一增速。当前，煤炭是中国能源消费的主体，占一次能源消费总量的 70% 左右，比世界平均水平高出 40 个百分点。目前我国的电力还是以火电为主，占总发电量的 80% 左右，而煤电又在火电中占据绝对主体地位。按目前的消耗水平，现有的煤炭探明储量，仅能维持大约 50 年的消耗；根据目前的资本情况，到 2015 年中国的煤炭消耗将增加到每年 30 亿吨，这将进一步缩短现有煤炭资源能够维持的时间。[①] 而根据国内有关机构的研究，中国煤炭的远景储量高达 10 000 亿吨，经探

---

① Tcrway, A.：《中国的能源与环境——经济发展的两大制约因素》，载《世界环境》，2006 (4)：71～77 页。

明后还可采出 5 000 亿吨，然而按 2030 年后年均 90 亿吨的煤炭消费量计算，中国的煤炭储量只能支撑 55 年。

4. 石油消耗量不断增加，对外依存度高

石油在国民经济中具有举足轻重的地位，以石油为主要燃料和原材料的工业部门的产值约占全国工业总产值的 1/6 左右。随着国民经济的快速发展，中国石油消费量也迅速增长，2009 年中国石油消耗量已接近 4 亿吨（见图 6-5）。

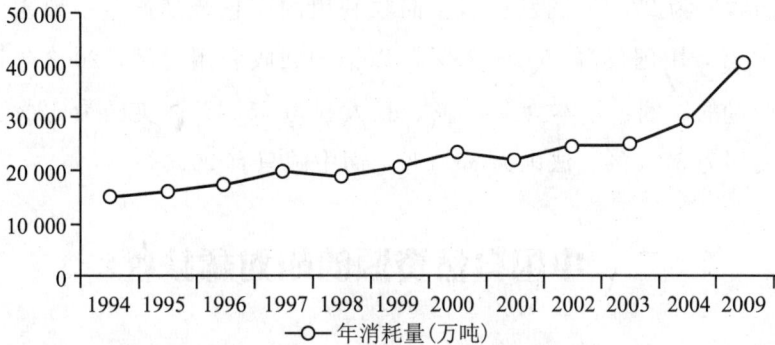

图 6-5　中国石油消耗量变化趋势

资料来源：资源网，http://www.lrn.cn/。

在石油消费需求快速增加和国内资源存在限制的共同影响下，中国原油贸易发展趋势主要表现为对进口原油的依赖程度不断提高，2009 年中国石油对外依存度已经高达 50%（见图 6-6）。2009 年年初公布的《全国矿产资源规划（2008—2015）》预测显示，如不加强勘查和转变经济发展方式，到 2020 年中国石油对外依存度将上升至 60%。而《中国能源发展报告（2009）》则指出，2020 年中国的石油对外依存度将上升至 64.5%。

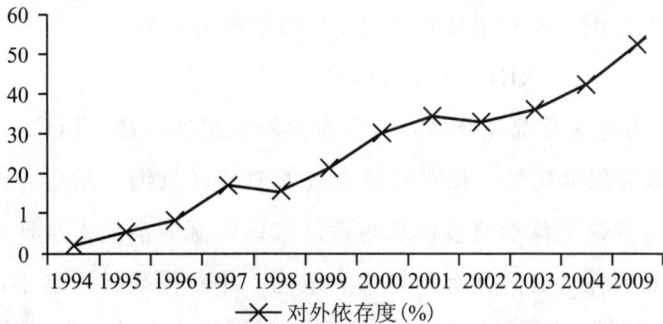

图 6-6　中国石油对外依存度变化趋势

资料来源：资源网，http://www.lrn.cn/。

5. 废弃资源回收率低

中国不可再生资源的总回收率大概是 30%，比国外的先进水平低了 20 个百分点。目前，中国每年产生的可回收不可再生资源废弃物价值 3 000 亿元左右，废弃物量分别为：废钢铁 4 300 万吨，废橡胶 92 万吨，废塑料 250 万吨，废玻璃 1 040 万吨，废旧有色金属 12 055 万吨。而中国废钢的回收率为 42%，废橡胶的回收率为 32%，废塑料的回收率为 25%，废玻璃的回收率为 13%，废旧有色金属的综合回收率为 27.7%。发达国家回收利用的有色金属产量一般占其总产量的 30%～40%，中国仅占 15%～20%。以铝的回收利用为例，2003 年回收利用的铝占铝产量的比例：日本为 99.5%、意大利为 75.6%、美国为 52%、德国为 50.7%、英国为 37.5%、法国为 35.1%，而中国只有 20.7%。

>>二、中国自然资源的相对稀缺性<<

瓶颈一般是指在整体中的关键限制因素。作为社会经济发展的物质基础，伴随着资本积累和劳动增长，固定的自然资源势必日益（相对）稀缺。最初，在现有技术的调整范围内，还可以通过更多的资本和劳动来替代日益（相对）稀缺的自然资源。但是，一旦这种调节达到现有技术下要素替代的极限，则自然资源最终将构成经济增长的瓶颈，使得经济最终停滞于某个平衡增长路径。[①] 资源瓶颈正是由于资源的有限性与经济高速增长下的资源需求激增所引起的，只有从资源禀赋和资源消耗两方面来衡量，才能准确地了解资源短缺对中国经济增长和社会发展的制约程度。

要想表明中国的资源瓶颈还需很大的努力，本章采用相对稀缺指数的概念来揭示中国的资源瓶颈。相对稀缺指数（RRI）的计算公式如下：

$$RRI = (LR \div WR) / (LC \div WC)$$

其中，LR 为地区资源拥有量，WR 为世界资源拥有量，LC 为地区资源消耗量，WC 为全球资源消耗量。相对稀缺指数类似于区位熵，是指一个给定区域中某种资源的拥有量占全球拥有量份额与该区域该资源的消耗占全球消耗份额的比值。同样的资源消耗，资源拥有量越少的地区，相对稀缺指数越小，意味着该地区的该资源更加（相对）稀缺。同理，同样的资源拥有量，资源消耗量越大的地

---

① 傅允生：《资源约束与地区经济收敛——基于资源稀缺性与资源配置力的考察》，载《经济学家》，2006(5)，33～40 页。

区，相对稀缺指数越小，也意味着该地区资源的相对稀缺。因此，可以用相对稀缺指数来作为判断各种自然资源是否成为中国社会经济发展所面临的资源瓶颈的标准之一。

自然资源按照传统的分类方法分为可耗竭资源（不可再生资源）和不可耗竭资源（可再生资源）。耗竭和再生是以对人类有意义的时间为参照的。若用"流动性"来代替"可再生性"，用"储存性"来代替"不可再生性"，可将自然资源分为储存性资源和流动性资源（见图 6-7），其中储存性资源又分为两种：一种是使用后就消耗掉的不可回收资源，如石油、天然气等能源矿产资源；另一种是可循环使用的可回收资源，如铁、铝等金属资源。而流动性资源则可分为临界性资源和非临界性资源，临界性资源指的是当资源使用超过一个临界点，即资源消耗超过其再生能力时，就会由流动性资源变为储存性资源，如生物资源、土壤、蓄水层中的水等；非临界性资源指的是按人类的时间尺度来看是无穷无尽，也不会因人类利用而耗竭的资源，包括太阳能、风能、潮汐能、原子能、气候资源和水资源等。

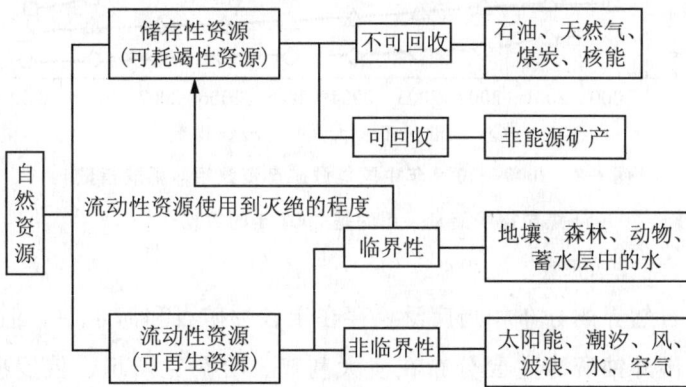

图 6-7　自然资源的分类及其转换

资料来源：朱迪·丽丝：《自然资源——分配、经济学与政策》，24 页，北京，商务印书馆，2002。

（一）储存性资源（可耗竭性资源）

储存性资源由于其不可再生性，即消耗多少就损失多少，因此储存性资源的稀缺程度可以直接由资源的消耗量与资源的拥有量计算而得。

1. 不可回收的储存性资源（能源矿产资源）

截至 2008 年年底，中国石油探明储量达 148.3 亿桶，占世界石油探明储量的 1.11%，人均石油探明储量仅 11 桶，为世界平均水平的 5.61%；天然气探明储量达 2.46 万亿立方米，占世界天然气探明储量的 1.31%，人均天然气探明储量仅为 0.18 万立方米，是世界平均水平的 6.61%；煤炭探明储量为 1 145 亿吨，占世界煤炭探明储量的 13.86%，人均煤炭探明储量为 84.61 吨，约为世界平均水平的 70%。

由 2000 年至 2009 年石油、煤炭、天然气的探明储量和消费量来计算历年中国能源资源的相对稀缺指数（见图 6-8），可以看出 10 年来中国三种能源矿产资源的相对稀缺指数均小于 1，且呈下降趋势，即中国能源资源拥有量份额小于消耗份额，换言之，中国的能源矿产资源相对于世界平均水平是不足的，且随着国民经济的高速增长，中国的石油、天然气和煤炭资源的相对稀缺性越来越明显。2009 年石油、煤炭、天然气三种资源的相对稀缺指数分别为 0.11、0.30、0.44，三种能源矿产资源中以石油资源的相对稀缺程度最为严重，煤炭次之。

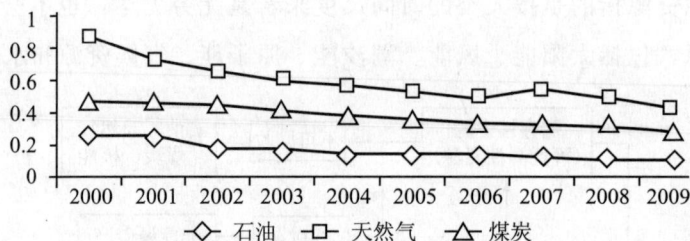

图 6-8　2000—2009 年中国能源矿产资源相对稀缺指数

注：2001 年至 2006 年煤炭探明储量采用的是 2007 年的数据。

资料来源：《BP 世界能源统计 2009》。

铀元素在自然界的分布相当广泛，存在于各种矿石和海水中。但铀矿床的分布却很有限，国外铀资源主要分布在澳大利亚、哈萨克斯坦、俄罗斯、加拿大、美国、南非、西南非等国家和地区，我国铀矿资源也较为丰富，但目前勘查程度较低，探明有限，铀矿资源潜在总量较大，前景广阔。2009 年中国开采成本小于 260 美元/千克的铀矿资源查明储量为 17.14 万吨，占世界查明储量的 2.27%，居世界第 11 位。其中，开采成本小于 80 美元的铀矿资源查明储存量为 2.14 万吨，占世界查明储量的 3.17%，居世界第 7 位（见图 6-9）。

由 1998 年至 2008 年核能消费量和开采成本小于 260 美元/千克的铀矿资源查明储量计算历年中国核能资源的相对稀缺指数（见图 6-10），可以看出，1998 年以来中国核电相对稀缺程度逐年加大，特别在 2001 年至 2003 年间稀缺程度明显增大，2003 年中国核能相对稀缺指数为 1.66，而 2008 年中国核能相对稀缺指数已降至 1.09，失去了之前的资源相对优势，未来核电发展也即将面临严峻而激烈的原料竞争。

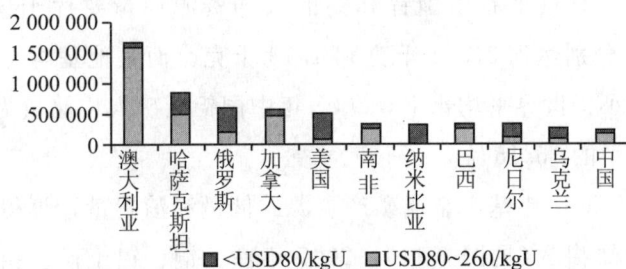

图 6-9　2009 年铀矿资源查明储量比较

资料来源：国际原子能机构：《Uranium 2009：Resources，Productionand Demand》。

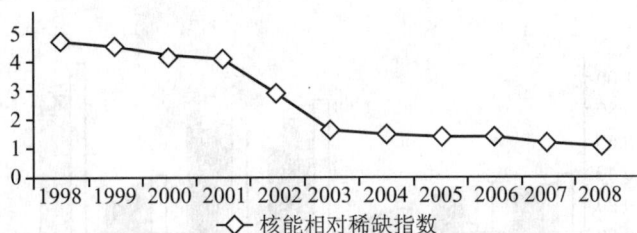

图 6-10　1998—2008 年中国核能资源的相对稀缺指数

资料来源：《BP 世界能源统计 2009》；国际原子能机构：《Uranium 2009：Resources，Production and Demand》。

2. 可回收的储存性资源（金属矿产资源）

中国主要金属矿产资源中，锌和锡储量较高，2007 年的储量分别为 4 250.81 万吨和 152.25 万吨，占世界总储量的 23.62％和 24.96％。而铝土矿和镍占世界总储量的比重较低，2007 年的储量分别为 7.5 亿吨和 299.16 万吨，仅占世界总储量的 3％和 4.47％（见表 6-1）。

表 6-1　　　　　　　　　中国基本金属资源总量及人均占有量

矿产	总量		人均占有量	
	储量（万吨）	占世界比重（%）	人均储量（千克）	相当于世界平均水平（%）
铁	223 6400	14.91	16 525.40	75.24
铜	2 932.11	5.98	21.67	30.20
铝土矿	75 072.71	3.00	554.73	15.15
铅	1 346.32	17.04	9.95	86.00
锌	4 250.81	23.62	31.41	119.17
镍	299.16	4.47	2.21	22.53
锡	152.25	24.96	1.13	125.95

资料来源：中国矿业年鉴编辑部：《中国矿业年鉴》(2008)，北京，地震出版社，2008；国家统计局：《国际统计年鉴》(2008)，北京，中国统计出版社，2008。

从人均资源占有量来看中国锌和锡的人均资源储量要优于世界平均水平，2007 年人均储量分别达到 31.41 千克和 1.13 千克。而其他基本金属资源的人均资源占有量都要小于世界平均水平，2007 年中国铝土矿人均储量为 554.73 千克，仅为世界平均水平的 15.15%。

由 2004 年至 2007 年基本金属矿产资源的储量和消费量计算得出历年中国基本金属的相对稀缺指数（见图 6-11），2007 年铁、铜、铝土矿、铅、锌、镍和锡的相对稀缺指数分别为 0.30、0.24、0.09、0.56、0.79、0.20 和 0.68，均小于 1，这说明这几种基本金属矿产能源相对稀缺，而铁矿、铜矿、铝土矿和镍矿的相对稀缺指数要小于铅、锡和锌，其中以铝土矿的相对稀缺程度最为严重。

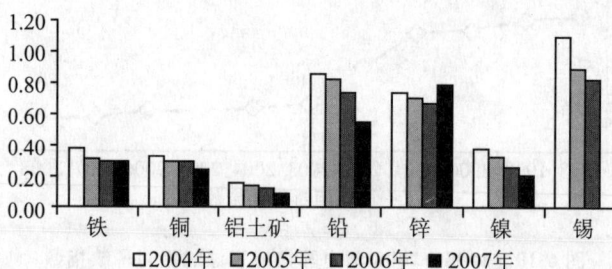

图 6-11　2004—2007 年中国基本金属矿产资源的相对稀缺指数

注：铁的消费量为生铁产量。

资料来源：根据历年《中国有色金属工业年鉴》、《中国钢铁统计》相关数据绘制。

（二）流动性资源（可再生资源）

流动性资源由于其可再生性，随着人类开发利用而消耗的同时，在现阶段自然界的特定时空条件下，能持续再生更新、繁衍增长，保持或扩大其储量。计算流动性资源的相对稀缺程度，可以先假设地区人均资源消耗量同世界平均水平相一致，则可将人口总数作为资源的消耗量。相对稀缺指数（RRI）的计算公式变为：

$$RRI = (LR \div WR)/(LC \div WC)$$
$$= (LR \div WR)/(LP \div WP)$$
$$= LRp / WRp$$

其中，LP 为地区人口总数，WP 为世界人口总数，LRp 为地区人均资源拥有量，WRp 为全球人均资源拥有量。换言之，可由人均资源占有量的比值来衡量流动性资源的相对稀缺程度。

1. 临界性资源（水资源、 耕地资源、 森林资源、 草地资源）

水是人民生活、生产不可或缺的重要资源，是构成和影响环境的重要因素。随着国民经济的发展，人口的快速增长，以及人民生活水平的提高，对水的需求也在迅速增长。中国水资源总量比较丰富，实际可再生水资源总量达 28 291 亿立方米，居世界第 5 位。但水资源人均占有量少，世界水资源总量排名前十的国家中，中国、印度、美国的人均占有量远远小于其他国家。2007 年中国人均实际可再生水资源总量为 2 125 立方米，不及世界人均占有量的 1/3，居第 122 位（见表 6-2）。

表 6-2　　　　　　　　中国水资源总量、人均占有量与其他国家比较

国家	水资源总量		2007 年人均水资源占有量	
	（立方千米）	位次	（立方米）	位次
巴西	8 233	1	43 027.9	24
俄罗斯	4 507.3	2	9 837.1	62
加拿大	2 902	3	88 335.6	10
印尼	2 838	4	12 440.8	56
中国	2 829.1	5	2 125	122
哥伦比亚	2 132	6	45 408.1	21
美国	2 071	7	2 449.3	113
秘鲁	1 913	8	52 133.4	19
印度	1 896.7	9	1 670.2	133
刚果	1 283	10	20 973	40

资料来源：联合国粮农组织统计数据库（FAOSTAT）。

衡量中国水资源的相对稀缺程度，应该看中国水资源总量是否能满足水的需求量。由人均淡水资源总量计算得出 1998 年至 2007 年中国水资源的相对稀缺指数（见图 6-12），2007 年中国水资源的相对稀缺指数仅为 0.32，可见中国水资源还是相当稀缺的。

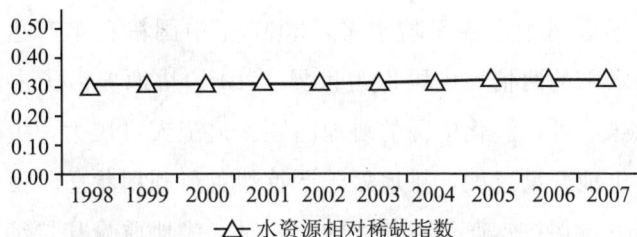

图 6-12　1998—2007 年中国水资源的相对稀缺指数

注：1987—2002 年数据为 1987 年至 2002 年任一年数据。

资料来源：联合国粮农组织统计数据库（FAOSTAT）；世界银行：《世界发展指标》（2009），世界银行，2009。

　　耕地是指种植农作物的土地，其价值主要体现在土地的生物生产功能上，衡量中国耕地资源是否稀缺，应该看耕地资源是否能为我国人口和经济发展提供必需的粮食和其他农产品。2007 年中国耕地资源总量达 14 063 万公顷，仅次于美国和印度，居世界第 3 位。在耕地资源总量排名前十的国家中，中国的人均耕地占有量最小，仅为 1.58 亩，小于印度，尚不及世界人均耕地占有量的一半，居第 133 位（见表 6-3）。

表 6-3　　　　　　　　　　中国耕地资源总量、人均占有量与其他国家比较

国家	耕地总量		人均耕地占有量	
	（千公顷）	位次	（亩）	位次
美国	170 428	1	8.28	15
印度	158 650	2	2.04	113
中国	140 630	3	1.58	133
俄罗斯	121 574	4	12.85	9
巴西	59 500	5	4.69	47
加拿大	45 100	6	20.53	7
澳大利亚	44 180	7	31.78	4
尼日利亚	36 500	8	3.71	63
阿根廷	32 500	9	12.34	10
乌克兰	32 434	10	10.51	13

　　资料来源：联合国粮农组织统计数据库（FAOSTAT）。

　　由 2000 年至 2007 年的人均耕地面积及人均粮食产量计算中国历年耕地资源和粮食的相对稀缺指数（见图 6-13），中国历年耕地资源的相对稀缺指数均小于 1，2007 年中国耕地资源相对稀缺指数为 0.5，即相对于世界平均水平，中国的耕地资源是稀缺的。而 2000 年至 2007 年中国粮食的相对稀缺指数均在 1 左右，相对于稀缺的耕地资源，中国的粮食资源却可以接近世界平均水平。这主要是由于中国粮食单产远远高于世界平均水平，2007 年中国粮食单产达到 4.67 吨/公顷，为世界平均水平的两倍，中国以占世界 1/10 的耕地养活了占世界 1/5 的人口，但这并不意味着可以淡化中国的耕地问题。迫于人口压力，中国长期以来对耕地重用轻养，土地开垦过度，耕地处于严重超负荷利用状态。由于中国对耕地资源的掠夺性开发，在粮食产量不断增加的同时，耕地质量却持续下降，耕地资源的可持续生产能力受到严重威胁。由此可见，若考虑耕地的透支使用，中国现有的耕地资源已经严重短缺，中国的粮食安全面临巨大的挑战。

　　森林作为陆地上最庞大最复杂的生态系统，为人类提供大量的木材和林副产

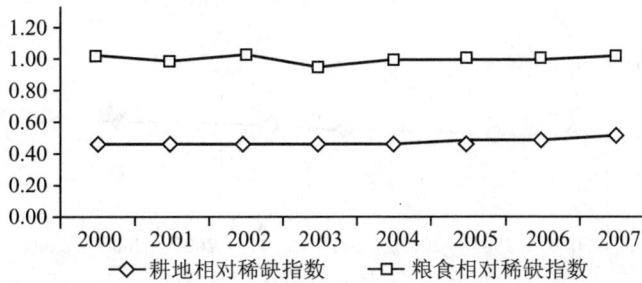

图 6-13　2000—2007 年中国耕地资源和粮食资源的相对稀缺指数

资料来源：联合国粮农组织统计数据库（FAOSTAT）、历年《国际统计年鉴》。

品，同时也是生态平衡的调节者。2007 年中国森林面积达 20 540.56 万公顷，占世界森林资源总量的 5.22%，居世界第 5 位。而中国人均森林面积仅为 2.31 亩，仅为世界平均水平的 1/4，位居世界第 140 位。2007 年中国森林覆盖率为 22.02%，不及世界平均水平的 3/4，居世界第 129 位（见表 6-4）。

表 6-4　　　　　中国森林资源总量、人均占有量与其他国家比较

国家	森林资源总量		人均森林占有量		地均森林资源	
	总面积（千公顷）	位次	人均面积（亩）	位次	森林覆盖率	位次
俄罗斯	808 598.6	1	85.45	13	49.37%	42
巴西	471 492.0	2	37.20	29	55.74%	31
加拿大	310 134.0	3	141.21	6	34.10%	87
美国	303 407.0	4	14.74	54	33.12%	93
中国	205 405.6	5	2.31	140	22.02%	129
澳大利亚	163 291.2	6	117.45	8	21.26%	134
刚果	132 970.7	7	31.90	31	58.65%	26
印尼	84 752.2	8	5.66	99	46.78%	53
秘鲁	68 553.6	9	36.07	30	53.56%	36
印度	67 759.8	10	0.87	176	22.79%	126

资料来源：联合国粮农组织统计数据库（FAOSTAT）。

衡量森林资源的相对稀缺程度，不仅要考虑森林作为生物资源的价值，还要考虑其生态价值，由 2000 年至 2007 年的人均森林面积计算中国历年森林资源的相对稀缺指数（见图 6-14），2000 年以来中国森林资源的相对稀缺指数均小于 1，从 2000 年的 0.21 提高到 2007 年的 0.26。由此可见，相对于世界平均水平，中国的森林资源仍然较为稀缺。

草地资源是一定的地域范围内的草地类型、面积和分布，以及由它们生产出

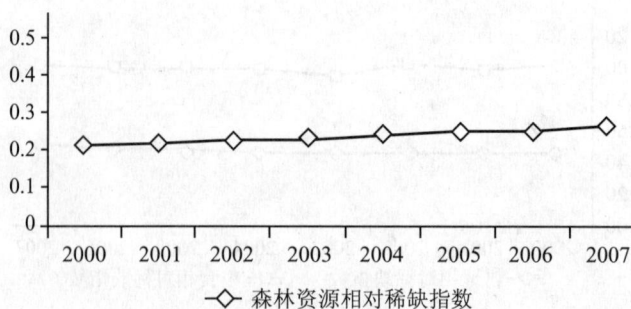

图 6-14　2000—2007 年中国森林资源的相对稀缺指数

资料来源：联合国粮农组织统计数据库（FAOSTAT）。

的物质的蕴藏量。2007 年中国永久草甸和牧草地总面积达 4 亿公顷，占国土面积的 40% 以上，约占世界草地资源的 11.84%，位居世界第 1 位。而在草地资源总量前十的国家中，中国草地资源的人均占有量最小，仅为 4.49 亩，不及世界平均水平的 60%，居世界第 84 位（见表 6-5）。

表 6-5　　　　　中国草地资源总量、人均占有量与其他国家比较

国家	草地资源总量		草地资源人均占有量	
	总面积（千公顷）	位次	人均面积（亩）	位次
中国	400 001	1	4.49	84
澳大利亚	380 919	2	273.99	3
美国	238 000	3	11.57	48
巴西	197 000	4	15.54	38
哈萨克斯坦	185 098	5	180.20	7
沙特阿拉伯	170 000	6	103.32	10
苏丹	117 227	7	43.49	19
蒙古	115 143	8	661.49	2
阿根廷	99 850	9	37.93	24
俄罗斯	92 095	10	9.73	56

资料来源：联合国粮农组织统计数据库（FAOSTAT）。

草地资源的生产价值主要体现在被家畜利用后转变为畜产品，提供给人类社会。此外草地资源还有防风固沙、保持水土、固氮储碳、调节气候及维护生物多样性等生态功能。由 2000 年至 2007 年的人均永久草甸和牧草地面积计算中国历年草地资源的相对稀缺指数（见图 6-15），2000—2007 年中国牧草地资源的相对稀缺指数均小于 1，由 2000 年的 0.56 提高到 2007 年的 0.59。可见，相对于世界平均水平，中国的草地资源还是稀缺的。

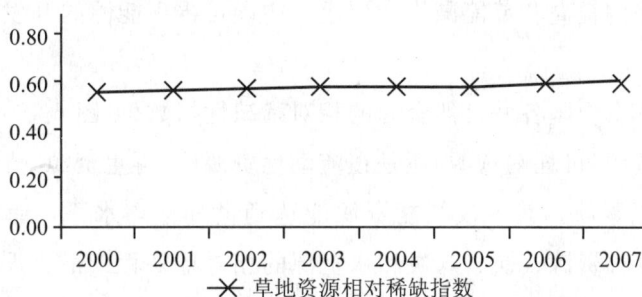

图 6-15　2000—2007 年中国草地资源的相对稀缺指数

资料来源：联合国粮农组织统计数据库（FAOSTAT）。

2. 非临界性资源（水能、 风能、 太阳能）

水能资源指水体的动能、势能和压力能等能量资源。构成水能资源的最基本条件是水流和落差（水从高处降落到低处时的水位差），流量大，落差大，所包含的能量就大，即蕴藏的水能资源大。我国国土辽阔，河流众多，且大部分位于温带和亚热带季风气候区，降水量和河流径流量丰沛；地形西部多高山，东部则为江河的冲积平原，在高原与平原之间又分布着若干次一级的高原区、盆地区和丘陵区，地势的巨大高差，使大江大河形成极大的落差，如径流丰沛的长江、黄河等落差均有 4 000 多米。这使得中国的水能资源非常丰富，不论是水能资源蕴藏量，还是可能开发的水能资源，中国均居世界第 1 位。根据 2000 年全国水力资源复查结果，中国理论水能资源蕴藏量共 6.04 万亿千瓦时/年，占世界水能资源蕴藏量的 14.62%。其中技术可开发电量为 2.26 万亿千瓦时/年，占世界技术可开发水能资源的 15.73%；经济可开发电量为 1.74 万亿千瓦时/年，占世界经济可开发水能资源的 21.53%。相对于总量资源的丰富，中国人均水能资源并不富裕，2008 年中国人均水能技术可开发电量为 1 704.84 万千瓦，仅为世界平均水平的 79.39%，即中国水能资源的相对稀缺指数为 0.79。

我国其他可再生能源的资源储量也较为丰富，如风能、太阳能等。根据第二次、第三次全国风能资源普查，我国陆地上离地面 10 米高度处风能资源理论储量分别为 32.26 亿千瓦和 43.5 亿千瓦，技术可开发量分别为 2.53 亿千瓦和 2.97 亿千瓦；我国大多数地区年日照时数超过 2 000 小时，年平均日辐射量在每平方米 4 千瓦时以上，太阳能理论储量达每年 1.7 万亿吨标准煤，与同纬度的其他国家相比，和美国类似，比欧洲、日本优越得多。

虽然我国在可再生能源的开发利用方面取得了一定的成绩，但总体来看，尚处于起步阶段，与世界发达国家的利用规模和技术水平相比，还有很大的差距，但随着技术水平的提高和节能减排的要求,中国可再生能源的开发和利用有望得到快速发展。

综上所述,由中国各种自然资源的相对稀缺性指数(见图 6-16)可以看出,无论是在储存性资源(可耗竭资源)还是在流动性资源(可再生资源)方面,中国都面临着全面的资源紧缺。其中仅核能资源能达到世界平均水平,而以铝土矿、石油、镍、铜、森林资源、铁、煤炭和水资源的相对稀缺程度最为严重;同时,虽然耕地资源的相对稀缺指数要优于这些资源,但是由于耕地的不可移动性及中国耕地资源的透支使用,实际上中国的耕地资源保护形势不容乐观。

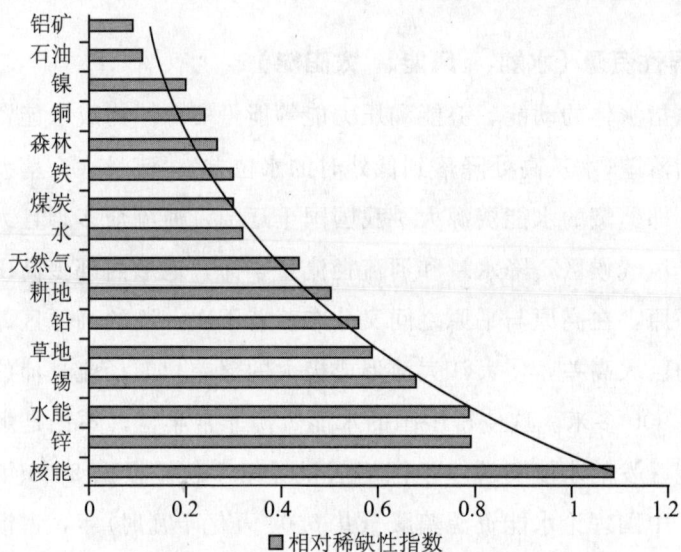

图 6-16 中国自然资源的相对稀缺指数比较

资料来源:联合国粮农组织统计数据库(FAOSTAT)。

>>三、中国的环境压力<<

近些年,中国生态建设和环境保护取得了一定成果,生态和环境整体保持较为稳定的状态,某些方面有所改善,但改善缓慢。当前中国仍面临着严重的环境问题。

(一)水土流失面积和流失量世界第一———

中国水土流失面积大,分布范围广。截至 2000 年,全国轻度以上土壤侵蚀的土地面积为 484.74 万平方公里,占国土面积的 51.1%。其中,水力侵蚀面积为 161.22 万平方公里，风力侵蚀面积为 195.70 万平方公里，合占国土面积的 37.18%。中国土壤流失量年均 50 亿吨以上，约占世界流失总量的 1/4。主要江河的多年平均土壤侵蚀模数为 3 400 多吨/平方公里·年，部分区域侵蚀模数甚至超过 3 万吨/平方公里·年，水土流失区土壤流失速度远远高于土壤形成的速度。[1] 与印度、日本、美国、澳大利亚等土壤侵蚀较严重的国家相比，中国水土流失更为严重。

(二)沙漠化近年有转好趋势，但形势仍十分严峻

根据第三次全国荒漠化沙化监测结果，截至 2004 年年底，中国荒漠化土地为 263.62 万平方公里，占国土面积的 27.46%；沙化土地面积为 173.97 万平方公里，占国土面积的 18.12%。与 1999 年相比，中国荒漠化土地和沙化土地分别减少了 37 924 平方公里和 6 416 平方公里，荒漠化和沙化土地面积自 1949 年新中国成立以来首次实现净减少。虽然防治荒漠化工作取得一定成效，但土地荒漠化、沙化的形势依然十分严峻。中国荒漠化的面积大、分布广、治理任务重；部分省区和地区土地沙化仍呈扩展之势；而在经济利益的驱动下，滥樵采、滥放牧、滥开垦、滥用水资源等问题仍没有得到根本解决；此外，不利的气候因素对加速荒漠化和土地沙化的影响也不可低估。

(三)中国已成为世界三大酸雨区之一

目前中国降水年均 pH 值小于 5.6 的面积约占国土面积的 40%，并且仍在不断扩大。酸雨区主要分布在东北地区东南部、华北大部、西南和华南沿海地区及新疆北部地区，大体呈东北—西南走向。在欧、美、亚世界三大酸雨区中，我国的强酸雨区(pH 值<4.5)面积最大，长江以南地区是全球强酸雨中心，其中以重庆、湖南、江西和广东等省、直辖市酸雨污染最为严重。从全国范围来看，中国酸雨区总体上呈范围扩大、强度稍有减弱的趋势。其中，北方酸雨区范围扩大明显，且酸雨强度增强趋势明显；南方酸雨区范围基本保持不变，但酸雨污染重灾区由西南地区逐步转移至华中和华南中部地区。[2]

---

[1] 李智广：《中国水土流失现状与动态变化》，载《中国水利》，2009(7)，8~13 页。
[2] 张新民等：《中国酸雨研究现状》，载《环境科学研究》，2010(5)，527~533 页。

（四）缺水大国和水旱灾害严重

我国淡水资源总量约 2.8 万亿立方千米，但人均水资源不及世界人均占有量的 1/3，被联合国列为世界上 13 个贫水国家之一。中国 670 多座县级以上城市中，有 400 多座城市供水短缺，每年因缺水造成的经济损失达 2 000 多亿元。另一个问题是由于年降雨量变动大，严重的水旱灾害不断发生，对生产和生活影响极大。由于地下水超采严重，又引起地面塌陷等一系列矛盾。

（五）大气污染治理成效显著，但仍落后于国际平均水平

2000 年以来，我国大气污染治理工作取得了显著成效，空气污染物排放量逐年减少（见图 6-17）。2008 年，全国工业废气排放量 403 866 亿立方米（标态），比上年增加 4.0%。全国二氧化硫排放量为 2 321.2 万吨，比上年减少 6.0%。其中，工业二氧化硫排放量为 1 991.3 万吨，比上年减少 6.9%，占全国二氧化硫排放量的 85.8%；生活二氧化硫排放量 329.9 万吨，比上年增加 0.5%，占全国二氧化硫排放量的 14.2%。烟尘排放量为 901.6 万吨，比上年减少 8.6%。其中，工业烟尘排放量为 670.7 万吨，比上年减少 13.0%，占全国烟尘排放量的 74.4%；生活烟尘排放量为 230.9 万吨，比上年增加 7.1%，占全国烟尘排放量的 25.6%；工业粉尘排放量为 584.9 万吨，比上年减少 16.3%

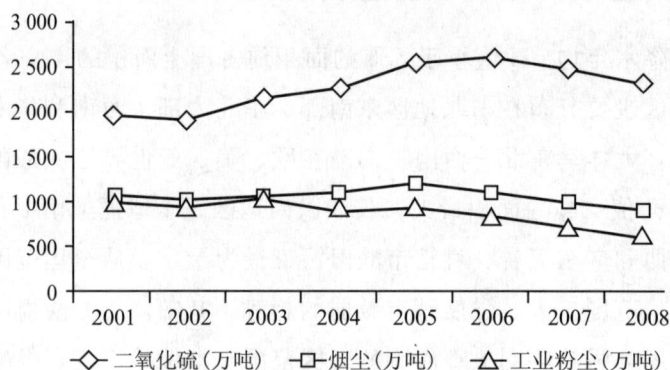

图 6-17 2000—2008 年废气排放量

资料来源：环境保护部：《中国环境统计年报》(2008)，北京，中国环境科学出版社，2008。

近年来我国大气污染程度演变趋势基本与世界平均水平同步，但在进展的速度及效率上仍有很大的进步空间。我国因微粒排放造成的国民收入损失从总量上逐年减少，但相对于世界平均水平，该项的差异系数不减反增，从 2000 年的 2.1

稳步上升，到 2008 年高达 2.7。我国单位体积空气中可吸入颗粒物含量也有所降低，但是其降低速度也落后于世界平均水平，该项的差异系数从 2001 年的 1.61 迅速上升到 2008 年 1.89（见图 6-18 和图 6-19）。

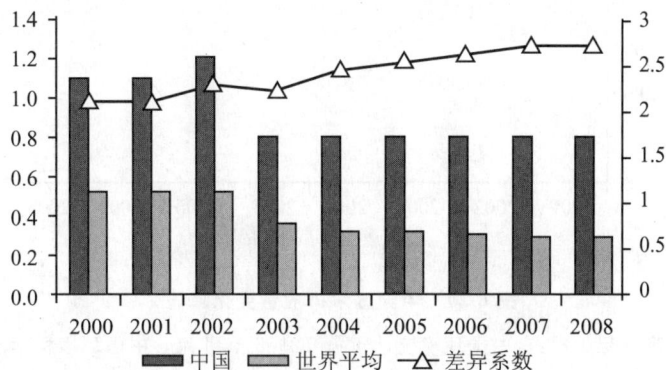

图 6-18　调整储蓄后微粒排放造成的国民总收入损失（％）

资料来源：世界银行官方网站，http://www.worldbank.org/。

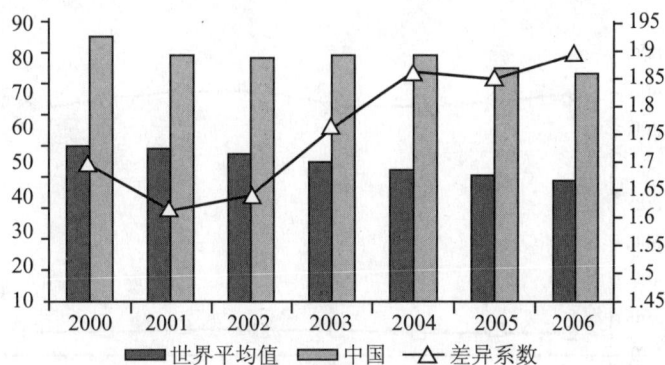

图 6-19　空气中可吸入颗粒物含量（微克/立方米）

资料来源：世界银行官方网站，http://www.worldbank.org/。

（六）水污染形势依然严峻

2000 年以来，废水排水量逐年上升，废水基数不断提高。到 2008 年，全国废水排放总量 571.7 亿吨，比上年增加 2.7％。其中，工业废水排放量 241.7 亿吨，比上年减少 2.0％。工业废水排放量占废水排放总量的 42.3％，比上年略有降低。生活污水排放量 330.0 亿吨，比上年增加 6.4％。生活污水排放量占废水排放总量的 57.7％，比上年略有上升（见图 6-20）。

虽然国内工业废水排放量占废水排放总量中比例在下降，与其他国家相比，

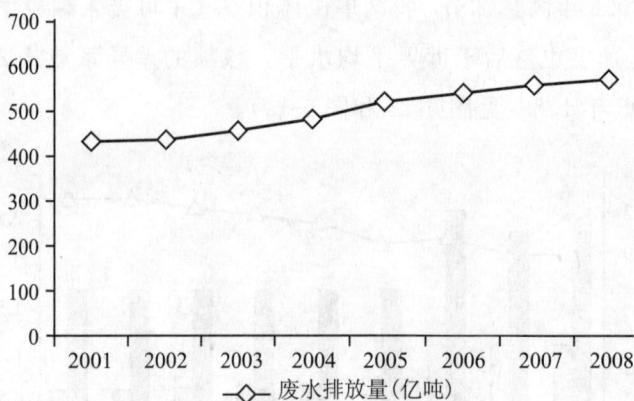

图 6-20　中国废水排放量变化趋势

资料来源：环境保护部：《中国环境统计年报》(2008)，北京，中国环境科学出版社，2008。

中国每天每万人的工业废水排放量位居第二个等级，这一等级水平基本与美国等发达国家持平。但是由于中国人口数量的基数的庞大，单位面积工业废水排放量高于这些国家，因此，我国废水形势依然非常严峻(见图 6-21)。

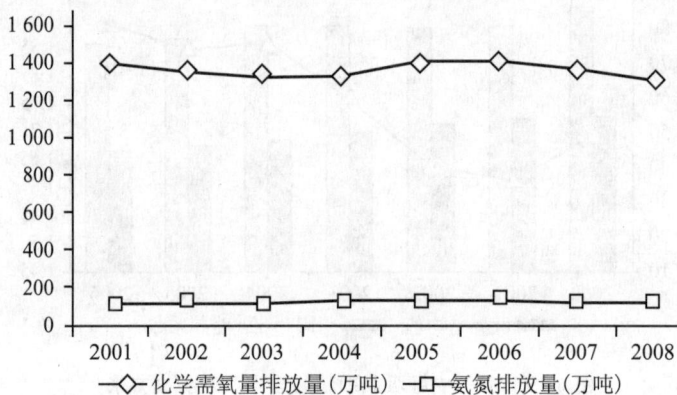

图 6-21　废水中主要污染物排放量

资料来源：环境保护部：《中国环境统计年报》(2008)，北京，中国环境科学出版社，2008。

　　主要污染物排放量逐年减少，但总量仍然庞大。2008 年，全国废水中化学需氧量排放量 1 320.7 万吨，比上年下降 4.4％。工业废水中化学需氧量排放量457.6 万吨，比上年下降 10.5％。工业化学需氧量排放量占化学需氧量排放总量的 34.6％。生活污水中化学需氧量排放量 863.1 万吨，比上年下降 0.9％。生活化学需氧量排放量占化学需氧量排放总量的 65.4％。全国废水中氨氮排放量127.0 万吨，比上年减少 4.1％。其中，工业氨氮排放量 29.7 万吨，比上年减少12.9％，工业氨氮占氨氮排放总量的 23.4％。生活氨氮排放量 97.3 万吨，比上年减少 1.0%，生活氨氮占氨氮排放总量的 76.6%。全国工业废水中石油类排放量 1.3 万吨，比上年减少 23.5%；挥发酚排放量 1 916.1 吨，比上年减少 34.5%；氰化物排放量 256 吨，比上年减少 33.0%。工业废水中五项重金属（汞、镉、六价铬、铅、砷）自"十一五"以来总体呈下降趋势（见图 6-22）。

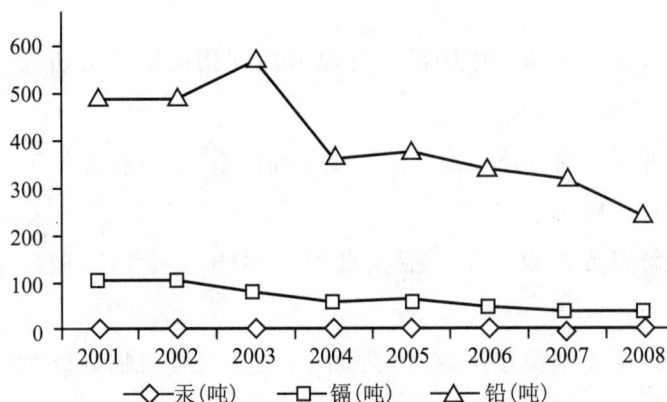

图 6-22　废水中有毒物质排放量

资料来源：环境保护部：《中国环境统计年报》（2008），北京，中国环境科学出版社，2008。

　　总之，当前我国经济快速增长的推动力还是来源于大量的资源消耗，资源利用率相对世界平均水平较低，造成环境污染程度却较世界平均水平高，这种局面使我国今后的环境保护工作面临严峻挑战。随着发达国家所敦促的全球低碳经济运行体系逐步完善，相对落后的环境条件势必将削弱我国国际竞争力。

>>参考文献<<

[1] 阿兰·V·尼斯，詹姆斯·L·斯威尼. 自然资源与能源经济学手册[M]. 北京：经济科学出版社，2007、2009、2010.

[2] 钟水映，简新华. 人口、资源与环境经济学[M]. 北京：科学出版社，2005.

[3] 李金昌. 资源经济学新论[M]. 重庆：重庆大学出版社，1995.

[4] 刘晓星. 全国政协常委汪纪戎强调尽快完善生态补偿机制[N]. 中国环境报，2006-03-10.

[5] 田春秀等. 国外环境保护主管部门的机构、职能、运行机制研究（研究报告）[R]. 国家环保总局环境与经济政策研究中心，2001.

[6] 沈镭，唐永虎. 论中国资源市场管理与对策[J]. 资源科学，2003，25(5)：13-21.

[7] 王礼矛. 中国资源安全战略——以石油为例[J]. 资源科学，2002，24(1)：5-10.

[8] 陈劭锋，刘扬，邹秀萍，苏利阳. 1949 年以来中国环境与发展关系的演变[J]. 中国人口、资源与环境，2010，20(2)：43-48.

[9] 王高尚，韩梅. 中国重要矿产资源的需求分析[J]. 地球学报，2002(6)：346-349.

[10] 郎一环，周萍，沈镭. 中国矿产资源节约利用的潜力分析[J]. 资源科学，2005，6：47-50.

[11] 晏磊，谭仲军. 论可持续发展的物质基础体系[J]. 中国人口、资源与环境，1998，8(4)：16-19.

[12] 吕铁. 缓解资源约束促进产业发展[J]. 中国社会科学院院报，2004，8：14-15.

[13] 国家发展改革委国民经济综合司：中国经济发展面临的资源约束形式和风险分析[J]. 中国经贸导刊，2004，21：19-20.

[14] 关凤峻. 自然资源对中国经济发展贡献的定量分析[J]. 资源科学，2004，7：33-37.

[15] 许兴亚，张昆仑. 浅析自然资源状况对生产力及经济体制的制约、影响作用[J]. 攀登，2002，1：69-71.

[16] 李胜兰，曹志兴. 构建有中国特色的自然资源产权制度[J]. 资源科学，2000，3：9-12.

[17] 资源网，http://www.lrn.cn/.

[18] 陕西经济信息网，http://www.sei.gov.cn/.

[19] 人民网环保专题频道，http://env.people.com.cn.

[20] 中国环保总局主页，http://www.zhb.gov.cn/.

[21] 中国环境报电子版，http://www.cenews.com.cn/.

[22] 中国循环经济网，http://xh.chinaxh.com.cn/.

第七章

资源支撑力

改革开放三十年,自然资源对经济发展起到了重要的支撑作用,实现了中国经济的高速增长。但是,中国自然资源相对短缺,未来迫切需要解决好资源对经济持续发展的支撑。本章主要分析中国资源利用对经济发展的支撑,资源支撑经济发展中存在的主要问题,以及提出解决资源持续支撑绿色经济发展的措施。

>>一、中国资源利用对经济发展的支撑<<

中国的水资源、草地资源、森林资源、能源与矿产资源为人的生存和经济发展提供了有力支撑。事实上,中国资源的总量和人均占有量都相对贫乏,且区域和时空分布不均,需要加以恢复和保护。

(一)水资源对经济发展的支撑

水资源有广义和狭义之分,这里的水资源指的是狭义的水资源,是富集于江河湖泊中的地表淡水和浅层地下水,是在既定技术条件下可以服务于经济发展和人民生活的水资源。中国水资源总量居世界第6位,但人均、亩均水资源量分别仅为世界的1/4、3/4水平,属于世界公认的水资源最为贫乏的国家之一。同时,独特的地理位置和地形结构,决定了各地的水资源条件千差万别,总体呈现南多、北少、东多、西少的特点,区域和时空分布都很不均衡。

《2008年中国水资源公报》显示,2008年全国水资源一级区的水资源量为27 434.3亿立方米,其中北方6区为4 600.7亿立方米,南方4区为22 833.6亿立方米。长江及其以南地区的流域面积占全国的36.5%,拥有的水资源量却占全国水资源总量的81%,而北方地区人均水资源量约为750立方米,仅为南方地区的

20%。北方地区的耕地面积占全国的 63.7%，而水资源量仅为 16.8%。其中，黄河、淮河流域耕地占 39.1%，人口占 34.7%，而水资源量仅占全国的 7.7%，是我国水资源最为紧缺的地区(见表 7-1)。

表 7-1　　　　　　　　中国各地水资源分布情况(2008 年)

地区	水资源总量（亿立方米）	人均当地水资源量（立方米）	地区	水资源总量（亿立方米）	人均当地水资源量（立方米）
全国	27 434.3	2 071.1	黑龙江	462.0	1 208.0
西藏	4 560.2	159 726.8	海南	419.1	4 933.5
四川	2 489.9	3 061.7	内蒙古	412.1	1 710.3
云南	2 314.5	5 111.0	江西	378.0	494.1
广西	2 282.5	4 763.1	河南	371.3	395.2
广东	2 206.8	2 323.8	吉林	332.0	1 215.2
湖南	1 600.0	2 512.8	山东	328.7	350.0
江两	1 356.0	3 093.5	陕西	304.0	809.6
贵州	1 140.7	3 019.7	辽宁	266.0	617.7
福建	1 036.9	2 886.3	甘肃	187.5	715.0
湖北	1 033.9	1 812.3	河北	161.0	231.1
浙江	855.2	1 680.2	山西	87.4	256.9
新疆	815.6	3 859.9	上海	37.0	197.5
安徽	699.3	1 141.4	北京	34.2	205.5
青海	658.1	11 900.5	天津	18.3	159.8
重庆	576.9	2 040.3	宁夏	9.2	149.8

注：缺我国港、澳、台地区资料。

资料来源：国家统计局：《中国环境统计年鉴》(2009)，北京，中国统计出版社，2009。

　　水资源对经济发展起到重要支撑作用。水资源不仅直接参与农业生产的全过程，还是工业生产重要的能源、物质载体和原料，也是三次产业的基础甚至是主体，从而成为经济发展的重要因素。因此，水资源禀赋好坏对经济发展具有重要作用。如果没有可靠的水资源保障，社会经济将直接受到限制，难以支撑可持续发展。

　　由于水资源的区域分布不均，使中国的产业发展呈现出区域特色。

　　首先，在水资源丰沛的地区，农业(种植业、林业、渔业)产业比较发达。如东北平原、华北平原、长江中下游平原以及成都平原等，而在干旱、半干旱地区(如西北地区)，农业发展条件受到水资源的制约，有限的农业发展也与水资源密切相关，如宁夏平原、新疆的绿洲农业等。这种区域分布以"农牧交错带"为过渡地带(从东部农耕区向西部草原牧区过渡)，从而中国农业大体以 400 毫米年降水量等值线(从大兴安岭、通辽、张北、榆林、兰州、玉树至拉萨附近)为界,以东、以南是种植业为主的农区,以西、以北是畜牧业为主的牧区。这两大区之间沿东北—西南向展开,空间上农牧并存,时间上农牧交替。

其次,第二产业的布局受到水资源的限制。第二产业虽然与水资源无直接关系,但除了与资源禀赋相关联的以矿产资源开发为内容的采掘工业外,一些加工产业的发展也要消耗一定的水资源,在水资源短缺的地区因水的比较成本高,也限制了这些产业的布局。

最后,第三产业发展离不开水资源。虽然现代服务业对水资源的依赖性很小,但是第三产业中旅游业、餐饮服务业的发展也不能离开水资源,各地以水为内容的旅游开发更是不胜枚举。

(二)耕地与草地资源对经济发展的支撑

中国耕地资源的特点是:山地、高原多于平地。目前中国人均耕地面积仅有1.2亩。1957—1977年20年间,全国耕地减少4.44亿亩,年均减少2 200万亩;1978—1993年15年间,全国耕地减少6 432万亩,年均减少近430万亩;2001—2008年耕地面积数据显示,8年间,中国耕地减少1.25亿亩。由于人口增加,撂荒和盲目乱占耕地等原因,这种人增地减的趋势仍在继续。2009年中国耕地的总数是18.26亿亩,已经接近全国耕地不少于18亿亩的"红线"了。

长期以来,中国不少地区迫于人口压力,对土地重用轻养,土地负荷过重,全国1/3的耕地面积面临水土流失的危害,每年土壤流失达50亿吨,耕地减少而且质量退化。中国的后备资源也非常有限,初步调查显示,可供开发的后备土地资源仅有11.4亿亩,其中可开垦成耕地的只占其中的18.2%左右。耕地资源的紧缺直接威胁到中国十几亿人口的生存,保护耕地是当务之急。

中国是一个草地资源大国。截至2008年已拥有各类天然草地资源4亿公顷,占国土总面积的41.67%,仅次于澳大利亚,居世界第2位。其中可利用草地3.13亿公顷,占32.64%。草地资源主要包括北方草原、南方草山草坡、沿海滩涂、湿地和农区天然草地等,共包含18个大类、38个亚类和1 000多个型,类型之多也位居世界各国之首。丰富的草原资源为农业、畜牧业经济提供了巨大的发展空间和发展潜力,同时也具有重要的生态功能,直接保护着西北和东北草原区的生态环境,也是东南部地区经济发展的重要天然生态屏障。

从表7-2中可以看出,草地资源在全国各省(区、市)均有分布,但主要分布在北方农牧交错带、干旱半干旱区和青藏高原地区,其中西藏的草地面积最大,达到

8 205万公顷。西藏、内蒙古、新疆、青海、四川、甘肃、云南七个省区的草地面积均在1 000万公顷以上,草地面积占全国草地总面积的78.6%。

表 7-2 中国各地区草地资源分布状况表

地区	草地面积 (万公顷)	天然草地有效面积 (万公顷)	地区	草地面积 (万公顷)	草地可利用面积 (万公顷)
全国	39 283	33 100	河南	443	404
西藏	8 205	7 085	江西	444	385
内蒙古	7 881	6 359	贵州	429	376
新疆	5 726	4 801	辽宁	339	324
青海	3 637	3 153	广东	327	268
四川	2 254	1 962	宁夏	301	263
甘肃	1 790	1 607	浙江	317	207
云南	1 531	1 193	福建	205	196
广西	870	650	安徽	166	148
黑龙江	753	608	重庆		
湖南	637	567	山东	164	133
湖北	635	507	海南	95	84
山西	455	455	北京	39	34
吉林	584	438	江苏	41	33
陕西	521	435	天津	15	13
河北	471	488	上海	7	4

注:重庆市含在四川省内,缺中国台湾省和中国香港、中国澳门地区资料。

资料来源:孙鸿烈:《中国资源科学百科全书》,北京,中国大百科全书出版社,2000。

草地是中国面积最大的绿色陆地生态系统,在整体生态平衡和碳循环过程中起着重要作用,是重要的碳汇储备库。同时,草地是发展农业、畜牧业经济的重要物质基础,对第一产业的发展有重要的支撑作用。

首先,草地生态系统是重要的碳汇储备库。草地植物和农作物把大量的碳储存在牧草组织、作物营养组织和土壤中,土壤及其有机层大约贮存了陆地碳总量的75%,这有助于减缓大气中二氧化碳的积累和温室效应。地球上草地贮存碳的能力与森林相当,森林尤其是热带森林的碳贮量主要在它的地上部分,而草地的碳贮量主要在地下,因而平均土壤碳密度草地大于森林。

其次,草地具有保持水土、防风固沙等保护生态环境的功能。在干旱、风沙、土壤贫瘠地区,树木生长困难,草本植物却因蒸腾少、耗水量低而能存活和生长。当覆盖度为30%~50%时,近地面风速可降低50%,地面输沙量仅相当于流沙地段的1%。据测定,在相同条件下,草地土壤含水量较裸地高出90%以上;种草的坡地与未种草的坡地相比,地表径流量可减少47%,冲刷量减少77%。草地对减少地表水土冲刷和江河泥沙淤积,降低水灾隐患不可或缺。

最后,草地是发展农业、畜牧业经济的重要物质基础。发展草业是促进农业农村经济发展、增加农民收入的重要途径。草及草产品的生产、加工和经营,有利于促进农业结构调整,推进农业产业化发展,延长产业链,拓宽产业幅,提高产品附加值和劳动就业率,拓宽农牧民增收渠道。草地畜牧业的发展,还可以增加肉、奶等畜产品的供给,从而增加收入,提高生活水平。

(三)森林资源对经济发展的支撑

中国地域辽阔,自然条件复杂多变,森林资源种类丰富,森林类型多样。从北到南跨越的五大气候带适生着不同种类的寒温带针叶林、温带针叶林和落叶阔叶混交林、暖温带落叶阔叶林、亚热带常绿阔叶林、热带季雨林和雨林等多种森林类型。第七次(2004—2008年)全国森林资源清查结果显示:一是中国森林面积蓄积量持续增长,森林覆盖率稳步提高,森林面积达到1.95亿公顷,森林面积净增2 054.30万公顷,森林覆盖率由18.21%提高到20.36%,其中,天然林面积蓄积明显增加,净增393.05万公顷,天然林蓄积净增6.76亿立方米,净增量是第六次清查的2.23倍;二是天然林保护工程区增幅明显,天然林保护工程区的天然林面积净增量比第六次清查多26.37%;三是人工林面积蓄积快速增长,后备森林资源呈增加趋势,人工林面积净增843.11万公顷,人工林蓄积净增4.47亿立方米。森林植被总碳储量78.11亿吨,年生态服务功能价值10.01万亿元。

从各省森林分布的情况看,森林面积最大的地区是内蒙古自治区,达到2 050.67万公顷。森林覆盖率各省(区、市)差异比较大,福建省最大,达62.96%,新疆最小,仅为2.9%。按人均算,全国每人拥有森林面积0.14公顷,蓄积量不足8立方米,与世界平均水平(人均拥有森林面积0.65公顷,蓄积量平均72立方米)相比有很大的差距,人均森林面积高于世界平均水平的地区只有内蒙古和西藏,差距依然很大(见表7-3)。

表7-3　　　　　中国森林面积及森林覆盖率情况表(1999—2003年)

地区	森林面积(万公顷)	人均森林面积	森林覆盖率(%)	地区	森林面积(万公顷)	人均森林面积	森林覆盖率(%)
全国	17 490.92	0.14	18.21	辽宁	480.53	0.11	32.97
内蒙古	2 050.67	0.86	17.7	贵州	420.47	0.11	23.83
黑龙江	1 797.5	0.47	39.54	安徽	331.99	0.05	24.03

续表

地区	森林面积（万公顷）	人均森林面积	森林覆盖率（%）	地区	森林面积（万公顷）	人均森林面积	森林覆盖率（%）
云南	1 560.03	0.36	40.77	河北	328.83	0.05	17.69
四川	1 464.34	0.17	30.27	青海	317.2	0.59	4.4
西藏	1 389.61	5.15	11.31	甘肃	299.63	0.12	6.66
广西	983.83	0.20	41.41	河南	270.3	0.03	16.19
江西	931.39	0.22	55.86	山西	208.19	0.06	13.29
湖南	860.79	0.13	40.63	山东	204.64	0.02	13.44
广东	827	0.10	46.49	重庆	183.18	0.06	22.25
福建	764.94	0.22	62.96	海南	166.66	0.21	48.87
吉林	720.12	0.27	38.13	江苏	77.41	0.01	7.54
陕西	670.39	0.18	32.55	宁夏	40.36	0.07	6.08
浙江	553.92	0.12	54.41	北京	37.88	0.03	21.26
湖北	497.55	0.08	26.77	天津	9.35	0.01	8.14
新疆	484.07	0.25	2.94	上海	1.89	0.00	3.17

注：由于森林资源分省数据尚未公布，本表仍使用第六次（1999—2003 年）全国森林资源清查的数据。

资料来源：国家统计局：《中国统计年鉴》（2009），北京，中国统计出版社，2009。

　　森林资源是陆地生态系统的主体，它集经济效益、生态效益和社会效益于一身，以其特有的促进经济发展和改善生态环境的功能，在国民经济和社会可持续发展中占有重要地位。森林资源具有生产资源和保护性资源的双重属性，在国民经济和社会可持续发展中占有重要地位，是人类社会生存和发展不可缺少的重要自然资源。

　　首先，森林生态系统维持了人类生产和生活的环境。森林不仅具有涵养水源、保持沙土、防风固沙、固碳持氧、净化大气、消除噪声、削减径流洪峰等功能，还对全球气候变化产生着重要的影响。近年来，随着全球气候变化问题日益引起人们的高度重视，森林的碳汇功能也备受关注。森林贮存了全球陆地生态系统地上 80% 以上的碳储量和陆地地下 40% 的碳储量。保护现有森林资源，扩大森林面积和蓄积量，可以增强森林对碳的吸收，充分发挥森林的碳汇作用，对改善环境、遏制和减缓全球气候变化有重要作用。

　　其次，森林资源具有重要的经济意义。作为林区经济发展的支柱，森林为人类提供大量木材和其他林副产品，广泛应用于国民经济建设和人民生活的诸多方面。木材是国民经济快速发展所需的建设用材，也是某些加工行业不可或缺的原材料，更是人们日常生活中重要的生产资料和生活资料。

最后,森林资源具有重要的社会效益。以森林资源的生产、消费为核心而维系的人与人之间的关系,满足了人类生存以外的需求,即文化、教育、精神等方面的需求。森林资源具有丰富的历史、文化、美学、休闲等社会价值。它所提供的自然风光、历史遗迹、自然艺术及文化内涵,满足了人类的生理、心理、精神、休闲、娱乐和保健等多方面的社会需求。

专栏 7-1 植树造林的"右玉精神"

山西省右玉县地处晋北黄土高原地区,自古为中原农业文明和北方游牧文明的融汇之地,但自然条件恶劣,生态环境脆弱,风大沙多,素有"一年一场风,从春刮到冬,白天点油灯,黑夜土堵门"的说法。新中国成立以来,右玉县 18 任县委书记带领全县人民坚持不懈地植树造林,使不毛之地变成了"塞上绿洲",全县林木面积由新中国成立初期的 8 000 亩发展到 150 万亩,森林覆盖率达到 51%,高出全国平均值 30 个百分点。右玉县的生态环境大大改善,全县沙尘暴天数比新中国成立初减少了近 50%,在林地影响的有效范围内平均风速降低了 29.2%,地表的径流量和水流含沙量比造林前均减少 60%,形成了良好的小气候。右玉县先后获得"全国绿化模范县"、"国家级生态示范区"等荣誉称号。

如今,右玉县按照"项目造林抓精品、道路绿化抓特色、景区景点抓提升、裸露山区抓覆盖、苗圃建设抓后劲、小流域治理树典型、综合治理抓管护"的总体思路,以增加植被、提高林草覆盖率为切入点,加快生态环境建设,全力打造特色鲜明的生态建设示范基地。此外,右玉县也在逐步推进苗圃建设、小流域治理等绿化工程,全面巩固来之不易的植树造林成果。经过几代人的努力,右玉县形成了乔、灌、草立体种植,针、阔叶科学布局,立体化、多功能、复合型的生态植被体系,呈现出"春有花、夏有阴、秋有果、冬有青"的美景。

生态环境的改善给右玉县发展带来了新的契机,更带动了经济的全方位发展。右玉县实现了"生态促畜牧、畜牧促经济、经济养生态、生态宜人居"的良性循环,建立了"生态、畜牧、旅游"三大独特品牌,为右玉人民脱贫致富提供了可靠的保障。与此同时,还开发了具有浓厚边塞风情的生态旅游,建起了一批绿色食品生产基地和畜产品加工基地,右玉的土豆、莜麦等小杂粮已远销日本、韩国、东南亚等地,右玉已经成为闻名中国的"塞上绿洲"。同时,"右玉精神"也声播海内外,中央电视台新闻联播在 2010 年 8 月 7 日和 8 日连续两天予以播出。

资料来源:山西省右玉县可持续发展实验区办公室。

(四)能源资源对经济发展的支撑

能源资源是人类生存和发展的重要物质基础,没有能源资源的支撑,就没有现代社会和现代文明。中国化石能源结构中,煤炭比重大,石油、天然气相对短缺。中国是世界最大的煤炭生产国和消费国,煤炭在一次能源生产和消费中的比重为70%左右,比国际平均水平的27%高40多个百分点。石油所占比重比国际平均水平低16个百分点,天然气所占比重比国际平均水平低20.5个百分点。2009年中国的一次能源生产总量为27.5亿吨标准煤当量,其中煤炭占77.2%、石油占9.9%、天然气占4.1%、其他(水电、核电、风电)占8.8%(见表7-4)。

表7-4 　　　　　　　　　　　　中国一次能源生产总量及构成

年份	能源生产总量(万吨标准煤当量)	占能源生产总量的比重(%)			
		煤炭	石油	天然气	水电、核电、风电
1991	104 844	74.10	19.20	2.00	4.70
2000	135 048	73.2	17.2	2.7	6.9
2005	216 219	77.6	12.0	3.0	7.4
2006	232 167	77.8	11.4	3.4	7.5
2007	247 279	77.8	10.8	3.7	7.8
2008	261 210	76.6	10.7	4.1	8.6
2009	275 000	77.2	9.9	4.1	8.8

资料来源:2008年及以前数据来自《中国能源统计年鉴》(2009);2009年数据来自《中国统计摘要2010》。

"十一五"期间,中国经济快速增长,能源资源起到了重要的支撑作用。2004年,中国能源消费突破20亿吨标准煤当量,以后每年都以10%左右的速度增长。2009年的一次能源消费总量为30.66亿吨标准煤当量,居世界第2位。其中,煤炭占70.3%、石油占18.0%、天然气占3.9%、其他(水电、核电、风电)占7.8%。能源资源为工农业发展和人民生活提供了动力保障(见表7-5)。

表7-5 　　　　　　　　　　　　中国一次能源消费总量及构成

年份	能源消费总量(万吨标准煤当量)	占能源消费总量的比重(%)			
		煤炭	石油	天然气	水电、核电、风电
1991	103 783	76.1	17.1	2	4.8
2000	145 531	69.2	22.2	2.2	6.4
2004	213 456	69.5	21.3	2.5	6.7
2005	235 997	70.8	19.8	2.6	6.8
2006	258 676	71.1	19.3	2.9	6.7
2007	280 508	71.1	18.8	3.3	6.8

续表

年份	能源消费总量 （万吨标准煤当量）	占能源消费总量的比重（%）			
		煤炭	石油	天然气	水电、核电、风电
2008	291 448	70.3	18.3	3.7	7.7
2009	306 600	70.3	18.0	3.9	7.8

资料来源：2008年及以前数据来自《中国能源统计年鉴》（2009）；2009年数据来自《中国统计摘要2010》。

然而，我们必须清晰地认识到，中国能源储量并不富集。在探明储量中，煤炭占94%、石油占5.4%、天然气占0.6%，这种结构决定了能源生产与消费以煤为主的格局将长期难以改变，在未来几十年内，煤炭仍将占有重要地位。具体来看，一是中国煤炭产量占世界总产量的36.5%，但煤炭储量只占世界总储量的13%。煤炭供需的缺口2010年超过1亿吨，2020年将超过6亿吨。煤炭后备储量不足导致供给能力远远不能满足国民经济发展对煤炭的迫切需求，保障煤炭稳定供应面临严峻挑战。二是石油产量占世界总产量的6.2%，但储量只占世界总储量的2.5%，人均占有量仅为世界平均水平的1/10。自1993年成为原油净进口国以来，对进口石油的依存度也基本呈逐年递增趋势。《BP世界能源统计（2008）》的数据表明，全球石油探明储量约1.24万亿桶，以目前的开采速度仅够开采40多年。根据联合国等机构关于中国矿产资源可开采年限的统计，在所列举的12种矿产品当中，只有3种产品的开采可以维持100年以上，其他矿产品，包括储量最大的煤炭在内，可续采年限都仅有50年左右，石油为15年左右。

表7-6显示了中国及世界主要矿产资源的静态保障程度对比。其中"储产比"表示资源保障程度以及储量可供开采的年限，显然中国主要矿产资源的静态储产比大多低于世界平均水平，就连储量丰富的煤炭，静态保障程度也不及世界平均水平的一半。石油、铁、锰、铬、铜、铝、钾盐等矿产的消费依赖于大量的进口，现有储量对消费的保障程度（"储消比"）则更低。

表 7-6　　　　　　　　中国及世界主要矿产资源的静态保障程度

矿产			石油	煤炭	天然气	铁矿石	锰矿石	铬矿	铜矿	锌矿	铝土矿	钨矿	稀土矿	钾盐矿
静态保障年限	储产比	世界	43	228	64	141	100	257	27	24	189	87	1 012	327
		中国	15.3	113	44.2	48.3	23.3	18	32.1	14.3	32.1	31.9	324	242
	储消比	中国	11.6	113	44.2	39.2	21.6	4.1	12.5	19.1	30.5	62.2	1 135	14.5

注：世界储产比约等于储消比。

资料来源：中华人民共和国国土资源部网站，http://www.mlr.gov.cn/zljc/201005/t20100516_149047.htm。

（五）其他矿产资源对经济发展的支撑

除了石油、天然气、煤炭等化石能源资源，其他矿产资源主要包括：铁、锰、铬等黑色金属矿产；铜、铅、锌、钴、镍等有色金属矿产；金、银、铂、钯等贵金属矿产；铀、镭、钍等放射性金属矿产；铊、铟、镧、铈等稀有金属矿产；菱镁矿、滑石等冶金辅助矿产；钾盐、硫、磷等化工矿产；高岭石、膨润土、蒙脱石等非金属材料矿石；各种石料、石灰岩、石膏、石棉等建筑材料矿产；红宝石、蓝宝石、翡翠、玛瑙等宝玉石矿产和地下水（热）资源等。

中国现已发现 171 种矿产资源，查明资源储量的有 158 种，其中石油、天然气、煤、铀、地热等能源矿产 10 种，铁、锰、铜、铝、铅、锌等金属矿产 54 种，石墨、磷、硫、钾盐等非金属矿产 91 种，地下水、矿泉水等水气矿产 3 种。矿产地近 18 000 处，其中大中型矿产地 7 000 余处。总体来讲，矿产资源总量较大，矿种比较齐全。目前，已探明的矿产资源种类比较齐全，资源总量比较丰富。煤、铁、铜、铝、铅、锌等支柱性矿产都有较多的查明资源储量。煤、稀土、钨、锡、钼、锑、钛、石膏、膨润土、芒硝、菱镁矿、重晶石、萤石、滑石和石墨等矿产资源在世界上具有显著优势。与其他国家一样，我国优劣矿并存。既有品质优良的矿石，又有低品位、组分复杂的矿石。钨、锡、稀土、钼、锑、滑石、菱镁矿、石墨等矿产资源品质较高，而铁、锰、铝、铜、磷等矿产资源贫矿多、共生与伴生矿多、难选冶矿多（见表 7-7）。

表 7-7　　　　　　　　　中国主要矿产基础储量（2008 年）

项目	单位	基础储量	项目	单位	基础储量
石油	（万吨）	289 043	锑矿	（锑，万吨）	74.31
天然气	（亿立方米）	34 049.62	金矿	（金，吨）	1 868.4
煤炭	（亿吨）	3 261.44	银矿	（银，吨）	40 531
铁矿	（矿石，亿吨）	226.4	稀土矿	（氧化物，万吨）	1 773.19
锰矿	（矿石，万吨）	23 439.5	菱镁矿	（矿石，万吨）	191 951.88
铬矿	（矿石，万吨）	577.08	普通萤石	（矿物，万吨）	4 464.77
钒矿	（万吨）	1 276.57	硫铁矿	（矿石，万吨）	177 189.63
原生钛铁矿	（万吨）	23 294.5	磷矿	（矿石，亿吨）	35.64
铜矿	（铜，万吨）	2 891.04	钾盐	（KCl，万吨）	36 367.66
铅矿	（铅，万吨）	1359.58	盐矿	（NaCl，亿吨）	1 734.28

续表

项目	单位	基础储量	项目	单位	基础储量
锌矿	（锌，万吨）	4 281.69	芒硝	（Na_2SO_4，亿吨）	90.39
铝土矿	（矿石，万吨）	73 513.99	重晶石	（矿石，万吨）	9 658.84
镍矿	（镍，万吨）	286.56	玻璃硅质原料	（矿石，万吨）	143 841.4
钨矿	（WO_3，万吨）	235.12	石墨	（矿物，万吨）	5 748.88
锡矿	（锡，万吨）	145.95	滑石	（矿石，万吨）	12 118.97
钼矿	（钼，万吨）	435.53	高岭土	（矿石，万吨）	64 186.4

资料来源：国家统计局：《中国统计年鉴》(2009)，北京，中国统计出版社，2009。

三十多年来，中国矿产资源勘查开发得到了极大的发展，矿产资源为经济建设提供了大量的能源和原材料，钢铁、有色金属冶炼等产业发展迅速，工业化水平进一步提高，为国家和地方提供了重要的财政收入来源，也推动了区域经济特别是少数民族地区、边远地区经济的发展，促进了以矿产资源开发为支柱工业的矿业城市（镇）的兴起与发展。

>>二、资源支撑经济发展中存在的主要问题<<

近年来，中国经济持续高速增长，与自然资源的支撑密切相关。同时，经济发展中的资源瓶颈问题日益突出，资源的支撑力和承载力面临很大挑战，成为制约经济可持续发展的关键因素。

（一）水资源短缺、污染和浪费现象普遍存在

随着经济的快速发展，各地加快以建设为中心的步伐，经济用水需求总量供不应求。与此同时，水质污染和水资源浪费现象却普遍存在。

一是水源性缺水。由于人口众多，中国人均水资源占有量为2 153立方米，个别地区仅有800～1 000立方米，人均水资源占有量只有世界的1/3。水资源决定了区域生产、生活质量和社会经济发展的速度、水平，成为这些地区发展的瓶颈。据统计，目前缺水总量约为400亿立方米，每年受旱面积200万～260万平方千米，影响粮食产量150亿～200亿千克，影响工业产值2 000多亿元。全国666个建制市中，有330个城市不同程度地缺水，其中严重缺水的108个，32个百万人口以上的大城市中，有30个长期受缺水的困扰。全国还有7 000万人饮水困难。

二是水质污染加剧水资源短缺程度。据统计，中国每年的工业废水和城镇生活污水排放总量已达到 631 亿吨，这相当于每人每年排放 40 多吨的废污水，而其中大部分未经处理就直接排入了江河湖海，这是导致河流、湖泊及水库水质恶化的直接原因。根据环境部门对全国河流、湖泊、水库的水质状况的监测，由于近年来工业废水和城镇生活污水的排放等原因，主要水系的水体都遭到了不同程度的污染，加剧了水资源的短缺。

三是水资源浪费严重。中国水资源的利用效率不高，无论是工业还是农业，都存在着很大的浪费。这主要表现在水资源的管理体制上，没有建立起以经济手段为核心的管理体制，没有形成一系列政策措施，存在着"多家管水"的弊端，严重影响了水功能的发挥。

(二)草地退化严重，生态环境不断恶化

首先，过度放牧导致草地退化。家畜超载、盲目垦殖、超载过牧、樵采和乱伐滥挖等不合理利用的行为，使原有草地生态系统遭到破坏，草原退化严重。据草地资源调查结果显示，20 世纪 70 年代草地退化面积占 10%，80 年代初占 20%，90 年代中期占 30%，21 世纪初已上升到 50% 以上，而且仍以每年 200 万公顷的速度退化。据统计，全国已有 1 000 多万公顷的优良草场被垦为农田，垦后农田广种薄收，导致水土流失极为严重；全国目前的载畜量合计约 5 亿～6 亿个羊单位，超过理论载畜量的 20% 以上，北方牧区不少地方甚至超载 50% 以上，在冷季草场和荒漠化地区超载更严重。由于草地退化、植被盖度减少、土壤结构的破坏等，引起土壤沙化和风蚀，进而极易形成沙尘暴。全国退化草地主要位于中部和东部地区的上风口，是弥漫华北地区的沙尘暴的主要沙尘源地。

其次，草地生产力水平低。全国平均每公顷草地仅生产 7 个畜产品单位，相当于世界平均水平的 30% 强；而由草原牧区提供的畜产品仅占全国总量的不足 10%，这说明草地资源远未得到合理、高效的开发与利用。主要原因是资金投入不足，基础建设滞后，科技投入不够。

最后，管理体制不健全。长期以来，管理层对草业的定位存在着认识上的误区，将草业作为畜牧业的附属，或称之为"副业"，简单地将草地当作提供饲草饲料的场地，严重忽视其相对独立的生态和社会经济功能。目前迫切需要的是对草场资源调控与监管的有效机制，以及对草场资源开发利用与保护的统一管理体

制。否则，草场资源的调配、优化配置和高效利用就会缺乏完善的机制体制做保障，致使现实中有法不依、执法不严，乱占滥用草场资源的现象时有发生。

(三)森林资源不足，砍伐现象严重

首先，森林资源总量和人均量不足。与森林资源丰富国家甚至是世界平均水平相比，中国在森林资源总量和人均占有量方面都存在着明显的差距，也难以满足当前和未来经济发展对森林资源物质产品和生态服务功能的需求。中国的人均森林面积为 0.145 公顷，不足世界人均占有量的 1/4；人均森林蓄积 10.151 立方米，只有世界人均占有量的 1/7。尽管森林面积和蓄积位居世界前列，但森林资源总量与辽阔的领土面积和众多的人口不成比例。现有的森林资源远远不能满足生产、生活与国家经济建设需要，也不能满足维护土地生态环境的需要。

其次，质量不高且生产力较低。森林资源的质量不高，综合能效低，这是中国林业发展面临的又一个突出问题。乔木林单位蓄积量 85.88 立方米/公顷，只有世界平均水平的 78%，平均胸径仅 13.3 厘米，人工乔木林单位蓄积量仅 49.01 立方米/公顷，龄组结构不尽合理，中幼龄林比例依然较大，森林可采资源少。林木种苗培育、森林经营的科技含量不高，森林质量在较低水平徘徊，木材供需矛盾加剧，森林资源难以满足经济社会发展的多种需求。

最后，破坏严重。破坏森林资源，如乱砍滥伐、超限额采伐、乱占林地、毁林开垦等行为屡禁不止。林地非法流失严重，1999—2003 年的 5 年间，全国有 1 010.68 万公顷林地被改变用途或占为非林地，年均超限额采伐林木的数量达 7 554.21 万公顷。随着中国人口增长和经济发展，对森林资源需求的各个方面都大于供给，供求矛盾日趋尖锐，森林资源的保护和发展问题不容忽视。

(四)能矿资源过度开发与利用，制约经济持续发展

中国的能源与矿产资源并不富裕，需要大量进口来弥补需求缺口，再加上过度开采，将使绝大多数矿产资源面临在近期枯竭的局面，成为当前和未来制约经济发展的瓶颈。

相对于庞大的人口规模，中国的矿产资源本来就十分贫乏。由于经济发展的需要，多种矿产品长期维持高产，绝大多数种类的矿产品产量份额都大大超过储量份额。如煤炭产量占世界总产量的 36.5%，但煤炭储量只占世界总储量的

13%；石油产量占世界总产量的 6.2%，储量只占世界总储量的 2.5%；铁矿石产量占世界总产量的 22.3%，储量只占 13.3%。虽然有些矿产资源储量较大，但人均可采储量只及世界水平的 58%。在 45 种主要矿产资源中，只有 11 种能依靠国内保障供应，到 2020 年，这一数字将减少到 9 种，到 2030 年，则可能只有 2～3 种。

从绝对量考察，据预测，到 2020 年，中国煤炭消费量将超过 35 亿吨，2008—2020 年累计需求超过 430 亿吨；石油 5 亿吨，累计需求超过 60 亿吨；铁矿石 13 亿吨，累计需求超过 160 亿吨；精炼铜 730 万～760 万吨，累计需求将近 1 亿吨；铝 1 300 万～1 400 万吨，累计需求超过 1.6 亿吨。如不加强勘查和转变经济发展方式，届时在 45 种主要矿产中，有 19 种矿产将出现不同程度的短缺，其中 11 种为国民经济支柱性矿产，石油的对外依存度将上升到 60%，铁矿石的对外依存度在 40%左右，铜和钾的对外依存度仍将保持在 70%左右。

>>三、解决资源持续支撑经济发展的措施<<

实现经济可持续发展，或者说绿色发展，离不开自然资源的支撑。中国在解决资源持续支撑经济发展方面采取了一系列行动措施。如保护森林草地资源的"退耕还林还草"、"天然林保护工程"；保护水资源的"三江源工程"、"南水北调工程"；保护并合理开发利用矿产资源的"矿区生态修复"、"资源型城市转型"、"发展可再生能源"等。多数措施已经收到了好的效果，一些地区的做法已经产生了很好的示范作用。

(一)退耕还林还草

根据《国务院关于进一步做好退耕还林还草试点工作的若干意见》(国发[2000]24 号)、《国务院关于进一步完善退耕还林政策措施的若干意见》(国发[2002]10 号)和《退耕还林条例》的规定，国务院西部地区开发领导小组第二次全体会议确定的 2001—2010 年退耕还林 1 467 万公顷的规模。根据因害设防的原则，按水土流失和风蚀沙化危害程度、水热条件和地形地貌特征，将工程区划分为 10 个类型区，即西南高山峡谷区、川渝鄂湘山地丘陵区、长江中下游低山丘陵区、云贵高原区、琼桂丘陵山地区、长江黄河源头高寒草原草甸区、新疆干旱荒漠区、黄土丘陵沟壑区、华北干旱半干旱区、东北山地及沙地区。

退耕还林工程的实施，实现了由毁林开垦向退耕还林的历史性转变，有效地改善了生态状况，水土流失和土地沙化治理步伐加快，生态状况得到明显改善；促进了中西部地区"三农"问题的解决，较大幅度地增加了农民收入，保障和提高了粮食综合生产能力，大大加快了农村产业结构调整的步伐，在一些地方把生态建设、植树造林与产业发展相融合，创新了农业和经济发展模式。

专栏 7-2　生态建设的"恭城模式"

广西壮族自治区恭城瑶族自治县地处广西省东北部，是山地和丘陵占 70％以上的典型山区县。为了改善生态环境、发展经济，恭城县始终坚持走生态农业之路，依托循环经济大力发展生态工业、生态旅游业，创造性地探索出富有自身特色的可持续发展模式。经过 20 年来的努力，恭城由一个少数民族山区贫困县，发展成为全国生态农业示范县，"恭城模式"享誉全国。

自 1983 年起，恭城县就提出在全县推广沼气池，经过多年的政策引导、典型示范、资金扶持，生态链条逐步完善，创造了以养殖为重点，以沼气为纽带，以种植为龙头的"猪—沼—果"三位一体的生态农业，是"中国椪柑之乡"和"中国月柿之乡"，2006 年被评为"全区特色农业十强县"。2003 年，恭城县从促进生猪发展，提高沼气沼肥利用率，在一些村镇成功试行了"人畜分离、规模养殖、统一建池、集中供气"的发展模式。到 2009 年，恭城全县沼气池总数 5.74 万座，沼气入户率 88.1％。沼气池建设有效地解决了封山育林与农户生活用柴砍伐森林的突出矛盾，同时种植桃树有效治理了石漠化，森林覆盖率达 77.09％，成为广西石山地区成功治理的典范，促进生态环境的良性循环，进而实现了"生态农业—生态保护"的良性循环。

在"猪—沼—果"的生态农业稳步发展基础上，恭城县大力推进生态农业与生态工业的对接。恭城县现在有近 10 万亩月柿，并且以每年 5％～7％的速度递增。对此，恭城县积极引进汇源果汁等知名企业，以柿子深加工为基础，使生态产业链进一步延伸。2005 年，恭城食品饮料行业产值突破亿元大关，实现农产品从"田间地头"到"超市"甚至"漂洋过海"的跨越。由于良好的生态环境，恭城县集农业观光、生态旅游、风情表演、休闲度假于一体的生态旅游业也得到发展，已建成大岭山、横山、红岩等生态旅游线路，实现由农业向旅游产业的转移，带动了运输、商贸、餐饮、住宿等服务业的发展，生态旅游已经成为新的增长点。2010 年恭城县旅游收入达 2.33 亿元，同比增长 84.2％。

目前，恭城县正逐步转向"养殖＋沼气＋种植＋加工＋旅游"五位一体的生态农业发展模式，并提出了"富裕生态家园"的建设思路。在全县 800 多个自然村中，已有 600 多个村规划了"富裕生态家园"，现已建成 20 多个"富裕生态家园"新村，是新农村建设的示范点和典型样本。

资料来源：广西壮族自治区恭城瑶族自治县国家可持续发展实验区办公室提供。

（二）南水北调工程

基于水资源分布南方多、北方少的不平衡状况，南水北调是借助先进的工程技术手段优化配置中国水资源的一项宏伟工程。

南水北调是缓解中国北方水资源严重短缺局面的重大战略性工程。通过跨流域的水资源合理配置，可以大大缓解北方水资源严重短缺问题，促进南北方经济、社会与人口、资源、环境的协调发展。南水北调分东线、中线、西线三条调水线。西线工程在最高一级的青藏高原上，地形上可以控制整个西北和华北，因长江上游水量有限，只能为黄河上中游的西北地区和华北部分地区补水；中线工程从第三阶梯西侧通过，从长江中游及其支流汉江引水，可自流供水给黄淮海平原大部分地区；东线工程位于第三阶梯东部，因地势低需抽水北送。南水北调的总体布局为：分别从长江上、中、下游调水，以适应西北、华北各地的发展需要，即南水北调西线工程、南水北调中线工程和南水北调东线工程。建成后与长江、淮河、黄河、海河相互连接，构成水资源"四横三纵、南北调配、东西互济"的总体格局。

（三）大力发展可再生能源

根据中国的能源结构和发展实际，国家在"十一五"和以后的一段时期，大力发展水电，加快发展生物质能、风电和太阳能，加强农村可再生能源开发利用，逐步提高可再生能源在能源供应中的比重，为更大规模地开发利用可再生能源创造条件。为此，"十一五"时期可再生能源发展的总目标是，加快可再生能源开发利用，提高可再生能源在能源结构中的比重；解决农村无电人口用电问题和农村生活燃料短缺问题；促进可再生能源技术和产业发展，提高可再生能源技术研发能力和产业化水平。初步建立可再生能源技术创新体系，具备较强的研发能力和技术集成能力，形成自主创新、引进技术消化吸收再创新和参与国际联合技术攻关等多元化的技术创新方式。

具体目标是：到"十一五"末期，可再生能源在能源消费中的比重达到10％，全国可再生能源年利用量达到3亿吨标准煤当量。其中，水电总装机容量达到1.9亿千瓦，风电总装机容量达到1 000万千瓦，生物质发电总装机容量达到550万千瓦，太阳能发电总容量达到30万千瓦。沼气年利用量达到190亿立方米，太阳能热水器总集热面积达到1.5亿平方米，增加非粮原料燃料乙醇年利用量200万吨，生物柴油年利用量达到20万吨。

专栏7-3 麒麟区太阳能

云南省曲靖市麒麟区属北亚热带和温带混合型高原季风气候，夏无酷暑，冬无严寒，干湿季节分明。年平均气温14.5℃，年平均日照时数5.3小时。丰富的太阳辐射为太阳能产业发展提供了空间和潜力。据此，麒麟区立足实际，以太阳能热泵、太阳能集中供热、太阳能与建筑一体化、太阳能路灯、太阳能与沼气建设一体化为突破口，大力发展太阳能产业。目前，全区太阳能普及率达90％以上，农村达5％。

第一，依托科技进步，研发新项目。2003年，麒麟区与云南师范大学太阳能研究所合作，研制了与建筑结构相适应的太阳能集热器模块；与上海大学、曲靖中建工程技术有限公司联手，研制了"中建牌"空气源热泵热水器、一机三用热泵机组，实现了太阳能产品从平板式到真空管式热水器、再到热泵热水器跨越。在太阳能光伏照明系统项目研究中，云南曲靖天威有限公司成功研发了"光伏智能照明控制器"，充电效率提高了30％左右，2007年已经安装500多盏路灯，每年节电9万度，减少电费支出近7万元。在烟叶初烤上，开发了烟叶初烤智能化控制技术，建立了全国技术领先、西南唯一的智能化控制烤烟试验平台，且在云南省、河南省和贵州省等地得到推广和应用。

第二，以项目为依托，点面结合，提高太阳能普及率。为使太阳能在农村广泛推广和运用，麒麟区积极与企业合作，共同实施了农村适用型太阳能热水器示范项目，针对农村房屋结构特点及村民消费能力，试制研发了三种经济适用的农村瓦屋面结构房、土木结构房、砼结构房太阳能利用技术设备，并在四个村庄开展示范，进行推广。从2009年起，麒麟区还重点组织实施了"绿色光亮示范工程"，即太阳能路灯项目及农村适用型太阳能热水器项目，以绿色能源太阳能为基础，依托成熟的光伏科学技术，利用硅太阳能电池发电、蓄电池蓄电及LED

路灯照明，形成一套完整的太阳能照明系统。2009 年至 2013 年，全区下辖的 100 个村委会、社区作为试点，将安装 1 500 套太阳能路灯照明系统，每个示范点安装 15 套太阳能路灯。与此相匹配的，将加大太阳能热水器的推广力度，到 2013 年争取太阳能热水器普及率城镇达 98%、农村达 30%。与传统路灯比较，这些太阳能路灯每盏每年可节约标准煤 0.5 吨、减排二氧化碳（CO_2）1.2 吨、二氧化硫（SO_2）0.012 吨。整个项目实施后，每年可节约标准煤 5 万吨，减排 CO_2 12 万吨、SO_2 1 000 吨。此外，可广泛带动市政工程、住宅园区及新农村道路的太阳能路灯、庭院灯和草坪灯等的推广利用。

资料来源：云南曲靖市麒麟国家可持续发展实验区提供。

（四）推动资源枯竭城市转型

在矿产资源开发中，形成了一批资源型城市。在这些资源型城市中，已经有许多城市资源枯竭，面临着城市的转型。2007 年，国务院出台了《国务院关于促进资源型城市可持续发展的若干意见》（国发〔2007〕38 号），针对资源型城市在发展过程中积累的经济结构失衡、失业和贫困人口较多、接续替代产业发展乏力、生态环境破坏严重、维护社会稳定压力等矛盾和问题，提出：通过深化改革，扩大开放，建立、健全资源开发补偿机制和衰退产业援助机制，积极引进外部资金、技术和人才，拓展资源型城市发展空间；坚持以人为本，统筹规划，努力解决关系人民群众切身利益的实际问题，实现资源产业与非资源产业、城区与矿（林）区、农村与城市、经济与社会、人与自然的协调发展；坚持远近结合，标本兼治，着眼于解决资源型城市存在的共性问题和深层次矛盾，抓紧构建长效发展机制，同时加快资源枯竭城市经济转型，解决好民生问题；坚持政府调控，市场导向，充分发挥市场配置资源的基础性作用，激发各类市场主体的内在活力，政府要制定并完善政策，积极进行引导和支持。

《国务院关于促进资源型城市可持续发展的若干意见》提出"2007—2010 年，设立针对资源枯竭城市的财力性转移支付，增强其基本公共服务保障能力，重点用于完善社会保障、教育卫生、环境保护、公共基础设施建设和专项贷款贴息等方面"，据此，国家发展改革委、国土资源部、原国务院振兴东北办会同财政部东北办，于 2008 年 3 月，提出了首批 12 个资源枯竭城市名单，已经国务院批准。包括：阜新、伊春、辽源、白山、盘锦、石嘴山、白银、个旧（县级市）、焦作、萍乡、大冶(县级市)，以及典型资源枯竭地区大兴安岭。

专栏7-4 资源型城市转型的"白银模式"

甘肃省白银市是随着矿产资源开发而建设起来的资源型城市。铜产量曾连续18年居全国同行业第一，为我国重要的有色金属工业基地，是一座因矿得名，因企建市，因铜辉煌的城市。但经过近50多年的开采，优势资源日渐枯竭，白银市不得不面对传统产业衰退、生态环境恶化、财政困难等一系列棘手问题，一度陷入矿竭城衰的窘境。对此，白银市坚持走新型工业化道路，加强科技创新，提升传统产业，培育接续产业，矿产业与非矿产业并重，矿种转型、产品转型、产业转型多层次同步推进，着力推动循环经济发展，逐步由单一主导产业向多元主导产业转变，探索资源枯竭型城市的经济转型之路，创造出了不同凡响的"白银模式"。

首先，多元化产业结构。白银市原有产业结构单一，资源依赖度高，主要依靠资源开采和初级产品加工，结构性矛盾突出。对此，白银市确定了八大支柱产业：有色金属及稀土新材料产业、精细化工一体化产业、矿产业和资源再生利用产业、能源和新能源产业、机械和专用设备制造业、非金属矿物制品产业、特色农畜产品深加工产业、黄河文化旅游产业，向高新技术产业、资源原材料精深加工转变，延伸产业链条，提高产品附加值。其次，推进传统产业技术升级，提高企业竞争力。白银市先后投入技术改造资金35.6亿元，实施技术改造项目57项，对有色金属、煤炭、电力等传统资源型产业进行技术改造，不断提高技术装备水平和资源利用综合率。靖远煤业公司通过实施矿井技术改造项目，资源开采率提高了近25%，还利用生产余热项目将瓦斯变成了供热资源。此外，为了提升本地产业的技术升级，发展高新技术产业，白银市在2002年7月成立了中国科学院白银高技术产业园。再次，机制保障。白银市地处西北，市场经济不够发达，传统产业主要依赖国有投资，市场融资相对困难。为此白银市明确提出政府推动和市场拉动相结合、自力更生和借助外力相结合，打造"服务型政府"、"跑腿型政府"，依托政府直接推动城市转型。最后，建设宜居城。为了解决城市规模小、基础设施陈旧、功能欠缺、宜居环境差等问题，白银市坚持产业转型和城市建设转型相结合，把完善城市综合服务功能和塑造城市特色结合起来，优化生态环境，推进城市从传统工矿区向科技城、生态城转变，提升城市形象，留住投资者和居民，谋求更多的发展机会和空间。

总体来说，"白银模式"是发展由资源开采和原材料生产向加工制造业和高新技术产业转变；开发方式由自我开发向全方位开放开发转变；资金投入由依靠国家投资向大范围招商引资和多渠道筹措资金转变；企业发展由传统经营向创新体制提高核心竞争力转变。

资料来源：

[1]新浪财经. http://finance.sina.com.cn/roll/20060804/0926838887.shtml.

[2]新浪城市在线. http://city.finance.sina.com.cn/city/2008-05-16/100001.html

2009 年 3 月，国务院又确定了第二批 32 个资源枯竭城市。要求资源枯竭城市要抓紧制定、完善转型规划，提出转型和可持续发展工作的具体方案，进一步明确转型思路和发展重点，切实做好相关工作，用好中央财力性转移支付资金，为全国资源型城市的经济转型和可持续发展探出一条新路。

>>参考文献<<

[1] 中国工程院. 中国可持续发展水资源战略研究[M]. 北京：中国水利水电出版社，2001.

[2] 中华人民共和国水利部. 2008 年中国水资源公报[R]. 北京：中国水利水电出版社，2010.

[3] 刘昌明，陈志恺. 中国水资源现状评价和供需发展趋势预测[M]. 北京：中国水利水电出版社，2001.

[4] 王堃，韩建国，周禾. 中国草业现状及发展战略[J]. 草地学报，2002，4.

[5] 刘燕华等. 中国资源环境形势与可持续发展[M]. 经济科学出版社，2001.

[6] 范英英. 中国草场资源使用与管理探讨[J]. 中国科技信息，2010，7.

[7] 国家林业局森林资源管理司. 中国森林资源第七次清查结果及其分析[J]. 林业经济，2020，2.

[8] 张丽霞. 中国森林资源未来发展趋势及可持续发展综合评价研究[D]. 北京林业大学博士论文，2005.

[9] 沈国舫. 中国森林资源与可持续发展[M]. 北京：中国科学技术出版社，2000.

[10] 韦惠兰，张可荣. 自然保护区综合效益评估理论与方法[M]. 北京：科学出版社，2006.

[11] 吴坚. 水土保持对区域农村发展的影响评价——以黄土高源沟壑区西峰为例[D]. 北京林业大学硕士论文，2009.

[12] 环境保护部自然生态保护司. 全国自然保护区名录 2008[M]. 北京：中国环境科学出版社，2009.

[13] 傅雷，仲冰. 中国矿产资源现状与思考[J]. 资源与产业，2008，2.

[14] 张昕. 我国有色金属矿产资源政策研究[D]. 中国地质大学(北京)，2010.

[15] 乐海龙. 矿产资源综合开发利用现状及未来发展趋势[J]. 能源研究与管理，2009，1.

第八章

环境承载力——污染物减排

经过 30 年的改革开放，中国经济飞速发展，举世瞩目。然而，随着经济的发展，经济结构的不断变化，我国能源、环境问题日益凸显，可持续发展面临严峻的挑战。尤其是在经济全球化的背景下，投资与贸易的自由化，更加加剧了环境恶化的速度。

对我国而言，在经济全球化和在面临着各种制约因素的情况下，正确认识我国经济发展过程中环境污染的状况，认清其发展趋势并找到有利的减排措施，不仅有利于促使经济与环境协调一致的发展，同时对制定各种环境经济政策以及确保环境社会协调发展，发挥着重要的作用。

>>一、污染物减排是保证环境承载力的必然选择<<

1979—2007 年，我国经济保持高速增长的态势，国内生产总值年均实际增长 9.8％，不仅明显高于 1953—1978 年平均增长 6.1％的速度，而且也大大高于同期世界经济年平均增长 3.0％的速度。[①] 经济持续快速发展的同时，我国的高能耗、高污染、资源型产品的产量位居世界前列，不可再生资源消耗巨大，污染物排放总量居高不下，还使得中国进入环境事故高发期。未来一段时期内，伴随着经济的高速增长以及人口的增加，我国的环境负荷仍将不断增加，环境污染加剧的总体趋势仍将难以逆转，环境形势依然十分严峻。

2008 年，我国环境污染与破坏事故为 474 次，其中，水污染与破坏事故 198 次，大气污染与破坏事故 141 次，固体废物污染与破坏事故 45 次，其他污染与

---

① 国家统计局：《改革开放 30 年我国经济社会发展成就系列报告之一：大改革大开放大发展》，载 http://www.stats.gov.cn/tjfx/ztfx/jnggkf30n/t20081027_402512199.htm，2008-10-27。

破坏事故 90 次，污染直接经济损失高达 18 186 万元。从最近几年的数据来看（见图 8-1 和图 8-2），我国环境污染与破坏事故次数虽然呈明显下降趋势，但造成的直接经济损失却仍在高位震荡，表明我国环境状况并没有取得根本性改观。

我国经济发展对环境状况的影响，还可以依据部分具有代表性的环境污染指标进行分析。我国国内生产总值一直保持高速增长，与此同时，虽然在趋势上，除废水排放总量以外，主要环境污染物排放总量有所下降，但在绝对数量上，主要污染物排放总量依然偏高。

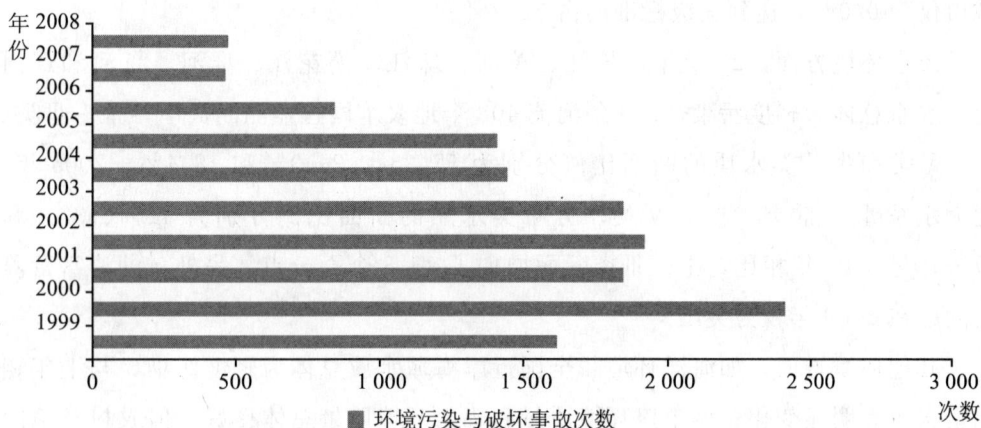

图 8-1　1999—2008 年中国环境污染与破坏事故次数图

资料来源：国家统计局：《中国统计年鉴》(2009)，北京，中国统计出版社，2009。

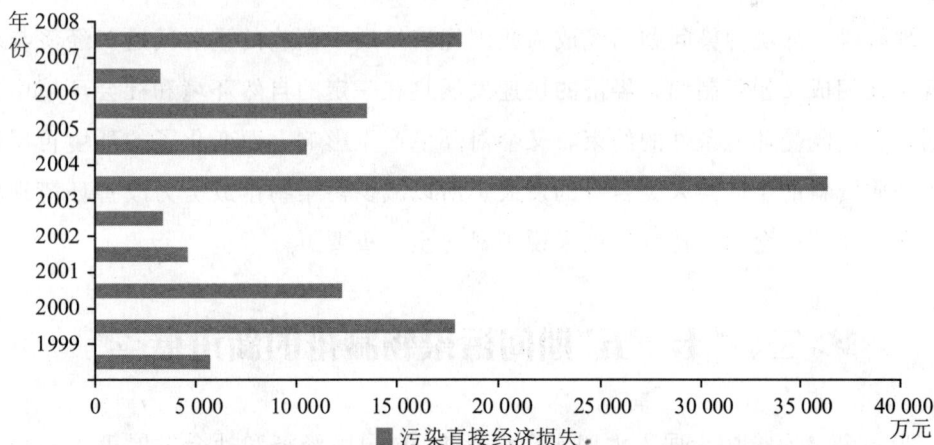

图 8-2　1999—2008 年中国污染直接经济损失图

资料来源：国家统计局：《中国统计年鉴》(2009)，北京，中国统计出版社，2009。

未来几年，即使保有"十一五"规划以来强大的节能减排力度，经济的飞速发展依然会给环境带来巨大影响：每年产生约 600 亿吨的废水排放量、1 000 万吨左右的 COD 排放量、2 000 万吨左右的 SO_2 排放量、800 万吨左右的烟尘排放量、500 万吨左右的工业粉尘排放量以及 600 万吨左右的工业固废排放量等，这些无疑会对我国环境继续产生极大压力。

根据《2009 年中国环境状况公报》，大气环境方面，2009 年，全国城市空气质量总体良好，比上年有所提高；全国酸雨分布区域保持稳定，但酸雨污染仍较重；全国 113 个环境保护重点城市空气质量有所提高，空气质量达到一级标准的城市仅为 0.9%，达到三级标准的占 32.7%。

淡水环境方面，2009 年，长江、黄河、珠江、松花江、淮河、海河和辽河七大水系总体为轻度污染。203 条河流 408 个地表水国控监测断面中，Ⅰ～Ⅲ类、Ⅳ～Ⅴ类和劣Ⅴ类水质的断面比例分别为 57.3%、24.3% 和 18.4%。2005 年，七大水系Ⅰ～Ⅲ类、Ⅳ～Ⅴ类、劣Ⅴ类水质的断面比例分别为 41%、32% 和 27%；与 2005 年相比，Ⅰ～Ⅲ类断面增加了 16.3 个百分点。另外，湖泊富营养化问题在 2009 年较为突出。

其他环境方面，如海洋环境，全国近岸海域水质总体为轻度污染，与上年相比，水质无明显变化；城市声环境质量和辐射环境质量总体良好。但农村环境问题日益突出，形势十分严峻。突出表现为农村生活污染治理基础薄弱，面源污染日益加重，农村工矿污染凸显，城市污染向农村转移有加速趋势，农村生态退化尚未有效遏制。

现阶段，环境污染问题已经成为我国经济发展中面临的重要问题。经济与环境既相辅相成又相互制约，经济的快速发展是在一定的自然环境和社会环境中进行的，它们既受环境条件的约束，又会对环境产生影响，而变化了的环境再反作用于物质资料的生产与人类自身的发展。所以减少污染物排放努力改善环境现状对于促进经济社会的可持续发展来说则显得至关重要。

>>二、"十一五"期间污染物减排的新进展<<

2006 年 3 月全国十届人大四次会议批准的《国民经济和社会发展第十一个五年规划纲要》明确提出将单位国内生产总值（GDP）能源消耗降低 20% 左右，主要污染物（二氧化硫和化学需氧量）排放总量减少 10%，确定为"十一五"经济社会发展的约束性指标。为此 2007 年 11 月 22 日，国务院发布了《国家环境保护"十一五"规划》，这在我国环境保护史上具有里程碑的意义。

(一)"十一五"期间污染物减排进展

自《国民经济与社会发展"十一五"规划》首次提出节能环保的约束性指标以来，节能减排成为从中央到地方的一项十分重要的工作。各级政府非常重视此项任务，纷纷制定了一系列措施与政策，以推动节能减排工作的顺利开展。"十一五"期间我国主要污染减排取得明显成效，部分环境质量指标持续好转。

表 8-1　　　　　　　　　　"十一五"期间主要环保指标

指标	2005 年	2010 年	"十一五"增减情况
化学需氧量排放总量(万吨)	1 414.2	1 272.8	−10%
二氧化硫排放总量(万吨)	2 549.4	2 294.4	−10%
地表水国控断面劣 V 类水质的比例	26.1	<22	−4.1 个百分点
七大水系国控断面好于 III 类的比例	41	>43	2 个百分点
重点城市空气质量好于 II 级标准的天数超过 292 天的比例	69.4	75	5.6 个百分点

资料来源：《国家环境保护"十一五"规划》。

截至 2009 年，我国二氧化碳和化学需氧量累计减少排放量分别为 335 万吨和 136.7 万吨。2009 年全国化学需氧量和二氧化硫排放量比上年分别下降 3.27% 和 4.60%，比 2005 年分别下降 9.66% 和 13.14%，保持"双下降"的态势。其中二氧化硫"十一五"减排目标提前一年实现，为全面完成"十一五"减排目标打下了坚实基础。

1. 大气污染物

从 2006 年开始，三种主要空气污染物：二氧化硫、烟尘以及工业粉尘，均出现排放量连年下降的态势。2006—2009 年，二氧化硫、烟尘以及工业粉尘排放分别下降 14.46%、22.19%、35.23%，排放量分别减少 374.4、241.6、284.8 万吨，各种主要污染物减排效果显著(见图 8-3)。

具体来看(见表 8-2)，2008 年，全国二氧化硫排放量 2 321.2 万吨，与 2005 年相比，下降 8.95%，较 2007 年下降 5.95%；其中工业二氧化硫排放量比上年下降 6.95%，生活二氧化硫排放量则出现了略微上升，较上年增加 0.55%。2009 年，全国二氧化硫排放继续保持下降的良好态势，排放总量为 2 214.4 万吨，比上年下降 4.60%；与 2005 年相比，二氧化硫排放总量下降 13.14%，二氧化硫减排已提前完成"十一五"减排目标 10% 的任务。

烟尘和工业粉尘自 2006 年开始也出现排放减少的情况。2008 年全国烟尘排

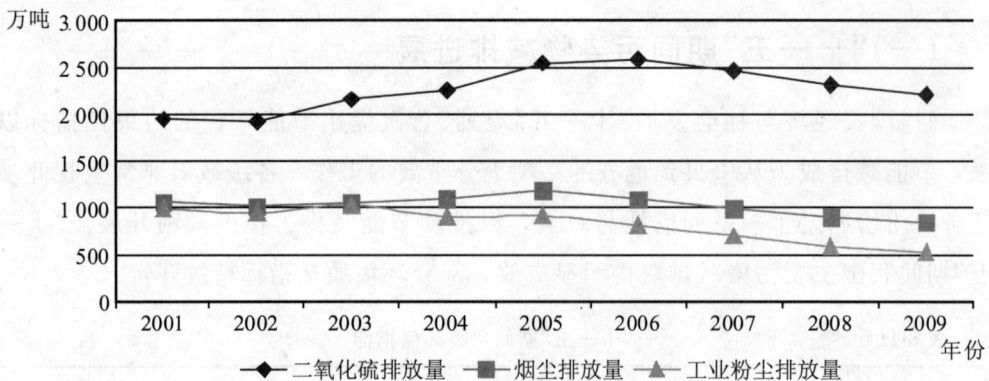

图 8-3　大气中主要污染物排放情况

资料来源：国家统计局：《中国统计年鉴》（2002—2009），北京，中国统计出版社，2002—2009。

放量为 901.6 万吨，比上年减少 8.6%，其中工业烟尘排放量较上年减少 13.02%；生活烟尘排放量则增加 7.15%。2009 年全国烟尘排放量为 847.2 万吨，比上年减少 6.03%，其中工业烟尘排放量较上年减少 9.96%；生活烟尘排放量则增加 5.37%。

表 8-2　　　　　　　　全国大气主要污染物排放情况　　　　　　　　单位：万吨

项目\年度	二氧化硫排放量			烟尘排放量			工业粉尘排放量	氮氧化物排放量		
	总量	工业	生活	总量	工业	生活		总量	工业	生活
2005	2 549.4	2 168.4	381.0	1 182.5	948.9	233.6	911.2	—	—	—
2006	2 588.8	2 234.8	354.0	1 088.8	864.5	224.3	808.4	1 523.8	1 136.0	387.8
2007	2 468.1	2 140.0	328.1	986.6	771.1	215.5	698.7	1 643.4	1 261.3	382.0
2008	2 321.2	1 991.3	329.9	901.6	670.7	230.9	584.9	1 624.5	1 250.5	374.0
2009	2 214.4	1 866.1	348.3	847.2	603.9	243.3	523.6			

注：我国从 2006 年开始统计氮氧化物排放量，生活排放量中包含交通源排放的氮氧化物。

资料来源：《中国统计年鉴》（2006、2007、2008、2009）；《2009 中国环境状况公报》；《中国环境统计年报 2008》。

2008 年全国工业粉尘排放量为 584.9 万吨，比上年减少 16.3%；工业和生活氮氧化物排放总量分别为 1 250.5 万吨和 374 万吨，较上年均略微有所下降。2009 年全国工业粉尘排放量为 523.6 万吨，比上年减少 10.48%。

分地区来看（见表 8-3），与 2007 年相比，2008 年全国二氧化硫排放继续减少，共计减少 5.95%，东部、东北以及中部地区减排率高于全国水平，只有西部地区减排率略低于全国水平。

表 8-3 　　　　　　　　　　　分地区大气主要污染物减排情况　　　　　　　　　　单位:%

	二氧化硫减排率				
	2005—2006	2006—2007	2007—2008	2008—2009	2009 年与 2005 年相比累计减排率
全国	−1.54%	4.66%	5.95%	4.60%	13.14%
东部	1.26%	5.61%	7.53%		
东北	−4.69%	1.73%	6.22%		
中部	−0.91%	4.32%	6.01%		
西部	−3.68%	4.51%	4.44%		

	烟尘减排率				
	2005—2006	2006—2007	2007—2008	2008—2009	2009 年与 2005 年相比累计减排率
全国	7.95%	9.36%	8.62%	6.03%	28.36%
东部	2.89%	12.80%	3.91%		
东北	2.17%	2.82%	5.38%		
中部	7.71%	11.44%	13.59%		
西部	14.16%	7.96%	9.24%		

	工业粉尘减排率				
	2005—2006	2006—2007	2007—2008	2008—2009	2009 年与 2005 年相比累计减排率
全国	11.28%	13.56%	16.29%	10.48%	42.54%
东部	11.28%	11.50%	12.26%		
东北	5.74%	3.61%	29.79%		
中部	8.89%	14.17%	17.80%		
西部	15.47%	17.35%	13.47%		

　　注:缺少 2009 年的分类各地区具体数据,故 2009 年与 2008 年相比各种大气污染物减排率无法计算。负数代表排放增加。

　　资料来源:由《中国统计年鉴》数据整理计算得到。

　　2008 年相比 2007 年二氧化硫减排量最多的十个省市分别是:北京、海南、上海、贵州、河北、辽宁、江苏、河南、山东以及湖南。截至 2008 年,依据"十一五"期间全国各省、自治区、直辖市二氧化硫排放总量控制计划,北京、海南、甘肃率先完成了"十一五"期间减排计划;天津、山西、江苏、浙江、湖南、广西、四川、云南则完成了"十一五"期间减排计划的 90%以上;陕西、内蒙古、吉林、辽宁、黑龙江则未能达到"十一五"期间减排计划的 50%,未来两年减排压力仍然很大,形势较为严峻;而青海、新疆与宁夏则出现了二氧化硫排放量增加的情况。

　　分地区来看烟尘减排情况,2008 年中部和西部地区烟尘排放量较 2007 年来说分别减少 13.59%和 9.24%,东部地区不及全国水平的一半,仅为 3.91%。分地区来看工业粉尘减排情况。2008 年各地区工业粉尘排放较上年均呈现较大幅度的降低，东部、东北、中部以及西部地区减排率分别为 12.26%、29.79%、17.80%和 13.47%。

专栏 8-1　邵阳市：全面强化三大措施，大气污染减排取得突破

"十一五"期间，邵阳市始终把污染防治和环境安全防控作为环境保护的主战场和硬任务，不断强化工程、结构和监管三大减排措施，大气污染物减排工作取得了突破性进展。经国家环保部认定，2006—2009 年邵阳市静态削减 SO_2 4 872 吨，削减率为 12.7%，SO_2 提前完成"十一五"减排目标（省政府下达的 SO_2 削减率为 12.65%）。

邵阳市环境综合整治和大气污染物减排取得良好成果，跟全面落实"管理减排"、"工程减排"、"结构减排"三大措施密切相关。

一是切实加强领导，强化管理减排。"十一五"以来，邵阳市开展了全市第一次污染源普查工作，全面掌握了污染源、污染防治和主要污染物排放情况，建立了全市各类重点污染源档案和各级污染源信息数据库；加强对减排工程项目的调度；始终保持环境监管的高压态势，实行环境监察市、县联动，深入开展整治违法排污保障群众健康环保专项行动，组织了重点流域和专项执法检查活动；建立和完善污染减排指标体系、监测体系和考核体系，2006 年年底将主要污染物减排指标分解到县市区，并分别与市政府签订了责任书。各县市区也相继成立污染减排工作领导小组，研究制定减排工作方案，与所辖乡镇、骨干企业签订污染减排责任状，确定了 18 个二氧化硫削减项目的责任单位和完成时间，加强了对重点污染源的监督。加强环保同时设计、同时施工、同时投产使用的"三同时"管理，今年上半年就有洞口三鑫锰业等 5 家企业通过环保"三同时"验收。

二是加强项目建设，依靠环保工程减排。"十一五"以来，全市累计投入环保治理资金 5 亿多元，建设污染治理项目 200 多个，污染物削减能力大幅提高。对列入"十一五"环保治理中的 51 个重点项目加强督查。合力热电二氧化硫治理等一批污染治理项目建设已经完成，其他工程也正在加紧实施。同时，加快省市环保三年行动计划 22 个项目的建设进度，截至 2010 年 7 月，洞口石下江煤矿地质环境整治工程、隆回天然气建设工程等 5 个项目已经完成，其他大多数项目都在加紧建设。截至 7 月底，全市削减主要污染物均超额完成年度削减任务的 60%。

三是严格执行国家产业政策，调整产业结构减排。"十一五"以来，邵阳市抓紧对电力、水泥、造纸等重点行业实施产业结构调整，市县两级环保部门共否决不合乎规定的新、扩、改建设项目共60多个，关、停、并、转、迁各类污染扰民企业300多家，污染物新增量得到有效控制。今年，全市环保部门对辖区内污染企业进行了全面清查，采取强有力的措施，关停淘汰了一批小造纸、小锰矿、小冶炼企业和治理无望的重污染企业。截至7月底，全市共淘汰"18小企业"103家。其中，市本级淘汰了8家小造纸企业，彻底摧毁了9个采锰点，关闭了3家黏土实心砖厂；邵东县取缔小焦化厂40余家，关闭小造纸厂2家；隆回县关闭了南海腾飞化肥公司和33家造纸企业，取缔小锰矿13家，消除了一些重点污染源；邵阳县关闭小煤矿18家；新宁县关闭了4家红砖厂和5家非法选矿厂；绥宁县关停了天成造纸厂，城步对南山纸业采取停产整治。这些措施进一步优化了经济结构，有效降低了污染物排放。

资料来源：

[1]强化管理减排，调整结构减排，环保工程减排——我市污染物减排工作取得突破性进展. 邵阳日报. 2010-06-12.

[2]邵阳市污染减排工作实现新突破. 邵阳日报. 2010-06-02.

2. 水污染物

2001—2009年，全国废水排放量呈现连年增加的趋势。截至2009年年末，化学需氧量减排距离"十一五"减排任务仍有不小差距，各地仍然需要下大力气继续减排化学需氧量。另外，氨氮排放量在2001—2009年没有太大变化，总体呈现出排放量先增加后减少的态势（见图8-4）。

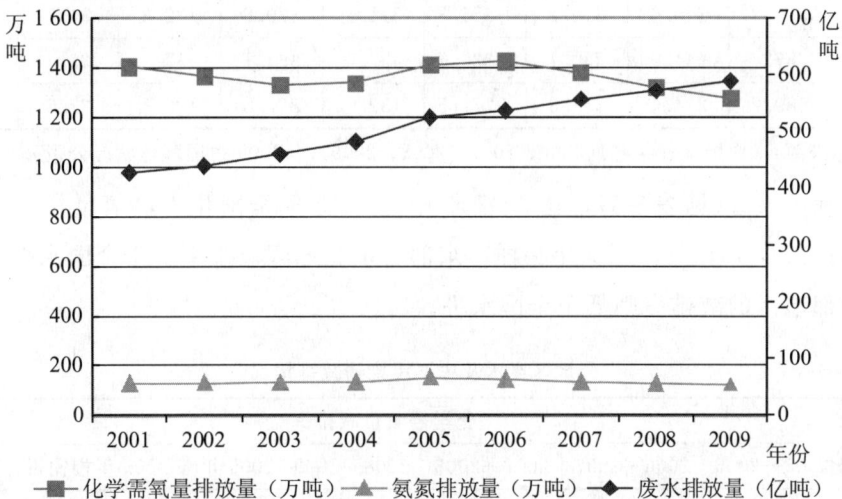

图8-4　废水及主要污染物排放情况

资料来源：《中国统计年鉴》(2002—2009)；《2009中国环境状况公报》。

具体来看（见表 8-4），2008 年全国废水排放总量为 571.7 亿吨，比上年增加 2.66%，其中，工业废水排放量为 241.7 亿吨，比上年减少 2.0%；城镇生活污水排放量为 330.0 亿吨，比上年增加 6.4%。2009 年，全国废水排放总量为 589.2 亿吨，比上年增加 3.0%。废水排放量呈现连年增加趋势。

2008 年，全国化学需氧量排放量为 1 320.7 万吨，比上年下降 4.42%，较 2005 年下降 6.61%，其中工业化学需氧量排放比上年减少 10.47%，生活污水中化学需氧量排放比上年减少 0.88%。2009 年，全国化学需氧量排放总量为 1 277.5 万吨，比上年下降 3.27%，较 2005 年下降 9.66%，其中工业化学需氧量排放比上年减少 3.91%，生活污水中化学需氧量排放比上年减少 2.93%。化学需氧量各地减排进展不平衡，一些地方距离完成减排目标还有不小差距。

2006—2009 年废水中氨氮排放量分别为 141.3、132.4、127.0、122.6 万吨，分别比上一年减少 5.64%、6.36%、4.06% 和 3.46%。工业氨氮排放量减少明显，2009 年比 2006 年减少 48%，而同时期生活污水中氨氮排放量减少仅为 2.06%。

表 8-4 全国废水及主要污染物排放情况

项目\年度	废水排放量（亿吨）			化学需氧量排放量（万吨）			氨氮排放量（万吨）		
	总量	工业	生活	总量	工业	生活	总量	工业	生活
2005	524.5	243.1	281.4	1 414.2	554.8	859.4	149.8	52.5	97.3
2006	536.8	240.2	296.6	1 428.2	541.5	886.7	141.3	42.5	98.8
2007	556.8	246.6	310.2	1 381.8	511.1	870.8	132.3	34.1	98.3
2008	572	241.9	330.1	1 320.7	457.6	863.1	127	29.7	97.3
2009	589.2	234.4	354.8	1 277.5	439.7	837.8	122.6	27.3	95.3

数据来源：《中国统计年鉴》(2006、2007、2008、2009)；《2009 中国环境状况公报》。

分地区来看（见表 8-5），与 2007 年相比 2008 年全国化学需氧量排放继续减少，共计减少 4.42%，同上年一样，东部与东北地区减排率高于全国水平，而西部和中部地区的减排率则低于全国水平。

表 8-5 分地区废水及主要污染物减排情况 单位:%

	化学需氧量减排率				
	2005—2006	2006—2007	2007—2008	2008—2009	2009 年与 2005 年相比累计减排率
全国	−0.99%	3.25%	4.42%	3.27%	9.66%
东部	0.75%	3.64%	5.44%		
东北	0.06%	2.58%	5.36%		
中部	−1.92%	2.62%	3.86%		

	化学需氧量减排率				
	2005—2006	2006—2007	2007—2008	2008—2009	2009 年与 2005 年相比累计减排率
西部	−2.51%	3.31%	3.30%		

	氨氮减排率				
	2005—2006	2006—2007	2007—2008	2008—2009	2009 年与 2005 年相比累计减排率
全国	5.64%	6.36%	4.06%	3.46%	18.15%
东部	4.23%	3.87%	4.24%		
东北	10.33%	7.74%	3.77%		
中部	1.67%	5.04%	7.76%		
西部	9.69%	10.93%	−0.78%		

注：缺少 2009 年的分类各地区具体数据，故 2009 年与 2008 年相比各种水污染物减排率无法计算。负数代表排放增加。

资料来源：由《中国统计年鉴》数据整理计算得到。

2008 年相比 2007 年化学需氧量减排量最多的十个省市分别是：河北、上海、辽宁、吉林、河南、山东、广东、江西、北京以及广西。截至 2008 年，依据"十一五"期间全国各省、自治区、直辖市化学需氧量排放总量控制计划，只有天津、湖北、重庆完成了"十一五"期间减排计划任务的 90% 以上；安徽、广西、湖南、贵州、云南没有达到"十一五"期间减排任务的 50%，距离目标差距还很大；而西藏、青海和新疆则出现了化学需氧量排放增加的情况。

分地区来看氨氮排放量的变化情况。2006—2008 年氨氮排放量连年下降。2008 年与 2007 年相比，西部地区在连续两年氨氮排放量减少的情况下首次出现了排放量的增加，与上年相比增加 0.78%，而东部、东北与中部地区继续实现了氨氮排放量的减少，与上年相比分别减排 4.24%、3.77% 和 7.76%，东部与中部地区减排率均高于全国水平。

专栏 8-2 宜昌市：走环保新道路，见三峡水新貌

湖北省宜昌市是三峡工程所在地和全国 113 个环保重点城市之一，污染物减排等环保工作在全国位于前列。

2009 年，是宜昌市环境保护历史进程中具有里程碑意义的一年。全市的环境质量持续改善，城区环境质量状况持续良好，环境空气质量优良天数达到 349 天，地表水水质和饮用水源水质达标率均为 100%，城市环境噪声符合功能区划要求。2009 年 12 月，宜昌市荣获第六届"中华宝钢环境优秀奖"，该奖项是中国环境保护领域最高的社会性奖励；2010 年 2 月，经国家环境保护模范城市考核组考核验收、环境保护部公示和审议，宜昌市已经达到国家环境保护模范城市考核指标要求，成为省内被率先授予"国家环境保护模范城市"称号的城市。

宜昌市政府近年来坚持全面推进、重点突破，切实解决危害人民群众利益的突出环境问题。全市认真贯彻落实国务院《关于落实科学发展观加强环境保护的决定》，围绕《决定》提出的重点任务，把水、大气等污染防治作为重中之重，以重点带动全局。在水污染治理方面，宜昌市又以三峡库区为重点，全面实施水环境治理。"十五"期间，全市实施了三峡库区及其上游水污染防治项目 47 个。2008 年国务院批准《三峡库区及其上游水污染防治规划（修订本）》（以下简称《规划》），并于同年开始实施。《规划》要求宜昌市政府分别在城镇污水处理、库区重点镇污水处理、工业污水污染治理等方面、库区支流综合整治项目、船舶流动源污染治理项目方面全面开展水污染防治治理工作。2008 年，该市启动了三峡库区及其上游水污染防治项目 42 个。2010 年宜昌市环保工作的重点之一就是要加强三峡库区的湿地与水资源保护，抓好清江、香溪河、黄柏河等流域水环境治理，提高水环境质量。

宜昌市在自身不断努力改善三峡库区的同时，积极争取获得国家支持。到2010 年三峡库区的 10 个水污染防治项目获得了国家发展与改革委员会两亿元的资金支持，这 10 个项目主要集中在三峡库区的黄柏河流域和香溪河流域，项目涉及污水处理、河段综合整治、城市污水收集、垃圾填埋场、垃圾转运站等工程，分别是在建的兴山县南阳镇污水处理工程，以及新建的黄柏河流域部分河段综合整治示范工程、香溪河流域综合整治示范工程、夷陵区乐天溪污水处理工程、宜昌市城市污水收集二期工程、点军污水处理工程、秭归县县城污水处理二期工程、点军垃圾填埋场工程、大老岭垃圾填埋场工程、兴山县南阳镇垃圾转运站工程。

在具体项目实施中，各相关区县都十分重视项目的管理以及进展，严格规范工程程序狠抓管理；以工程质量为生命线狠抓监督；同时严把资金使用狠抓监管，严格做到项目资金项目专用。2011 年年底黄柏河流域和香溪河流域的 10 个项目建成后，宜昌水环境治污项目将达到 30 多个，届时三峡库区黄柏河、香溪河两河流域水质将得到明显改善，宜昌市整体环保工作也会再上一个新台阶。

资料来源：

[1]闫承敏，刘孝斌. 2009 年宜昌环保成绩榜. 三峡晚报. 2010-04-08.

[2]宜昌市发展和改革委员会. 我市三峡库区及影响区工业水污染防治规划项目建设取得积极进展. 2009-10-27.

[3]中国经济导报. 宜昌三峡库区水污染防治项目获国家资金支持. 2010-07-10.

[4]宜昌市人民政府. 2010 年宜昌市政府工作报告. 2010-02-23.

[5]三峡库区及其上游水污染防治规划（修订本）. 2008.

3. 固体废物

2001—2009 年，工业固体废物产生量连年增长，2009 年工业固体废物产生量是 2001 年的 2 倍之多。这期间全国工业固体废物处理量（包括综合利用量、贮存量和处置量）持续增加。所以工业固体废物排放量与产生量相比，呈现相反的发展趋势，2009 年工业固体废物排放量不及 2001 年的 1/3。

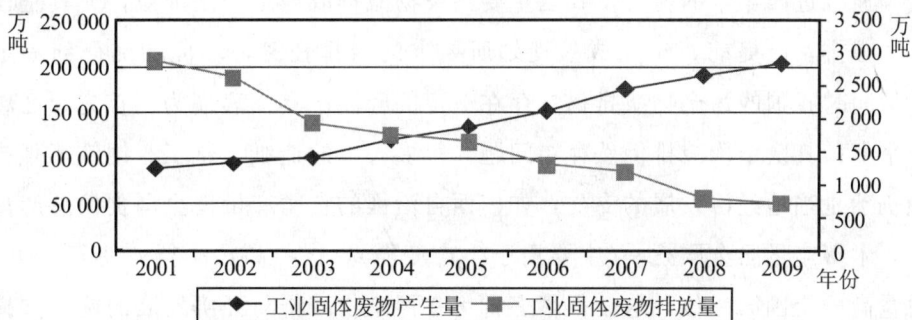

图 8-5　工业固体废物产生与排放情况

资料来源：《中国统计年鉴》（2002—2009）；《2008 年环境统计年报》；《2009 年环境统计公报》。

2008 年全国工业固体废物产生量为 19.01 亿吨，比上年增加 8.3%；工业固体废物排放量为 782 万吨，比上年减少 34.7%。2009 年，全国工业固体废物产生量为 20.41 万吨，比上年增加 7.3%；工业固体废物排放量为 710.7 万吨，比上年减少 9.1%。

2008 年相比 2007 年工业固体废物减排量最多的十个省市分别是：四川、山西、云南、贵州、山西、甘肃、辽宁、新疆、湖南以及湖北。[①] 这十个省市的工业固体废物排放量占到了全年全国总排放量的 61.37%。同时期工业固体废物排放量超过 100 万吨的省市有山西和重庆，排放量分别为 232.39 和 148.84 万吨。其中，山西省的工业固体废物减排量为 181.87 万吨，较去年减少 43.9%；而重庆市则略微上升。

（二）"十一五"期间污染物减排存在的问题

《国家环境保护"十一五"规划》明确提出到 2010 年我国二氧化硫（SO_2）和化学需氧量（COD）总量排放得到控制，全国化学需氧量由 2005 年的 1 414.2 万吨减少到 1 272.8 万吨，二氧化硫排放量由 2 549.4 万吨减少到 2 294.4 万吨。

---

① 由于 2008 年缺少吉林省和上海市的工业固体废物排放量的数据，所以 2008 年相比 2007 年工业固体废物排放量减少排名中，没有考虑吉林省和上海市。

规划还要求到 2010 年我国重点地区和城市的环境质量有所改善，重点城市空气质量好于 II 级标准的天数超过 292 天的比例在 2005 年的基础上上升 5.6 个百分点，达到 70%；地表水国控断面劣 V 类水质的比例在 2005 年基础上要确保下降 4.1 个百分点，力争低于 22%，七大水系国控断面好于 III 类的比例在 2005 年基础上继续提高 2 个百分点，达到 43% 以上。

通过近四年半的努力，我国主要污染物减排取得了一定成效，尤其是二氧化硫的减排，已提前一年完成了规划所要求的减排任务，环境状况得到一定改善，但同时我国的污染物减排仍然存在一定的问题。具体表现为：首先，区域减排不平衡；其次结构减排仍然存在问题。很多省市的造纸、化工、钢铁等高排放行业仍然是当地经济发展的支柱，如广西自治区的食糖产量占全国食糖总产量的 60%，木薯产量居全国第一（主要用于生产淀粉），这些高污染行业使其 COD 排放总量高居全国第一位，这使得很多省市在污染物减排与经济发展的两难选择中犹豫不决。另外促进污染物减排的一系列经济手段诸如财政、税收、信贷等的效果尚不明显。同时当前我国基层污染减排的统计、监测和监管能力严重不足，也在一定程度上制约了减排工作的顺利进行。各级环境监测部门人员、设备和经费普遍不足，难以承担大量的污染减排监督性监测工作。最后就是科技进步在污染减排中的作用仍需加强，政府应当鼓励企业等部门利用科技含量高的新技术新工艺来推动污染物减排。

问题与成绩是同时存在的，对于取得的减排成绩，各地政府企业等机构应当再接再厉，以实现污染物更快更多的减少，彻底改善当地环境质量。对于存在的问题，国家以及各级地方政府应当充分予以重视，继续加大财政、税收以及信贷等政策支持力度，扶持环境友好型企业的发展，加大监测投入，提高监测人员素质；同时不断优化当地产业结构，依托自身优势不断寻找新的经济增长点，尽早实现"环境改善"和"经济发展"的双赢局面。

>>三、国内外污染减排措施<<

近年来，随着环境污染的加剧，世界各国均纷纷制定实施一系列政策、措施，以改善现有环境，实现经济社会的可持续发展，实现人与自然的和谐发展。具体来看，欧洲和美国在排放权交易、环境税以及碳交易等方面开展的探索和尝试最早，并且在近些年的实践中不断改进与克服不足，积累了丰富的经验。我国也积极开展污染减排措施的探索，从最初的总量控制到现在的工程减排、结构减排以及管理减排等，也取得了一定的进展。

(一)国内污染减排措施

为确保实现《国民经济和社会发展第十一个五年规划纲要》提出的"十一五"期间主要污染物排放总量减少 10% 的约束性指标，国家和各级地方政府认真落实《节能减排综合性工作方案》的各项措施要求，力度不断加大，污染减排取得明显成效。围绕污染减排，各级政府各个部门不断探索创新，出台大量有利于污染减排的系列政策与措施，包括法律、法规、标准制定，污染物总量控制，工程减排、结构减排、管理减排措施，以及绿色信贷、绿色保险、绿色证券等环境经济政策，以促进"十一五"减排目标的快速实现。

1. 法律法规与部门规章

2005 年，原国家环保总局发布了《"十一五"全国环境保护法规建设规划》(以下简称《规划》)，提出了 2006—2010 年间全国环境法规建设的目标和任务。2006年，国家发布污染物排放(控制)标准 2 项，国家污染防治技术政策 3 项。2007 年国家进一步完善环境法律法规建设，修订《水污染防治法》，并发布 104 项国家环境保护标准。2008 年 1 月，原国家环境保护总局、国家发展和改革委员会联合印发了《三峡库区及其上游水污染防治规划(修订本)》。2 月，第十届全国人民代表大会常务委员会第三十二次会议审议通过了《水污染防治法》的第二次修订，并于同年 6 月 1 日起开始实施。4 月，环境保护部等 4 部委联合印发了《淮河、海河、辽河、巢湖、滇池、黄河中上游等重点流域水污染防治规划(2006－2010 年)》。环境保护部配合国家发展和改革委员会编制了《太湖流域水环境综合整治总体方案》，于 2008 年 5 月经国务院批复实施。[①] 2009 年，环境保护部组织修订《大气污染防治法(修订草案)》。草案结合当前大气污染防治的新形势以及管理的新要求，在总量控制、排污许可证管理、机动车环境管理以及处罚力度上均有重大调整。环境保护部审议并原则通过《大气污染防治法(修订草案)》，已报国务院法制办。同时各地也相继完善地方性法规体系。这一系列法律、法规、部门规章以及环境保护标准的制定，对于控制、减少污染物排放、改善环境现状起到了积极的作用。[②]

---

① 国家环境保护部：《2008 中国环境状况公报》，2009-06-04。
② 国家环境保护部：《2009 中国环境状况公报》，2010-05-31。

专栏 8-3　宁波市出台法规，百里姚江重开颜

姚江是宁波的"母亲河"，是宁波境内一条集水利、农灌、渔业、航运和饮用等功能于一体的重要水系。同其他大多工业城市初期一样，宁波市最初环境保护的措施并没有跟上高速的经济发展节奏，宁波市无论是大气、土壤、水质都出现急剧下降的现象，宁波的"母亲河"也遭受了污染。从 20 世纪 80 年代开始，由于宁波大力发展塑料、化工、电子等高污染产业，姚江两岸企业众多，尤其是电镀、不锈钢酸洗、化纤、印染等高污染企业密集，越来越多的工业污水和生活污染物涌入姚江，姚江水质一度恶化。1995 年以前，两岸污染企业每年向姚江排放耗氧物质 9 875 吨。从余姚三江口到咸池长达 9 公里的水体，常年发黑发臭。

为了有效遏制余姚江污染势头，1995 年宁波市十届人大常委会第 18 次会议审议并通过了《宁波市余姚江水污染防治条例》（以下简称《条例》）。为一条江专门立法进行治理，这在当时全国还是首次。从此，宁波的"母亲河"姚江有了保护自己的"尚方宝剑"。

《条例》直接规定了姚江治理的水质标准，使各级政府开展污染防治的目标与任务非常明确，同时明确了姚江沿岸污染企业限期治理的任务；在全国首次推行了污染物排放总量控制和排污许可证制度，确定姚江排污总量三年控制目标。总量控制这一创举，后来被国家环保部门采纳，并在全国加以推广。

政府采取了一系列严格举措控制污染物排放，努力改善姚江水质。主要措施有：第一，政府严治沿江两岸污染源，分行业对其进行整改和关停，主要受治理的企业分布在不锈钢酸洗行业以及电镀行业，削减与控制工业污染源；第二，政府不断加大投入，削减两岸生活和面源污染；第三，对于新进入的企业要严格进行审批，在严抓老旧污染源的同时不放松新污染源的管理整治。

首先政府主要以沿岸污染行业专项整治为抓手，严厉打击环境违法行为，不断改善姚江水质。环保部门主要针对不锈钢酸洗业和电镀行业开展专项整治。对沿江两岸的非法企业进行专项整治，对于逾期未完成治理任务的企业予以关停。同时扶持有实力的企业采取污染轻生产效率高的生产工艺，推动不锈钢酸洗企业和电镀企业的搬迁，彻底消除污染源。经过努力，该地的不锈钢酸洗企业已全部搬迁到杭州湾工业区，姚江两岸的电镀企业也已全面实现搬迁。

同时，政府不断加大投入，削减两岸生活和面源污染。一方面是大力建设生活污水处理厂，削减两岸城镇生活污染源。另一方面，全面拆除网箱养鱼，消除养殖污染。由于姚江是封闭性水域，环境容量有限，而网箱养鱼需人工投放饵料，这些饵料投入过多污染水体，造成水体富营养化。对此从 2003 年开始市政

府启动姚江的网箱清除工作，同时扶助渔民转产转业。至 2004 年年底姚江上的养殖网箱已全部拆除。市政府出台了一系列办法措施对网箱清除、渔民养老保险、转产转业进行了补助，推出网箱拆除补助标准，市、县（区）两级政府共发放补贴 1.4 亿元，顺利实施了渔民的转产转业。至此，百里姚江重现水清鱼跃的和谐环境。

资料来源：

[1]依法治江令百里姚江重开笑颜. 宁波日报. 2008-10-14.

[2]环保总局. 浙江宁波市余姚江治理工作专题报告. 2007-01-17.

[3]叶新火. 13 年前《宁波市余姚江水污染防治条例》出台，一条江一部法见证环保事业发展.

2. 总量控制

总量控制制度在"十一五"期间得到了国家的大力重视，不同于之前的预期性指标，"十一五"的总量控制目标是约束性指标。约束性指标是进一步明确并强化了政府责任的指标，政府要通过合理配置公共资源和有效运用行政力量来确保实现。总量控制中，国家环境管理机关在各省自治区、直辖市申报的基础上，经全国综合平衡，编制全国污染物排放总量控制计划，并分解到各省、自治区、直辖市，作为国家控制计划指标。各省、自治区、直辖市把省级控制计划指标继续分解下达，逐级实施总量控制计划管理；在此基础上编制年度污染物削减计划；最后在年末对污染物削减进行检查与考核。

"十一五"阶段国家总量控制的主要目标是二氧化硫和化学需氧量。通过开展对流域水污染的总量控制和大气污染的总量控制来实现对这两种重点污染物的控制和削减，取得了一定的效果，也积累了不少经验。

3. 工程减排

工程减排是指通过建设具有节能减排作用的工程项目，或引进清洁生产的工程项目，或精心组织综合性节能减排工程项目，来实现节能减排的目标。"十一五"期间，环保部确定工程减排量要占到总减排量的 2/3。我国当前工程减排主要以火电脱硫机组和城市污水厂建设为重点，全方位推进治污设施建设进度，促进了环境基础设施建设，提高了我国的污染治理水平。工程减排措施的责任主体主要是建设部门和企业。

2007 年全国全年建成城市污水处理厂 482 座，新增污水处理能力 1 300 万吨/日，城镇污水处理率由 2006 年的 57％提高到 60％，2 700 家重点工业企业新建了废水深度治理工程；2008 年，全国新增城市污水处理能力 1 149 万吨/日；2009 年全国新增城市污水处理能力 1 330 万吨/日，超额完成年初确定的 1 000 万吨的任务。从 2006 年到 2009 年，全国累计建成 1 000 余座污水处理厂，累计新增城镇污水处理能力 4 460 万吨/日，全国城镇污水处理率达到 70%。

2007 年建成并投入运行 345 台、总计装机容量 1.2 亿千瓦的燃煤脱硫机组，脱硫机组装机容量达到 2.66 亿千瓦，占全部火电机组的比例由上年的 32% 提高到 48%；2008 年，全国新增燃煤脱硫机组装机容量 9 712 万千瓦；2009 年新增燃煤脱硫机组装机容量 1.02 亿千瓦，超额完成年初确定的 5 000 万千瓦的任务。2006 年至 2009 年，累计新增燃煤脱硫机组 4.11 亿千瓦，占全部燃煤机组的 71%。

通过工程治理措施，2008 年、2009 年全国新增化学需氧量减排量分别为 121 万吨和 116.6 万吨，二氧化硫减排量分别为 135 万吨和 173.4 万吨。[1]

4. 结构减排

结构减排指通过经济结构、产业结构调整来达到节能减排目的。这也是从根本上实现节约能源和减少污染物排放量目标的途径。国务院节能减排综合性方案中明确提出了对小火电、钢铁、焦炭、造纸等行业的淘汰目标。目前，国家发改委正在修订《产业结构调整目录》，将会陆续出台更有力的措施。同时各地政府通过制定关停淘汰落后产能方案，签订淘汰落后产能责任书等形式切实落实任务，采取"资金激励、上大压小、等量淘汰、区域限批、社会公示"等一系列政策措施，完善了落后产能退出机制，促使一大批耗能高、排放高、技术落后、经营粗放的企业退出。

"十一五"以来我国累计关停小火电 6 006 万千瓦，累计淘汰炼铁、炼钢、焦炭、水泥、造纸等落后产能分别为 8 169 万吨、5 977 万吨、6 309 万吨、2.14 亿吨和 600 万吨。

2007 年我国关停落后造纸企业 2 108 家，关闭化工企业近 500 家、纺织印染企业 400 家，关停小火电机组 1 438 万千瓦，淘汰落后水泥 5 200 万吨、落后炼铁能力 4 659 万吨、落后炼钢能力 3 747 万吨、平板玻璃 650 万重箱。2008 年，淘汰和停产整顿污染严重的造纸企业 1 100 多家，关闭小火电机组 1 669 万千瓦，淘汰了一批钢铁、有色、水泥、焦炭、化工、印染、酒精等落后产能。2009 年，国家"上大压小"关停小火电装机容量 2 617 万千瓦，分别淘汰炼铁、炼钢、焦炭和水泥等落后产能 2 113 万吨、1 691 万吨、1 809 万吨和 7 416 万吨，关闭造纸、

---

① 国家环境保护部：《2007 中国环境状况公报》，2008-06-04；《2008 中国环境状况公报》，2009-06-04；《2009 中国环境状况公报》，2010-05-31。

化工、酒精、味精和酿造等企业1 200多家。通过淘汰关停落后产能，2008年、2009年全国减排化学需氧量分别为34万吨和26.3万吨，减排二氧化硫分别为81万吨和84.2万吨。[①]

5. 管理减排

管理减排是指通过一系列管理政策的出台和管理措施的执行实现减排目的。一是通过提高排放标准，促使企业积极治理，减少污染物排放。二是严格控制新污染，提高了电力、钢铁、石化等13个高耗能、高排放行业建设项目的环境准入条件，否决了一批违法违规项目。三是不断完善企业节能减排的组织体系、监测体系、统计分析和规章制度，开展工序能耗或产品能耗限额考核和奖惩，推行能源审计，确保节能减排落到实处。四是抓好重点企业、重点领域、重点项目、重点环节的节能降耗监控，以及污水、垃圾、废弃物处理和火电厂脱硫设施运行管理。五是重视资金预算，为节能减排提供包括资金、设备、人才等在内的基础性资源保障。

2007年以来，国家累计安排减排"三大体系"建设资金60.6亿元，建成污染源监控中心306个，对近13 000家重点企业实施了自动监控。国家环境信息与统计能力建设项目全面启动实施。2009年，国控废水和废气重点污染源排放达标率分别为78％和73％，较上年提高12个和13个百分点。

（二）国际减排措施经验

1. 美国经验

排污权交易(Pollution rights trading)是指在一定区域内，在污染物排放总量不超过环境容量的前提下，内部各污染源(厂商)之间通过货币化交易的方式相互调剂排污量，令更多的排污权流向效率更高的厂商，或激励减排效率更高的厂商多减排污染物，从而达到提高减排效率、保护环境的目的。它的主要思想就是建立明晰合法的污染物排放权利(即排污权的产权明晰)，并允许这种权利像商品那样被买入和卖出，以此来进行提高污染物的排放控制的经济效率。

排污权交易起源于美国，20世纪60年代末美国经济学家戴尔斯(J. H. Dales)首先提出了排污权交易的理论。伴随着排污权理论的发展，20世纪70年代中期以后，美国政府尝试将各种类型的排污权交易实施于大气污染源和

---

① 国家环境保护部：《2007中国环境状况公报》，2008-06-04；《2008中国环境状况公报》，2009-06-04；《2009中国环境状况公报》，2010-05-31。

水污染源管理。根据交易体系设计特点，美国的排污权交易实践先后经历了排污削减信用（Emission reduction credits）交易和总量控制型排污权交易（Cap-and-trade）两个阶段。[①] 第一个阶段是指从20世纪70年代中期到20世纪90年代，在"排污削减信用"的基础上建立起来四大政策：补偿政策、气泡政策、银行储存政策和容量节余政策，代表了美国排污权交易实践的早期形态。第二个阶段的出现以1990年美国国会通过的"酸雨计划"为标志，最初服务于解决 SO_2 的污染问题，随后其成功的实施效果促使美国政府在州际和全球的大气污染控制上不断推动排污权交易。

美国排污权交易实践表明：完善的法律制度、多样的交易主体和中介机构、多元化的许可证分配方式、完备的监督管理体制以及对市场规律的尊重，对于排污权交易的实施至关重要。[②]

2. 欧洲经验

环境税（Environmental taxation），也有人称之为生态税（Ecological taxation）、绿色税（Green tax），是20世纪末国际税收学界才兴起的概念，学术界一般认为环境税有广义和狭义之分。狭义的环境税专指单一的污染税，即以向环境排放污染物的单位和个人的污染行为为征税对象的独立税种。广义的环境税则是指为实现特定的环境保护目标，筹集环境保护资金而征收的，与调节与环境污染资源利用行为相关的各种税及相关税收特别措施的总称。[③] 它是把环境污染和生态破坏的社会成本，内化到生产成本和市场价格中去，再通过市场机制来分配环境资源的一种经济手段。

西方发达国家征收环境税也是最近四五十年才开始的。法国是征收环境税的先驱国家，以1964年实施水污染收费为代表。而后，环境税成为环境经济手段中发展最快的一种。环境税早已引起欧盟成员国的高度重视。大部分欧盟成员国都对燃料、环境不友好产品和包装物征收环境税。其征收的环境税主要有二氧化硫税、水污染税、噪声税、固体废物税和垃圾税5种。

一些北欧国家在20世纪90年代初就实施了碳税政策。法国和英国2001年

---

① 李冬、王国印：《美国排污权交易给我们的启示》，载《河南商业高等专科学校学报》，2008，21(6)，25~28页。

② 王小军：《美国排污权交易实践对我国的启示》，载《科技进步与对策》，2008，25(5)，142~145页。

③ 罗世荣、熊林秋：《环境税收制度的国外实践及其对我国的借鉴》，载《法制与社会》，2008(11)，124~125页。

开始实施碳税，而德国和意大利也正在计划在生态税收改革中引入碳税。预计不久的将来，绝大多数欧盟成员国都将实施碳税。

总体上，欧盟环境税体系比较完备。从其设计来说，欧盟环境税涉及面广，专款专用，且使用差别税率制度。就其特点和经验来讲，欧盟环境税种类多样，重视开征独立型环境税；普遍推行税收中性政策，并将税负逐步从对收入征税转移到对环境有害的行为征税；实施多重税收与差别税收制度、返还与减免制度，并增加了财政收入和环保资金；重视对传统税种的"绿化"，即在传统税种的征收中更多地考虑环保因素。

碳交易是为促进全球温室气体减排，减少全球二氧化碳排放所采用的市场机制。联合国政府间气候变化专门委员会（IPCC）通过艰难谈判，于1992年6月4日通过《联合国气候变化框架公约》（UNFCCC）。1997年12月于日本京都通过了《公约》的第一个附加协议，即《京都议定书》（简称《议定书》）。《议定书》把市场机制作为解决二氧化碳为代表的温室气体减排问题的新路径，即把二氧化碳排放权作为一种商品，从而形成了二氧化碳排放权的交易。

碳交易的基本原理是，合同的一方通过支付金钱，从另一方获得温室气体减排额，买方可以将购得的减排额用于冲抵自身减排额度，从而达到其减排的目标。在6种被法定要求排减的温室气体中，二氧化碳（CO_2）为最大宗，所以这种交易以每吨二氧化碳当量（tCO_2e）为计算单位，所以通称为"碳交易"，其交易市场称为碳市场。[①]

欧盟在探索碳交易方面，无论是交易规模、融资途径，还是环保技术和交易制度创新均为先行者。[②] 早在2003年，欧洲议会和理事会便通过了温室气体排放许可权交易制度，即欧盟排放贸易体系（EUETS）。欧盟碳排放市场开始交易以来，交易量和成交金额一直居世界首位，并稳步上升。据统计，2005年，欧盟碳市场交易量已达3.21亿吨，碳交易金额为79亿美元，2006年，交易量快速上升为11亿吨，世界银行发布的《碳市场现状与趋势》报告显示，该年全球碳交易总额300亿美元，欧洲排放权交易就占到了244亿美元。目前，欧洲已成为世界上规模最大也是最活跃的碳交易市场。

就欧盟碳交易制度的成功经验来说：首先，以法律为依托，明确管理主体、规制对象、交易程序、监控体系和法律责任，并结合现实需求不断细化和扩展；

---

① 参见 http://baike.baidu.com/view/831144.htm。
② 谭婷莉：《欧盟碳排污权交易机制研究——兼论我国在国际碳减排中的应对方案》，载《中国经贸》，2009(18)，9~10 页。

其次，建立透明、合理的排放权分配机制，对纳入限额排放体系内的企业规定一个排放配额，从免费发放到探索以拍卖形式出售的排放许可证，体现了对机制缺陷的及时修正；再次，强有力的执行措施促成了碳交易的顺利发展；最后，有以伦敦为中心的为数众多的交易市场，如欧洲气候交易所（ECX）、北方电力交易所、未来电力交易所、欧洲能源交易所等，这些交易平台为碳交易奠定了基础。

>>参考文献<<

[1] 国家统计局. 改革开放 30 年我国经济社会发展成就系列报告之一：大改革大开放大发展［R/OL］. http://www.stats.gov.cn/tjfx/ztfx/jnggkf30n/t20081027_402512199.htm，2008-10-27.

[2] 国家环境保护部. 2006 中国环境状况公报.

[3] 国家环境保护部. 2008 中国环境统计年报.

[4] 王杨. 污染物排放总量控制的现状与建议[J]. 理论科学，2009.

[5] 国家环境保护部政策法规司. 2009 年环境经济政策主要进展.

[6] 2008 环境经济政策盘点[J]. 环保经济，2009，1.

[7] 潘岳. 七项环境经济政策当先行[J]. 瞭望新闻周刊，2008，3.

[8] 苏明，傅志华，等. 中国环境经济政策的回顾与展望[J]. 经济研究参考，2007，27.

[9] 李冬，王国印. 美国排污权交易给我们的启示[J]. 河南商业高等专科学校学报，2008.

[10] 王小军. 美国排污权交易实践对我国的启示[J]. 科技进步与对策，2008，25(5).

[11] 罗世荣，熊林秋. 环境税收制度的国外实践及其对我国的借鉴[J]. 法制与社会，2008.

[12] 谭婷莉. 欧盟碳排污权交易机制研究——兼论我国在国际碳减排中的应对方案[J]. 中国经贸，2009，18.

[13] 邵阳市污染减排工作实现新突破[N]. 邵阳日报，2010-06-02.

[14] 强化管理减排，调整结构减排，环保工程减排——我市污染物减排工作取得突破性进展[N]. 邵阳日报，2010-06-12.

[15] 闫承敏，刘孝斌. 2009 年宜昌环保成绩榜[N]. 三峡晚报，2010-04-08.

[16] 宜昌市发展和改革委员会. 我市三峡库区及影响区工业水污染防治规划项目

建设取得积极进展.

［17］宜昌三峡库区水污染防治项目获国家资金支持［N］. 中国经济导报，2010-07-10.

［18］宜昌市人民政府. 2010 年宜昌市政府工作报告.

［19］三峡库区及其上游水污染防治规划（修订本）.

［20］依法治江令百里姚江重开笑颜［N］. 宁波日报，2008-10-14.

［21］环保总局. 浙江宁波市余姚江治理工作专题报告.

［22］叶新火. 13 年前《宁波市余姚江水污染防治条例》出台，一条江一部法见证环保事业发展［M/OL］. http：//epaper. cnnb. com. cn/rp/fs/cp/17/29/20080317/15/icontent_3. htm.

第九章
生态保护与建设

任何社会与经济系统的发展都离不开生态系统在生态与环境方面的支撑，生态安全由此受到了世界各国政府的高度关注。从倡导可持续发展到推行绿色战略和低碳经济，均充分体现了人类在追求经济发展的同时，对保护生存空间、生态功能和环境效益认识的不断深化和为此所做出的不懈努力。我国在经历了几十年经济快速发展之后，资源与环境问题日渐突显，生态保护与建设的任务尤为繁重。全球生态服务功能的理论和生态系统服务的价值核算体系表明，区域系统的生态与环境支撑条件在很大程度上取决于生态系统的类型、规模、质量及其多样性，提高并且改善生态系统的这些特征，不仅在世界范围内，而且在我国不同区域都已经成为政府生态建设的重要内容，与其相关的指标和参数也被广泛地应用于直接或间接标识区域的可持续发展能力。本章将针对绿色指数选择的指标，阐述其问题及其在区域发展中的生态支撑作用。

>>一、现状与问题<<

中国生态环境的基本状况是：生态与环境资源有限，区域差异显著，近年来许多地方局部有所改善，但治理效益难以均衡破坏结果，生态赤字仍不断扩大。与绿色指标相关的的生态特征也显现出同样的特点。

(一)水生态

水资源供给整体下降。虽然近年我国人均当地水资源量有所增长，但从2000—2008年这9年来看，仍呈下降趋势，图9-1给出了2000—2008年我国人均当地水资源量的变化趋势。2008年我国人均当地水资源量为2 071.1立方米，同比增长 8％，但低于 2000—2003 年的水平，其中 2002 年我国人均当地水资源量达到 2 207.2 立方米，平均每人每年的当地水资源量比 2008 年高出 136.1 立方米。

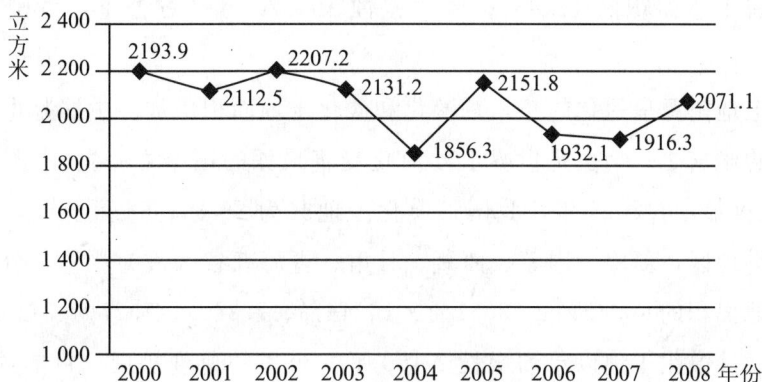

图 9-1　2000—2008 年中国人均当地水资源量　单位：立方米/人

　　数据来源：国家统计局、国家环境保护总局：《中国环境统计年鉴》(2009)，北京，中国统计出版社，2009。

　　中国水污染状况依然比较严重。2006—2009 年，我国废水排放量逐年递增，依次为 536.8 亿吨、536.8 亿吨、572 亿吨、589.2 亿吨。2009 年，全国 202 个城市的地下水水质以良好—较差为主，地表水资源的状况表现为七大水系总体为轻度污染，其中，珠江、长江水质良好，松花江、淮河为轻度污染，黄河、辽河为中度污染，海河为重度污染。203 条河流 408 个地表水国控监测断面中，Ⅰ～Ⅲ类、Ⅳ～Ⅴ类和劣Ⅴ类水质的断面比例分别为 57.3％、24.3％和 18.4％。主要污染指标为高锰酸盐指数、五日生化需氧量和氨氮。总体表现为，浙闽区河流为轻度污染，西北诸河为轻度污染，西南诸河水质良好。此外，近岸海域总体为轻度污染。[①]

(二)土壤侵蚀与土地生态

　　中国水土流失状况严重。据统计[②]：我国成立伊始，全国水土流失面积总共约为 116 万平方公里。1992 年卫星遥感数据表明，中国水土流失面积为 179.4 万平方公里，占全国国土面积的 18.7％。从区域分布来看，我国水土流失特别严重

　　[①]　数据来源于《中国环境状况公报》(2009)。

　　[②]　参见林业科学研究院 2009 年 12 月 23 日创建的百度百科词条，载 http://baike.baidu.com/view/3104416.htm，2010-07-17。

的地区主要有：黄土高原地区、西辽河上游、金沙江下游、嘉陵江中上游、横断山脉地区以及部分南方山地丘陵区。截至 2009 年年底，我国水土流失面积共为 356.92 万平方公里，占国土总面积的 37.2%。其中水力侵蚀面积 161.22 万平方公里，占国土总面积的 16.8%；风力侵蚀 195.70 万平方公里，占国土总面积的 20.4%。

我国土地资源呈退化趋势，荒漠化和沙化土地面积增加。中国是世界上荒漠分布最多的国家之一，也是世界上沙漠化受害最深的国家之一。《中国环境统计年鉴》的数据显示，2008 年，我国荒漠化土地共为 26 361.68 万公顷，集中分布在西北干旱地区，新疆、内蒙、西藏、甘肃、青海五省区最为严重，分别占全国荒漠化土地面积的 40.65%、23.61%、16.44%、7.34%、7.27%。自 20 世纪 80 年代以来，沙漠化土地以年均增长 2 100 平方公里的速度扩展，目前约有 393.3 万公顷农田、493.3 万公顷草场、2 000 公里铁路以及许多城镇、工矿、乡村受到沙漠化威胁。

（三）森林、草地

森林资源质量有待提高。根据第七次全国森林资源清查（2004—2008）结果，全国森林面积 19 545.22 万公顷，森林覆盖率 20.36%，活立木总蓄积 149.13 亿立方米，森林蓄积 137.21 亿立方米，乔木林平均每公顷蓄积量 85.88 立方米。林木年均净生长量 5.72 亿立方米，年均采伐消耗量为 3.79 亿立方米。与第六次全国森林资源清查（1999—2003）相比，森林面积净增 2 054.30 万公顷，人均森林面积增加 0.013 公顷，森林覆盖率增长了 2.15 个百分点。除香港特别行政区、澳门特别行政区和台湾省外，全国天然林面积 11 576.20 万公顷，蓄积 105.93 亿立方米。从森林起源看，人工林比例高，面积约 5 325.73 万公顷，蓄积 15.05 亿立方米，人工林面积高居世界首位。[①] 在我国森林资源林种结构方面，目前林区资源结构不够合理，据 2004 年资源统计，在林种划分方面，用材林占 26.2%，防护林占 55.7%，特种用材林占 18.1%。[②] 从森林资源结构及趋势来分析[③]，我国目前森林资源中过熟林、近熟林、中龄林、幼龄林面积比重分别为 18%、

[①]　尹峰、朱玉雯：《我国森林资源质量的主要影响因素及其对策研究》，载《湖北林业科技》，2008(2)，39～42 页。

[②]　任宝平：《树立科学发展观实现森林资源的永续利用》，载《内蒙古电大学刊》，2008(3)，18～20 页。

[③]　数据来源于历年《中国林业年鉴》和《全国森林资源统计》。

14％、35％、33％。在面积方面，中龄林和幼龄林面积比重较大，过熟林面积较小；在蓄积方面，中龄林和成龄林蓄积所占比例较大，幼龄林蓄积所占比例最小。这说明目前我国森林提供木材的能力还比较弱，幼龄林和中龄林面积仍占多数，所以可采伐资源严重缺乏。可见，虽然森林资源数量有所增加，但质量仍有待提高。

草地退化问题突出。截至 2009 年年底，我国草原面积 4 亿公顷，约占国土面积的 41.7％。北方干旱半干旱草原区涉及河北、山西、内蒙古等 10 个省（自治区），草原面积为 15 994.86 万公顷；青藏高寒草原区涉及西藏、青海全境以及四川、甘肃和云南部分地区，草原面积为 13 908.45 万公顷；东北华北湿润半湿润草原区涉及北京、天津等 10 个省（直辖市），草原面积为 2 960.82 万公顷；南方草地区涉及上海、江苏、浙江等 15 个省（自治区、直辖市），草原面积为 6 419.12万公顷。由于 2009 年在我国草原植被生长季节，大部分地区的气温比正常偏高，降水量比正常偏少，部分地区出现旱情，草原植被总体生长状况略差于上年。全国天然草原鲜草总产量为 93 840.86 万吨，较上年下降 0.92％，载畜能力约为 23 098.81 万羊单位。此外，频繁发生的草原灾害也是造成我国草原生产能力下降的重要原因。2009 年，全国共发生草原火灾 192 起，受害草原面积为 2.5 万公顷，比上年增加 1.5 万公顷。草原鼠害危害面积为 4 087.2 万公顷，占全国草原面积的 10.5％，比上年增加 11.2％。[①]

（四）生物多样性与生物入侵

中国物种资源丰富、生态系统复杂多样。联合国环境规划署认为，生物多样性是一种资源，具有多种多样的生态和环境服务功能。[②] 国外有学者列出了 17 种生态系统的环境服务功能，包括调节大气中的气体组成、保护海岸带、形成并保护肥沃土壤、调节水循环和气候等。[③] 生物多样性丧失就等同于丧失生物保障或丧失对维持产品和服务流通具有重要意义的生物资源。[④]

中国生态系统类型丰富多样，有森林、灌丛、草原、稀树草原、草甸、荒

[①] 数据来源于《中国环境状况公报》(2009)。

[②] UNEP, *Global environment outlook* 3. Earthschan, London, 2002.

[③] Robert Costanza, etc. The Value of the World's Ecosystem service and natural capital, *Natura*, 1997, 5(387), pp. 253-260.

[④] 江源、刘全儒、张文生、康慕谊：《西部开发建设中生物多样性及植被资源保护与管理》，2～3 页，北京，中国环境科学出版社，2008。

漠、湿地等陆地生态系统的各种类型，我国生态系统按群系分，包括森林 212 类、竹林 36 类、灌丛 113 类、草丛 13 类、草甸 77 类、草原 55 类、荒漠 52 类；冻原、高山垫状植被和高山流石滩植被主要有 17 类；自然湿地包括沼泽 19 类，其中，草本沼泽 14 类，木本沼泽 4 类，泥炭沼泽 1 类。中国近海有黄海、东海、南海和黑潮流域 4 个大海洋生态系统，近岸海域分布有滨海湿地、红树林、珊瑚礁、河口、海湾、泻湖、岛屿、上升流、海草床等典型海洋生态系统，以及古贝壳堤、海底古森林、海蚀与海积地貌等自然景观和自然遗迹。中国拥有高等植物 34 984 种，其中，苔藓植物 2 541 种，蕨类 2 270 种，裸子植物 245 种，被子植物 29 816 种。此外，几乎拥有温带的全部木本属。[①] 截至 2009 年年底，中国共有包括哺乳类、鸟类、两栖类、爬行类和鱼类等脊椎动物共 6 445 种，占世界总量的 13.7%。其中哺乳类动物的特有种类约占全世界的 20%，位居全世界前列。中国还有一些第四纪冰川时期残留的物种，比如大熊猫、扬子鳄等动物以及银杉、水杉等古老植物，这些物种仅存留在中国。[②]

生物多样性面临威胁。与全球其他国家和地区相似，我国在工业化和城市化发展过程中，同样存在过度利用生物资源并对生态系统形成强烈影响的问题。人类活动和自然过程的共同影响，直接或间接地威胁着我国物种和生态系统多样性。有研究成果表明[③]，超载放牧、草场退化、滥采药材、毁草开荒等都是威胁我国温带草原生物多样性的重要因素。据估计[④]，我国约有 15%～20% 的植物物种处于濒危状态，仅高等植物中濒危植物就高达 4 000～5 000 种。属于中国特有的物种和国家规定重点保护的珍贵、濒危野生动物有 312 种，正式列入国家濒危植物名录的第一批植物有 354 种。大熊猫、高鼻羚羊、白鳍豚、野象、东北虎等珍贵野生动物分布区显著缩小，种群数量锐减。

生物入侵问题突出。据报道[⑤]，入侵我国的外来有害生物已达 400 多种，其中已造成严重危害的就有 100 多种。我国每年因生物入侵造成的经济损失高达 1 198 亿元，其中检疫性有害生物每年造成的经济损失就达 574 亿元。在国际自然保护联盟(International union for conservation of nature)公布的全球 100 种最具威胁的外来物种中，入侵我国的就有 50 余种，这些入侵物种已经造成严重的经济

---

① 数据来源于《中国环境状况公报》(2009)。

② 鄂平玲、扎西：《保护好中国独特的生物资源》，载《人民日报》，2010-05-22(3)。

③ 中国生物多样性国情研究报告编写组：《中国生物多样性国情研究报告》，北京，中国环境科学出版社，1997。

④ 参见林业科学研究院 2009 年 12 月 23 日创建的百度百科词条，载 http://baike.baidu.com/view/3104416.htm，2010-07-17。

⑤ 张原：《我国生物入侵呈现四大态势》，载《学习时报》，2010-02-22(7)。

损失与生态灾难。目前全国 34 个省（区、市）及计划单列市均有生物入侵发生，涉及农田、森林、水域、湿地、草地、岛屿、城市居民区等几乎所有的生态系统。

>>二、生态服务功能与生态资源指标的基本关系<<

（一）生态系统服务功能

生态系统是自然界经过长期演化形成的，是人类生存与发展的重要基础和宝贵财富。生态系统对社会经济发展的重要作用体现为"生态系统服务"。生态系统服务（Ecosystem services）由 Holdren 和 Ehrlich 在 1974 年提出，是指人类直接或间接从生态系统得到的利益，既包括有形的产品，也包括无形的服务。社会经济系统依附于自然生态系统之上，从中取得各种自然资源，同时依赖其转化各种废物，提供和维持人类赖以生存的环境和空间。生态系统服务功能是不可替代的，它对社会经济可持续发展至关重要。联合国千年生态系统评估（Millennium ecosystem assessment，MA）根据生态系统的功能，把生态系统服务划分为 4 大类，即供给服务（如提供食物和水）、调节服务（如控制洪水和调节气候）、文化服务（如精神、娱乐和文化收益）和支持服务（如维持地球生命生存环境的养分循环）（如表 9-1）。

表 9-1　　　　　　　　　　　生态系统服务的种类①

供给服务	调节服务	文化服务
从生态系统获得的各种产品	从生态系统过程的调节作用中获得的各种收益	从生态系统获得的各种非物质收益
■食物	■气候调节	■精神与宗教
■淡水	■疾病调节	■消遣与生态旅游
■薪柴	■水资源调节	■美学
■生化药剂	■净化水质	■灵感
■遗传资源	■授粉	■教育
		■地方感
		■文化遗产

支持服务
对于所有其他生态服务的生产必不可少的服务
■土壤形成　　　■ 养分循环　　　■ 初级生产

---

① 张永民：《千年生态系统评估报告集（三）——生态系统与人类福祉——评估框架》，1 版，58 页，北京，中国环境科学出版社，2007。

在目前全球范围内生态危机频发的大背景下，生态系统服务功能受到人们的广泛重视，无论是政府部门、科研机构，还是公益性组织，都广泛地开展这方面的研究工作。在这个过程中，人们逐渐认识到生态系统服务的巨大价值。Costanza 等人曾对全球生态系统服务价值进行了初步测算，结果显示，全球每年生态系统服务价值为 16 万亿～54 万亿美元，平均为 33 万亿美元，是 1997 年全球国民生产总值（GNP）的 1.8 倍。[①]《中国生物多样性国情研究报告》对我国生物多样性价值的初步统计结果显示，其直接使用价值达每年 2 000 亿美元，而间接使用价值则高达每年 4 万亿美元。[②]

相关研究表明，不同类型的生态系统服务价值差异很大，以单位面积计算，生态服务价值最高的是湿地，其次是湖泊河流、近海水域、森林、草地，而农田的生态服务价值最低（如图 9-2）。这也说明，自然生态系统，尤其是水生态系统保护的重要性。

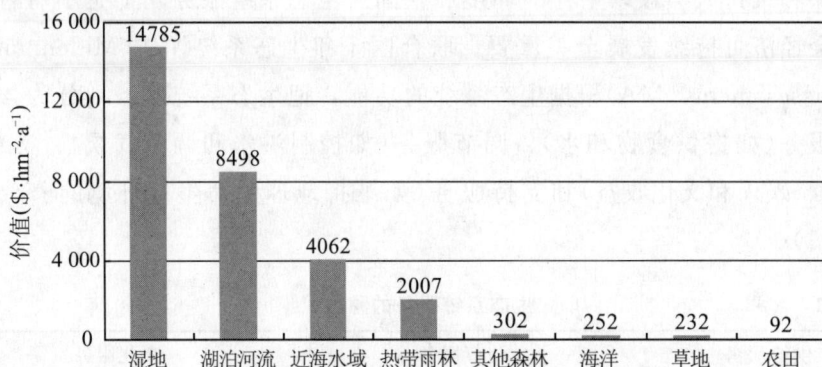

图 9-2　8 种生态系统单位面积生态服务价值的比较[③]

（二）生态服务功能与生态资源指标的基本关系

生态系统服务功能及其价值集中体现在以下几个生态资源指标上。

1. 水资源与水生态系统

水资源是自然形成且循环再生并能为当前人类社会和自然环境直接利用的淡

---

① Costanza，The value of the world's ecosystem services and natural capital，*Nature*，1997（387），pp. 253-260.
② 中国生物多样性国情研究报告编写组：《中国生物多样性国情研究报告》，1 版，北京，中国环境科学出版社，1998。
③ Costanza，The value of the world's ecosystem services and natural capital，*Nature*，1997（387），pp. 253-260.

水，水循环是生态系统生物地球化学循环中最重要的循环。水不仅是维持生态系统健康运行的基本要素，也是人类赖以生存的宝贵资源。在各种生态系统类型中，生态服务价值最高的是水生态系统。以湿地生态系统为例，其供给服务主要表现在为人类提供大量水产品、禽畜产品、谷物等食物，以及芦苇、木材、药用植物等原材料。除此之外，湿地可以调节区域气候，使周边地区保持一定的湿度和降雨量。湿地具有沉淀、吸附、分解、转化和吸收污染物的功能，可以净化水质。湿地还是一个巨大的蓄水库，可储存过量的降水，减弱洪水对下游的危害。不同湿地类型中，干旱、半干旱地区的湿地可调节地表水量，补给地下水；红树林湿地能够促进污染物分解、净化海水、维护河口海岸食物链；泥炭湿地可以降低大气中的二氧化碳，减缓温室效应的影响，等等。湿地还拥有丰富的生物多样性和巨大的基因库，极具科研和经济价值。根据第一次全国湿地资源调查统计结果，我国湿地内分布有高等植物 2 276 种，野生动物 724 种，其中水禽类 271 种、两栖类 300 种、爬行类 122 种、兽类 31 种。

湿地生态系统服务价值主要体现在生态环境调节与维护的功能上。有资料曾计算过太湖湿地生态系统服务，其服务总价值为 112.39 亿元，其中生态环境调节与维护功能价值最大，占到 48.98%，其次是物质生产与供给功能，占 29.1%，文化社会功能则占 21.91%。9 项具体生态服务功能中，调蓄洪水的功能价值最大，约占 26.23%，其次为供水功能，约占 24.56 %，气候调节功能约占 18.23%，科研教育价值约占 13.16%，植被资源生产功能价值约占 0.09%。[1]

上述分析表明，水生态系统的服务价值对社会经济的绿色发展是不可或缺的，不仅表现在直接价值上，还表现在更加巨大的间接价值，以及未来的潜在价值上。水生态系统与水资源息息相关，一旦水生态系统萎缩或受到严重污染，生态服务功能得不到正常发挥，水资源量也会锐减，从而影响人们的生存安全。我国人均水资源量仅有世界平均水平的 1/4，近年来，由于生态破坏、环境污染、人口剧增以及城镇化速度的加快，我国水资源状况堪忧。据报道，预计到 2030 年，我国人均水资源量将从现在的 2 200 立方米左右降至 1 800 立方米以下。[2]

2. 森林和草地生态系统

森林和草地是最主要的陆地生态系统类型，具有重要的生态服务功能。

---

① 许妍等：《太湖湿地生态系统服务功能价值评估》，载《长江流域资源与环境》，2010，19(6)，646～652 页。

② 载新华网，http://news. xinhuanet. com/newscenter/topic2007/2007-03/22/content_5883165. htm，2007-03-22。

森林生态服务功能价值可分为直接价值和间接价值。直接价值包括林木林副产品和森林生态旅游，间接价值包括涵养水源、保持土壤、固碳释氧、积累养分、净化空气和维持生物多样性等方面。森林生态系统为人类提供大量木材、各种食物和原材料。森林生态旅游业是一种绿色消费方式，可以在不消耗森林资源的情况下，获取远高于生产木材的经济效益，这对保护森林资源，推动地方经济发展具有重要作用。森林涵养水源的能力主要体现在林冠截留、凋落物持水和土壤非毛管孔隙蓄水三方面。森林可吸收二氧化碳，放出氧气，保持大气氧浓度平衡。树木能分泌出杀伤力很强的杀菌素，杀死空气中的病菌和微生物，对人类有一定保护作用。树木叶片上的褶皱、茸毛以及从气孔中分泌出的黏性油脂、汁浆能粘截大量微尘，有明显阻挡、过滤和吸附作用。森林还可吸收二氧化硫、氟化氢等大气污染物。据统计，阔叶林对二氧化硫的吸收能力为 88.65 $kg \cdot hm^{-2} \cdot a^{-1}$，针叶林对二氧化硫的平均吸收能力为 215.60 $kg \cdot hm^{-2} \cdot a^{-1}$，吸收氟化氢能力阔叶林和针叶林均为 9.85 $kg \cdot hm^{-2} \cdot a^{-1}$，滞尘能力针叶林为 33.23 $kg \cdot hm^{-2} \cdot a^{-1}$，阔叶林为 10.11 $kg \cdot hm^{-2} \cdot a^{-1}$。[1] 此外，森林还有积累养分、保持水土和保护生物多样性等功能。

根据中国林科院最新发布的中国森林生态服务评估研究成果，中国森林生态系统的涵养水源、保持土壤、固碳释氧、积累营养物质、净化大气环境与生物多样性保护等 6 项生态服务总价值为每年 10 万亿元。[2] 国家高度重视森林建设，2010 年 6 月 9 日国务院常务会议通过的《全国林地保护利用规划纲要（2010—2020年）》提出，到 2020 年，我国森林保有量将达到 2.23 亿公顷，比 2005 年增加4 000万公顷，森林覆盖率将达到 23% 以上。

草地生态系统的供给服务包括畜牧业产品和植物资源产品两大类。畜牧业产品如人类生活必需的肉、奶、毛、皮等，植物资源如食用、药用、工业用、环境用植物资源以及基因资源和保护种质资源等。草地生态系统的调节功能主要包括：气候调节、土壤碳固定、水资源调节、侵蚀控制、空气质量调节、废弃物降解和营养物质循环等服务功能。侵蚀控制方面，草地对防止土壤风力侵蚀、减少地面径流、防止水力侵蚀具有显著作用。草地生态系统的支持功能包括大气平衡、太阳能固定、初级生产、氮循环、水循环等，而最重要的莫过于固沙改土、

---

① 中国生物多样性国情研究报告编写组：《中国生物多样性国情研究报告》，1 版，北京，中国环境科学出版社，1998。

② 《中国森林生态系统 6 项生态服务总价值为每年 10 万亿元》，载新华网，http://news.xinhuanet.com/fortune/2010-05/20/c_12124961.htm，2010-05-20。

培肥地力和生境提供。此外，草地生态系统还具有文化消费价值，而且多具有民族文化特色。

目前，全国草原面积 4 亿公顷，约占国土面积的 41.7%。[①] 相关研究对我国草地生态系统的侵蚀控制、截留降水、土壤碳累积、废弃物降解、营养物质循环和生境提供 6 类功能进行了初步估算，得出其生态服务价值为 8 803 亿元。[②]

由于森林和草地生态系统对一个地区生态安全和绿色发展的重要作用，其覆盖率指标以及人均所拥有的资源数量不仅是评价区域绿色发展的常用指标，也已经成为评价区域和地区生态环境质量，甚至是评估减少碳排放贡献的重要参数。如《国家园林城市标准（建城[2005]43 号）》规定了北方和南方不同人口规模城市的人均公共绿地、绿地率和绿化覆盖率的指标；而国家林业局 2007 年发布的《国家森林城市评价指标》中，国家森林城市的森林覆盖率南方城市须达到 35% 以上，北方城市须达到 25% 以上。在国际碳交易市场中，营造碳汇林也已经成为重要的交易筹码。

专栏 9-1　森林生态系统保护的典范：西藏林芝地区

林芝地区位于西藏自治区东南部、雅鲁藏布江中下游。林芝地区有林地面积 607 万公顷，占地区总面积的 53%，活立木蓄积量 12.1 亿立方米，是全国最大的原始林区之一。辖区内有国家级自然保护区 2 个、自治区级自然保护区 1 个、国家级森林公园 2 个，自然保护区面积达 3.21 万平方公里。林芝地区是世界生物多样性最典型的地区，有云杉、高山松等高等植物 2 000 多种，松茸、羊肚菌等食用菌 120 多种，金丝猴、孟加拉虎等野生动物 340 多种，各种昆虫 1 800 多种。林芝地区素有"西藏江南"、"东方瑞士"之称。

长期以来，林芝地区认真贯彻落实中央和西藏自治区党委、政府关于生态环境保护与建设的一系列决策部署，提出了生态立地、生态兴地、生态强地战略，采取了一系列有效的生态建设措施：大力实施天然林保护工程，实行限额采伐，将商品材采伐量从以前的每年 8 万立方米，调减到目前的每年 5 万立方米；加强森林防火工作，建立森防专项资金，配备森防设备，积极应对森林火灾，成立各类森防队伍 344 个，森防突击队 10 个，有灭火人员 1.7 万余人，做到早发现、早处置，有效地预防和减少了森林火灾的发生；落实生态效益补偿金，全地区共

---

① 数据来源于《中国环境统计公报》（2009）。

② 赵同谦等：《中国草地生态系统服务功能间接价值评价》，载《生态学报》，2004，24（6），1101～1110 页。

有 183.48 万公顷公益林纳入到国家森林生态效益补偿范围，占地区国土面积的 23.7％；积极开展植树造林活动，在城镇、交通沿线、"三荒"地带实施营林造林，318 国道、306 省道绿色长廊基本形成；加大野生动物保护力度，严厉打击各种非法盗猎、出售野生保护动物的活动；调整畜牧业结构和生产方式，实行以草定畜、定期轮牧，减少牲畜放养，提高牲畜出栏率；加大湿地保护力度，严格控制湿地资源开发，并采取抢救性措施建设湿地保护区。

截至 2008 年年底，林芝地区自然保护区总面积达 3.21 万平方公里，重点公益林面积达到 1.02 万平方公里，累计植树造林 544 平方公里，森林面积占西藏自治区的 70％，占全国的 8％，森林覆盖率达 46％以上。与此同时，社会经济发展同步跟进，全地区生产总值达到 38.99 亿元，人均生产总值达到 21 600 元，比全区人均水平高 7 740 元，农牧民人均纯收入达到 4 095 元，居西藏全区首位。

2008 年，林芝地区出台了《关于建设生态地区的决定》，提出用 10 年左右时间，将林芝地区建设成为国家命名的生态地区，在西藏全区首个提出了建设生态地区，林芝地区的生态建设和绿色发展也走上了新的征程。

资料来源：

[1]第九届中国经济论坛—生态文明与节能减排—中国节能减排二十佳城市评选活动—林芝地区节能减排工作介绍. http://test.dbw.cn/system/2009/10/23/052173644.shtml.

[2]国务院新闻办公室网站. 西藏林芝地区恢复成立 23 年来经济社会发展情况发布会. http://www.scio.gov.cn/xwfbh/gssxwfbh/fbh/200911/t459135.htm. 2009-11-09.

3. 水土流失与生态破坏

水土流失往往伴随着生态系统的破坏，尤其是植被的破坏而发生，在水土流失区域，由于水分和养分的缺乏，植物生长受到抑制，生态系统极端脆弱或崩溃，生态服务功能得不到有效发挥，从而对社会经济的发展产生制约作用。与此相反，通过增加植被、防风固沙等治理措施，可以使生态服务功能得到不同程度的恢复。

对于某一地区而言，水土流失面积比例与生态系统服务功能价值存在某种反比关系。在一项对三峡库区黑沟小流域的研究中，在大于 25°坡地和大于 15°坡地通过退耕还林模式治理水土流失，使全流域生态服务价值分别增加了 18.3％和 49.3％。① 又如陕北长城沿线风沙过渡区，水土流失严重，土地沙化强烈，生态环境脆弱，然而经过植被保护和生态建设，水土流失面积比例减小，生态系统服

---

① 田耀武等：《基于 RS 和 GIS 的退耕还林模式对三峡库区黑沟小流域生态服务价值的影响》，载《水土保持研究》，2010，17(3)，97～100 页。

务价值增加：该区 2002 年生态服务价值与 1992 年相比，从 138.94 亿元增加到
146.92 亿元。[①]

4. 自然保护区的生态价值

自然生态系统经过长期演化，提供了物种间相互依存的最佳模式，是生态系统服务的主体。自然生态系统受到破坏后，其结构和功能难以在短期内恢复，更不能被人工生态系统替代。随着经济发展和人口增长，世界上许多地区的自然生态系统不断减少并逐渐萎缩，在这种情况下，建立自然保护区是最有效的保护自然生态系统的方式。在某种意义上，自然保护区面积比例反映了重要的自然生态系统所占的比例。

《中华人民共和国自然保护区条例》把"自然保护区"定义为"对有代表性的自然生态系统、珍稀濒危野生动植物物种的天然集中分布区、有特殊意义的自然遗迹等保护对象所在的陆地、陆地水体或者海域，依法划出一定面积予以特殊保护和管理的区域。"我国的自然保护区按保护对象和目的可分为 6 种类型：以保护完整的综合自然生态系统为目的的自然保护区；以保护某些珍贵动物资源为主的自然保护区；以保护珍稀植物及特有植被类型为目的的自然保护区；以保护自然风景为主的自然保护区和国家公园；以保护特有的地质剖面及特殊地貌类型为主的自然保护区；以保护沿海自然环境及自然资源为主要目的的自然保护区。这些保护区对所在地区的涵养水源、保持水土、改善环境和保持生态平衡等方面发挥着重要的生态系统服务功能，尤其是作为种质资源库，具有相当可观的未来潜在价值。自然保护区也保留了自然生态系统的美学价值，是人类健康、灵感和创作的源泉，也在科研和教育方面发挥重要作用。

有研究核算过山东省昆嵛山自然保护区的生态系统服务功能价值，其数值高达 4.99 亿元，其中直接价值为每年 0.32 亿元，仅占到总服务功能总价值的 6.42%，而间接价值高达 4.67 亿元。在间接价值中，如果按从大到小排列，依次是涵养水源、净化空气、维持生物多样性、保持土壤、固碳释氧和娱乐文化。[②]

---

① 王晓峰等：《陕北长城沿线地区生态系统服务价值变化研究》，载《干旱区地理》，2006，29(2)，243～247 页。
② 王玉涛等：《昆嵛山自然保护区生态系统服务功能价值评估》，载《生态学报》，2009，29(1)，523～531 页。

专栏 9-2 "中华水塔"：三江源自然保护区建设

三江源地区是我国长江、黄河和国际河流澜沧江——湄公河的发源地，位于青海省南部，总面积达 31.8 万平方千米。长江总水量的 25％，黄河总水量的 49％和澜沧江总水量的 15％都来自于三江源地区，使这里成为我国乃至亚洲的重要水源地，素有"江河源"、"中华水塔"、"亚洲水塔"之称。三江源动植物资源丰富，是野牦牛、野驴、藏羚羊、黑颈鹤等大批珍稀野生动物的栖息地，是我国最主要的水源地和全国生态安全的重要屏障。

近年来，随着全球气候变暖，冰川、雪山逐年萎缩，直接影响高原湖泊和湿地的水源补给，众多的湖泊、湿地面积缩小甚至干涸，沼泽地消失，泥炭地干燥并裸露，沼泽低湿草甸植被向中旱生高原植被演变，生态环境已十分脆弱。随着人口的无节制增加和人类无限度的生产经营活动，又大大加速了该地区生态环境恶化的进度，导致草地载畜量减少，野生动物栖息环境质量减退，栖息地破碎化，生物多样性程度降低。更重要的是，随着源区植被与湿地生态系统的破坏，水源涵养能力急剧减退，导致三江中下游广大地区旱涝灾害频繁发生、工农业生产受到严重制约，并已直接威胁到了长江、黄河流域乃至东南亚诸国的生态安全。

青海省人民政府于 2000 年 5 月批准建立三江源省级自然保护区，成为我国面积最大的保护区。国家林业局将三江源自然保护区建设作为全国重点林业生态建设工程的"旗舰工程"，先期于 2001 年投资启动实施。2001 年 8 月，国家级自然保护区评审委员会办公室派出专家组赴三江源地区进行了实地考察，国家环境保护总局、国家林业局、农业部、水利部也派员参与了考察。依据这次考察的成果，国家林业局规划院和三江源保护区管理局制定了三江源保护区 2001—2010年的 10 年建设总体规划。2003 年 1 月，国务院正式批准三江源自然保护区为国家级自然保护区。2005 年 1 月 26 日，温家宝总理主持召开国务院第 79 次常务会议，批准了《青海三江源自然保护区生态保护和建设总体规划》，并决定国家投资75 亿元人民币建设三江源国家级自然保护区。2005 年 5 月 15 日，三江源国家级自然保护区核心区的扎陵湖、鄂陵湖湿地被联合国湿地公约秘书处正式批准为"国际重要湿地"，这标志着三江源保护区已成为全球最具影响力的高原湿地之一。2005 年 8 月《规划》工程建设开始启动。

随着三江源生态保护和建设工程的实施，黄河源头的降水量逐年增大，有效缓解了生态环境的恶化。调查显示，近年来黄河源头地区众多湖泊面积呈现出不同程度的扩大。据遥感监测，鄂陵湖、扎陵湖等大型湖泊面积均有所增大，增大幅度在 0.5 平方公里至 47 平方公里不等。被誉为"黄河源头第一县"的玛多县再现昔日湖泊星罗棋布、波光粼粼的千湖美景，一些原已干涸消失的湖泊也重现高原，湖泊数量目前已经恢复到 4 000 余个。

资料来源：

[1]三江源生态环境保护协会

[2]人民网.三江源. http://www.people.com.cn/GB/14838/35549/35727/35786/2762042.html.

[3]金旻.科技为三江源建设插上腾飞的翅膀——中国林科院参加三江源自然保护区建设纪实.湿地科学与管理.2005(1).

[4]黄河源头玛多县重现千湖美景.新华网. http://news.xinhuanet.com/politics/2009-08/25/content_11939904.htm. 2009-08-25.

>>三、国内外生态保护与建设的相关措施<<

（一）国外生态建设及其关注指标

在生态系统服务的不同类型中，只有供给服务可以进入市场进行买卖，而支持服务、调节服务和文化服务的价值基本上都属于不能进入市场的间接价值，如养分循环、气候调节、水土保持、净化环境等。这些不能进入市场的部分，恰恰是生态系统服务的主体，依据经济学上的外部性定义，它们被人们长期"免费"使用。在生态系统服务不被人类经济活动增加或减少的情况下，它的数量将维持在一个恒定的水平上，而当其数量由于生态破坏而减少时，人们对它的需求量就会迅速增加。因此，必须不断加强生态维护和采取生态建设措施，才能保障生态系统服务功能的正常发挥。

世界很多地区的经验表明，自然保护和生态修复是生态维护和生态建设的主要内容。在自然保护方面，世界自然保护联盟（IUCN）划分了不同的保护区类型和管制级别，各国也在此框架下积极建立生态保护区。在生态修复方面，国家政策与公众参与并举，如美国自 20 世纪 30 年代以来，为遏制由于大规模土地开发导致的土壤侵蚀等生态退化，先后实施了一系列的政策措施，其中影响比较大的包括土地休耕保护计划（CRP）、环境质量激励计划（EQIP）和保护支持计划（CSP）等。这些计划使水土流失明显减少，区域生态质量大幅改善，并带来了显著的社会经济效益。再如，英国针对大量废弃矿区遗留大量废物和塌陷形成大量湿地的现状，进行了卓有成效的生态修复和重建工作，结果显著提高了湿地的洪水蓄积、水资源蓄积、生物多样性保护和休闲娱乐等多种功能。

　　生态建设的管理运行机制方面，国际上也探索出很多新的途径，表现为谋求建立全球生态保护联盟、建立可持续财政机制、建立生态保护市场机制、建立社区公众参与机制、以能源新政为切入点进行生态保护等方面。当前，在国际上采取的生态保护融资机制中，较好的做法如双边或多边捐赠、生物多样性事业基金、绿色账户、生物探矿 BP、碳补偿工程、旅游基础费等，这些机制中大部分都是以市场为基础的工具。对保护地所提供的物品和服务进行估值和市场化交易，目的在于有效地评估经济发展与生态保护的关系，尽可能地实现经济和社会发展中外部成本内部化。

　　与此同时，许多国家和国际组织纷纷制定和完善生态环境建设的考核与评价指标体系，如经济合作与可持续发展组织的可持续发展指标体系、国际自然资源保护联合会（IUCN）与国际开发研究中心（IDRC）联合提出的可持续性晴雨表（The barometer of sustainability）、联合国统计局（UNSD）开发的综合环境经济核算体系和可持续发展指标体系、欧盟 2008 年发布的十个环境指标体系、美国耶鲁大学与哥伦比亚大学联合开发的环境可持续性指标（Environmental sustainability index，ESI）、荷兰的政策业绩指标（Policy performance indicators，PPI）、英国的可持续发展指标体系；城市层面主要是以这些科学的生态建设指标体系为指导，大力推进生态城市建设。世界各地区和国家生态建设的实践及其评估标准研究表明，植被覆盖、绿色空间、大气与水环境质量、土地覆盖特征、生态系统健康状况以及生物多样性等是受到关注的核心内容。

　　例如，国际自然资源保护联合会与国际开发研究中心于 1995 年联合提出了"可持续性晴雨表"评估指标及方法，其中，生态系统的理想状态子系统主要包括五个要素方面共计 51 个指标：一是土地（5 个指标）；二是水资源（20 个指标）；三是空气（11 个指标）；四是物种与基因（4 个指标）；五是资源利用（11 个指标）。美国的环境可持续性指标共包括 22 个核心指标，主要致力于研究环境可持续发展，采用空气、土壤、生态和水来衡量环境系统的状态。[①] 1996 年英国发布国家可持续发展战略，并成为全球首家公布全套可持续发展指标的国家。英国政府在 2004 年对国家可持续发展战略进行了修订，并于 2005 年 3 月 7 日由英国政府正式发布。这个新的国家可持续发展战略主题为"保障未来"，确认的四项工作重点是可持续生产与消费、气候变化、能源和自然资源保护、提高环境，并最终形成

---

①　王祥荣：《生态建设论——中外城市生态建设比较分析》，南京，东南大学出版社，2004。

了 68 个指标构成的可持续发展指标体系。①

此外,国外很多生态城市建设过程中重点关注水、土、气、生、清洁能源及绿空间等指标。美国的克利夫兰市(Clevelard)为了建设生态城市,专门成立了负责推动永续发展的单位并雇佣专业顾问,该建设计划在绿空间设计方面提出建设绿色道路、公园和自然保护区,并颁布实施绿色建筑法规提升建筑品质。在水质方面,通过立法强化执行水质改善计划,提高污水下水道的接管率。加拿大的温哥华市(Vancouver)在生态建设过程中重点关注 8 类指标,即固体废弃物、交通运输、能源、空气排放、土壤、水、绿空间、建筑。其中在水资源方面,温哥华市以提高水的利用效率、管理表面水、利用植物进行污水处理等措施旨在实现清洁水有效利用的最大化、水污染最小化、水公共建设需求最小化。在土壤方面,通过加强综合性土壤复育选择与分析、增加土壤生产率等措施旨在最小化土壤污染造成的环境与健康风险,并实现区域土壤生产率的最大化。在空气排放方面,通过降低地平面臭氧浓度、降低温室气体排放、降低室内化学及生物排放浓度等措施,将有害空气污染排放降至最低。在绿空间方面,通过增加物种栖息地、增加植被面积、提高海生及海滨栖息地品质及利用性、提升淡水生态系统存在性等措施实现生物多样性最大化、植物覆盖绿最大化和水生环境回复。②

(二)我国生态建设国家行动

近年来,我国生态建设取得丰硕成果,生态系统服务功能不断得到提升,为社会经济绿色发展奠定了坚实基础。森林生态建设方面,严格保护天然林,大力发展人工林,实行具有中国特色的森林资源管护制度,建立中国绿色碳基金,发展碳汇林业,大力发展林业物质能源;沙化土地治理方面,实施"三北"防护林体系建设工程,强化京津风沙源治理,并在平原地区建设规模宏大的农田防护林体系;湿地保护与恢复方面,实施全国湿地保护工程,加强三江源湿地保护;水土流失治理方面,实施退耕还林工程和长江流域防护林体系建设工程,构筑万里海疆生态屏障;自然保护方面,加强野生动植物保护,大力进行自然保护区建设。此外,还以生态建设为依托,大力发展林业产业,构建生态文化体系,加强生态

① 邓昭华:《英国:2007 可持续发展指标》,载《海外简讯》,2007(5),转引自国际城市规划网,http://www.upi-planning.org/detail.asp?articleID=1164,2010-07-24。
② 张添晋、蔡惠玲:《国内外生态城市环境指标分析比较之研究》,载 http://search-pdf-books.com/国内外生态城市环境指标分析比较之研究-pdf/,2010-07-24。

领域国际合作，并提供有力支持保障。①

在保护生物多样性方面，我国自 1992 年年底加入《生物多样性公约》②以来，已提交多次国家履约报告，制定了《中国生物多样性保护战略与行动计划》、《中国生物多样性国情研究报告》、《国家生物安全框架》等国家战略。近年来我国在生物多样性保护方面做出了多方面努力，实施了天然林保护、退耕还林（草）、退牧还草等一系列重大生态工程，加强自然保护区建设。截至 2008 年年底，全国共建立各种类型的自然保护区 2 538 个，占国土面积的比例达 15.1%③。截至 2009 年年底，中国已对 6 万多种生物及数十万份物种资源进行了编目，建立了国家生物物种资源数据库平台。在生物入侵防治方面，2003 年国家环保总局与中科院联合发布了第一批外来入侵物种名录。各部门相互协同，共同制定了外来入侵物种环境应急方案，并在此基础上形成了生物物种环境安全应急预案。

为了与生态建设相协调，2000 年，原国家环保总局在全国组织开展了生态建设示范区工作，加快转变经济发展方式和消费模式，促进人与自然和谐，着力改善城乡生态环境质量，以生态文明的理念和要求不断提升经济社会可持续发展水平，将区域发展逐步纳入生产发展、生活富裕、生态良好的文明发展道路。目前，已有海南、吉林、黑龙江、福建、浙江、山东、安徽、江苏、河北、广西、四川、辽宁、天津、山西 14 个省（区、市）相继开展了省域范围的建设，500 多个市县开展了市县范围的建设。其中，江苏省张家港市、常熟市、昆山市、江阴市、太仓市，浙江省安吉县，上海市闵行区，北京市密云县、延庆县，山东省荣成市，深圳市盐田区等 11 个县（市、区）达到国家生态县建设标准，1 027 个乡镇达到全国环境优美乡镇标准，生态建设示范区工作呈现出蓬勃发展的态势。④

专栏 9-3　生态城市样板：天津滨海新区

天津滨海新区于 2009 年 11 月设立，位于天津市的东部临海地区，由天津港、天津经济技术开发区、天津保税区以及原塘沽、汉沽、大港三个管委会和东

---

① 国家林业局：《中国林业与生态建设状况公报》，2008。
② 根据《生物多样性公约》制定了《中国生物多样性保护战略与行动计划》，确定了 35 个优先保护区域，提出了今后一段时期（2010—2030 年）中国生物多样性保护的战略思想、战略方针和指导原则，制定了近期、中期、远期战略目标任务，提出了保护优先领域、优先行动和优先项目，以及为做好相关工作的保障措施。
③ 国家统计局、国家环境保护总局：《中国环境统计年鉴》（2009），北京，中国统计出版社，2009。
④ 环境保护部：《关于进一步深化生态建设示范区工作的意见》，环发[2010]16 号。

丽、津南区的一部分组成，拥有海岸线 153 公里，陆域面积 2 270 平方公里，海域面积 3 000 平方公里。该区的功能定位是：依托京津冀、服务环渤海、辐射"三北"、面向东北亚，努力建设成为我国北方对外开放的门户、高水平的现代制造业和研发转化基地、北方国际航运中心和国际物流中心，逐步成为经济繁荣、社会和谐、环境优美的宜居生态型新城区。[①]《天津滨海新区生态建设与环境保护规划》提出，以建成生态经济、生态环境、生态人居、生态文化四大生态体系为目标，到 2015 年，把天津滨海新区全面建设成为经济繁荣、社会和谐、环境优美的宜居生态型新城区。

根据规划，天津滨海新区将建设一南一北共计 500 平方公里的两大生态环境区，并构建五条生态廊道及若干生态组团，打造各具特色的立体化天津滨海新区生态架构，实现人与自然、经济与环境的和谐。两大生态环境区分别位于天津滨海新区南北两端，共计约 330 平方公里，将在调配湿地水资源、恢复植被、涵养水源、保护生物多样性等方面发挥积极作用，成为天津滨海新区生态平衡的重要保障。天津滨海新区将建设海河生态保护廊道、永定新河、独流减河生态保护廊道、海岸景观休闲廊道、城市生态隔离廊道"三横两纵"五条生态廊道；建设大港化工区、汉沽精细化工区、海河下游现代冶金区外围生态绿化带，形成环工业区生态组团；建设官港森林公园、开发区森林公园、塘沽森林公园，形成森林生态组团；建设塘沽区和大港、汉沽城区及海河下游六个城镇外围生态绿化带，形成城镇生态组团。同时，天津滨海新区将建立生态补偿体系，如人工加宽河道、补偿性建设大面积景观水系等，降低各组团间的相互影响。

目前通过实施土壤脱盐技术、加强后期养护、培育本土耐盐绿植，天津滨海新区解决了土地盐碱环境下的绿化问题，形成了以核心区为中心，通往各组成区的多条绿色走廊。同时，天津滨海新区以自然资源和现有绿化条件为基础，构筑新区生态控制线，形成多级的、完备的城市绿化建设体系。2009 年，全区新增绿化面积 1 322 万平方米，建成区绿化覆盖率达到 37.1%。到 2010 年，塘沽、汉沽、大港将建设成为生态区，南北约 500 平方公里重要湿地得到有效保护，基本形成生态廊道、生态防护带、生态组团有机结合的生态构架。

天津滨海新区未来三年将重点实施道路交通、能源、水资源、环境综合整治等四大系统工程，预计建设工程项目超过 300 个，总投资超过 3 000 亿元。联合国贸易与发展会议《2010 年世界投资报告》指出，天津滨海新区低碳经济发展已

①　载天津滨海新区官方网站，http://www.bh.gov.cn/。

成为全球典范。

资料来源：

[1]天津滨海新区环境规划全面实施 生态蓝图初现. http://house. focus. cn/newshtml/ 534747. html. 2008-09-18.

[2]天津滨海新区报告会分论坛实录. http://finance. sina. com. cn/hy/20090608/ 16266319235. shtml. 2009-06-08.

[3]天津滨海新区生态城市建设 未来 3 年建设项目超过 300 个. http://www. 022net. com/ 2010/7-12/5049402228920. html. 2010-07-12.

[4]天津滨海新区低碳经济发展成为全球典范. 中新网. http://www. chinanews. com. cn/ny/ 2010/08-02/2440122. shtml. 2010-08-02.

>>参考文献<<

[1] 张永民. 千年生态系统评估报告集(三)——生态系统与人类福祉——评估框架：第 1 版[R]. 北京：中国环境科学出版社，2007：49-71.

[2] Costanza. The value of the world's ecosystem services and natural capital[J]. Nature，1997，387：253-260.

[3] 中国生物多样性国情研究报告编写组. 中国生物多样性国情研究报告：第 1 版[R]. 北京：中国环境科学出版社，1998.

[4] 许妍等. 太湖湿地生态系统服务功能价值评估[J]. 长江流域资源与环境，2010，19(6)：646-652.

[5] 中华人民共和国环境保护部. 全国环境统计公报.

[6] 赵同谦等. 中国草地生态系统服务功能间接价值评价[J]. 生态学报，2004，24，(6)：1101-1110.

[7] 田耀武等. 基于 RS 和 GIS 的退耕还林模式对三峡库区黑沟小流域生态服务价值的影响[J]. 水土保持研究，2010，17(3)：97-100.

[8] 王晓峰等. 陕北长城沿线地区生态系统服务价值变化研究[J]. 干旱区地理，2006，29(2)：243-247.

[9] 王玉涛等. 昆嵛山自然保护区生态系统服务功能价值评估[J]. 生态学报，2009，29(1)：523-531.

[10] 国家林业局. 中国林业与生态建设状况公报.

[11] 尹峰，朱玉雯. 我国森林资源质量的主要影响因素及其对策研究[J]. 湖北林业科技，2008(2)：39-42.

［12］任宝平. 树立科学发展观实现森林资源的永续利用［J］. 内蒙古电大学刊，2008(3)：18-20.

［13］李晓玲. 城市生态改善 草地退化严重［N］. 阿克苏日报，2009-06-05.

［14］江源，刘全儒，张文生，康慕谊. 西部开发建设中生物多样性及植被资源保护与管理［M］. 北京：中国环境科学出版社，2008：2-3.

［15］鄂平玲，扎西. 保护好中国独特的生物资源［N］. 人民日报海外版，2010-05-22.

［16］张原. 我国生物入侵呈现四大态势［N］. 学习时报，2010-02-22.

［17］金旻. 科技为三江源建设插上腾飞的翅膀——中国林科院参加三江源自然保护区建设纪实［J］. 湿地科学与管理，2005(1)：58-60.

第十章
资源环境承载潜力测算及分析

落实科学发展观，统筹人与自然协调发展，就是要在社会经济的发展中，充分注意并考虑资源生态以及环境气候的承载潜力。资源环境承载潜力衡量的是一个地区资源生态和环境气候对今后经济发展和人类活动的承载能力。它是各地区自然资源和生态的禀赋条件拥有水平、人类活动对资源环境生态气候等影响程度的综合反映，是绿色发展指数的重要内涵之一。

本章从地区比较的视角，通过资源环境承载潜力指数的测算，分析并刻画我国 30 个省(区、市)在资源与生态保护、环境与气候变化这两方面承载潜力的基本格局，比较各地区资源环境承载潜力的差异，同时提出我们在资源环境承载潜力比较中得出的启示。

>>一、资源环境承载潜力的测算结果<<

根据中国绿色发展指数评价体系中资源环境承载潜力的评价体系和权重标准，本章对中国 30 个地区的资源环境承载潜力进行了测度，并对各地区的资源与生态保护、环境与气候变化这两个二级指标进行了测算和排名，得出 30 个省(区、市)按照指数值排序的测算结果，具体见表 10-1。

表 10-1　　　　2008 年中国各地区资源环境承载潜力指数及排名

指标	资源环境承载潜力		二级指标			
			资源与生态保护指标		环境与气候变化指标	
权重	100%		20%		80%	
地区	指数值	排名	指数值	排名	指数值	排名
青　海	0.664	1	0.185	1	0.479	1
云　南	0.244	2	0.066	3	0.178	3

续表

指标	资源环境承载潜力		二级指标			
			资源与生态保护指标		环境与气候变化指标	
权重	100%		20%		80%	
地区	指数值	排名	指数值	排名	指数值	排名
贵 州	0.193	3	−0.009	16	0.201	2
海 南	0.184	4	0.041	7	0.142	5
甘 肃	0.153	5	−0.012	18	0.165	4
新 疆	0.151	6	0.012	11	0.139	6
内蒙古	0.134	7	0.079	2	0.055	9
四 川	0.128	8	0.049	5	0.079	7
黑龙江	0.116	9	0.058	4	0.058	8
江 西	0.023	10	0.039	8	−0.015	13
陕 西	−0.001	11	−0.017	19	0.016	12
北 京	−0.003	12	−0.038	21	0.035	10
福 建	−0.015	13	0.028	9	−0.043	17
吉 林	−0.015	14	0.024	10	−0.038	16
广 西	−0.024	15	0.049	6	−0.073	21
安 徽	−0.029	16	−0.048	23	0.019	11
湖 南	−0.054	17	0.003	12	−0.057	18
浙 江	−0.078	18	−0.003	15	−0.075	23
湖 北	−0.088	19	−0.026	20	−0.062	20
河 南	−0.090	20	−0.064	28	−0.026	14
山 东	−0.093	21	−0.061	27	−0.032	15
广 东	−0.107	22	−0.001	14	−0.106	27
宁 夏	−0.113	23	−0.054	25	−0.059	19
辽 宁	−0.115	24	−0.011	17	−0.104	26
河 北	−0.139	25	−0.066	29	−0.073	22
天 津	−0.153	26	−0.049	24	−0.103	25
江 苏	−0.160	27	−0.074	30	−0.087	24
重 庆	−0.194	28	0.003	13	−0.196	29
上 海	−0.204	29	−0.043	22	−0.161	28
山 西	−0.316	30	−0.059	26	−0.257	30

注：本表根据资源环境承载潜力的指标体系，依据各指标 2008 年数据测算而得；本表各省（区、市）按照资源环境承载潜力的指数值从大到小排序。

资料来源：根据《中国统计摘要 2010》、《中国统计年鉴 2009》、《中国环境统计年报 2008》、《中国环境统计年鉴 2009》、《中国工业经济统计年鉴 2009》、《中国城市统计年鉴 2009》等测算。

从表 10-1 中可以看到，排在资源环境承载潜力前十位的省份依次是：青海、云南、贵州、海南、甘肃、新疆、内蒙古、四川、黑龙江、江西（如图 10-1）。资源与生态保护指标排名前十位的省份依次是：青海、内蒙古、云南、黑龙江、四川、广西、海南、江西、福建、吉林。环境与气候变化指标排名前十位的省份依次是：青海、贵州、云南、甘肃、海南、新疆、四川、黑龙江、内蒙古、北京。

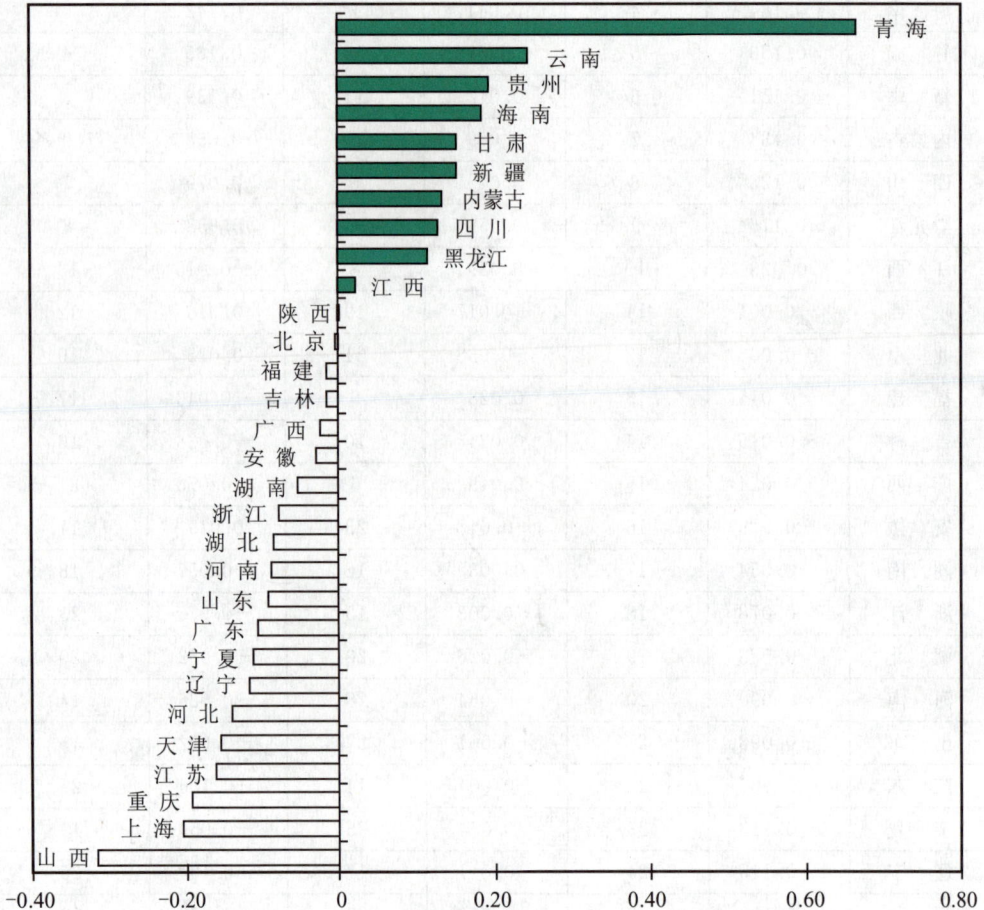

图 10-1　资源环境承载潜力排名地区比较图

图 10-1 是根据表 10-1 中各地区的资源环境承载潜力的指数值绘制出来的，其省（区、市）的顺序与表 10-1 中资源环境承载潜力的排名顺序是一致的。该图中，横轴为资源环境承载潜力指数值，其中 0 点为资源环境承载潜力的平均水平。资源环境承载潜力指数值高于全国平均水平的省（区、市）用绿色条框表示，资源环境承载潜力指数值越高，其绿色条框就越长；相反，资源环境承载潜力指数值低于全国平均水平的省（区、市）则用白色条框表示，资源环境承载潜力指数

值越低，其白色条框就越长。

各地区资源环境承载潜力的地理分布如图 10-2，其中排在前十位的省份用"深绿色"表示，排在第 11～20 的省份用"中度绿色"来表示，排在后十位的省份用"浅绿色"表示。不同颜色代表资源环境承载潜力的不同程度，颜色越深，表明资源环境承载潜力越好。从地理区域来看，用"深绿色"代表的省份集中在我国的西部地区，"中度绿色"省份集中在我国的中部地区，"浅绿色"省份则集中在我国东部地区。

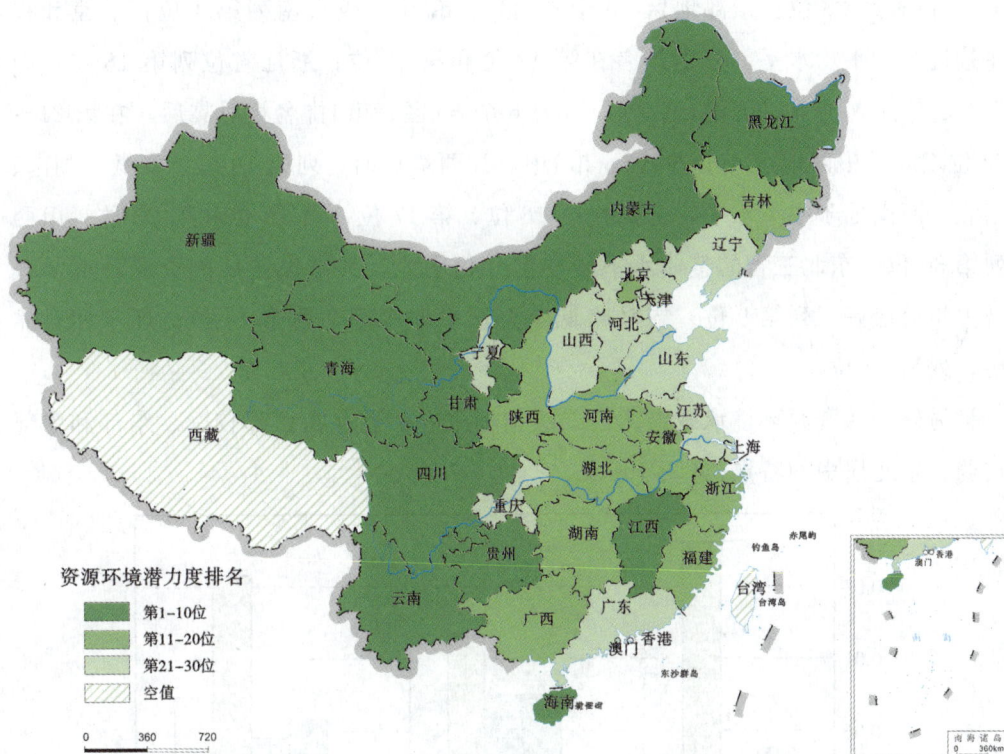

图 10-2　资源环境承载潜力排名地区分布图

注：根据表 10-1 制作。

结合表 10-1 和图 10-1，我国各地区资源环境承载潜力的特点可归纳为：

（一）资源环境承载潜力地域差异明显，总体上呈西部较好、东中部较弱、东北居中但分化明显的格局

为了比较不同地区间资源环境承载潜力，我们将 30 个省（区、市）按照东部、

中部、东北、西部划分成四大区域①，可以看出资源环境承载潜力具有西部较好、东中部较弱、东北居中但分化明显的地域特点。在西部地区的 11 个（西藏未参评）参评省（区、市）中，青海、云南、贵州、甘肃、新疆、内蒙古、四川 7 个省（区、市）位列前十位。其中，青海、云南、贵州列前三甲，青海更以 0.664 的高分居全国第 1 位。从二级指标的得分来看，青海在资源与生态保护指标、环境与气候变化指标上的得分均排在全国首位，资源环境承载潜力相对最好；陕西、广西略低于全国平均水平，分别居第 11 位和第 15 位；宁夏、重庆排名较后，列第 23 位和第 28 位。东部地区 10 个省（区、市）中，仅海南列第 4 位；北京和福建接近全国平均水平，分别排名在第 12 位和第 13 位；浙江省位列第 18 位；而山东、广东、河北、天津、江苏、上海 6 个省（区、市）排名相对靠后，在第 21～29 位之间。中部地区 6 个省（区、市）中，江西最靠前，列第 10 位；安徽、湖南、湖北、河南处于中下水平，分别列第 16 位、第 17 位、第 19 位和第 20 位；山西列第 30 位。东北三省的整体水平居中但分化明显，其中黑龙江的资源环境承载潜力相对最好，列第 9 位；吉林略低于全国平均水平，列第 14 位；辽宁相对靠后，列第 24 位。

另外，从资源环境承载潜力的二级指标来看，也存在西部较好、东部和中部较弱、东北居中的特点（见图 10-3）。

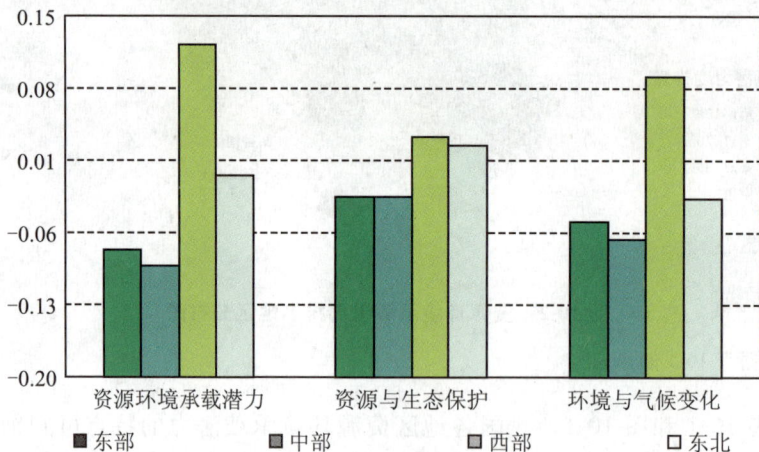

图 10-3　中国四大区域资源环境承载潜力对照图

注：上图中数据为四大区域中各省份指标值的算术平均值。下同。

————————————

① 东部地区包括北京、天津、河北、上海、江苏、浙江、福建、山东、广东和海南 10 个省（区、市），中部地区包括山西、安徽、江西、河南、湖北和湖南 6 个省（区、市），西部地区包括内蒙古、广西、重庆、四川、贵州、云南、西藏、陕西、甘肃、青海、宁夏和新疆 12 个省（区、市），东北地区包括辽宁、吉林和黑龙江 3 个省。

相比之下，环境与气候变化指标比资源与生态保护指标的地区差距大。由于环境与气候变化指标包含的三级指标多于资源与生态保护指标，因此，环境与气候变化指标的权重（本章后面有详细权重说明）较大，占资源环境承载潜力指数的80％，该项得分对资源环境承载潜力最终排名影响较大。例如，在资源环境承载潜力排名前十位的贵州（列第 3 位）、甘肃（列第 5 位）、新疆（列第 6 位），它们的资源与生态保护指标均处于中等水平，而其环境与气候变化指标排名靠前。

（二）资源环境承载潜力与经济发展水平有一定的负相关关系

从排名来看，各省（区、市）资源环境承载潜力指数与其经济发展水平有一定的负相关关系，经济发展水平较高的地区，其资源环境承载潜力较低，而资源环境承载潜力较高的地区，其经济发展水平较为落后。

人均地区生产总值是衡量一个地区经济发展水平最主要的指标之一。2008年，人均地区生产总值的前五位是上海、北京、天津、浙江、江苏，它们之中没有一个是位于资源环境承载潜力前十名，其中北京列第 12 位，浙江列第 18 位，其余三个地区排在第 26～29 位。人均地区生产总值排名末十位的地区是青海、湖南、海南、江西、四川、广西、安徽、云南、甘肃、贵州，其中有 7 个地区位列资源环境承载潜力的前十名，并且包揽了前五名，青海更是位列资源环境承载潜力的首位。这与青海省丰富的水资源量、广袤的自然保护区以及较好的人均森林覆盖率等资源生态方面相对最为优越的条件分不开，同时，虽然青海人均地区生产总值仅排第 21 位，但由于本身具有广袤的土地，社会经济对当地的环境污染相对较轻，使青海具有相对最好的资源环境承载潜力。

（三）资源环境承载潜力与绿色发展指数排名变动的地区差异显著

在测算中我们发现，各省（区、市）绿色发展指数排名与资源环境承载潜力指数排名有显著变化，两者位次差异值在 10 个名次以上（含 10 个）的地区多达 12 个（见表 10-2）。

表 10-2　　　　　绿色发展指数与资源环境承载潜力排名差异比较

地区	绿色发展指数排名	资源环境承载潜力排名	位次变化	地区	绿色发展指数排名	资源环境承载潜力排名	位次变化
北　京	1	12	－11	河　南	29	20	9
天　津	6	26	－20	湖　北	22	19	3

续表

地区	绿色发展指数排名	资源环境承载潜力排名	位次变化	地区	绿色发展指数排名	资源环境承载潜力排名	位次变化
河 北	26	25	1	湖 南	27	17	10
山 西	30	30	0	广 东	9	22	−13
内蒙古	11	7	4	广 西	24	15	9
辽 宁	23	24	−1	海 南	5	4	1
吉 林	21	14	7	重 庆	25	28	−3
黑龙江	13	9	4	四 川	17	8	9
上 海	4	29	−25	贵 州	16	3	13
江 苏	8	27	−19	云 南	12	2	10
浙 江	3	18	−15	陕 西	15	11	4
安 徽	18	16	2	甘 肃	19	5	14
福 建	7	13	−6	青 海	2	1	1
江 西	20	10	10	宁 夏	28	23	5
山 东	10	21	−11	新 疆	14	6	8

资料来源：根据表 0-3 和表 10-1 计算。

这一现象正好说明绿色发展的模式差别。西部地区，大都资源丰富，生态环境较东部要好，但由于产业层次较低，效率明显较低，导致经济发展绿化度不高，同时，由于资源环境压力并不大，应对环境和气候变化所需的政策支持力也不突出，从而导致总指数值明显较低。而东部地区由于经济发展水平较高，经济增长的绿化度及政府的支持度明显较大，因此，弥补了在资源环境承载潜力测度上的不足。这一差别，突出了绿色生产和政府支持作用的重要性。

从资源环境承载潜力指数到绿色发展指数的排名提升最多的是东部地区的上海市，变化了25名。作为中国大陆经济、金融、贸易和航运中心的上海在资源环境承载潜力的全国排名位列 30 个测算地区的倒数第二名。在资源环境承载潜力测算中，上海市的人均当地水资源量、人均森林面积、森林覆盖率、单位土地面积二氧化硫排放量、人均二氧化硫排放量、单位土地面积化学需氧量排放量、人均化学需氧量排放量、单位土地面积氮氧化物排放量、人均氮氧化物排放量、单位土地面积氨氮排放量、人均氨氮排放量排名均比较靠后。

但是，上海具有优越的经济发展状况和政府政策条件。由于土地、劳动力成本日益升高，加之市政府经济政策导向等原因，目前重污染、劳动密集型产业开始逐渐迁往外埠地区或关门停业，上海整体产业结构进步明显，无论从三大产业的生产效率还是环境治理方面的投资力度都在全国遥遥领先，由此弥补了其自身发展中客观存在的资源环境的缺陷，并通过自身的发展，不断地改善资源生态条件和环境与气候状况，使其发展处于一种资源友好、环境友好的良性发展模式之中。

从资源环境承载潜力的指标体系中可以看到，本报告主要从资源与生态保护指标和环境与气候变化指标两个方面来评价一个地区的资源环境承载潜力，是对各省(区、市)测度年份(本报告中为 2008 年)资源环境承载潜力的综合评价。

>>二、各地区资源环境承载潜力比较分析<<

为了全面比较各地区资源环境承载潜力的差异，我们对其两个分指标，即资源与生态保护指标、环境与气候变化指标进行分析。

(一)各地区资源与生态保护指标比较分析

资源与生态保护是人类生存和经济活动的重要支撑，包括水资源、草地资源、森林资源、自然保护区等生态资源。资源与生态保护指标由人均当地水资源量、人均森林面积、森林覆盖率、自然保护区面积占辖区面积比重等四项分指标构成。各项三级指标的权重及其指标属性见表 10-3。

表 10-3　　　　资源与生态保护三级指标、权重及指标属性

指标序号	指标	权重(%)	指标属性
1	人均当地水资源量	2.25	正
2	人均森林面积	2.25	正
3	森林覆盖率	2.25	正
4	自然保护区面积占辖区面积比重	2.25	正

在对三级指标的原始数据进行标准化处理基础上，根据上表中的权重，计算得出了各省(区、市)资源与生态保护指标的指数值，排名情况见表 10-4。

表 10-4　　　　资源与生态保护指标指数值及排名

指标	资源与生态保护指标		指标	资源与生态保护指标	
地区	指数值	排名	地区	指数值	排名
青　海	0.185	1	贵　州	−0.009	16
内蒙古	0.079	2	辽　宁	−0.011	17
云　南	0.066	3	甘　肃	−0.012	18

续表

指标	资源与生态保护指标		指标	资源与生态保护指标	
地区	指数值	排名	地区	指数值	排名
黑龙江	0.058	4	陕　西	−0.017	19
四　川	0.049	5	湖　北	−0.026	20
广　西	0.049	6	北　京	−0.038	21
海　南	0.041	7	上　海	−0.043	22
江　西	0.039	8	安　徽	−0.048	23
福　建	0.028	9	天　津	−0.049	24
吉　林	0.024	10	宁　夏	−0.054	25
新　疆	0.012	11	山　西	−0.059	26
湖　南	0.003	12	山　东	−0.061	27
重　庆	0.003	13	河　南	−0.064	28
广　东	−0.001	14	河　北	−0.066	29
浙　江	−0.003	15	江　苏	−0.074	30

资料来源：根据《中国统计摘要 2010》、《中国统计年鉴 2009》、《中国环境统计年报 2008》、《中国环境统计年鉴 2009》、《中国工业经济统计年鉴 2009》、《中国城市统计年鉴 2009》等测算。

从上表可以看出，30 个省（区、市）的资源与生态保护指标中，西部省份得分相对最高；东北地区得分一般；中部地区和东部地区相对最低，且得分差距较小。

排在资源与生态保护指标前十位的是青海、内蒙古、云南、黑龙江、四川、广西、海南、江西、福建、吉林。其中，青海位居第 1，且指数值远高于第 2 名的内蒙古。从三级指标来看，青海除森林覆盖率指标外，人均当地水资源量、自然保护区面积占辖区面积比重均为各地区之首，人均森林面积位列第 2 位。内蒙古人均森林面积排名第 1 位，这与其"三北"防护林工程建设和天然林资源保护工程的重大决策有一定关系。排名前三位的均位于西部地区，第 4～10 位的省（区、市）区域分布则较为均匀，东北地区、西部地区和东部地区各有 2 个，中部地区 1 个。

排在资源与生态保护指标第 11～20 位的地区，得分在全国平均水平附近。在地域分布上，西部地区占到一半，且排序较为靠前，分别为新疆（列第 11 位）、重庆（列第 13 位）、贵州（列第 16 位）、甘肃（列第 18 位）、陕西（列第 19 位）；东部地区和中部地区各有 2 个省；东北地区 1 个省。

排在资源与生态保护指标后十位的地区有 6 个省在东部地区，分别是北京（列第 21 位）、上海（列第 22 位）、天津（列第 24 位）、山东（列第 27 位）、河北（列第 29 位)、江苏(列第 30 位);有 3 个省位于中部地区;1 个省(区、市)位于西部地区。东部地区,如北京、上海、江苏等地,除自然保护区面积占辖区面积比重指标稍微靠前外,其他三个指标(人均当地水资源量、人均森林面积、森林覆盖率)均排在全国倒数的位次,反映了东部地区面临的巨大资源压力。而西部地区的宁夏在资源与生态保护指标排名中居第 25 位,与位居首位的青海相差较大,这反映了西部地区在资源与生态保护中存在较大的内部差异,这是值得关注的。政府在西部地区的规划和建设过程中,应当根据当地的具体情况,促进区域的协调发展。

(二)各地区环境与气候变化指标的比较分析

环境污染与气候变化已经成为当今世界发展面临的最主要的问题之一,也是绿色发展指数测算的重要内容。环境与气候变化指标主要从人类的经济社会活动所带来的对环境和气候变化的角度进行分析和测度。由于不同地区的人口情况和地域面积相差较大,为了避免测度的不公平,环境与气候变化指标采取了人均指标和地均指标的方法。具体而言,环境与气候变化指标由 14 个三级指标构成,分别是:单位土地面积二氧化碳排放量、人均二氧化碳排放量、单位土地面积二氧化硫排放量、人均二氧化硫排放量、单位土地面积化学需氧量排放量、人均化学需氧量排放量、单位土地面积氮氧化物排放量、人均氮氧化物排放量、单位土地面积氨氮排放量、人均氨氮排放量、单位土地面积工业固体废物排放量、人均工业固体废物排放量、单位耕地面积化肥施用量和单位耕地面积农药使用量。具体指标及其权重和指标属性见表 10-5。

表 10-5　　　　　　环境与气候变化三级指标、权重及指标属性

指标序号	指标	权重(%)	指标属性
5	单位土地面积二氧化碳排放量	3.00	逆
6	人均二氧化碳排放量	3.00	逆
7	单位土地面积二氧化硫排放量	2.50	逆
8	人均二氧化硫排放量	2.50	逆
9	单位土地面积化学需氧量排放量	2.50	逆
10	人均化学需氧量排放量	2.50	逆
11	单位土地面积氮氧化物排放量	2.50	逆
12	人均氮氧化物排放量	2.50	逆
13	单位土地面积氨氮排放量	2.50	逆
14	人均氨氮排放量	2.50	逆
15	单位土地面积工业固体废物排放量	2.50	逆

指标序号	指标	权重（%）	指标属性
16	人均工业固体废物排放量	2.50	逆
17	单位耕地面积化肥施用量	2.50	逆
18	单位耕地面积农药使用量	2.50	逆

在对三级指标的原始数据进行标准化处理基础上，根据上表中的权重，计算得出了各省（区、市）环境与气候变化指标的指数值，排名情况见表 10-6。

表 10-6　　　　　　　　　环境与气候变化指标指数值及排名

指标 地区	环境与气候变化指标		指标 地区	环境与气候变化指标	
	指数值	排名		指数值	排名
青　海	0.479	1	吉　林	−0.038	16
贵　州	0.201	2	福　建	−0.043	17
云　南	0.178	3	湖　南	−0.057	18
甘　肃	0.165	4	宁　夏	−0.059	19
海　南	0.142	5	湖　北	−0.062	20
新　疆	0.139	6	广　西	−0.073	21
四　川	0.079	7	河　北	−0.073	22
黑龙江	0.058	8	浙　江	−0.075	23
内蒙古	0.055	9	江　苏	−0.087	24
北　京	0.035	10	天　津	−0.103	25
安　徽	0.019	11	辽　宁	−0.104	26
陕　西	0.016	12	广　东	−0.106	27
江　西	−0.015	13	上　海	−0.161	28
河　南	−0.026	14	重　庆	−0.196	29
山　东	−0.032	15	山　西	−0.257	30

资料来源：根据《中国统计摘要 2010》、《中国统计年鉴 2009》、《中国环境统计年报 2008》、《中国环境统计年鉴 2009》、《中国工业经济统计年鉴 2009》、《中国城市统计年鉴 2009》等测算。

从上表可以看出，环境与气候变化指标排名前十位的省（区、市）分别是：青海、贵州、云南、甘肃、海南、新疆、四川、黑龙江、内蒙古、北京。从地域上看，西部地区有 7 个地区位列前十名之中，分别为青海（列第 1 位）、贵州（列第 2 位）、云南（列第 3 位）、甘肃（列第 4 位）、新疆（列第 6 位）、四川（列第 7 位）、内蒙古（列第 9 位）。从三级指标得分来看，青海、贵州、云南等西部地区的单位土地面积二氧化硫排放量、单位土地面积化学需氧量排放量、单位土地面积氮氧化物排放量、单位土地面积氨氮排放量等地均指标得分较高，而人均二氧化硫排放量、人均化学需氧量排放量、人均氮氧化物排放量、人均氨氮排放量等人均指标得分相对较低，这与西部地区地广人稀的特点是分不开的，也在一定程度上反映了西部地区面临着产业结构转型的形势，其节能减排的绿色发展之路任重道远。排名前十位的省（区、市）中有 2 个来自东部地区，分别是海南和北京。这里需要说明的是此次北京在环境与气候变化指标得分中表现较好，列第 10 位。北京曾是中国环境较差的地区之一，但不可否认，近年来北京在环境保护方面做出了很大努力，也取得了一定的成效。2008 年北京市人均二氧化硫排放量在全国 30 个地区中列第 2 位，人均化学需氧量排放量列第 2 位，人均氨氮排放量列第 3 位，这些直接影响到北京在环境与气候变化指标中的排名。

环境与气候变化指标排名位于第 11～20 名的地区分别为安徽、陕西、江西、河南、山东、吉林、福建、湖南、宁夏、湖北，得分均在全国平均水平附近，各地区的得分相对差异不大。从地域分布看，中部地区的省份有 5 个，为安徽（列第 11 位）、江西（列第 13 位）、河南（列第 14 位）、湖南（列第 18 位）、湖北（列第 20 位）；西部地区有 2 个，为陕西（列第 12 位）、宁夏（列第 19 位）；东部地区有 2 个，为山东（列第 15 位）、福建（列第 17 位）；东北地区仅吉林（列第 16 位）。

环境与气候变化指标排名位于后十位的地区分别为广西、河北、浙江、江苏、天津、辽宁、广东、上海、重庆、山西。从地域分布看，有 6 个省来自东部地区，分别是：河北（列第 22 位）、浙江（列第 23 位）、江苏（列第 24 位）、天津（列第 25 位）、广东（列第 27 位）、上海（列第 28 位）；西部地区有 3 个，为广西（列第 21 位）、重庆（列第 29 位）、山西（列第 30 位）；东北地区仅辽宁（列第 26 位）。其中，天津和上海的单位土地面积工业固体废物排放量和人均工业固体废物排放量两项指标得分均位于全国首位，但由于单位土地面积二氧化硫排放量、人均二氧化硫排放量、单位土地面积化学需氧量排放量、人均化学需氧量排放量、单位土地面积氮氧化物排放量、人均氮氧化物排放量和单位土地面积氨氮排放量等指标得分排名全国倒数，致使其环境与气候变化指标排名靠后。

>>三、从资源环境承载潜力指数测算中得到的启示<<

（一）各地区在资源禀赋上各有所长，构成息息相关的整体，东部支持西部的绿色发展，本质上就是支持东部自身的长久持续发展

从资源环境承载潜力和绿色发展指数的测算对比中我们可以看到，东、西部地区在资源环境承载潜力以及绿色发展方面存在着明显的区位反差。这一反差，

必将影响全国整体的经济绿色发展水平。因此，必须树立全国环境资源的整体观。

东部的快速发展，很大程度上依赖于中、西部资源的支持，而中、西部地区资源开发强度过大，又会对中、西部的环境生态造成负面的影响。因此，东部地区应当加快发展方式转变，一方面进一步增强自身绿色发展的能力和水平，加大节能降耗减排的力度，以减轻对中、西部地区环境生态的压力；另一方面，要加强对中、西部地区环境生态保护的支持，加大对西部地区经济发展的扶持。东部支持西部的绿色发展，本质上就是支持东部自身的长久持续发展。

中、西部地区要把加强生态环境保护和建设作为当前乃至今后工作的重要内容和紧迫任务。中、西部地区的生态环境保护不仅是西部地区自身可持续发展的要求，还是全国实现可持续发展战略的重要保证。中、西部地区不能为谋求自身经济增长而走高污染高能耗的发展模式，而要注重环境生态的保护，联合东部地区发展绿色经济，提高经济绿色发展水平。

(二)缓解环境压力，提高资源环境承载潜力，关键是在减少污染物排放

在环境与气候变化指标排名中较为靠前的省份在资源环境承载潜力指数排名中也获得了较好的位次。可以说，在西部地区各省(区、市)，单位面积或人均的污染物排放量相对较低，或者说污染物的排放强度较低，有助于提高环境的质量，增强地区的环境承载潜力。

从全国各省(区、市)的环境与气候变化指标状况来看，为了降低污染物排放强度，要不断增加环境保护投入，从产前、产中和产后全方位加强对污染物的治理，坚决淘汰高能耗、高污染的落后生产工艺和设备，大力发展循环经济，改革现行的排污收费制度。另外，东部地区的污染物排放强度较高，为此，有必要进一步提高污染物排放达标率，促进内部减排潜力不断得以实现。

(三)提高整体经济的绿色度，促进协调地区经济发展，为建立并完善区间资源有偿使用制度和环境补偿机制提供可能性

我国的生态资源空间分布极为不均，各地区间面临的资源环境压力差别迥异。一方面，经济较发达的地区，如上海、北京、天津、广东等地，其资源环境压力很大；另一方面，资源环境承载潜力较高的地区，其经济又相对比较落后，

没有得到充分的发展。这一落差，说明区域间环境生态合作的市场潜力十分巨大。各地区可以根据资源环境承载潜力、现有开发密度和发展潜力，逐步形成主体功能定位分工，形成东中西良性互动，协调发展。通过逐步建立生态补偿机制，特别是流域性、区域性的生态补偿机制，一方面可促进资源生态丰富地区保护环境积极性，维持这部分地区的经济社会发展，减少发展差异；另一方面也为生态保护和建设的重点要从事后治理向事前保护转变，从人工建设为主向自然恢复为主转变，从源头上为扭转生态恶化趋势创造条件。

>>参考文献<<

[1] 国家统计局，环境保护部. 中国环境统计年鉴 2009[R]. 北京：中国统计出版社，2009.

[2] 中华人民共和国环境保护部. 中国环境统计公报 2008[R]. 北京：中国环境科学出版社，2009.

[3] 国家统计局. 中国统计年鉴 2009[R]. 北京：中国统计出版社，2009.

[4] 国家统计局. 中国统计摘要 2010[R]. 北京：中国统计出版社，2010.

[5] 国家统计局国民经济综合统计司. 新中国六十年统计资料汇编[R]. 北京：中国统计出版社，2009.

[6] 李晓西等. 新世纪中国经济报告[R]. 北京：人民出版社，2006.

[7] 李晓西. 中国：新的发展观[M]. 北京：中国经济出版社，2009.

[8] 北京师范大学经济与资源管理研究院. 2008 中国市场经济发展报告[R]. 北京：北京师范大学出版社，2008.

[9] 钟水映，简新华. 人口、资源与环境经济学[M]. 北京：科学出版社，2005.

[10] 李金昌. 资源经济学新论[M]. 重庆：重庆大学出版社，1995.

[11] 陈劭锋，刘扬，邹秀萍，苏利阳. 1949 年以来中国环境与发展关系的演变[J]. 资源与环境，2010，20(2)：43-48.

第三篇
政府的绿色行动

第十一章
政府的绿色投资

　　绿色投资是一种满足科学发展观，符合可持续发展战略的投资选择，是以实现生态环境保护、污染综合治理、资源合理使用、经济循环发展、人与社会和谐相处为目的的新型投资。这种投资方式顺应世界未来发展方向，对各个国家保护自然环境，转变经济增长方式，实现人与社会和谐发展产生了积极的影响。

　　本章正是以政府的绿色投资为重点，通过中国在环境保护、污染治理、林业发展、清洁能源研究以及农村环境整治等方面的投资情况，来反映中国绿色投资的现状及存在的问题，并总结学习国内外政府绿色投资的经验，为中国政府今后的绿色投资提供借鉴。

>>一、中国政府绿色投资现状<<

　　绿色投资最早起源于西方社会。随着研究的深入，西方组织和学者又将其称为伦理投资、道德投资、社会责任投资、绿钱等。中国社会组织和学者对绿色投资的探索开始于 20 世纪末期，研究的内容主要从可持续发展、环境保护、生态产业等角度入手，试图在中国建立一个完整的绿色投资体系。

　　根据目前国内外的研究成果，绿色投资按照投资主体，可以分为政府绿色投资、企业绿色投资、社会组织绿色投资和公众绿色投资。其中，由于政府是环境保护的主要执行者，经济增长方式转变的主要推动者，人与社会和谐发展的主要决策者，因此，政府是绿色投资这一新型投资方式的主要投资者，研究政府的绿色投资对于研究整个绿色投资有着非常重要的意义。

　　中国政府将绿色投资这一思想贯穿于中国的发展之中，已经有多年的历史。虽然在最开始时并没有明确提出这一概念，但在其为国家振兴所制定的各种战略规划、规章制度中，已经有了很多体现。在国家战略规划层面，"以人为本"、

"可持续发展"、"和谐社会"等战略思想很好地体现了天人合一、人与自然和谐的绿色发展方式；在法律规章制度层面，环境保护法律、污染治理法律、财政投入制度等，很好地细化了绿色投资的要求。

具体地，近几年来，中国政府明确了绿色投资的重要性，提高了绿色投资意识，加强了对环境保护、污染治理、林业发展、清洁能源研究以及农村环境整治等方面的投资，取得了显著的成绩。

（一）环境保护体系不断完善，环保投资金额逐年增加

1. 环境保护政策体系不断完善

为了深入贯彻落实科学发展观，促进社会和谐发展，推进生态文明建设，近年来，中国政府加强了环境保护工作，提高了环境保护意识，完善了环境保护政策体系。

环境监测预警方面，为积极探索中国环保新道路，加快建立先进的环境监测预警体系，全面推进环境监测的历史性转型，环境保护部于 2009 年 12 月颁布了《先进的环境监测预警体系建设纲要（2010—2020）》。该纲要的颁布实施有助于缓解中国环境监测滞后于环境管理发展的矛盾，有助于加强中国环境监测的基础性和支撑性地位。

环境应急管理方面，为切实保障人民群众生命财产安全和环境安全，有效防范和妥善应对突发环境事件，中国政府于 2009 年 11 月发布了《关于加强环境应急管理工作的意见》。该文件对贯彻实施《国家突发环境事件应急预案》、《中国环境保护部门环境应急管理工作规范》等纲领性规章制度有重大意义。

生态保护方面，中国政府一方面加强了生态脆弱区的保护工作，另一方面也加强了生态示范区建设工作，在 2008 年 9 月和 2010 年 1 月先后颁布了《中国生态脆弱区保护规划纲要》和《关于进一步深化生态建设示范区工作的意见》，为中国生态文明建设和环境友好型社会建设做了很好的支撑。

生态环境保护财政支出方面，2009 年 4 月环境保护部、财政部两部门联合颁布了《中央农村环境保护专项资金环境综合整治项目管理暂行办法》。该管理办法为建设社会主义新农村，有效解决农村突出环境问题，改善农村环境质量提供了新思路。此外，环境保护部还单独出台了《2010 年中国环保系统规划财务工作要点》、《关于加强中央环境保护专项资金项目监管工作的通知》等文件，对加强中国环保财政投入资金规划、提高环保资金使用效率、完善环保资金监管机制有积极的意义。

2. 中央和地方政府对环境保护的投资逐年增加

近几年来，政府在逐步完善环境保护政策体系的同时，用于环境保护的投资额也在逐年增加。2007—2008年国家财政支出和用于环境保护财政支出的情况如下表11-1所示所示。

表 11-1　　　　　　　**2007—2008年国家财政支出和环境保护财政支出**　　　　　单位：亿元

项目 时间	国家财政支出			环境保护财政支出		
	总额	中央支出	地方支出	总额	中央支出	地方支出
2007年	49 781.35	11 442.06	38 339.29	995.82	34.59	961.23
2008年	62 592.66	13 344.17	49 248.49	1 451.36	66.21	1 385.15

资料来源：国家统计局：《中国统计年鉴》（2008—2009），北京，中国统计出版社，2008—2009。

从环境保护投资总额的角度来看，2007年用于环境保护的投资总额为995.82亿元，2008年用于环境保护的投资总额为1 451.36亿元，2008年比2007年多投入455.54亿元，增长了45.75个百分点，增长了近一半。占国家财政支出比重方面，2007年的比率为2％，2008年的比率为2.32％，2008年比2007年高出0.23个百分点。

从中央政府环保投资的角度来看，2007年中央政府环保投资为34.59亿元，2008年中央环保投资为66.21亿元，2008年比2007年多投入31.62亿元，增长了91.41％，增长了近一倍。占环保投资总额比率方面，2007年的比率为3.48％，2008年的比率为4.56％，2008年比2007年高出1.09个百分点。

从地方政府环保投资的角度来看，2007年地方政府环保投资为961.23亿元，2008年地方环保投资为1 385.15亿元，2008年比2007年多投入423.92亿元，增长了44.1％，增长了接近一半。具体到各省市，2008年江苏、内蒙古、四川三个省分别在环境保护上投入了95.12亿元、79.68亿元和79.15亿元，居中国各省市地方政府环保投资的前三位。

由以上的数据和分析说明，中国环境保护的投资额是由地方政府投资为主，中央政府投资为辅，地方政府和中央政府对环境保护的投资都在逐年增加。

专栏 11-1　从"黑色"到"绿色"：河南焦作市的转型之路

焦作市位于河南省西北部，北依太行与山西省接壤，南临黄河与郑州、洛阳相望，总面积4 071.1平方公里，总人口361万，是我国重要的能源基地和旅游城市。

　　早些年间，焦作市作为一个百年老矿区，给人们留下的是"黑色印象"：黑色的煤山，黑乎乎的煤矿工人，布满煤灰的马路和建筑。煤炭开采超过百年的焦作市被严重污染，这阻碍了焦作市的进一步发展，损害了焦作市人民的健康。

　　为了贯彻党和国家可持续发展理念，实施可持续发展战略，改变现在焦作面貌，焦作市政府和人民制定并落实了一系列绿色投资政策，将焦作以旅游业为龙头实施城市发展绿色转型，把目光从地下矿产资源转向地上山水资源，大力发展旅游等绿色无污染产业。

　　从1999年开始，焦作市先后在旅游业方面做了大量的绿色投资，形成了以云台山、青龙峡、青天河、神农山、峰林峡五大景区和陈家沟、韩园、嘉应观、月山寺、朱载堉纪念馆、影视城、古城湖、丹河、森林动物园、药王庙十大景点为主的大旅游格局。市里每年都投入500万元专项经费，开展"焦作山水"品牌宣传促销。同时，还通过旅游大篷车、国际太极拳年会、山水旅游节、红叶节等多种大型宣传推介活动，吸引着海内外游客慕名而来。

　　通过不懈的努力，焦作市旅游业发展成绩显著。2003年3月，"焦作山水"被评为全国知名旅游品牌。2004年1月，焦作市被国家旅游局授予"中国优秀旅游城市"称号；2004年2月，云台山被联合国国际教科文组织授予"世界地质公园"称号。2006年2月，世界旅游评估中心和世界旅游推广峰会全球秘书处授予焦作旅游服务"世界杰出旅游服务品牌"，焦作市是中国首获此殊荣的城市；同时云台山景区荣获全国创建文明风景旅游区先进单位。2006年7月，焦作黄河文化影视城被评选为中国十大影视基地；2006年9月，焦作市成为国家园林城市；2006年10月，焦作市被授予"中国城市旅游竞争力百强城市"。到目前为止，在焦作市绵延130公里的旅游风景线上，景区景点多达1000余处，其中A级旅游景区6处，AAAA级以上景区3处，AAAAA级景区1处。

　　此外，焦作市还加强了对市区绿色投资的工作。2001年，焦作市投资886万元绿化横穿市区的8条干道，将这些道路变成层次多样、结构合理、功能完备的绿色生态长廊。2009年市委、市政府投资1000万元购进30辆绿色、环保、美观的天然气公交车，分配到三条公交线路上，切实贯彻国家节能减排的方针战略。

　　政府的绿色投资，实现了焦作产业的绿色转型，市区的绿色发展，使焦作市由"黑色"煤城变成"绿色"旅游城，由"冒烟城市"转变为"无烟城市"，"黑色"面貌被"绿色"取代，社会和谐发展有了保证。

资料来源：

[1]焦作市人民政府网站. http://www.jiaozuo.gov.cn/.

[2]焦作山水网. http://www.jzss.com/.

[3]"网上看河南"记者感受焦作的绿色转型. http://www.hnta.cn/Gov/News/s/2009-06/0510906.shtml.

[4]从"黑色"到"绿色"解析焦作转型之路. http://henan.sina.com.cn/finance/y/2010-03-04/08551370.html.

[5]百度百科：焦作市. http://baike.baidu.com/view/275455.htm? fr＝ala0_1_1.

（二）污染治理强度逐渐加大，污染治理投资保持增长

为了解决日益严重的污染情况，中国政府在近几年的发展中做了很多的工作，如健全污染治理政策体系，增加污染治理投资，推广测土配方施肥，开展全国污染源普查等，成效显著。

1. 政府污染治理体系不断健全

为了切实解决中国环境污染问题，实现中国经济和社会的绿色发展，中央政府和地方政府先后出台了一系列法律法规，完善中国污染治理体系，加强中国污染治理强度。

2008年3月，环境保护部制定了《污染源自动监测设施运行管理办法》，以求落实污染减排"三大体系"能力建设工作的任务，加强对污染源自动监控设施运行的监督管理，保证污染源自动监控设施正常运行，提高对污染源的监管效率。

2008年6月，为贯彻落实党的十七大精神和《国务院关于落实科学发展观加强环境保护的决定》，改善土壤环境质量，保障农产品质量安全，环境保护部下发了《关于加强土壤污染防治工作的意见》。该意见提出了加强土壤污染防治的重要性和紧迫性，明确了土壤污染防治的指导思想、基本原则和主要目标，突出了土壤污染防治的重点领域。

2008年12月，为控制水体污染，改善水生态环境，保障饮用水安全，环境保护部和住房城乡建设部组织制订了《水体污染控制与治理科技重大专项管理办法（试行）》。该管理办法有助于中国进一步加强水体污染控制与治理科技重大专项的组织管理，明确了各方职责，推动了水专项的组织实施。

2009年7月，为督促排污单位在限期内治理现有污染源，纠正水污染物处理设施与处理需求不匹配的状况，推动水污染物工程减排，环境保护部出台了《限期治理管理办法》。该管理办法对提高中国污染治理效率，保证污染治理政策得

到有效的贯彻实施有重大意义。

2010 年 1 月，为加强对地方环境质量标准和污染物排放标准的备案管理，环境保护部颁布了新的《地方环境质量标准和污染物排放标准备案管理办法》。新的管理办法更加有益于国家进行环境质量标准和污染物排放的管理，符合现阶段中国污染治理的需求。

2. 污染治理投资保持增长

据《中国环境统计年鉴》数据显示，2006 年中国环境污染治理投资总额为 2 566 亿元，占国家财政支出的 6.35%，占国内生产总值的 1.22%；2007 年中国环境污染治理投资总额为 3 387.3 亿元，占国家财政支出的 6.80%，占国内生产总值的 1.36%；2008 年中国环境污染治理投资总额为 4 490.3 亿元，占国家财政支出的 7.17%，占国内生产总值的 1.49%。从 2006 年到 2007 年，中国环境污染治理投资总额增加了 821.3 亿元，增长了 32 个百分点；2007 年到 2008 年环境污染治理投资总额增加了 1 103 亿元，增长了 32.56 个百分点。

具体到各省市，2008 年，浙江省环境污染治理投资额达到 519.7 亿元，位居全国首位；山东省环境污染治理投资额达到 432.2 亿元，位居全国第 2 位；江苏省环境污染治理投资额达到 395.9 亿元，位居全国第 3 位。

这些资料说明，近几年来，不仅中国污染治理投资的绝对额在保持高速增长，其占国家财政支出的比重和占国内生产总值的比重也在增加，政府对污染治理的投资越来越重视。

专栏 11-2 福建东山"三湾整治"，还海洋一片蔚蓝

漳州市东山县是全国第六、福建省第二大海岛县，是福建十大风景名胜之一，拥有独具魅力的南国海滨风光，先后荣获"国家可持续发展实验区"、"国家级生态示范县"、"优秀旅游县"、"全国双拥模范县"、"全国科技工作先进县"等称号。东山县旅游资源丰富，在全国六大类 74 种旅游资源中，东山岛六大类旅游资源全部具备，尤其是众多美丽迷人的热带海，在东山县就有 7 个，长达 38 公里，各具风姿，令人神往。

但近年随着区域经济快速发展，东山县出现了乱占海湾搞水产养殖、乱占海岸地搭盖、乱倒垃圾下海等问题，致使东山县美丽的近海水域受到污染，海洋生态受到较为严重的破坏。

为再现东山"天蓝水碧海湾美，沙白林绿岛礁奇"的天然景观，2008 年 1 月，东山县委县政府下决心加强海湾资源保护和环境整治，由县领导直接负责，有关县、镇、村部门密切配合，开展有关工作。2008 年 5 月，东山县出台《东山县"三湾"整治工作方案》，以东山岛南侧的马銮湾、金銮湾和乌礁湾"三湾"整治为重点，实施山湾海湾海洋环境生态修复工作，着手整治"三湾"。

一年多来，政府对"三湾"的鲍鱼场、水面吊养和海边大排档、生活污水排放等进行整顿治理，共深埋岸上 63 家养殖场的 314 根进排水管，清理 42.76% 的筏式吊养物，拆除"三湾"岸上不规范广告牌 38 个，拆除"三湾"饮食摊点、商店临时搭盖 4 500 多平方米，拆除金銮大道有碍观瞻的建筑物 2 处。同时，加大环岛路、金銮湾、马銮湾、南门湾的卫生保洁力度和巡查保护力度，出台了规范"三湾"大排档、广告设置及夜景亮化工程等的管理制度，并发放给渔民补贴资金 74 万余元。

此外，东山县在开展"三湾整治"中，还大力加强海湾绿化投入，系统完善绿化总体规划，更新建设沿海防护林体系，按一年 1 000 万、五年 5 000 万的绿化投入计划，对全岛进行生态绿化建设。由中南林业科技大学完成的全岛生态系统规划，2008 年已完成造林 4 600 亩，并在重点海湾、路段种植名贵乔木、灌木树种，实现了高品位、高档次的配套绿化，绿化面积达 14.76 万平方米。

2009 年，东山县继续狠抓生态绿化和节能减排，开展"三面山"绿化和金銮湾基干林带绿化改造，建设沿海防护林 1.6 万亩，深化海洋环境治理，严厉打击盗采海砂和违法抢建鲍鱼场行为，海域治理、生态修复工作成效明显，海水质量持续改善。

经过整治，东山县环境质量实现恢复，海湾资源得到保护，接待游客人数、旅游收入 2010 年比 2009 年同期大幅增长，不少优质项目也因为良好的环境陆续落户东山，东山县优美的海湾再次成为人们休闲的天堂。

资料来源：

[1]中国东山. http://www.dongshanisland.gov.cn/index.asp.

[2]福建省海洋与渔业厅. http://www.fjof.com/.

[3]百度百科：福建东山岛. http://baike.baidu.com/view/2045717.htm.

[4]东山县 2008 年政府工作报告.

[5]东山县 2009 年政府工作报告.

[6]东山县 2010 年政府工作报告.

（三）造林面积逐年扩大，造林投资经费增多

随着森林在涵养水源、防风护沙中的作用越来越明显，政府加强了对植树造林的投资，使中国造林面积逐年扩大。特别是天然林保护工程、退耕还林工程、

三北及长江流域等防护林工程和京津风沙源治理工程四个林业重点造林工程，在这几年的发展中成绩斐然。2007—2008 年两年四个林业重点造林工程建设情况如表 11-2 所示。

表 11-2　　　　　　　　2007—2008 年林业四大重点造林工程建设情况

	天然林保护工程		退耕还林工程		三北及长江流域等防护林工程		京津风沙源治理工程	
	造林面积（公顷）	国家投资（万元）	造林面积（公顷）	国家投资（万元）	造林面积（公顷）	国家投资（万元）	造林面积（公顷）	国家投资（万元）
2007 年	732 882	666 496	1 124 735	2 178 614	574 219	91 273	315 132	298 768
2008 年	1 009 016	923 500	1 307 345	2 453 009	765 770	139 275	469 042	310 795

资料来源：国家统计局：《中国统计年鉴》(2009)，北京，中国统计出版社，2009；国家统计局：《中国环境统计年鉴》(2008—2009)，北京，中国统计出版社，2008—2009。

由以上数据可知，2007—2008 年，天然林保护工程造林面积由 732 882 公顷增加到 1 009 016 公顷，增加了 276 134 公顷，增长 36.68 个百分点。国家投资额由 666 496 万元增加到 923 500 万元，增加了 257 004 万元，增长了 38.56 个百分点。具体到各省市，2008 年四川、内蒙古、陕西三省在天然林保护工程建设中造林面积分别为 425 594 公顷、119 657 公顷和 114 066 公顷，居于中国前三位；黑龙江、吉林、四川三省在国家投资额中分别投入 178 024 万元、166 319 万元和 137 791 万元，居于中国前三位。

退耕还林工程造林面积由 1 124 735 公顷增加到 1 307 345 公顷，增加了 182 610公顷，增长 16.24 个百分点。国家投资额由 2 178 614 万元增加到 2 453 009 万元，增加了 274 395 万元，增长了 12.59 个百分点。具体到各省市，2008 年内蒙古、河北、黑龙江三省在退耕还林工程建设中造林面积分别为 154 978 公顷、118 902 公顷和 87 200 公顷，居于中国前三位；四川、甘肃、内蒙古三省在国家投资额中分别投入 29 7373 万元、248 156 万元和 234 876 万元，居于中国前三位。

三北及长江流域等防护林工程造林面积由 574 219 公顷增加到 765 770 公顷，增加了 191 551 公顷，增长了 33.36 个百分点。国家投资额由 91 273 万元增加到139 275 万元，增加了 48 002 万元，增长了 52.59 个百分点。具体到各省市，2008 年新疆、河北、山西三省在三北及长江流域等防护林工程建设中造林面积分别为 146 086 公顷、100 792 公顷和 60 053 公顷，居于中国前三位；内蒙古、新疆、黑龙江三省在国家投资额中分别投入 19 686 万元、17 602 万元和13 356万元，居于中国前三位。

京津风沙源治理工程造林面积由 31 5132 公顷增加到 46 9042 公顷，增加了 153 910 公顷，增长了 48.84 个百分点。国家投资额由 298 768 万元增加到 310 795 万元，增加了 12 027 万元，增长了 4.03 个百分点。具体到各省市，2008 年内蒙古、河北、北京三省在京津风沙源治理工程建设中造林面积分别为 255 663 公顷、165 971 公顷和 9 799 公顷，居于中国前三位；内蒙古、河北、山西三省在国家投资额中分别投入 153 008 万元、123 177 万元和 25 858 万元，居于中国前三位。

专栏 11-3　全国退耕还林第一县：陕西吴起

吴起县位于陕西省延安市西北部，总面积 3 791.5 平方公里，人口 13.4 万，是中央红军长征胜利的落脚点，是进行革命传统教育的基地。

在相当长一段时期内，吴起和陕北其他县区一样，长期沿袭着过垦滥牧的传统农业生产方式，大面积开荒种地和漫山放牧，导致林草植被持续退化，自然灾害频繁发生，生态环境不堪重负，县域经济发展缓慢，人民生活十分贫苦。

1998 年，为解决吴起县环境被破坏、经济发展水平低、人民生活贫困的现状，吴起县委、县政府积极响应党中央"再造一个山川秀美的西北地区"批示精神，确立了"封山退耕、植树种草、舍饲养羊、林牧主导、强农富民"的逆向开发战略，掀起了一场史无前例的"绿色革命"。当年年底，吴起县就实现了全县整体封禁目标，并于第二年率先启动实施了退耕还林工程，一次性退耕 155.5 万亩。2003 年，全县又提出了"生态立县"的指导思想，进一步巩固退耕还林成果，积极完善工作措施，不断提高生态治理的质量和效益。

到 2008 年，全县累计完成退耕还林面积 230.79 万亩，其中退耕还林 155.5 万亩，荒山造林 75.29 万亩。经国家确认兑现退耕还林面积 165.07 万亩，涉及 12 个乡镇、164 个村、1 110 个村民小组，22 876 户 105 426 人，是全国 150 多个退耕还林县（市、区）退得最早、还得最快、面积最大、群众获得实惠最多的县份之一，成为全国退耕还林第一县，先后被国家林业局、水利部、财政部等部委确定为"全国退耕还林示范县"、"全国造林先进县"、"全国十百千水保生态环境建设先进县"、"全国林业建设标准化示范县"、"全国水土保持先进集体"、"全国退耕还林与扶贫开发工作结合试点示范县"等。

2009 年，全县积极转变生态建设思路，大力调整林分结构，全面实施重点部位绿化。当年新造林 9 万亩，绿化重点区域 6.2 万亩，调整林分结构 16.2 万亩，栽植小叶杨 1 000 万株，绿化县乡驻地和村庄周围 6 000 亩、道路 600 公里、井场 760 个，种植花草 7 200 亩，完成文冠果试验种植 1 万亩。同时，又实施了百平方公里森林公园十里绿色长廊、退耕还林森林公园会展中心和"一阁七亭"等建设，使全县林草覆盖率、县域森林覆盖率、城镇绿化覆盖率分别达到 65%、38.7% 和 42.5%。2009 年 9 月，全国退耕还林工程建设十周年总结大会在吴起县成功召开，退耕还林工作受到了各级领导的充分肯定和一致好评，《焦点访谈》对此作了深度报道。

如今的吴起，到处呈现出"满山翠秀、鸟飞兔跃"的秀美景观，其以一个生态优美、经济繁荣、人民富足、社会文明的新形象展现在世人面前，实现生态、经济、人与自然的和谐发展。

资料来源：

[1] 中国·吴起. http://www.wqx.gov.cn/wuqi/index.jsp.

[2] 百度百科：吴起县. http://baike.baidu.com/view/401854.htm? fr=ala0_1_1.

(四) 清洁能源高速发展，节能减排成效显著

节能减排是中国未来发展的主旋律之一，也是中国政府在哥本哈根会议上对国际社会的承诺。为了实现这一目标，使中国经济社会走向低能耗、低排放、低污染的可持续发展之路，中国政府一方面加强了对清洁能源的开发和投资，鼓励社会、企业和民众使用清洁能源；另一方面加速了对高耗能、高污染、高排放、落后产能行业的优化工作，对这些行业进行产业升级。

1. 清洁能源发展居全球前列

据联合国环境规划署发布的《2010 全球可持续能源投资趋势》和可再生能源全球政策网络发布的《2010 可再生能源全球状况报告》显示，2009 年中国在清洁能源发展上作出了巨大贡献，其多项标准已经达到世界领先水平，清洁能源发展程度居于全球前列。

2009 年全球核心清洁能源投资总额为 1 620 亿元，其中中国政府投资 346 亿美元，比去年同期增长 53%，占当年全球投资的 21.36%，超过美国 186 亿美元投资额，成为世界第一。

水电方面，中国的水电资源技术可开发量大约是 5.4 亿千瓦，其中 2009 年中国实现的水电装机容量达到了 1.96 亿千瓦，占总装机容量的 22.46%，比重比去年提高 0.68 个百分点，居世界第一位。年发电量达 6 456 亿千瓦时，约替代标

准煤 1.96 亿吨，减排二氧化碳 4.9 亿吨。[①]

风力发电方面，中国对风电的开发是 2009 年新能源投资的亮点。经过多年的培育，2009 年年底，中国并网风电装机容量 1 760 万千瓦，比去年同期增长 109.82％；中国风电发电量增长 111.1％，高于其装机容量增长速度。并网风电装机和发电量连续四年翻倍增长。[②]

核电方面，截至 2009 年年底，中国核电装机容量 908 万千瓦，位列世界第 9 位；在建的山东海阳和浙江三门等第三代核电站施工规模 2 192 万千瓦，居世界首位。

太阳能方面，2009 年中国光伏电池年产量约占全球产量的 40％，连续三年居世界第一，为世界太阳能光伏发电作出了重要贡献。同时，许多太阳能光伏发电项目，如通过国家能源局公开招标的甘肃敦煌 10 兆瓦光伏发电项目，正在建设之中。

2. 节能减排成效显著

近年来，中国节能减排力度空前，对高耗能、高污染、高排及落后产能行业的优化工作有序进行。一方面政府缓批、限批、不批"三高"及落后产能类企业和项目，使这类企业和项目从源头上就被杜绝；另一方面，政府限令整改、关闭、淘汰一批已经存在的"三高"及落后产能类企业，从根本上降低能耗，减少排放。

根据国家能源局统计，2009 年全年关停小火电机组容量 2 617 万千瓦，是中国施行关停工作以来关闭小火电机组容量最大的一年。"十一五"前四年中国已累计关停小火电机组 6 006 万千瓦，提前一年半完成国家"十一五"关停小火电机组任务。

同时，中国发电生产煤耗持续大幅下降。在政府增加大容量机组、关停小火电机组以及加大节能管理和技术改造等多途径的共同作用下，2009 年，中国 6 000 千瓦及以上发电厂供电标准煤耗 340 克/千瓦时，比去年同期下降 5 克/千瓦时。"十一五"前四年，中国 6 000 千瓦及以上电厂供电煤耗累计下降 30 克/千瓦时，使中国供电煤耗平均水平已居世界领先地位。[③]

减排方面，2009 年，中国工程减排、结构减排和管理减排三大措施稳步发挥效益。一是工程减排，中国新增城市污水日处理能力 1 330 万吨，超额完成年初确定的 1 000 万吨的任务；新增燃煤脱硫机组装机容量 1.02 亿千瓦，超额完成

---

① 中国电力企业联合会：《2009 年全国电力工业统计年报》，2010-07-14。

② 同上。

③ 同上。

年初确定的 5 000 万千瓦的任务。二是结构减排，全年淘汰电力、炼铁、炼钢、焦炭、水泥、造纸等行业落后产能分别为 2 617 万千瓦、2 110 万吨、1 640 万吨、1 809 万吨、7 416 万吨和 150 万吨，截至 2009 年年底累计淘汰分别为 6 006 万千瓦、8 169 万吨、5 977 万吨、6 309 万吨、2.14 亿吨和 600 万吨；关闭造纸、化工、酒精、味精和酿造等企业 1 200 多家。三是管理减排，2007 年以来，政府累计安排减排"三大体系"建设资金 60.6 亿元，建成污染源监控中心 306 个，对近 13 000 家重点企业实施了自动监控。2009 年，国控废水和废气重点污染源排放达标率分别为 78％和 73％，较上年提高 12 个和 13 个百分点。[①]

（五）农村环境整治投资大幅增加，农村综合环境得到有效改善

农村环境整治是国家构建和谐社会的主要内容，是建设环境友好型社会需要实现的重大目标，是促进中国社会主义新农村发展必须要完成的任务。党和国家意识到了农村环境整治的重要性，在完善农村环境整治政策体系的同时，加强了对农村环境整治的投资。

1. 农村环境治理规范化

为规范农村环境治理，使农村环境治理有据可循，中央和各地方政府制定了多种法律法规，使农村环境治理规范化。

2009 年 4 月，为规范中央农村环境保护专项资金环境综合整治项目管理，有效解决农村突出环境问题，改善农村环境质量，环境保护部和财政部联合制定颁布了《中央农村环境保护专项资金环境综合整治项目管理暂行办法》。该管理办法要求农村环境综合整治要坚持"中央引导、地方推动"，遵循"统筹规划、突出重点，因地制宜、分类指导，公开透明、追踪问效"的管理原则。同时，鼓励各地加大农村环保投入力度，建立健全管理体制和机制，充分调动农民参与的积极性。

2010 年 2 月，为落实《中共中央国务院关于推进社会主义新农村建设的若干意见》，有效防治农村生活污染，改善农村生态环境，环境保护部制定了《农村生活污染防治技术政策》。该技术政策指导农村居民将日常生活中产生的生活污水、生活垃圾、粪便和废气等生活污染进行有效的防治，以减少农村环境污染。

此外，各地方省市也针对自己的实际情况制定了各种农村环境治理规章制度。如黑龙江省制定颁布的《黑龙江省村镇环境综合整治实施方案》、成都市出台

---

① 环境保护部：《2009 年中国环境状况公报》，2010-05-31。

的《成都市人民政府关于开展农村环境综合整治工作的意见》等，有效地支持并规范着各地农村环境治理。

2. 农村环境治理投资大幅增加

农村环境治理主要包括农村改水、农村改厕以及农村生活治理等。其中农村改水改厕占据了国家农村环境治理投资的主要部分，因此本部分用农村改水改厕的投资情况来反映农村环境治理的投资情况。2007—2008 年农村改水改厕情况如表 11-3 所示。

表 11-3　　　　　　　　2007—2008 年农村改水改厕情况

	农村改水		农村改厕		
	已改水受益人口（万人）	国家投资（万元）	累计使用卫生厕所户数（万户）	累计使用卫生公厕户数（万户）	国家投资（万元）
2007 年	87 859.07	750 465.67	14 442.17	2 048.95	255 309.03
2008 年	89 447.4	1 238 274.7	15 165.9	2 739.5	376 231.5

资料来源：国家统计局：《中国环境统计年鉴》(2008—2009)，北京，中国统计出版社，2008—2009。

由以上数据可知，2008 年中国农村改水受益人数比 2007 年多出 1 588.33 万人，达到 89 447.4 万人，占中国农村总人口的 93.58%；2008 年农村改水国家投资比 2007 年多 487 809.03 万元，增长了 65 个百分点。具体到各省市，河南、山东、四川三省改水受益人口分别为 7 806.9 万人、6 953.3 万人和 6 202.3 万人，居全国前三位；广东、江苏、浙江三省改水投资分别为 143 986 万元、136 785.3 万元及 84 339.8 万元，居全国前三位。

2008 年中国农村改厕总户数（累计使用卫生厕所户数及累计使用卫生公厕户数之和）比 2007 年多出 1 414.28 万户，累计达到 17 905.4 万户，使农村卫生厕所普及率由 59% 增长为 59.7%，增长了 0.7 个百分点；2008 年农村改厕国家投资比 2007 年多 120 922.47 万元，增长了 47.36 个百分点。具体到各省市，四川、广东、山东三省改厕受益户数分别为 1 775.5 万户、1 641.7 万户和 1 588.5 万户，居全国前三位；四川、浙江、青海三省改厕投资分别为 42 147.3 万元、30 225.9万元及 29 788.6 万元，居全国前三位。

>>二、中国政府绿色投资存在的问题<<

近年来，中国各级政府在绿色投资上做了许多工作，完善了绿色投资政策体系的同时，也增加了政府对绿色发展的投资。但中国政府在取得巨大成就的同时，也存在着一些问题，如政府绿色投资仍需提高、政府绿色投资资金使用效率有待改善、政府绿色投资项目质量偏低、绿色投资市场机制尚需建立、政府绿色投资监管评价体系还需健全等。

（一）政府绿色投资规模仍显不足

政府虽然加大了其对绿色发展的投资，在环境保护、污染治理、林业发展、新能源研究和农村环境治理等方面的投入都在增长，但总的来说，其投资额依然略显不足，占国家财政支出的比例太小，仍需提高。2008 年政府绿色投资的具体情况如表 11-4 所示。

表 11-4　　　　　　　　2008 年政府绿色投资支出　　　　　　　单位：亿元

项目	国家财政	环境保护	污染治理	林业发展	新能源研究	农村环境治理
支出额	62 593	1 451	4 490	383	1 538	161
占国家财政比重（%）	100	2.32	7.17	0.61	2.46	0.26

　　资料来源：国家统计局：《中国统计年鉴》(2009)，北京，中国统计出版社，2009；国家统计局：《中国环境统计年鉴》(2008—2009)，北京，中国统计出版社，2008—2009。

上表显示，2008 年政府绿色投资中环境保护、污染治理、林业发展、新能源研究和农村环境治理的投资仅占国家财政支出的 2.32%、7.17%、0.61%、2.46% 及 0.26%，各项投资的比重相对较小。特别是林业发展和新能源研究这两项的比重不足 1%，应该加大这两方面的投入。此外，以上几项投资的总和只有12.82%，即 2008 年政府绿色投资只占国家财政支出 12.82%，总额相对偏低，有提高空间。

（二）政府绿色投资资金使用效率有待改善

政府绿色投资资金使用效率有待提高，主要表现在以下几个方面。

绿色投资资金管理不善，存在少用、挪用现象。绿色投资资金是用于中国绿色发展。然而部分地方政府在获得资金以后，由于多种原因，私自将资金扣留或用于其他方面，少用、挪用现象比较普遍，造成了绿色发展项目资金不能到位，设施不能及时购买。据某省审计厅 2008 年审计报告显示，该省 2008 年挤占挪用排污费 1.37 亿元，其下属某市环保部门由于部门人员超编严重，擅自挪用1 084.9万元环保资金供养超编人员，严重影响了中国污染治理和节能减排工作。

绿色投资资金使用不合理，部分项目投资比较盲目。一些中国绿色投资项目存在没有经过充分论证就盲目实施的情况，导致部分设施建成以后无法正常运转，使投资资金使用不合理，造成了浪费。如在中国环境保护的早期，大部分污水处理企业盲目地引进国外污水处理设备，结果这些设备耗能高、效率低，反而给我国带来严重的经济损失。

(三)政府绿色投资项目质量偏低

目前，中国政府绿色投资的项目大都技术水平不高，工艺比较一般，质量相对偏低，缺乏自主创新和研发。为了保证绿色投资的效果，政府应当主动加强投资项目的科研能力，在进行绿色投资时将资金投向那些科技含量和技术水平相对较高的项目，从而激励对绿色投资项目的研究，以提高其项目自身的质量。

(四)绿色投资市场机制尚需建立

据统计，到目前为止，政府绿色投资资金绝大部分来自中央政府和各级地方政府，通过市场机制获得的绿色投资资金不多。企业因为国家强制政策会投入部分绿色资金，但这些资金与国家绿色投资资金相比数量较少，收效较弱。在未来的发展中，依靠金融体系支持绿色投资应该是中国绿色投资发展的方向。然而，在中国现在的绿色投资机制中，在绿色投资招标投标、融资等方面，仍然以政府为主导，市场参与甚少。中国这样的绿色投资机制，使其成本非常高，国家为此付出的代价极大。

(五)政府绿色投资监管评价体系还需健全

进一步完善政府绿色投资监管评价体系，结合实际制定有需要的法律法规，建立技术规范和投资标准，保证政府绿色投资的效果和效率。

加强对绿色投资资金的监管机制，使投资资金的使用更加透明合理。建立严厉的资金使用制度，杜绝任何将绿色投资资金用作其他地方的事件发生，使绿色投资项目建设能够有所保障。明确绿色投资资金的使用范围和会计科目，设立清晰的资金使用申请制度和机制，保证绿色投资资金能够有效利用。

完善对绿色投资项目的评价机制，一方面，减少各种形象工程和面子工程，使绿色投资项目能够发挥实际作用。另一方面，提高绿色投资项目的运营效率，淘汰技术落后和效率低下的项目，投资有效的、技术含量高的工程，同时，加强对绿色投资项目的日常管理，使项目能够有效地运行，使绿色投资能够切实推进绿色发展。

>>三、国内外政府绿色投资经验借鉴<<

国外发达国家政府进行绿色投资的时间比中国早,发展速度比中国快,技术水平比中国高,因此,在具体做法上有很多经验值得中国政府借鉴。此外,中国政府在多年的绿色投资中也积累总结了不少经验教训,可为以后的发展提供参照。

(一)树立绿色发展典型城市

中国在绿色发展过程中树立了很多绿色投资的典型城市,如由环境保护部评选的环境保护模范城市、中央文明办评选的中国文明城市等。到目前为止,从1997年开始评选的中国环境保护模范城市已经达到76个,涉及中国多个省市的城市;由2005年和2008年两次评选的中国文明城市达26个,范围包括成都、南京等省会城市以及新疆库尔勒市、内蒙古满洲里市等县级市。此外,政府还先后分六次建立389个国家级生态示范区,分两批在各省、自治区、直辖市、企事业单位进行循环经济试点,授予14个省及150多个市(区、县)生态省及生态市(区、县)称号。一系列的评优树典措施使这些城市成为绿色发展及政府绿色投资的模范,使他们在加强自身建设的同时,引导着中国的绿色发展。

(二)推动绿色产业发展

政府的绿色投资除了要进行环境保护、污染治理以外,还需要推动绿色产业发展,鼓励企业进行绿色创新。

政府全力支持以吉利汽车为代表的中国自主品牌汽车进行绿色发展就是绿色投资的典范。吉利汽车的绿色理念主要体现在三个方面。一是绿色生产材料,即生产汽车的材料要环保,材料不能够有污染。二是绿色零部件,即跟吉利配套的所有汽车零部件都必须是绿色的、环保的,且这些零部件的生产过程也应该是绿色环保的。三是绿色制造过程。吉利汽车要求其汽车生产过程必须是绿色的,不能因为汽车的生产而破坏环境,伤害工人、居民的健康。

国外也有绿色产业发展政策。德国政府把垃圾处理作为全民的事业,积极推进垃圾处理的市场化和专业化。日本对从事环保技术开发的企业进行补助,补助技术开发费用率最高达到50%。美国工业也在生产过程中尽可能地减少废气、废水、固体废弃物的排放,降低能耗,减少生产过程中的有害物质。

(三)设立特殊的奖励政策

这方面国外发达国家已经有先例，并且做得比较好，中国也有在这方面的奖励政策，但还需要进一步的落实提高。

如美国于 1995 年 3 月 16 日设立的"总统绿色化学挑战奖"，从 1996 年开始颁发，到现在为止已经有十五个年头。该奖旨在奖励那些将绿色化学与工程的原则和理念贯彻到产品设计、生产以及化学品应用中，从而达到污染防控目标和促进可持续发展的化学研究和新兴工艺，是世界上首次由一个国家的政府实施的绿色化学奖励政策。值得一提的是，2010 年美国总统绿色化学挑战奖最高荣誉学术奖被授予了加州大学洛杉矶分校的华裔教授，其研究成果"CO_2 在生物合成中循环利用"获得美国环保署的高度称赞。美国环保署称，该项技术一旦商品化，每年可替代 1/4 的石油燃料，可为地球减少 5 亿吨(约 8.3%)的碳废气。

此外，英国也在 2000 年开始颁发类似的 Jerwood-Salters 环境奖，用于资助在绿色化学方面卓有成就的年轻学者；日本许多城市也有较为通行的"资源回收奖励制度"，对回收报纸、硬板纸、旧布等的社区、组织、个人发给奖金；中国也设立了综合利用奖，专门奖励那些对发展综合利用有显著贡献的单位和个人。

(四)坚决贯彻废物排放收费政策

对垃圾等废物收费，是美国、德国、日本、澳大利亚等国家发展循环经济的重要措施。这些废物收费政策主要有两种类型，一种是向城市居民收费，按照废物的种类、数量收取不同的费用；另一种是向生产者收费，根据"谁污染谁付费"的原则，促使生产者提高技术、节约材料。德国在实施垃圾收费制后，生活垃圾减少了 65%，包装企业每年仅包装废弃物回收所缴纳的费用就达 2.5 亿～3 亿美元。

中国也有类似的垃圾收费政策，但该项政策贯彻实施不好，执行效果不理想。许多家庭都不缴纳垃圾处理费，平均收缴率较低。

(五)制定积极的财税激励政策

制定积极的财税政策，对进行绿色投资，实施绿色创新的组织、企业、个人予以优惠和补贴，鼓励其支持并参与到绿色发展中。

继 2009 年中国政府实施节能与新能源汽车示范推广试点及减征 1.6 升及以

下小排量乘用车车辆购置税政策以后，2010 年 5 月财政部、国家发展改革委员会、工业和信息化部又印发了关于《"节能产品惠民工程"节能汽车(1.6 升及以下乘用车)推广实施细则》的通知。该实施细则要求对消费者购买节能汽车给予一次性定额补助，补助标准为 3 000 元/辆，由生产企业在销售时兑付给购买者。财政部随后对各生产企业进行补助，鼓励企业生产销售节能环保产品，鼓励购买者节能环保消费。

国外也常常使用补贴、贷款和税收减免等财政手段，鼓励厂商进行绿色投资。意大利政府 2009 年继续推行节能家电消费鼓励措施，对新购买节能型冰箱、洗衣机、厨具、电视等家用电器和节能型家居产品，免除 20% 个人所得税，最高免除额可达到 1 万欧元。美国政府也为高能效家电补贴项目提供总共 3 亿美元的补贴。该项目由全美 50 个州负责管理实施，向购买高效的能源之星家电产品(包括电冰箱/冷柜、洗碗机、洗衣机等)的消费者提供联邦税收补贴。除此之外，消费者还可能获得电力公司或州政府的补贴，以及州政府的税收优惠等。

为了保证中国政府在未来的绿色投资中更加公平和有效，中国政府应该虚心地学习国外有益于中国绿色投资发展的政策和措施，取其精华，去其糟粕，制定有益于中国的绿色政策。此外，为了保证这些措施得到有效地执行，提高政策实施效率，必须结合中国当前国情和自身绿色投资特点，以最终实现中国的绿色发展。

>>参考文献<<

[1] 国家统计局. 中国统计年鉴(2007—2009)[R]. 北京：中国统计出版社，2007—2009.

[2] 国家统计局. 中国环境统计年鉴(2007—2009)[R]. 北京：中国统计出版社，2007—2009.

[3] 李晓西等. 国际金融危机下的中国经济发展[M]. 北京：中国大百科全书出版社，2010.

[4] 鞠晓伟. 关于利用绿色投资推动循环经济发展研究[M]. 大连：东北财经大学出版社，2005.

[5] 孟耀. 绿色投资问题研究[M]. 大连：东北财经大学出版社，2006.

[6] 李霞，贾越. 国际社会的绿色投资指南实践[J]. 环境与可持续发展，2010，4.

［7］尹希果，陈刚等. 环保投资运行效率的评价与实证研究［J］. 当代财经，2005，7.

［8］颉茂华等. 环保投资效率实证与政策建议［J］. 中国人口资源与环境，2010，4.

［9］金长宏. 对中国绿色发展投资的思考［J］. 科技和产业，2008，7.

［10］中华人民共和国国家统计局网站，http://www.stats.gov.cn/.

［11］中华人民共和国环境保护部网站，http://www.zhb.gov.cn/.

［12］中华人民共和国国家发展和改革委员会网站，http://www.sdpc.gov.cn/.

第十二章

基础设施和城市管理

发达的基础设施是城市实现绿色发展的重要支撑，科学的城市管理是城市实现绿色发展的客观要求。近年来，我国政府高度重视城市绿色发展，出台了大量的政策法规，大力推动节能减排和低碳经济发展，一些地方政府也积极开展推动城市绿色发展的探索，取得了较好的成效。但总的来看，我国城市基础设施建设和城市管理手段离城市绿色发展的要求还有一定距离，还需要进一步加强基础设施投入，建立科学的运营机制，提高城市管理水平，全面提升城市绿色竞争力。

>>一、促进城市绿色发展中的基础设施建设<<

目前，国际上对城市基础设施的概念还没有统一的标准。根据本书的统一安排，本章的城市基础设施主要包含以下几个方面内容：城市供排水，包括自来水普及和城市污水处理；城市能源供应，包括电、气、供热等；城市交通运输系统，包括公共交通等；城市环境卫生设施，包括公共绿地，生活垃圾处理等。

(一)城市基础设施建设的现状和进展

改革开放以来，我国国民经济快速发展，城市化进程不断加快，城市基础设施承载能力也大大提高，服务功能不断强化，突出表现在以下几个方面。

城市固定资产投资大幅增长。2005—2009 年，全国城市公用市政基础设施固定资产投资从 5 602 亿元增加到 9 039 亿元，增长了 61%。其中，城市环境基础设施建设投资额①从 2005 年的 595.8 亿元，增长到 2008 年的 1 801 亿元，提高了 2 倍以上（如表 12-1 所示）。

表 12-1　　　　　　　　　城市市政公用设施固定资产投资情况表

指标	单位	2005 年	2009 年
城市市政公用设施固定资产投资额	亿元	5 602	9 039
全社会固定资产投资总额	亿元	88 773.6	224 845.6
占同期全社会固定资产投资总额	%	6.31	4.02

资料来源：国家统计局：《中国统计摘要》(2006、2010)，北京，中国统计出版社，2006、2010；国家建设部：《城市建设统计公报》(2006、2010)。

城市供水和污水处理能力大幅提高。资料显示，中国城市供水总量在 21 世纪大幅增长，城市用水普及率从 2005 年的 91.1％上升到 2008 年的 94.7％，城市供水能力不足的状况总体得到缓解。城市污水处理能力也大幅提高，2008 年全国城市污水处理厂达到 1 018 座，是 2005 年的 1.3 倍；城市污水日处理能力从 2005 年 7 989.7 万立方米到 2008 年 11 172.5 万立方米，增长了 39.8％（如表 12-2 所示）。

表 12-2　　　　　　　　　城市供排水工程情况表

指标	单位	2005 年	2008 年
城市供水总量	亿立方米	502.1	500.1
城市居民家庭用水量	亿立方米	172.7	167.1
城市用水人口	万人	32 723.4	35 086.7
城市人均日生活用水量	升	204.1	178.2
城市用水普及率	%	91.1	94.7
城市排水管道长度	万公里	24.1	31.5
城市污水管道长度	万公里	8.5	10.7
城市污水排放量	亿立方米	359.5	364.9
城市污水处理总能力	万立方米/日	7 989.7	11 172.5
城市污水处理总量	亿吨	186.8	256.0
城市污水再生利用量	亿吨	19.5	33.6
城市污水处理率	%	52.0	70.2

---

① 中国城市环境保护基础设施建设的投资范围主要包括：城市污水处理设施建设（包括用于城市污水管网铺设）、城市燃气（人工煤气、天然气、液化石油气）设施建设、城市集中供热设施建设、城市生活垃圾处理设施建设、城市环境绿化等投资。城市环境保护基础设施建设投资属于城市建设固定资产投资中的主要部分，其资金主要来源于中央与地方财政拨款、国内贷款、地方自筹和利用外资等资金渠道，这些投资主要用于城市环境污染治理设施的建设和城市的环境综合整治。

续表

指标	单位	2005 年	2008 年
城市污水处理厂	座	792	1 018
城市污水处理厂污水处理能力	万立方米/日	5 725.2	8 106.1
城市污水处理厂集中处理率	％	39.4	57.6

数据来源：国家统计局：《中国环境统计年鉴》(2006、2009)，北京，中国统计出版社，2006、2009。

从表 12-2 还可看出，中国城市污水处理厂集中处理率也有大幅度改善，从 2005 年的 39.4％提高到 2008 年的 57.6％；污水再生利用量占污水处理量比重从 2005 年的 10.4％提升到 2008 年的 13.1％，水循环利用效果明显。

城市能源供应状况持续改善，能源结构不断优化。城市输配电设施进一步完善，居民用电保障能力大幅提高。2008 年，城市全年用电达到 178 126 551.1 万千瓦时，是 2005 年的 1.32 倍。城市燃气结构不断优化，天然气等清洁能源用量快速增长。2008 年城市煤气供应总量、城市天然气供应总量、液化气供应总量分别是 2005 年的 1.39 倍、1.75 倍和 1.09 倍，天然气供应总量增长最快。城市燃气普及率由 2005 年的 82.1％增长到 2008 年的 89.6％(如表 12-3 所示)。

表 12-3　　　　　　　　　城市能源工程情况表

指标	单位	2005 年	2008 年
城市煤气生产能力	万立方米/日	9 423.5	11 026.7
城市煤气供应总量	万立方米	2 558 343	3 558 287
城市用煤气人口	万人	4 368.6	3 369.6
城市天然气供应总量	万立方米	2 104 951	3 680 393
城市用天然气人口	万人	7 104.4	12 167.1
城市液化气供应总量	万吨	1 222.0	1 329.1
城市用液化气人口	万人	18 012.8	17 632.1
城市燃气普及率	％	82.1	89.6
城市热水集中供热能力	万兆瓦	19.8	30.6
城市集中供热面积	亿平方米	25.2	34.9
城市全年用电量①	万千瓦时	135 404 262.0	178 126 551.1
城镇生活消费用电	万千瓦时	16 080 641.0	20 788 682.0
城市居民人均生活用电量	千瓦小时	443.2	545.3

数据来源：国家统计局：《中国环境统计年鉴》(2006、2009)，北京，中国统计出版社，2006、2009。

① 城市全年用电量、城镇生活消费用电以及居民人均生活用电量的统计范围是地级及以上城市，不含县级市。

从表 12-3 还可看出，2008 年年底全国城市热水集中供热能力分别比 2005 年增长了 54.5%；城市集中供热面积 2008 年已达到 34.9 亿平方米，是 2005 年的 1.38 倍。

城市道路和公共交通设施发展加速。2008 年城市道路长度达到 26 万公里，比 2005 年增加了 1.3 万公里。2008 年城市每万人拥有公共交通车辆 11.1 标台，比 2005 年增加了 2.5 标台，城市公共交通客运总量达到 703 亿人次，是 2005 年客运总量的 1.45 倍（如表 12-4 所示）。

表 12-4 　　　　　　　　　　城市交通运输系统情况表

指标	单位	2005 年	2008 年
城市道路长度	万公里	24.7	26.0
年末城市公共交通运营数	辆	313 296	371 822
城市公共汽、电车	辆	310 932	367 292
城市轨道交通	辆	2 364	4 530
城市每万人拥有公共交通车辆	标台	8.6	11.1
城市公共交通客运总量	万人次	4 836 930	7 029 996
城市出租汽车数	万辆	93.7	96.9

数据来源：国家统计局：《中国环境统计年鉴》（2006、2009），北京，中国统计出版社，2006、2009。

轨道交通建设方兴未艾，截至 2009 年年底已有北京、上海、广州、深圳、天津、长春、大连、武汉、重庆、南京十个城市建成城市轨道交通，总里程 933 公里；还有 1 400 公里城市轨道交通在建；另有 25 个城市出台了城市轨道交通建设规划，规划总里程 2 610 公里。

城市环卫设施建设加快。垃圾处理设施数量和能力有较大增长，2008 年城市生活垃圾无害化处理厂增加到 509 座，比 2005 年增加 38 座。生活垃圾无害化日处理能力达到 31.5 万吨，生活垃圾无害化处理率为 66.8%，比 2005 年的处理能力都有大幅度的提升（如表 12-5 所示）。

表 12-5 　　　　　　　　　　城市环卫设施情况表

指标	单位	2005 年	2008 年
城市生活垃圾无害化处理厂	座	471	509
城市生活垃圾无害化处理能力	吨/日	256 312	315 153
城市生活垃圾无害化处理率	%	51.7	66.8
城市建成区绿化覆盖率	%	32.6	37.4
城市人均公共绿地面积	平方米	7.9	9.7

数据来源：国家统计局：《中国环境统计年鉴》（2006、2009），北京，中国统计出版社，2006、2009。

从表 12-5 还可看出，城市建成区绿化覆盖率显著提高。2008 年城市建成区绿化覆盖率为 37.4%，比 2005 年提高了近约 5 个百分点；城市人均公共绿地面积达到 9.7 平方米，比 2005 年高出 23%。

专栏 12-1 阜新：从资源耗竭性城市到人居环境范例

阜新是我国最早的煤炭城市，也是典型的资源耗竭性城市，2001 年 12 月被国务院确定为资源型城市经济转型试点市。国务院出台《关于促进资源型城市可持续发展的若干意见》后，阜新市大力实施产业转型，强化城市功能建设，成功实现了城市转型。

大力培育接续替代产业①，努力构筑多元化产业发展格局。阜新市大力建设"三大基地"，积极培育新兴产业集群，并取得积极成效。2009 年，煤化工基地建设稳步推进，大唐阜新煤制气项目前期工作基本完成；巴新铁路项目完成投资 19 亿元。新型能源基地建设实现重大突破，风电项目完成投资 48.2 亿元，并网发电 72.5 万千瓦。食品及农产品加工基地不断发展壮大，产值增长 28%。重点产业集群发展迅速，液压产业集群实现跨越式发展，引进项目突破 100 个，产值实现翻番；现代皮革产业集群奠定良好基础；家具研发制造产业集群扎实推进；铸造产业集群快速发展；氟化工产业集群产值增长 75%。经济发展已找到新的支柱，并为解决就业、基础设施等民生问题奠定了坚实的基础。

高度重视资源节约型、环境友好型社会建设，资源型城市生态恢复建设取得积极进展。2009 年，引白水源日供水能力达到 15 万吨，供水管网改造二期工程完成 17.5 公里。"三环制"供热改造工程基本完成；投资 7 亿元对 294 公里电网实施改造；落实节能减排责任制，环境空气质量达到二级以上标准天数由原来 144 天增加到 320 天。高速公路四通八达，成为全国重要的交通枢纽；更新公交车辆 18 台，延伸 3 条公交线路。垃圾处理厂二期开工建设；新增城市绿化覆盖面积 174 万平方米，增幅居全省第三位。"省级园林城市"、"中国人居环境范例奖"花落阜新，阜新已成为一座宜居、宜业、宜商的新兴城市。

资料来源：

[1]2010 年阜新市政府工作报告. http://www.docin.com/p-47058850.html.

[2]资源型城市转型的阜新经验. 半月谈. 2009(5).

[3]人民论坛专题调研组. 阜新经济转型：关键何在. 人民论坛·政论. 2009(7).

[4]刘还枝. 辽宁阜新——一座城市价值迅速提升的转型城市. 今日中国. 2010(7).

[5]王广利. 资源型城市阜新矿山环境问题分析与治理. 辽宁工程技术大学学报(自然科学版). 2010(6).

---

① 阜新明确将煤化工、新型能源、食品及农产品深加工等"三大基地"和液压、现代皮革、板材家具、铸造、氟化工等五大重点产业集作为接续替代产业。

（二）基础设施建设的问题和矛盾

尽管我国城市基础设施状况已得到很大改善，但由于原有基础较薄弱，与城市经济和社会绿色发展的需要相比，城市基础设施建设还存在一些深层次的问题，主要表现在以下几个方面。

一是城市基础设施供需矛盾仍然突出。特别是城市供水、燃气、热力管网等市政设施不能有效满足城市发展的需要，污水处理率低、垃圾无害化处理不足等问题依然存在，水质污染、固体废弃物污染、交通拥堵等问题日益突出。2008年，全国城市污水排放量364.9亿立方米，但污染水处理率只有70%，还有约109.5亿立方米的城市污水未经处理直接排入水体。2008年，城市生活垃圾清运量约为15 438万吨，但经过无害化处理的垃圾仅占66.8%，约5 125万吨城市生活垃圾不仅占用了大量土地，而且造成了严重的土壤、水体和大气污染以及疾病的传播。随着家用轿车的强劲增长，城市交通日趋严重的拥堵状况，已经成为制约城市绿色发展的重要问题。

二是资金投入不足，投资渠道单一。多年来，我国城市基础设施建设投资主要是靠政府投资，企业和社会公众的资金介入较少。虽然国家和地方政府对城市基础设施建设的资金投入不断加大，但是与经济发展和社会发展的需求相比还存在着较大的差距，所需资金缺口较大。例如广州地铁一号线耗资上百亿，将广州市多年来累积的土地出让金全部用上还不够，未来广州拟建十几条地铁线，需投资几百个亿，未来出让的土地出让金计划全部用上也只占投资的80%。此类问题在其他城市也普遍存在。

三是城市基础设施运营管理方式滞后。按照我国现行的城市基础设施管理体制，地方城市政府一般设有公用事业的管理机构，相关城市基础设施则由该管理机构所属企业垄断经营。城市基础设施企业作为政府职能的延伸，其投资决策和生产经营计划由政府制定，主要经营者由政府主管机构委派，经营管理绩效由政府主管机构考核，经营亏损由政府财政提供补贴，市场范围由政府通过行政区划分确定，并以行政垄断方式实施垄断经营。这种运营管理方式使得城市基础设施企业竞争机制先天不足，存在效率低下、浪费严重的现象。

（三）推进基础设施建设 促进经济绿色发展

为适应绿色发展的需要，我国城市应按照市场经济规律，建立起城市基础设施多渠道的投融资体制，并建立科学的运营机制，促进城市基础设施建设，提高绿色发展的支撑能力。

1. 完善多元化的城市基础设施投融资体制

近几年，一些城市在城市基础设施建设投融资方面进行了有益的尝试。通过市场化运作，利用资本市场融资和项目融资，加快了城市基础设施建设步伐，推动了整个城市的跨越式发展，既探索了经验，也探明了方向。

利用资本市场融资可分为股票融资、债券融资和信托融资。股票融资通过对市政公用企业进行股份制改革、将优质的市政基础设施资产注入其中，然后通过发行股票上市实现资产的证券化，筹集建设资金的方式。债券融资模式通过市政债券筹资，市政债券是一种以城市政府为发债主体或以城市政府下属部门或机构（如污水处理厂、水务公司、城市基础设施和管理公司等）为发债主体，以市级政府税收或其所属项目收益为偿债来源，向公众公开发行的债券，债券融资逐渐成为当前城市基础设施建设融资的重要途径。信托模式就是银行与信托公司合作在市场上发行信托理财产品募集社会闲置资本，然后通过贷款融资和股权融资两种方式投资于有资金需求的基础实施项目。信托公司利用信托特殊的制度功能与地方政府以及银行联手进行基础设施的建设和投资的合作方式具有广泛前景。

一些政府还积极开展项目融资，如 BOT 模式、TOT 模式、PPP 模式、BT模式、ABS 模式，通过采用创新性的投融资模式，引导各类社会资本进入基础设施建设领域，盘活存量基础设施资产，并给项目带来先进的技术和管理经验。

在为项目设计投融资模式时，还可将多种投融资模式相结合。例如，对于一些像绿化工程、城市道路等非经营性的城市基础设施项目，政府可以先采用 BT模式引入投资者进行投资建设，并与政府签订回购协议，等到项目要求支付回购资金时，政府通过发行债券或信托计划募集资金以支付回购款；同时项目业主投资企业以政府的回购协议为保证，通过引入 ABS（Asset—Backed—Securitizat）融资模式，设计发行资产证券化产品，实现资产的变现，增强企业资产的流动性。

2. 建立多层次的城市基础设施运营机制

城市基础设施的运营，是城市基础设施建设的一个非常重要的环节。随着我国城市基础设施领域市场化改革的推进以及城市基础设施投资多元化体制的完善，必然要求建立多层次的城市基础设施运营机制。

城市基础设施多层次运营机制中，政府要转变职能和定位，由传统的微观管理转变为宏观管理，由传统的直接管理为主转变为间接管理为主，由传统管制转变为有效治理。同时，加强监管职能，健全法律法规体系。

建立城市基础设施多层次运营机制，还要开放经营市场，对城市供水、供热、公共客运、污水处理、垃圾处理等自然垄断性的行业实行特许经营，鼓励有资质的企业通过公开竞标获取特许经营权。放开作业市场，全面放开城市市政公用工程和设施的设计、施工、材料设备供应以及市政维护、城市绿化养护，道路清扫、垃圾清运、公厕保洁等作业市场，允许社会组建作业公司。通过深化改革，使市政基础设施运营企业形成主副业并举的多种经营发展模式，使经营性公益事业建设项目逐步向社会开放，引入竞争机制，加快培育适度竞争的多元城市基础设施运营市场体系。

专栏 12-2　长吉图开发开放先导区：以基础设施一体化推动区域一体化

为了进一步扩大开放，发挥长春、吉林两市的增长极作用，深度参与图们江区域开发，吉林省从 2007 年开始谋划建立长吉图开发开放先导区。2009 年 8 月 30 日，国务院批复了《中国图们江区域合作开发规划纲要——以长吉图为开发开放先导区》，并提出"四个重要、两个区"的定位，即使长吉图发展成为我国沿边开发开放的重要区域、我国面向东北亚开放的重要门户和东北亚经济技术合作的重要平台，培育成东北地区新的重要增长极，建设成为我国沿边开发开放的先行区和示范区。

作为国家的第一个沿边地区的发展规划，《规划纲要》特别强调要大力提升交通、水利、能源、信息等基础设施的共建共享、互联互通能力与水平，注重生态建设和环境保护，以基础设施一体化推动区域一体化。

一是完善区域内综合交通运输体系，以畅通区域对外通道和省际通道为重点，构建南北纵横、东西贯通、布局合理、衔接顺畅、高效一体的立体交通网络。加快以长春为核心枢纽的哈大客运专线、长吉客运专线、吉林至图们等铁路建设，推进干线扩能改造和连接辽宁、黑龙江两省的省际支线贯通工程。重点建设高速公路及中心城市环线，形成区域高速公路网。

二是加强区域内信息基础设施建设，提高长吉图区域数字化水平。促进区域内信息资源开发利用，加快建设统一的电子政务、新农村综合信息服务平台、信息安全保障数据中心，以及公共数据交换中心，实现电子政务网络的互联互通和资源共享。

三是加强区域内的生态建设与环境保护。加快区域内城镇和工业集中区污水处理厂建设。支持区域内九台、蛟河、敦化、和龙、汪清和珲春等资源型城市加快转型。加强资源节约与综合利用，大力发展循环经济，推行清洁生产，建立绿色技术支撑体系和节能环保制度。

四是优化能源结构，努力提高区域内能源自给率。加快建设长春—吉林天然气长输管线，规划建设吉林—延边天然气长输管线。

五是统筹区域水资源的开发、利用、节约、保护及水害防治工作，大力推进水利基础设施建设，重点建设防洪抗旱、供水水源、农田水利三大重点工程。

国务院批复建立长吉图开发开放先导区后，吉林省委省政府高度重视，加紧部署。省里成立了规划实施组织领导机构，制定了具体实施方案，加强公路、铁路、港口等基础设施建设，巩固已有陆海联运航线，推动形成立体、便捷、快速的交通网。目前，长吉一体化发展已呈现良好态势，一些重要节点和功能区已现雏形。

资料来源：

[1]中国图们江区域合作开发规划纲要——以长吉图为开发开放先导区. 图们经济开发区网站. http://www.tumen.com.cn/onews.asp? id=172.

[2]发改委就《中国图们江区域合作开发规划纲要——以长吉图为开发开放先导区》答问. 新华网. http://news.xinhuanet.com/fortune/2009-11/16/content_12469326.htm.

[3]吉林省 2010 年《政府工作报告》. 吉林省政府网站. http://www.jl.gov.cn/zwxx/zfgzbg/szfgzbg/201001/t20100127_682148.htm.

[4]王胜今，赵儒煜. 关于长吉图开发开放先导区建设与发展的战略思考. 光明日报. 2010-01-25.

>>二、提升城市绿色竞争力的政府行动<<

从全球来看，绿色发展模式是实现城市双赢发展的必然选择，绿色城市是未来城市发展的必然趋势。2008 年的 10 月，联合国环境规划署发起推动世界各国向绿色经济模式转变的倡议。在欧盟委员会刚刚通过的"欧洲 2020"的政策性文件中，把智能增长、可持续增长和包容性增长作为今后 10 年的发展战略，其中可持续增长的内涵是促进资源更有效、更绿色和更具竞争力的经济的发展。[①] 随着科学发展观的提出和发展理念的转变，我国政府大力推动城市绿色发展，一些城市政府也积极开展推动城市绿色发展的探索，并取得了较好的成效。

(一)中央政府推进城市绿色发展的行动和政策

我国政府高度重视发展绿色经济，高度重视推进城市绿色发展，从中国国情

① European Commission，Europe 2020：*A European Strategy for Smart，Sustainable and Inclusive Growth*，2010。

出发，借鉴国际经验，把可持续发展作为国家战略，把建设两型社会①作为重大任务，把节能减排作为"十一五"国民经济和社会发展规划的约束性指标，对控制温室气体排放提出了明确要求，而且公布了《节能减排综合性工作方案》和《应对气候变化国家方案》，对绿色发展、低碳发展做出了全面部署。

一是大力推进节能减排计划。近年来，我国政府加快产业结构调整，大力关闭高耗能、高排放的落后生产能力企业，努力从源头上减少消耗；大力推进重点领域、重点行业、重点工程和重点企业节能，着力提高能源利用效率；积极发展循环经济和节能环保产业，采取多种措施推动节能增效。同时，加大重点流域水污染防治力度，加快污水处理厂建设步伐；加强大气污染治理，对火电厂进行大规模脱硫改造。2005—2009年，国内生产总值能耗下降了14.4％，化学需氧量和二氧化硫排放量分别下降了9.7％和13.1％②，绿色经济发展取得了积极成效。

二是积极推动"两型社会"建设。温家宝总理早在2007年政府工作报告中就提出，"要在全社会大力倡导节约、环保、文明的生产方式和消费模式，努力建设资源节约型和环境友好型社会。"建设"两型"社会是一项庞大系统工程，涉及生产、消费、流通等领域，涉及发展战略选择、观念更新、制度变革等因素，需要试点先行，以点带面。2009年，中央政府已经批复了武汉城市圈和长株潭城市群两个"两型"社会建设方案，要求两地要创新资源节约、环境保护等体制机制，为推动科学发展和促进社会和谐提供经验和示范。两个试验区的建设，将成为我国城市"两型社会"建设的重要示范基地。

三是开展低碳城市建设试点，积极应对气候变化。低碳城市目前已成为世界各地的共同追求，很多国际大都市以建设发展低碳城市为荣，关注和重视在经济发展过程中的代价最小化以及人与自然和谐相处、人性的舒缓包容。可以预见，低碳城市将成为城市品牌的新目标。低碳城市建设无现成经验可搬，无固定模式可循，需要在摸索前进的基础上建章立制。2010年7月，国家发展改革委下发了《关于开展低碳省区和低碳城市试点工作的通知》，将广东、辽宁、湖北、陕西、云南和天津、重庆、深圳、厦门、杭州、南昌、贵阳、保定五省八市列入国家低碳试点范围，着重在绿色交通、绿色能源、绿色建筑、绿色生产、绿色消费五方

---

① 两型社会指的是"资源节约型、环境友好型社会"。资源节约型社会是指整个社会经济建立在节约资源的基础上；建设节约型社会的核心是节约资源。环境友好型社会是一种人与自然和谐共生的社会形态，其核心内涵是人类的生产和消费活动与自然生态系统协调可持续发展。

② 李克强：《推动绿色发展促进世界经济健康复苏和可持续发展——在绿色经济与应对气候变化国际合作会议开幕式上的演讲》，载新华网，2010-05-10。

面开展试点工作。

(二)地方政府促进城市绿色发展的探索与实践

北京、武汉、长沙等城市也积极行动，从创新体制机制、实施重点工程等方面积极开展促进城市绿色发展的探索与实践。

1. 创新资源节约和环境保护的体制机制

国务院批复武汉城市圈和长株潭城市群"两型"社会建设方案后，湖北省和湖南省都结合各自实际，出台了具体实施方案。

2008年10月湖北省出台了《武汉城市圈资源节约型和环境友好型社会建设综合配套改革试验总体方案》。《方案》围绕"两型"社会建设的要求，重点推进资源节约、环境保护、统筹城乡发展和节约集约用地等六个方面的体制机制创新，为"两型"社会建设提供有效的支撑平台和制度保障。在创新资源节约的体制机制方面，《方案》提出要以加快发展循环经济为重点，探索节能减排的激励约束机制，完善促进资源节约的市场机制，深化资源价格改革，建立促进资源节约的体制机制。并提出了建立落后产能退出专项资金；建立绿色电价机制，居民生活用水实行阶梯型水价；推广应用建筑节能省地环保新技术，建设一批示范工程等具体任务。在创新环境保护的体制机制方面，《方案》提出要以水环境生态治理和修复为重点，完善环境保护的市场机制，建立生态补偿机制，努力实现环境保护与生态建设一体化，建设生态景观和谐、人居环境优美的生态城市圈。并提出了建立圈域内环境监控信息共享平台，探索建立圈域污染物排放权交易市场，开展生态环境补偿试点，设立圈域生态环境保护基金等具体任务。武汉市还了制定《武汉市推进资源节约型和环境友好型社会建设综合配套改革试验三年行动计划(2008—2010年)》。经过2年多的探索，武汉市"两型"社会建设取得了积极成效。到2010年开通全国首个重点污染源排污信息网上发布平台，森林覆盖率达到26.48%，中心城区环境空气质量优良率达到82.5%。

湖南省在2009年处出台了《长株潭城市群资源节约型和环境友好型社会建设综合配套改革试验总体方案》，对创新资源节约和环境保护体制也做出了具体要求。同时还出台了《长株潭城市群区域规划2008—2020年》，提出分"三个阶段"推进"两型"社会建设。第一阶段，2008—2010年，全面启动各项改革，初步建立支撑"两型"社会建设的政策法律体系和体制机制框架；第二阶段，2011—2015年，纵深推进各项改革，在资源节约、环境友好等体制改革方面取得显著成效，形成比较完善的"两型"社会建设制度保障体系；第三阶段，从2015—2020年，完成"两型"社会建设综合配套改革的主要任务，形成有利于资源节约和生态环境保护的体制机制，率先建立完善的社会主义市场经济体制。

2. 大力实施绿色行动计划，全面打造低碳城市

北京市为巩固扩大"绿色奥运"成果，在 2009 年出台了《"绿色北京"行动计划（2010—2012 年）》，进一步推动"绿色北京"建设。三年行动计划的目标是到 2012 年，通过构建生产、消费与环境三大体系，实施九大绿色工程，为建设绿色现代化世界城市奠定坚实基础。九大工程的目的是提升北京绿色发展承载能力，具体任务及目标如表 12-6 所示。

表 12-6　　　　　"绿色北京"行动计划实施的九大绿色工程

绿色工程	主要任务	2012 年主要目标
清洁能源利用工程	推广新能源和可再生能源，完善能源输配网络，推进能源清洁化利用	实现光伏发电装机容量达 70 兆瓦，太阳能集热器利用面积达 700 万平方米，天然气占能源利用总量的比重达到 12%
绿色建筑推广工程	强化新建建筑节能标准，深化既有建筑节能改造，重点推进公共机构节能改造，建设一批绿色示范建筑	完成 1.2 万户农村住宅新建工作，完成 1 500 万平方米既有居住建筑和普通公共建筑节能改造，完成 6 万户既有农民住宅节能保温改造
绿色交通出行工程	大力发展公共交通系统，积极推广新能源环保汽车，加快建设慢行交通系统，逐步完善智能交通体系，加快轨道交通新线建设	轨道交通总里程达到 420 公里，基本形成"三环、四横、五纵、八放射"的网络体系；中心城区公共交通出行比例力争达到 42%，形成 5 000 辆的新能源汽车示范应用
节能环保新技术和新产品推广工程	加快推广节能减排新技术，全面推广节能环保新产品，继续推广高效照明产品	力争推广完成 3 000 台高效电机和 1 500 台高效变压器；2010 年完成石景山、房山等 9 个区县 1 200 万只高效照明产品推广，全市公共机构及居民家庭基本实现绿色照明
废弃资源综合利用工程	完善废旧资源分类收集体系，加快建设一批生活垃圾处置设施，稳步推进污泥处理设施建设，发展资源回收利用产业	实现全市垃圾处理能力达 1.7 万吨/日，垃圾分类达标率力争超过 50%，垃圾焚烧、生化处理和填埋比例达 2∶3∶5，城区污泥无害化处理率达到 100%，郊区新城污泥无害化处理率达到 55%
大气污染综合防治工程	严格控制锅炉排放污染，加强机动车排放污染防治，加大工业废气和扬尘污染治理力度	形成 3 万辆规模的城市货物配送"绿色车队"，力争实现新购机动车尾气排放执行国 V 标准及相应车用燃油标准

续表

绿色工程	主要任务	2012 年主要目标
循环型水资源利用工程	加强水源保护力度，持续开展节约用水，提升污水处理水平，扩大再生水利用	实现水资源利用量提高到 5.6 亿立方米，出境断面 COD 浓度降至 45 mg/L 以下；家庭节水器具普及率达到 95% 以上；完成 15 万户农村居民一户一表及管网节水改造；实现全市污水处理能力达 350 万吨/日；再生水在工业中的利用比例达到 30% 以上
城乡绿化美化工程	巩固山区绿色生态屏障体系，着力提高森林覆盖率和森林碳汇功能，构筑平原绿色生态网络体系，完善城市绿化生态景观体系，全面实施 11 个新城滨河森林公园，启动 42 个重点镇休闲公园建设，逐步完善全市公园体系	城市绿化覆盖率达到 45.5%
绿色典范打造工程	建设绿色发展示范区，建设 6~8 个试点区（镇）；推进市级循环经济试点，形成 3~5 个生态示范园区，推进 30~50 个循环经济试点企业建设；树立宣扬绿色消费典范	建设一批绿色发展的典型

资料来源：《"绿色北京"行动计划（2010—2012 年）》，载《北京日报》，2010-03-06。

这些工程的实施已取得了良好的成效。2010 年，北京市公交出行比例提高到 38.9%，市区空气质量二级以上天数达到 78.1%，全市生活垃圾无害化处理率达到 95.8%，全市林木绿化率达到 52.6%，节能减排工作走在全国前列。

杭州市在 2009 年底出台了《关于建设低碳城市的决定》，提出要建设低碳经济、低碳建筑、低碳交通、低碳生活、低碳环境、低碳社会"六位一体"的低碳城市，并提出了发展新能源产业、发挥农林业在培育碳汇中的作用、打造节能精品建筑、打造"五位一体"公交零换乘城市、编写低碳生活家庭行为手册、全面启动生态文明建设细胞工程、打造"低碳社区"等具体任务。随着这些任务的实施，杭州的生态环境将进一步改善。

3. 政府引导与市场调节有效配合，合力推动绿色发展

长沙市是长株潭城市群"两型社会"综合配套改革实验区的龙头，在推进"两型"社会建设过程中，长沙市注重发挥政府的引导作用和市场的调节作用，形成了促进绿色发展的激励机制。

长沙市由市国税局和地税局负责，提出建设"资源节约型和环境友好型社会"

的税收政策意见，出台资源税、环境税的开征办法，制定对资源综合利用工艺、产品和替代能源、资源再生产品实行税费减免的优惠政策。发改委、物价局等部门研究制定推进天然气、水、电、油等资源性产品价格改革方案，建立反映资源稀缺程度的价格形成机制。国土局等部门制定土地价格改革方案，对新建高耗能项目实行差别地价。对资源节约和环境友好的重大工程项目和示范项目，采取"以奖代投"、资金补助或贷款贴息等市场手段予以支持。

湖南省环保局授权长沙市组建长沙环境资源交易所和公共资源交易中心，开展全省 SO_2 及 COD 排污权交易活动，搭建排污权交易、环境污染治理技术交易和生态环境资源交易的平台，2008 年完成国内首笔排污权交易，产生了极好的社会效益。

这些措施有力推进了长沙市绿色发展水平。2010 年全市单位 GDP 能耗降低 4％以上，SO_2 排放和 COD 分别减少 11.08％和 22.16 ％，污水处理率达 80％，空气质量优良率保持在 90％以上。

专栏 12-3 广州海珠区："腾笼换鸟"推动产业升级和生态建设

海珠区是广州市的老工业区和城乡结合区，2008 年开始实施"腾笼换鸟"①战略，以吸引更多的高端产业、高端人才集聚，进一步改善生态环境。

按照广东省、广州市部署，海珠区在 2009 年加快推进"双转移"②和"退二进三"③工作。2009 年，海珠区纳入"退二"计划的 95 家工业企业年产值 128 亿元，占全区工业总量的四成多，仅去年退出的 43 家企业就让工业产值减少了 52 亿元，工业企业退出势必对经济总量造成一定影响。但由于在"退二"的同时做好了"进三"工作，海珠区经济保持了平稳较快发展，2009 年地区生产总值达到 603.66 亿元，连续 5 年保持较快速度增长。2004 年，海珠区第三产业占三产比重只有 60.9％，2009 年已达 81.7％，五年上升 20 多个百分点，第三产业已然成为拉动海珠经济增长的主动力；第二产业比重则由 38.4％下降为 17.9％，产业转型基本实现。

海珠是一个天然的生态绿岛，近年来区委区政府加强生态建设，积极保护

---

① 腾笼换鸟：推进产业结构调整升级的措施，即将低端、落后、不具发展前景的产业项目转移出去，引进处于产业链高端、科技含量高、技术先进环保的产业项目。
② 双转移：推进产业转移和劳动力转移，优化产业结构，促进区域协调发展。
③ 退二进三：产业布局调整和环境保护的措施，是指引导工业(二产)退出中心城区，腾出发展空间，引导服务业(三产)进入发展。

"南肺"万亩果园，采用政府租地模式建成龙潭、东风、上涌等果树生态公园，新增公共绿地面积300多万平方米，让居民群众享受原生态居住环境；2010年年初启动的全区100多公里绿道①网建设正在顺利推进，计划在8月底前完成滨江路等共41公里的首批6条绿道建设；2010年10月底前即可成形的海珠湖，将与全区74条河涌整治一起，实现海珠水环境的整体提升，"江、涌、湖、林、园"生态系统日益完善。

在二三产业比重一升一降之间，海珠区正实现"两个转变"，即产业向高端转变、环境向高质量转变。

资料来源：

[1]2010年广州市政府工作报告. 广州市政府门户网站. http://www.gz.gov.cn/vfs/content/newcontent.jsp? contentId=756620&catId=4112.

[2]海珠区政府工作报告（2009、2010）. 海珠区公共信息网. http://www.haizhu.gov.cn/site/main/index.html.

[3]广州海珠区以产业转型促城区转型. 广州日报网络版. http://tech.southcn.com/t/2010-05/19/content_12063422.htm.

>>三、促进城市绿色发展的国际经验<<

(一)基础设施建设及改革的经验

为了提高基础设施的供给能力和运行效率，20世纪70年代开始，英国、美国、日本等国家就立足国情，实施了以市场化为导向的改革，并取得了较好的成效。这些国家的具体做法有一定差异，但基本都包括以下措施，并值得我国借鉴。

一是引入竞争机制与改革产权制度并行，培育市场主体。如英国政府通过出售国有资产、取消新企业进入壁垒、鼓励私人部门提供产品或服务等手段，培育多元化市场主体。美国政府也放松管制，取消通信、有线电视、公共交通等领域的市场准入限制，鼓励市场竞争，如拆分AT&T(美国电话电报公司)就是一个典型案例。日本也实施了基础设施国有企业的改革。

---

① 绿道：是一种线形绿色开敞空间，通常沿着河滨、溪谷、山脊、风景路等自然和人工廊道建立，内设可供行人和骑车者进入的景观游憩线路，连接主要的公园、自然保护区、风景名胜区、历史古迹和城乡居民区等。

二是预先制定较为完善的法律法规，使整个改革过程有法可依。英国政府在20世纪80年代先后颁布了《电信法》、《煤气法》、《自来水法》、《电力法》等，限制垄断和鼓励竞争。美国政府在1976—1982年仅在交通运输领域就颁布了《铁路振兴和管制改革法案》、《航空货运放松管制法》、《航空客运放松管制法》、《汽车运输法》、《铁路法》和《公共汽车管理改革法》等一系列法案，对交通运输企业的改革进行了规定。

三是引入激励性管制方式，促进企业提高效率。美国、英国、日本在电信、电力、煤气等行业普遍采用了价格上限管制方式，企业在政府规定的最高限价下有利润最大化的自由，只要企业善于经营，不断提高生产效率，就能取得较多的利润。另一种激励方式就是建立稳定的长期契约，并在绩效衡量的基础上给予现行企业适度的优先签约权。实践证明，价格上限管制、区域间竞争、特许投标等激励制度的实行对于促进企业提高生产效率和经营效率具有积极意义。

四是设立独立的监管机构，提高监管效率。在公用事业改革过程中，产权变更或放松管制都对原有监管机构存在的必要性及存在形式提出了挑战。针对这种新情况，各国都对原有的公用事业管制机构进行了调整，或设立新的管制机构以适应管制改革的需要。新管制机构的主要职能包括：制定有关政府管制法规，颁发和修改企业经营许可证，制定并监督执行价格管制政策，对企业进入和退出市场实行管制。同时，建立健全听证会制度，重视社会监督。这些做法体现了"管大放小"的原则，提高了政府监管效率。

五是采用金边股等形式保持政府对企业的控制。如英国政府就采用金边股对电信公司等企业进行监控，民营化以后，政府在这些企业里还保留一股（即金边股）。政府对公司的一般正常经营活动并不进行干涉，也无权干涉，只是在金边股所附的明确的特定的权利范围①内对公司进行干预。金边股既起到了国家控股和国家独股的积极作用，又克服了国家控股和国家独股的不足，把国家对公司的适当干预和保证公司的独立地位、独立经营科学结合起来。

借鉴国际经验，我国城市基础设施改革要从改革国有企业、增加市场主体、增强市场竞争性、改革监管体系、转变监管方式、完善法律法规等方面综合推进。同时，要汲取日本的教训，在改革过程中要扩大民众参与，摒弃官僚集权式的改革。

---

① 包括：限制公司卖掉经营项目中的有形资产，限制超过净资产价值25％的股份的出售，阻止股份发行人修改章程中的某些关键条款（例如外国人持股的最多份额、个人持股的最高份额、股票的流动性、董事会的构成方式、对兼并的否决权），否决不合理的价格变动等。

（二）促进城市绿色发展的管理经验

国外在促进城市可持续发展、低碳发展、绿色发展方面有一些相同或类似的做法，主要包括：一是在城市规划和发展中处理好城市化与经济、社会、资源、环境、生态等方面关系，形成彼此间的良性互动；二是构建紧凑型的城市空间格局，发展公共交通特别是轨道交通，建设高效、低污染的城市立体化交通网络，提倡低碳建筑和公共住宅，转变居民消费观念；三是促进科技创新能力，提高城市能源的利用效率，增加可再生能源比例；四是注重环境问题，兼顾长期与短期效益，加强生态建设，追求经济、环境、生态和社会等之间的平衡；五是重视地方政府公共财政能力，特别是提供基础设施和公共服务方面的能力的重要性，争取政府在基础设施上的最小的投入即可最大程度满足需求；六是努力促使社会分配实现公平，提高公众参与的重要性，强调社区在凝聚社会力量方面的重要性。

美国和欧盟国家在推动城市绿色发展方面起步较早，某些经验值得借鉴。

1. 美国推动城市绿色发展的管理经验

美国在20世纪六七十年代对城市发展采取自由放任的态度，造成了过度消耗自然资源和环境资源，美国联邦政府和地方政府吸取教训，主要从规划入手，利用税收和价格等经济调节机制，创造基础条件，推动城市实现绿色发展，并提出了"精明增长"模式，其主要特点有两个。

第一是大力推动TOD模式。即以大运输量的轨道交通系统为导向，以站点为中心建设半径合理的居住区，并提供办公、商业服务业等多项功能，俄勒冈州的波特兰市是其中的典范。1997年，波特兰市发布《地区规划2040》，为波特兰市中心的紧凑发展和辐射性的交通网络建设做出了完整的规划，目的就是在城市开发中尽量减少土地的消耗、机动车交通和空气污染；强调街道的相互联系，使公共交通更加便利和舒适；强调混合功能以及符合人性尺度的设计和宽敞空间等。波特兰市不仅把公共交通作为主要交通工具，引导了城市的增长，促进了空气的清洁，也将此作为与大规模高速公路建设相抗衡的手段。步行和自行车交通设施条件的改善，使得波特兰在城市开发中减少了土地消耗和机动车交通，同时也减少了空气污染。至今，波特兰市人口增长一半，土地面积仅增长2%，是美国最具吸引力的城市之一。

第二是注重发挥非政府组织、企业和市民在城市建设和管理中的作用。例如，美国的马萨诸塞州就在为发展生物技术和清洁能源技术制定规划的同时，通过政府为中小企业和个人提供科技孵化服务，鼓励创业和投资，促进城市的可持续发展；还通过与企业的联合，策划和建设体育馆、大剧院等一系列公共服务项目，并在许多城市发展规划的制订过程中充分征求和尊重市民意见。

2. 欧盟国家推动城市绿色发展的管理经验

欧盟国家最大的特点是重视高密度、功能混合、公交导向的紧凑城市发展模式。这种模式主张采用高密度混合式的策略，城市土地利用开发模式，优先发展公共交通，遏制城市蔓延，有效缩短交通距离，降低能源消耗，减少废气排放乃至抑制全球变暖，在有限的城市范围容纳更多的城市活动，提高公共服务设施的利用效率，减少城市基础设施建设的投入，提高城市化的经济、社会、生态效益。

欧盟主要国家较早就注重发展循环经济，尤其是德国在垃圾的循环利用方面水平较高。早在1972年，德国就通过了首部《废物避免产生和废物管理法》，开始对垃圾进行环保有效的处理。德国垃圾处理系统的一大特色是闭合式循环管理，即在生产和消费过程中，任何生产商和经销商必须在产品流通过程中将产生的垃圾通过严格的预处理进行分类，将可回收的垃圾进行循环和再利用，最终将剩余的无法被回收的垃圾进行环境无害处理。截至2005年，德国60%多的市政垃圾得到再循环处理，生产过程中的垃圾再循环使用率甚至达到了65%。同时，垃圾焚化工厂、垃圾机械及生物预处理工厂等专门处理工业废物的工厂得到迅猛发展。

与此同时，欧盟国家还积极探索低碳城市化的发展理念。如英国碳信托基金会与能源节约基金会(EST)联合推动了英国的低碳城市项目(Low carbon cities programme，LCCP)。首批3个示范城市(布里斯托、利兹、曼彻斯特)在LCCP提供的专家和技术支持下制定了全市范围的低碳城市规划。伦敦市也就应对全球气候变化提出了一系列低碳伦敦的行动计划，特别是2007年颁布的《市长应对气候变化的行动计划》(*The mayor's climate change action plan*)，是全球最早提出此类计划的国际性大都市，目的就是提升全球绿色竞争力。

专栏 12-4 上海世博会：绿色让城市更美好

159年前首届世博会在英国伦敦开幕时，全球城市人口比例只有6%；上海举办2010年世博会时，全世界已有50%的人居住在城市。上海世博会的主题是"城市，让生活更美好"，这是世博史上第一次出现"城市"主题。它不仅仅反映了中国城市的文明进程，更注重的是未来城市的绿色发展模式。

从上海世博会看城市经济的绿色发展，总结为以下四化。

第一，城市的人本化。2010 年上海世博会上，法国罗阿大区有一个多极城市新理念，让人们生活更方便，但却不紧凑。因此，城市人本化，即城市要以人为本，不仅是生活便利，也要考虑发挥这个城市居民人力资本的价值，绿色发展首先必须是以人为本的发展。

第二，城市房屋有机化。上海世博会中多个国家的房子设计非常自然，比如阿尔萨斯低能耗建材、植物墙；英国馆的零碳排放、风帽的循环能源系统；德国汉堡之家的被动房；尤其是日本外墙发电膜，循环吸引柱，室内外空气、阳光、雨水、清风的自动调节系统，被称为会呼吸的房子、活着的房子。

第三，城市能源双制化。一是自然化，如上海世博会上出现的太阳能光伏电板做成的建筑材料成为建筑物发电源，使用低辐射的 LOW－E 镀膜中空玻璃可节能降耗。二是智能化，上海世博会利用智能电网的变电站，可进行电节约使用的管理，而世博会上新能源汽车更如此，比如此次使用 300 辆电动车和电容车，200 辆燃料电池车，500 辆低硫混合动力车等。而上汽通用的叶子概念车，实现了二氧化碳的零排放。

第四，城市废物再生化。城市回收利用垃圾与废料是重要的绿色发展内容。上海世博会零碳馆中，生物能热电联产将餐厅的食品废弃物和有机物质等生活产生的生物垃圾混合，通过生物厌氧过程降解，产生电和热以实现生物能的释放，该系统处理后的产品能够用于还田作为生物肥料，做到了变废为宝。

来自全球的 246 个国家和国际组织在上海世博会探讨城市前景，是为了寻求一种可持续发展之路，即城市的绿色发展之路。随着城市化进程的加速，城市的有机系统与地球大生物圈和资源体系之间的相互作用也日益加深和扩大。人、城市和地球三个有机系统环环相扣，这种关系贯穿了城市发展的历程，三者也将日益融合成为一个不可分割的整体。

资料来源：

[1]李晓西. 从上海世博会看城市经济的绿色发展. 2010.

[2]上海财大世博经济研究院院长陈信康教授"上海世博会与我国社会经济发展"报告. 2010 年 6 月教育部社会科学委员会经济学学部上海会议.

>>参考文献<<

[1] 国家统计局. 2010 年中国统计摘要[R]. 北京：中国统计出版社，2010.

[2] 国家统计局. 2002 年中国统计年鉴[R]. 北京：中国统计出版社，2002.

[3] 国家统计局. 2009 年中国环境统计年鉴[R]. 北京：中国统计出版社，2009.

［4］国家统计局. 2006 年中国环境统计年鉴［R］. 北京：中国统计出版社，2006.

［5］国家环保部. 2001 年环境统计年报——生活污染情况［R/OL］. 环保部网站，
http://zls. mep. gov. cn/hjtj/nb/nb1/200504/t20050406_65665. htm.

［6］国家统计局城市社会经济调查司. 2009 年中国城市统计年鉴［R］. 北京：中
国统计出版社，2010.

［7］国家统计局城市社会经济调查司. 2006 年中国城市统计年鉴［R］. 北京：中
国统计出版社，2007.

［8］国家统计局城市社会经济调查司. 2002 年中国城市统计年鉴［R］. 北京：中
国统计出版社，2003.

［9］住房和城乡建设部. 2005 年城市建设统计公报［R/OL］. 我的钢铁网，
http://www. mysteel. com/gc/cjzh/jcjs/2006/05/30/000000,0,0,649483. html.

［10］住房和城乡建设部. 2001 年城市建设统计公报［N］. 中国建设报，2002-
05-27.

［11］张琦等. 城市经济学［M］. 北京：经济日报出版社，2007.

［12］金三林. 公用事业改革的国际经验及启示［J］. 中国发展观察. 2007，5.

［13］李秉仁. 中国城市市政公用基础设施建设发展与展望［M/OL］. 建筑英才
网，http://news. buildhr. com/1273559027/78540/1/0. htm.

［14］鞠齐. 基于城市可持续发展的基础设施建设研究［J］. 经济研究，2006，6：
44-46.

［15］孙荣庆. 城市环境保护基础设施建设投资现状、问题及对策［J］. 城乡建设，
2009，1：66-68.

［16］楼思宇. 城市基础设施项目管理中的问题分析［J］. 近日科技，2007，2：
32-33.

［17］李少军. 政府在基础设施建设中应有的作用——倡导多种投融资方式［J］.
现代经济信息，2009，10：89.

［18］蔡龙. 开展银政合作携手共建绿色南京——城市环境基础设施项目多元化
融资的实践与思考［M/OL］. 宏观经济观察网，http://gc. jsamr. com/Ht-
ml/1/Menu/1477/Picture/100305/.

［19］王丽英. 论城市基础设施市场化改革中政府监管的主要环节［J］. 中央财经
大学学报，2008.

［20］黄海峰. 论绿色城市建设的低碳转型［M/OL］. 建筑英才网，http://news.
buildhr. com/1273570016/78553/1/0. htm.

[21] 王毅. 实施绿色发展 转变经济发展方式[J]. 中国科学院院刊，2010，2.

[22] 周冯琦. 建"两型"社会促生态文明[M/OL]. 人民网，http://theory. peo-ple. com. cn/GB/49154/49156/6604010. html.

[23] 李晖. 低碳城市与经济转型[M/OL]. 光明日报网，http://www. gmw. cn/content/2010-08/10/content_1206722. htm.

[24] 国务院发展研究中心课题组. 中国城镇化：前景、战略与政策[M]. 北京：中国发展出版社，2010.

[25] 李莉. 德国垃圾处理的系统化发展[J]. 环境保护与循环经济. 2009，5.

第十三章
环境治理及其政策

　　积极而有效的环境治理是解决环境问题的重要途径，而政府在领导、组织、协调环境资源保护工作，建设环境友好型社会、资源节约型社会中更具有不可替代的作用。因此，我们有必要明确环境治理中的政府职责及政策范围，并结合中国发展实际，进一步梳理和归纳中国环境治理的主要成就和存在问题，借鉴国内外环境治理领域的经验，以努力解决环境问题，使环境对经济增长的严重约束得以有效解除，保障我国中长期经济增长目标的高质量实现和经济社会长期可持续发展。

>>一、环境治理中的政府职责及政策范围<<

　　从经济学意义上讲，环境具有公共物品的性质，是典型的公共物品。由于大多数环境资源属公有财产，不可能清晰的明确产权，或者是明确产权的成本太高，与环境资源配置有关的经济活动存在着私人成本小于社会成本的情况，直接导致"市场失灵"现象的存在。而市场机制在环境问题上的失灵，决定着政府对解决环境问题责无旁贷，也为政府的干预提供了机会和理由。政府拥有绝对的行政权威和公权力，拥有超越一般社会组织和公众的强制力和资源，又拥有国家强制性专门化机器，作为公共产品和公共服务的提供者有责任通过立法等手段，实施环境治理，来纠正市场失灵，充分发挥政府管理环境的职能，使环境外部性问题内部化，促进经济社会的可持续发展。

　　环境治理是人类经济社会发展到工业化阶段，引起了人类生存环境的严重恶化后才产生的。随着20世纪60年代以后工业化和城市化在全球范围内加速和经济全球化的深入，环境治理已经成为世界各国政府的主要职责之一。目前，环境治理中的政府职责可以主要分为以下几个方面。

(一)环境干预

为了经济和社会的可持续发展，政府必须对环境问题进行干预。干预的方式主要是对微观市场经济主体的行为进行直接规制，即主要是通过限制、禁止、制裁等方式来严格控制环境质量。这种为保护环境而实施的较严格的环境治理并不必然损害企业竞争力和经济增长，相反，严格的环境治理往往一方面会对造成环境严重危害的企业造成退出风险，打击环境污染行为，同时也会促进企业加强环境投资、开发环保技术、引进先进设备、提高资源利用率，从而提高了这些企业的生产效益和竞争力。

(二)环境建设

环境是典型的公共物品，环境保护则是典型的公共行为。作为一项公共事业，环境治理往往广泛存在于责任主体难以判断或责任主体太多、投资回报很低或没有投资回报的领域。在这种情况下，政府就必须发挥其主导作用，加大对环境领域的公共产品和公共服务的投入力度。一般来看，政府在环境建设方面的作用主要体现在两个方面。一方面，政府是环境公共基础设施建设的主体，在诸如城乡环境综合整治、美化城乡环境、建设污水处理厂和垃圾处理厂等领域发挥重要作用；另一方面，政府是环境科学研究和环境标准建设的主体，政府具有动员国家和社会各种资源的能力，有责任和能力组织重要环境技术和环境标准的基础科学研究，组织对环境相关技术和标准的研究和推广。

(三)环境教育

公众的普遍参与是环境治理得以实现的重要保证。政府在环境治理中的职责还在于其能够发挥提高公民环保意识的引导作用，动员国家和社会资源，加大环保教育和传宣力度，普及环境科学知识和环保理念，增强公众保护环境的意识和责任感，使大众认识清环境的重要性和环境问题的危害性，并形成完善的环境治理机制，努力和环境非政府组织、民间学术机构和团体一起形成合力，发挥公众保护环境的主动性、积极性，共同开展环境治理工作。

政府在环境治理中发挥着十分重要的作用，但政府在环境治理实践中也往往具有局限性，存在政府的环境治理行动不能增进经济效率或政府资源配置不当的"政府失灵"现象。具体表现在，首先，政府不具备完全理性。现实中，政府的政策和目标作为国家意志可能是明确合理的，理论上也是有效的，但是经过政府官员个人的参与和执行，就会掺杂上个人意识和寻租等代理人问题，加上信息不充分不对称，管理对象不确定，政府本身认知能力有限等，使政府无法突破有限理性的局限。这会导致在政府环境治理中，经常出现政策制定偏差、决策失误和执行不力或过度等问题。其次，政府行为很难实现客观中立。在环境治理实践中，政府及其部门往往并不是客观中立的"第三方"和"裁判员"，而也是环境权益的参与方，政府会有选择地执行环境规制。例如对一些关涉国民经济的重要行业和企业，出于经济发展、财源税收和追求政绩的考虑，政府往往降低执行力度。最后，政府力量有限。环境治理中政府作用的实现条件之一是政府干预的收益必须大于政府干预的成本。而政府行为往往具有其自身的成本特性，即政府所承担的、实施环境管理所需的边际成本具有逐步增加的趋势，这导致政府在环境治理中往往会陷于财力不足的困境。

基于市场的环境治理模式是当今世界各国环境治理的主要模式和发展趋势。基于市场的环境治理既发挥了政府在环境治理中的突出作用，又支持和允许社会多元化和政府外部力量的存在和参与，充分考虑了环境治理的成本因素，体现了现代国家社会管理的新特点。在这一模式下，政府利用市场机制，建立公平、公开和合理的环境政策和环境权益市场交易秩序，激励微观层面的企业为环境污染治理和减排主动行动起来。政府利用市场力量，将环境治理目标和要求传导和分散到广大的微观企业层面，使它们按照治理要求和制度规则，在实现自己最大经济利益的前提下，充分运用科技、管理等手段达到既降低成本，又提高收益，也实现政府环境目标和任务的效果。这样，政府就可以从具体的微观环境管理事务中脱身，发挥其在建立和提供环境政策赖以实现的社会秩序和公正程序方面的优势，将有限的财力和精力运用到环境科学、环境政策、环境标准和相关政策的研究制定当中，运用到更大的全球性环境合作事务和环境治理当中。基于市场的环境治理模式明确了政府和市场的各自优势领域，为两种力量留下各自作用的空间，除了要发挥政府的主导作用外，还要充分重视市场机制和社会机制的作用，为增强环境整理能力、提高环境治理效率、提升环境治理水平提供重要的支持和保障。

>>二、中国环境治理中取得的成就及存在的问题<<

改革开放以来，我国经济持续快速增长，工业化、城市化进程不断加快，综合国力得到巨大提升，民众物质生活实现了普遍改善。但与此同时，伴随着我国经济的高速增长，环境问题日趋突出，经济的快速发展付出了很高的资源环境代价，环境问题成为经济可持续发展和社会和谐发展的严重约束。中国政府高度重视环境保护，认为环境保护关系到国家现代化建设的全局和长远发展，是造福当代、惠及子孙的事业。多年来，中国政府将环境保护确立为一项基本国策，把可持续发展作为一项重大战略，坚持走新型工业化道路，在推进经济发展的同时，采取一系列措施加强环境治理，取得了有目共睹的成效。但是，面临经济社会快速发展的新形势，中国在环境治理领域仍然存在一些不足，仍然与经济可持续发展的要求存在差距，也需要我们加以重视和解决。

(一) 中国环境治理取得的主要成就

中国政府历来注重环境治理工作。在多年的环境治理理论探索和具体实践中，中国环境治理理念日益明确清晰，环境治理成效显著增强，环境治理法制体系逐渐完善，环境治理机构不断健全，取得了一系列成就。

1. 环境治理理念日益明确清晰

中国的环境治理理念演变与发展有着清晰的历史轨迹。1973 年 8 月，中国召开了第一次全国环境保护工作会议，通过了"全面规划，合理布局，综合利用，化害为利，依靠群众，大家动手，保护环境，造福人民"的 32 字环境保护方针。接着中央和各地陆续成立了环境保护机构，1974 年 10 月正式成立了国务院环境保护领导小组。1978 年，国务院环保领导小组《环境保护工作汇报要点》指出了环境保护是社会主义建设的重要组成部分。1979 年 9 月，《中华人民共和国环境法(试行)》颁布，标志着我国环境保护开始走向法制轨道。1983 年，"环境保护"被确定为中国的一项基本国策，并提出"经济建设、城乡建设、环境建设同步规划、同步发展，实现经济效益、社会效益和环境效益相统一"的战略方针。1989年，中国出台了以环境影响评价制度、"三同时"制度、征收排污费制度、排污许可证制度、污染集中控制制度、限期治理制度、环境保护目标责任制度、城市环境综合整治定量考核制度等八项环境管理制度，提出要努力开拓中国特色的环境保护道路。1992 年，里约热内卢联合国环境和发展大会后不久，中国提出了环境与发展的十大对策，其中包括实行可持续发展战略。1996 年，中国提出了两项重大举措，即"九五"期间全国主要污染物排放总量控制计划和中国跨世纪绿色工程规划。2002 年，党的十六大则明确提出把改善环境作为全面建设小康社会的目标之一，将环境保护提高到"国家发展战略"的高度，并于 2003 年制定了"新世纪中国环境保护战略"。2005年10月中共十六届五中全会提出建设资源节约型社会和环境友好型社会，次年国家就提出了"三个转变"，即从重经济增长轻环境保护转变为保护环境与经济增长并重，从环境保护滞后于经济发展转变为环境保护和经济发展同步，从主要用行政办法保护环境转变为综合运用法律、经济、技术和必要的行政办法解决环境问题。党的十七大以后，环境治理在国民经济发展中的作用更加明显，其已经成为落实科学发展观、构建社会主义和谐社会的重要内容，成为转变经济发展方式的重要手段和强大动力。总的来看，中国的环境治理理念伴随着改革发展的实践，逐渐变得清晰明确，面向未来，基于可持续发展的环境治理理念已经成为中国经济社会发展的重要指导方针。同时，环境治理的理念也在中国各地广泛的经济社会发展实践中得到普遍体现，环境的重要性不断得到认识和发展，生态文明理念日益深入人心，加强环境保护，开展环境治理，营造良好环境成为了中国许多地方发展的主题和关键，部分地区已初步走上了生产发展、生活富裕、生态良好的文明发展道路。

专栏13-1　海南儋州：实施生态立市建设战略

海南省儋州市位于海南岛西北部，濒临北部湾，距省会海口市130公里，全市人口95万，陆地面积3 400平方公里，辖区有17个镇，4个市属农场及3个工业园区，海岸线长240公里，是海南省人口最多，面积最大的市（县），因其优美的生态环境，丰富的自然资源和旅游资源，被誉为"海南西部明珠"。作为海南西部工业重镇，近年来，儋州市立足于生态优势，积极地实施生态立市战略，大力发展生态产业和循环经济，不断创新体制机制，优化生态环境，走出一条独具特色的绿色发展之路，取得了较好的成效，获得了"全国文明示范市"、"全国城市环境综合治理优秀市"、"全国园林绿化先进市"等荣誉称号。

第一，规划指导、着力减排。为了加强环境保护力度，儋州市特别注重抓好主要污染物总量减排考核工作，建立健全减排指标、监测指标、考核指标等"三大体系"，专门制订了年度减排计划，成立以市长为组长的主要污染物减排工作领导小组，协调解决减排各项工作，明确各相关部门责任和减排项目的数量。

第二，严把新扩改项目的环保审批关。儋州市特别重视重点领域节能降耗，控制能耗和排放增量，按照"不破坏资源，不污染环境，不搞低水平重复建设"的"三不"原则，从严控制高耗能、高污染行业进入，把好环保审批关。同时，建立新建项目管理部门联动机制，加强新建项目建设审批联动工作，按照"六项必要条件"（必须符合产业政策和市场准入标准、项目审批核准或备案程序、用地预审、环境影响评价审批、节能评估审查以及信贷安全和城市规划等规定和要求）严格审查，做到增产不增污，确保经济的绿色发展。

第三，围绕"三环村庄"，创建文明生态村。儋州市结合自身土地面积大、人口多、村庄多、文明生态村建设难度大的区域发展实际，自 2009 年开始，坚持规划先行、分步推进的原则，以环镇政府所在地村庄、环旅游景点村庄、环退场村庄为重点，紧密围绕"三环村庄"，以"政府推动、农民主动、社会联动"的创建机制，引导其他各项资金，集中投向、整体推进文明生态村建设。目前，儋州市已创建文明生态村 688 个，占全市自然村总数 43.5%，有效的改善了农村人居环境。

第四，注重重点区域的生态环境恢复和治理。儋州市特别注重加强对采矿区、水土流失区域的生态环境恢复和治理。2009 年，儋州市共投入 1 120 万元对鹧鸪岭和蚂蟥岭的水土流失进行治理，完成水土流失治理面积 28 平方公里，并投入 441.9 万元资金，完成矿区复垦面积 7.704 公顷。同时，做好新州镇、南丰镇生活污水人工湿地处理工程建设，逐步实现部分乡镇生活污水集中治理，对周边地表水环境的保护产生了积极效果。

资料来源：

http://www.cenews.com.cn/xwzx/dfxw/qt/201007/t20100730_662140.html.

2. 环境治理成效显著增强

为加强环境保护，改善环境质量，中国采取了一系列环境治理措施，不断加大环境治理工作力度，紧紧围绕确定的主要污染物排放总量控制目标，把防治污染作为重中之重，加快结构调整，淘汰了一批高消耗、高污染的落后生产能力企业，加快了污染治理和城市环境基础设施建设，加大了淮河、海河、辽河、太湖、巢湖、滇池、松花江等重点流域污染治理力度，使得污染减排取得明显成效，污染防治稳步推进，基础能力建设取得积极进展，环境污染和生态破坏加剧的趋势减缓，城乡环境质量不断改善。截至 2009 年年底，二氧化硫排放量为 2 214.4 万吨，烟尘排放量为 847.2 万吨，工业粉尘排放量为 523.6 万吨，全国化学需氧量和二氧化硫排放量与 2005 年相比分别下降了 9.66% 和 13.14%，二氧化硫减排已超过"十一五"目标，化学需氧量减排也接近"十一五"目标。[①] 同时，根据第七次全国森林资源清查（2004—2008 年）结果，全国森林面积 19 545.22 万公顷，森林覆盖率 20.36%，活立木总蓄积 149.13 亿立方米，森林蓄积 137.21

---

① 周生贤：《探索环保新道路　大力推进绿色发展》，载《人民日报》，2010-06-04。

亿立方米。乔木林平均每公顷蓄积量 85.88 立方米。林木年均净生长量 5.72 亿立方米，年均采伐消耗量为 3.79 亿立方米。与第六次全国森林资源清查(1999—2003 年)相比，森林面积净增 2054.30 万公顷，人均森林面积增加 0.013 公顷，森林覆盖率增长了 2.15 个百分点，有林地中公益林面积比例上升了 15.64 个百分点。①

3. 环境治理法制逐步完善

中国在环境治理的实践中已经制定和实施了一系列关于防治环境污染、保护自然的法律法规，形成了一个以《中华人民共和国宪法》为基础，以《中华人民共和国环境保护法》为主体，以环境保护专门法、与环境保护相关的资源法、环境保护行政法规、环境保护行政规章、环境保护地方性法规为主要内容的相对完整的环境法制框架体系。例如，《中华人民共和国宪法》规定，"国家保护和改善生活环境和生态环境，防治污染和其他公害"，"国家保障自然资源的合理利用，保护珍贵的动物和植物。禁止任何组织或者个人用任何手段侵占或者破坏自然资源"。而自 1949 年中华人民共和国成立以来，全国人民代表大会及其常务委员会制定了环境保护法律 9 部、自然资源保护法律 15 部。自 1996 年以来，国家制定或修订了包括水污染防治、海洋环境保护、大气污染防治、环境噪声污染防治、固体废物污染环境防治、环境影响评价、放射性污染防治等环境保护法律，以及水、清洁生产、可再生能源、农业、草原和畜牧等与环境保护关系密切的法律；国务院制定或修订了《建设项目环境保护管理条例》、《水污染防治法实施细则》、《危险废物经营许可证管理办法》、《野生植物保护条例》等 50 余项行政法规；发布了《关于落实科学发展观加强环境保护的决定》、《关于加快发展循环经济的若干意见》、《关于做好建设资源节约型社会近期工作的通知》等法规性文件。同时，国务院有关部门、地方人民代表大会和地方人民政府依照职权，为实施国家环境保护法律和行政法规，还制定和颁布了大量的规章和地方法规。此外，中国还积极参与国际环境法律合作，已参加《生物多样性公约》和《联合国防治荒漠化公约》等 50 多项涉及环境保护的国际条约，先后与美国、日本等 42 个国家签署双边环境保护合作协议或谅解备忘录。

4. 环境治理机构不断健全

中国环境治理机构建设始于 20 世纪 70 年代，经历了从无到有、从虚到实、从临时到常设、从附属到独立、从低规格到高规格的曲折历程。1973 年，中国

① 国家环境保护部：《2009 年中国环境状况公报》。

开始成立了国家级的环境治理机构，即国务院环境保护领导小组办公室（简称国环办）。1982 年，经过第一次机构改革，成立环境保护局，归属当时的城乡建设环境保护部。1984 年，环境保护局更名国家环保局，依旧在建设部管理范围内。1988 年，国务院进行机构改革，国家环境保护局从城乡建设环境保护部中正式独立出来，成为国务院直属机构（副部级）。1998 年国家环境保护局升格为国家环境保护总局（正部级）。但国家环境保护总局只是国务院的直属单位，而不是国务院的组成部门，尽管在行政级别上也是正部级单位，但在制定政策的权限以及参与高层决策等方面，与作为国务院组成部门的部委有着很大不同。2008 年，环境保护部被批准设立，成为国务院的组成部门，使得环境保护部门的重要性得到极大提升。同时，国务院所属的综合部门、资源管理部门和工业部门中也设立环境保护机构，负责相应的环境与资源保护工作。相关的部门主要有：国家发展计划委员会（地区经济司环境处、环境和资源综合利用司）、商务部（节约综合利用司环保处）、科学技术部（农村与社会发展司资源环境处）、农业部（科教司生态环境处）、建设部（城市建设司综合处）、铁道部（环境保护办公室）、交通部（环境保护中心）、水利部（水资源司）、国务院法制局（农林城建司资源环境保护处）、全国绿化委员会办公室、审计署（农业与资源环保审计司）、国家海洋局（环境保护司）、国家林业局（保护司）等。而在地方层次上，一些省、市人民代表大会也相应设立了环境与资源保护机构。省、市、县人民政府也相继设立了环境保护行政主管部门，对本辖区的环境保护工作实施统一监督管理。各级地方政府的综合部门、资源管理部门和工业部门也设立了环境保护机构，负责相应地方的环境治理工作。

（二）中国环境治理中存在的主要问题

中国重视经济发展中的环境治理问题，积极制定和改善环境政策，加强环境政策实施力度，在环境治理方面取得了很好的效果。但我们也应该清醒的认识到，目前中国环境形势仍然相当严峻，新的环境问题伴随经济规模扩大和经济增长步伐也在不断凸现，中国环境治理在体制机制方面还存在着许多亟待解决的问题。

1. 环境治理能力有待提升

尽管近年来国家环境管理方式不断改善，手段不断创新，能力不断强化，着力解决了一批影响公众健康和经济可持续发展的突出环境问题，但在实践中，与其他强势经济部门相比，中国环境保护部门在政府组成机构中的地位往往缺乏独立性，环境保护工作缺乏强有力的机制和手段，而各种环境破坏行为，特别是以服务地方经济发展为旗号的环境破坏行为往往难以受到有效的责任追究，环境治理在发展决策和行动中得不到应有重视。环境治理在发展决策过程中被"边缘化"现象在一些地方和部门仍然没有改变，不少地区和环保部门把环境保护与经济发展对立起来，把环境保护看成是简单的污染防治，就污染谈污染，就环保论环保，而对环境治理持消极态度和行为的现象普遍存在，一些政府部门环境意识不强，环境执法不力，环境违法现象相当普遍，一些政府官员出于政绩和增加本地财政收入的考虑，往往对规避管制企业违反环境法律的行为给予默许和支持，某些经济综合部门和地方政府在经济规划、产业项目立项和实施中客观上往往违反环境政策相关规定，或者仅仅是象征性、形式性的做表面工作，搞运动式的环境治理、边治理边污染，在环境治理实践中，诸如"中央重视，地方不重视"、"纸上重视，实际工作不重视"等现象仍然存在，给国家环境政策的执行带来严重负面影响。

2. 环境治理机制有待完善

中国在环境治理机制上，比较注重政府管制的作用，可称为强政府，环境政策中的各种具体措施，特别是各项环境管理制度，大部分是由政府部门直接操作，并作为一种行政行为而通过政府体制进行实施的，使得国家的环境政策具有很浓厚的政府行为色彩。在一些重点环境治理工程和项目上，往往采取"会战式"、"运动式"的污染治理或控制行动，其方式也是主要以动用行政系统的力量为主，而特别缺乏来自民间的广泛的公众参与。公众参与缺乏必要的制度保障，广大社会公众作为环境治理的重要主体也没有得到切实的重视，在国家环保法律中关于公众参与环境治理只有原则性规范，在操作程序和权益保障方面缺少具体的规定，面临着诸多条件与机会的限制，直接导致公众参与环境治理的程度与效率不高，参与的渠道、途径不多不畅，且以末端参与为主，属于事发后举报、受害者举报的参与模式。在这种环境治理机制下，环境治理主体具有不完整性。使得环境治理需要消耗较多的财政资源，而不能够撬动更广泛的社会资源和力量，急需通过组织创新，优化环境治理结构，推动公众和各方非行政力量积极参与，从行政性治理转变成为多元共治，实行本质上的转型，突破环境治理困境，为经济社会健康发展提供足够承载力的良好环境。

3. 环境治理法律体系仍需健全

中国的环境法律体系建设已经有了长足的发展，但是，中国的环境立法和环境保护还远不能满足环境治理的现实要求，制约着环境治理和经济社会可持续发展的步伐。第一，环境立法的漏洞较多。环境法律之间存在冲突，整体配合性差，不同国家机关、不同部门制订的法律法规有的出于各自部门利益而存在狭隘的部门利益倾向，且因是不同部门所制定，法律法规的调整对象互相交叉重叠，使得实施起来不易明确，执法部门执行起来有法难依，甚至无所适从，严重影响了环保执法力度，损害了环境保护效果，损失了经济效率。第二，目前的环境保护法规政策体系主要是政府直管为主的管理体系，侧重于污染物排放达标等治污方面，总体上属于"末端"治理性质。"先污染、后治理"是包括中国在内的发展中国家环境保护现实中的通病，法律法规也是出于这样的治理理念而制定的，是针对环境后果而设的环境法规，手段主要采取收费、罚款、限期整改等事后惩罚措施，这种法规体系虽然有一定公平性，但其效果主要在治标而不治本，环保效果较差，不能从根本上改善环境质量，且经济成本大，经济效率低，经济和环境效益都较低，不利于经济可持续发展，也不利于环境的根本改善。第三，环境保护法律规范滞后，操作性不强。中国环境资源立法中有相当部分已不能适应市场经济和经济全球化的需要，这就要求环境保护法规应减少调整手段的计划经济色彩，加强资源的有偿利用和环境保护的力度，规范和完善环境立法、执法与司法。不但要从源头上堵住破坏环境行为，而且要加强执法力度，不能以收费、罚款等简单的行政措施代替执法。要把可持续发展新理念新情况及时贯彻到环境法律法规中去，使经济和社会可持续发展和资源可持续利用在法律上得到及时有效的保证。

4. 环境治理工具还需强化

近年来，中国环境治理中引入了更多的环境经济政策工具和手段，在中国实施的环境经济政策，主要包括资源税、排污收费、环境补偿费、超标罚款、排污权交易、治理设施保证金、废物回收押金、对节能产品补贴、拒绝向高污染企业发放信贷的规定等。尽管目前实施的这些环境经济政策对环境治理起到积极的作用，但依然存在不少问题。主要表现在以下几方面。第一，目前采用的政府直控型环境政策和命令—控制型环境政策工具不适应环境治理新形势。中国大多数环境政策是在计划经济背景下或者受命令—控制思维影响而制定的，环境政策体系属于政府直控型不说，环境政策工具的选择上，也多使用命令—控制环境政策工具，在目前各地方各企业发展经济追求利润的冲动前提下，直接管制政策由于不能以最小的成本实现环境改善，在具体实施过程中遇到极大阻力。第二，收费标准太低，不足以刺激企业主动排污。环境经济政策未能体现价值规律，环境资源的价格与其实际价值之间存在较大的偏差。例如，排污收费大大低于治理运行成本和污染损失费用，而且收费标准也不随经济高速发展和通货膨胀率的上升进行调整，许多企业宁愿交纳排污费也不愿实施治理措施。第三，环境经济政策缺乏系统性，没有形成有利于实施可持续发展战略的环境经济政策体系。在制定环境政策或采用环境政策工具时，总是在环境管理系统内部考虑，很少从政府的宏观调控职能转换以及与其他政策相协调等角度制定大环境政策。

>>三、国内外环境治理的有效措施<<

实现经济社会可持续发展需要实施积极而有效的环境治理。在这方面，国内外大量的环境治理实践为我们提供了有益的经验，对于我们不断完善环境治理措施，减少环境污染，缓减环境问题，促进经济可持续发展具有十分重要的借鉴意义。

(一)注重环境综合治理

环境综合治理是改善环境状况的重要途径。历史经验表明，在西方发达国家的经济社会发展的过程中，环境综合治理一直是解决环境问题的重要举措。例如，工业革命的兴起及两岸人口的激增，使英国泰晤士河水质严重恶化，自20世纪 60 年代开始英国政府治理该河，经过近 20 多年的艰苦整治，耗资数十亿英镑，最终使得泰晤士河成为了世界上最洁净的城市水道之一。类似的，北美大陆的五大湖区是世界最大的淡水湖群。20 世纪 60 年代，湖泊群在沿岸经济高速发展的同时付出了惨痛的环保代价，湖面充满蓝藻，水中生物因缺氧大批死亡。针对日益严重的环境危机，美国和加拿大政府在 1972 年签署了《五大湖区水质量协议》，要求降低磷的排入并设置了最高标准，也禁止在清洁剂中使用磷，同时两国政府还出台了清洁水源法案，这些补救措施取得了明显成效，使得该地区生态环境得到有效恢复。中国许多地方也在以城乡环境综合整治为重点，推进人与自然和谐的生态人居体系建设，并取得了显著成效。

专栏 13-2 江苏扬州：坚持环境综合整治，建设宜居自然环境

扬州市地处江苏省中部，长江下游北岸，江淮平原南端，现辖四县(市)三区，总面积 6 638 平方公里，人口 452.22 万，是上海经济圈和南京都市圈的节点城市，素有"苏北门户"之称。近年来扬州坚持把生态理念融入城市发展，推进环境综合整治和生态建设，全面落实科学发展观，科学把握城市发展规律，挖掘城

市内涵，以打造精致扬州为目标，彰显"人文、生态、宜居、和谐"的鲜明特色，先后获得"联合国人居奖"、"国家卫生城市"、"国家生态示范市"等一系列荣誉。具体做法有以下几种。

第一，设定五条底线。扬州特别重视从本地实际出发，转变发展方式，走低消耗、低污染、高效益之路。自 2003 年开始，扬州市就对沿江开发、园区建设从产业、空间、技术物理、监管、生态等五个方面，设定了产业门槛底线、空间布局底线、技术物理底线、生态廊道底线和环境监管底线"五条底线"，牢牢把持区域环境安全系数、单位 GDP 能耗数等，提高环境准入门槛和项目开发限制条件。

第二，出台"环保优先计划"。2007 年扬州出台了"环保优先行动计划"，把环保纳入各级考核体系，提出从水环境、大气环境治理、节能减排、垃圾处理、环境绿化、农业污染治理、清洁生产和循环经济、油品化学品储存管理、公共卫生管理和家庭环保 10 个方面入手，加大环保工作力度，从而使产业发展更加集约，污染治理更加集中，环境保护更有保障。

第三，实施蓝天碧水工程。因"州界多水，水扬波"而得名的扬州，近年来一直把生态环境建设摆上突出位置，近几年来，扬州投入 30 多亿元通过引清水、截污流、疏河道、砌驳岸、建绿化等一系列措施，实现了死水变活，河水变清。同时，扬州不断加强大气污染防治力度，对城区的企业实施"退城进园"、"退二进三"策略，淘汰、关停了近百家污染严重的工业企业，拆除严重污染环境的燃煤锅炉和烟囱 250 台，极大地提升了城市空气质量，改善了城市生态环境。

第四，实施"绿杨城郭新扬州"工程。扬州市非常重视城市绿化工作，近年来，通过拆墙造绿、沿路植绿、沿河布绿、广场庭院添绿等措施，先后建成 4 个城市生态公园和古运河、蜀冈、大运河三个十里风光带，以及 200 多个各具特色的城市公共"小游园"，打造沿路、滨河、环城 400 多公里的市区绿化长廊和城区东西南北五大"绿肺"系统，生态与人文景观高度融合、相得益彰。

资料来源：

倪鹏飞. 中国城市竞争力报告. 北京. 社会科学文献出版社. 2009.

（二）注重环境立法执法

20 世纪 60 年代末开始，环境问题引起公众的普遍强烈不满，发达国家居民开展了世界规模的抗议环境破坏的运动。在这种国际舆论背景下，1972 年联合国在瑞典首都斯德哥尔摩召开了人类环境大会，会议通过了著名的《人类环境宣言》，强调保护环境、保护资源的迫切性，也认同发展经济的重要性。这一时期前后，大多数发达工业化国家开始大力治理环境污染，严格规制企业的污染行为，并出台了大量的法律法规，制定了一系列环境标准。在日本，1967 年制定的《公害对策基本法》是向财界和政府妥协的产物，因而被认为是调和论，1970年对这一法律进行了全面修改，明确了生活环境的优先地位，与此同时制定了与公害相关的 14 项法律，特别是在 1973 年制定了世界上第一部《公害健康损害补偿法》，此法特别对于涉及大气污染的健康损害，明确规定应向企业征收税金。美国则在 1969 年依据其国家环境政策法精神，规定公共事业必须进行环境影响评价以实现预防环境污染和破坏的目的，德国、瑞典、法国和加拿大也随后采取了相同的措施。目前，美、日、欧盟成员国等国家已基本建成比较完善的环境法体系，同时把环境治理法制建设的重点放在提高执法能力、强化环境执法方面。例如，瑞典为了保证环保法律的执行，在全国 5 个区域设立了环保法庭，同时还设立了国家环保最高法庭，专门审理环保案件，并鼓励公众参与环境保护。

（三）注重运用市场工具

法律法规和环境制度标准具有强制性，是发达国家治理环境的基本手段。但强制性的手段也具有成本高、不利于激励企业进行技术创新等缺点。因此，发达国家越来越重视通过征收环境税、财政补贴等经济手段来解决环境问题，以降低治理成本和激励企业持续进行技术创新，达到提高环境治理的效率和灵活性的目的。例如，美国在 20 世纪六七十年代的环境治理中，制定和实施了严格的命令—控制型环境政策，多采用命令型环境政策工具，虽然收到的环境治理效果是明显的，环境污染加剧的趋势得到迅速扭转，自然生态和环境质量得到明显改善，但付出的直接和间接环境治理成本是巨大的，某种程度上，近期甚至抑制了经济增长，引起了工业企业界的不满。20 世纪 80 年代末以后，美国政府改进环境政策，开始制定和实施基于市场的环境政策，多采用市场化的环境政策工具，不但使环境污染得到更加有效的治理和控制，而且还有效地促进了经济的持续增长，取得了环境治理和经济发展双赢的效果。而世界上环境治理比较成功的瑞典早在1991 年就推出了碳排放税，随后，环保相关的税收在瑞典总税收中所占比重迅速上升。根据瑞典经验，碳排放税是减少二氧化碳排放的非常好的办法，它在经济上非常有效，促使得社会提高能源使用效率，同时寻找新的替代能源。就我国而言，也应借鉴发达国家的经验，注重利用经济手段来开展环境治理，进一步完善环境税收体系，完善鼓励节能环保的财税体系，研究制定有利于环境保护的产业政策，深化绿色税收、绿色证券、绿色采购、绿色贸易等环境经济政策，来强化环境治理的成效。

(四)注重绿色经济发展

绿色经济的核心思想是在保护环境的同时实现经济的增长，发展绿色经济是促进环境治理的有效措施。丹麦卡伦堡生态工业园是世界上最为典型的生态工业园，该工业园按照生态学的原理，通过企业间的物质集成、能量集成和信息集成，形成产业间的代谢和共生耦合关系，使一家企业的废气、废水、废渣、废热成为另一家企业的原料和能源，所有企业通过彼此利用"废物"而获益，不仅减少了废物产生量和处理的费用，还产生了很好的经济效益，形成经济发展和环境保护的良性循环。日本则由于土地狭小、资源有限，特别注重资源的再利用，着力构筑废物回收系统和废物拆解、利用系统以及无害化处理系统，不仅带来了资源的高效利用，产生了积极的生态效应，而且为社会提供了大量的就业机会。在中国的一些地方，绿色经济也已经并正在得到继续发展，以生态经济、循环经济、低碳经济为重点，推进生态产业体系建设，促进经济增长与环境保护协调发展已经成为了环境治理的重要内容。

专栏 13-3 北京大兴留民营：绿色经济发展的乡村典范

留民营生态农场位于北京市东南郊，大兴区长子营镇境内，距市亦庄新城 9 公里，距京、津、塘和六环路入口 3 公里。全农场占地面积 145 公顷，现有农户 250 户，人口 861 人。近年来，大兴区留民营村以集体农场的形式在全村范围内构建了以沼气池为纽带的种植、养殖业复合生态产业，同时以生态农场为依托发展以产销"有机食品"为特色的农业产业，走出了一条具有特色生态产业发展道路，被誉为"中国生态农业第一村"。

一方面，积极促进沼气应用。1980 年开始，留民营村按照人厕、猪圈、沼气三结合的办法，为全村 240 户各建了一个 8 立方米的家庭用沼气池，结束了村民做饭烧秸秆的历史。之后，村里又购置 180 个太阳灶，165 个太阳能热水器，分装在每户家庭。1982—1993 年北京市环境保护研究所和留民营村合作，实施留民营生态农业系统建设与研究的课题。自此，留民营的生态农业建设由自发实施转入在科学理论指导下实施。1992 年美籍华人生态专家为留民营村设计了大型高温沼气池，由联合国环境规划署援建，技术属当时世界先进水平。沼气池年产气 1 万~30 万立方米，沼气管道通往各农户和集体单位，替代小型家用沼气池，解决了农村城市化用问题。1997年实施二期沼气工程，兴建200立方米的沼气灌，全村规模养殖业产生的粪便全部用于生产沼气，产气量可达30万立方米，这些沼气主要用于发电，可以满足工业、生活用电以及楼房取暖的需要。农作物的秸秆、养殖场的粪便都成为沼气池的发酵物。沼气池的渣液可作为优质的有机肥料还田，残渣可当饲料还回养殖场。这样多层次循环利用，改变过去以种植业为主的单一生产结构和生态循环关系，建立并优化农林牧复合生态系统，因地制宜地通过食物链和产品加工环节，提高物质循环、能量转化效率以实现增值，整个农业生态系统成为一个相互依存、相互促进的良性循环的有机整体。

另一方面，大力促进生态农业发展。1990年留民营村开始建设农村工业，发展了无污染的农副产品加工业、汽车零配件加工业、观光旅游业。在农副产品加工业中，引进北京便宜坊焖炉烤鸭技术，建立烤鸭厂。与日商合作建立以蔬菜为主导的绿色生态食品加工企业—豆沙馅加工厂。20世纪90年代，建立起来的汽车零配件加工业有汽车水箱、散热器加工厂、汽车尾气净化器厂。在观光旅游业方面，已与香港合作兴建宣传普及生态科学知识和度假休闲为一体的生态园区。配套工业已兴建了旅游制品厂，产品出口外销。1996—1997年利用非农业用地，签订了年租金为400万元的合同。2000年发展生态旅游，建设生态庄园，占地230亩，投资9 000万元。进入新世纪以来，留民营村率先建立起了适度规模、高标准的中国特色有机农业产业基地，为周边地区农业发展作出了典范。2005年，留民营蔬菜产品已经通过中国国家环保总局有机食品认证发展中心的有机食品认证。2006年11月，留民营村在荷兰阿姆斯特丹捧回了"世界有机种植者大奖"，这标志着留民营的有机蔬菜种植已经得到世界的承认，也同时标志着京郊都市型现代农业的发展达到了新的水平。2007年初，留民营的蛋禽类产品也通过了绿色食品认证。目前，留民营村已经形成了种、养、加、产、供、销一条龙生产体系，步入了区域化种植、规模化经营、清洁化生产的良性发展轨道。

资料来源：

http://www.dxzzy.gov.cn/web/zzyz/nyfz/41375.htm.

（五）注重提升环境治理科技水平

发达国家的经验表明，重视科技进步，加快环保技术和产品的研发，积极发展环保产业，是治理环境，实现可持续发展的重要途径。美国大约有700个联邦实验室，每年花费近206亿美元，对专门的环境问题进行研究。同时，根据环境问题研究的进展，对机构及经费也不断地进行调整。此外，美国还有大量的民间环境科研机构，几乎所有大学都设立了环境研究机构。日本则在 20 世纪 70 年代以后，积极促进环境保护技术的研究开发和技术引进，推动了环境保护技术的不断提高和广泛应用，在较短的时间内，不仅降低了工业污染程度，而且发展了低成本、高效益的新型污染治理技术，创造了节约能源和其他资源的全新低废生产工艺流程，有力地推动了环境治理科技水平的提升。在这方面，中国一直以来也在进行着积极地探索，如宁夏中卫沙坡头就是运用科学技术进行防沙治沙，改善生态环境的典型案例。未来，中国应提高科技引领和支撑环境保护的能力，以国家中长期科学和技术发展规划纲要中的环境重点领域及其优先主题为龙头，以基础理论和技术创新为支撑，加快发展环保技术，开发和推广节约、替代、循环利用和减少污染的先进适用技术，推动环境技术升级，促进环境治理水平和质量的全面提升。

专栏 13-4　宁夏中卫沙坡头：科技创造"人进沙退"奇迹

位于我国第四大沙漠腾格里沙漠南缘的宁夏中卫沙坡头，年降雨量仅有 180 毫米，蒸发量却高达 3 064 毫米。每当狂风肆虐时，这里便飞沙走石，连绵起伏的流动沙丘掩埋村庄，吞噬良田。1958 年，在中国科学院沙漠研究所沙坡头治沙站科研人员的大力支持和配合下，展开了规模浩大的治沙工程。

1958 年秋，沙坡头、孟家湾区段固沙造林工程全面启动。当时沙丘裸露，植被覆盖率不足 5%，干沙层厚达 10～15 厘米，肥力很低，植物在这里难以存活。经过反复实验，科技人员摸索出"麦草方格沙障"，即在流沙表面用麦草、稻草扎成 1 米×1 米的草方格，使流沙不易被风吹起，达到阻沙、固沙的目的，并在草方格上栽种沙蒿、花棒、籽蒿、柠条等沙生植物，建立起旱生植物带，营造挡沙树林。他们还建起了 4 级扬水站，将流经沙坡头的黄河水引到沙丘上，提高了林木的成活率。50 多年来，一代又一代的科技人员和工人们在高大裸露的沙丘上，扎设方格草障 82.6 万亩，栽种沙生和抗旱乔灌木 5 512 万多株，建立起了由卵石防火带、灌溉造林带、草障植物带、前沿阻沙带、封沙育草带组成的"五带一体"的治沙防护体系。

科学家们与广大人民群众一起，在沙坡头的治沙实践中，运用工程措施和生物措施相结合的手段，成功地解决了 55 公里包兰铁路两侧的流动沙丘的固定问题，有效地阻止了腾格里沙漠的南移，使这条由首都北京通往西北重镇兰州的铁路大动脉，自 1958 年通车以来畅通无阻，创造了人类征服大沙漠的奇迹。在锁住沙龙的同时，科学工作者还通过引黄灌溉、种植绿肥等措施，将一些大片的流动沙丘改造成良田，向沙丘要瓜果、蔬菜、粮食等，支持当地走出了一条发展特色"沙漠经济"的道路。

目前，沙坡头固沙模式和治沙经验，已在甘肃、青海、新疆、内蒙古和东北地区推广应用。世界 50 多个国家和地区的数百名专家、学者前来参观考察，称赞这是"人类治沙史上的奇迹"、"世界上首位的沙漠治理工程"。沙坡头被誉为"世界奇迹"，并荣获联合国"全球 500 佳环境保护奖"。

资料来源：

http://www.nxdsyjs.com/A/? C-1-281. Html.

(六)注重环境治理公众参与

有效的环境治理必须完善治理机制，鼓励和支持公众参与。当今世界，环境执法体制比较健全的国家都强调对公众权利的保护，环境立法、执法环节在发挥政府作用的同时，也特别注重对社会公众的吸纳和利益诉求，注重社会各界在环境治理过程中的参与，并通过制度建设保障公众的有效参与。以美国为例，美国在《清洁空气法》、《清洁水法》、《应急计划和社区知情权法》等环境立法中就做出了政府报告环境资源信息的规定，在《1980 年综合环境反应补偿与责任法》、《有毒物质控制法》、《资源保护与恢复法》等法律中做出了企业报告环境信息的规定，规定中明确了公众的知情权，建立了环境信息对公众公开的法律制度。而一些发达国家则确立了环境领域的公民诉讼制度。如澳大利亚新南威尔士州的《环境计划与评价法》(1979 年)和《环境犯罪和惩罚法》(1989 年)将诉讼权赋予公民，规定对于违反法律的行为，任何人不管自身权利是否受到侵害，都可以向法院提起诉讼。从这个角度看，中国应充分借鉴国外环境治理机制方面的经验，提升公众的环保意识；进一步建立和完善环保领域公众参与的相关法律制度，确保公众在环境治理中的直接参与，促进环境治理机制的完善。

>>参考文献<<

[1] Callan, S. J. , Thomas, J. M. 环境经济学与环境管理——理论、政策和应用：第 4 版[M]. 北京：清华大学出版社，2007.

[2] 保罗·R·伯特尼，罗伯特·N·史蒂文斯. 环境保护的公共政策[M]. 上海：上海三联书店、上海人民出版社，2004.

[3] 宫本宪一. 环境经济学[M]. 北京：生活·读书·新知三联书店，2004.

［4］联合国环境规划署. 全球环境展望［M］. 北京：中国环境科学出版社，2008.

［5］北京师范大学经济与资源管理研究院. 2008 中国市场经济发展报告［R］. 北京：北京师范大学出版社，2008.

［6］郭彦英. 经济可持续发展的环境政策研究［D］. 北京：北京师范大学，2009.

［7］郭瑞雁. 外国环境治理经验及其对中国的启示［J］. 山西高等学校社会科学学报，2008，7.

［8］洪大用. 试论改进中国环境治理的新方向［J］. 湖南社会科学，2008，3.

［9］李晓西. 中国：新的发展观［M］. 北京：中国经济出版社，2009.

［10］王金南等. 中国环境政策改革与创新［M］. 北京：中国环境科学出版社，2008.

［11］夏光. 环境政策创新——环境政策的经济分析［M］. 北京：中国环境科学出版社，2002.

［12］中国社会科学院环境与发展研究中心. 中国环境与发展评论：第三卷［M］. 北京：社会科学文献出版社，2007.

第十四章
政府政策支持度测算及分析

政府政策取向和政策实施力度直接影响着地区绿色经济发展水平和未来发展的趋势。国际金融危机发生以来，各国掀起了推出"绿色新政"的高潮，政府在发展绿色经济中发挥了更为重要的引导作用。在我国，政府在保护环境、建设生态文明、促进地区经济可持续发展方面一直居于主导地位，因此"政府政策支持度"是构成绿色发展指数三个重要指数之一。本章从地区比较的视角，以"政府政策支持度"指数测算结果为基础，分析我国30个省（区、市）（不包括西藏）在绿色投资、基础设施和城市管理、环境治理等三个方面的政策支持力度，阐述政策支持与绿色经济发展关系，为政府采取有效行动推动绿色发展提出政策建议。

>>一、政府政策支持度指数的测算结果<<

政府政策支持度从各地区绿色投资力度、基础设施建设、城市管理以及环境治理等角度对各地的"绿色发展"情况进行测度和评价。根据政府政策支持度的评价指标体系，本章对中国30个地区的政府政策支持度进行了测度，并对各地区的绿色投资指标、基础设施和城市管理指标、环境治理指标这三个二级指标以及16个三级指标进行了测算和排序，得出了30个地区按照指数值排序的测算结果，具体见表14-1。

表 14-1 　　　　　　　　　　2008 年中国各地区政府政策支持度指数及排名

指标	政府政策支持度		二级指标					
			绿色投资指标		基础设施和城市管理指标		环境治理指标	
权重	100%		40%		30%		30%	
地区	指数值	排名	指数值	排名	指数值	排名	指数值	排名
北　京	0.231	1	0.040	7	0.115	1	0.076	1
天　津	−0.012	16	−0.056	28	0.048	5	−0.004	16
河　北	0.019	11	0.013	11	0.012	12	−0.006	19
山　西	0.007	12	0.041	6	−0.039	25	0.004	12
内蒙古	0.004	14	0.014	10	−0.059	28	0.049	3
辽　宁	−0.071	25	−0.056	29	−0.010	18	−0.006	18
吉　林	−0.158	30	−0.040	22	−0.073	29	−0.044	27
黑龙江	−0.089	29	−0.050	26	−0.021	22	−0.018	26
上　海	0.067	7	0.029	9	0.037	6	0.000	14
江　苏	0.095	3	0.001	13	0.073	2	0.021	7
浙　江	0.159	2	0.093	3	0.049	4	0.017	8
安　徽	0.023	10	−0.007	15	−0.005	16	0.035	5
福　建	0.005	13	−0.033	19	0.028	8	0.010	9
江　西	−0.045	20	−0.042	24	−0.010	19	0.008	10
山　东	0.084	5	−0.004	14	0.050	3	0.038	4
河　南	−0.075	26	−0.034	20	−0.029	24	−0.012	20
湖　北	−0.049	22	−0.036	21	0.003	14	−0.015	24
湖　南	−0.085	27	−0.043	25	−0.028	23	−0.014	23
广　东	−0.012	17	−0.042	23	0.023	10	0.007	11
广　西	−0.068	24	−0.013	16	−0.004	15	−0.051	28
海　南	−0.059	23	−0.057	30	−0.057	26	0.055	2
重　庆	0.094	4	0.063	4	0.033	7	−0.002	15
四　川	−0.086	28	−0.056	27	−0.017	20	−0.013	21
贵　州	−0.022	18	0.010	12	−0.058	27	0.026	6
云　南	−0.004	15	−0.020	18	0.013	11	0.003	13
陕　西	0.024	9	0.047	5	−0.010	17	−0.013	22
甘　肃	−0.046	21	0.035	8	−0.077	30	−0.005	17
青　海	0.039	8	0.108	1	0.009	13	−0.078	30
宁　夏	0.070	6	0.108	2	−0.021	21	−0.017	25
新　疆	−0.040	19	−0.014	17	0.028	9	−0.053	29

　　注：本表根据政府政策支持度的指标体系，依据各指标 2008 年数据测算而得；本表各省（区、市）按照政府政策支持度的指数值从大到小排序。

　　资料来源：根据《中国统计摘要 2010》、《中国统计年鉴 2009》、《中国环境统计年报 2008》、《中国环境统计年鉴 2009》、《中国工业经济统计年鉴 2009》、《中国城市统计年鉴 2009》等测算。

从表 14-1 中可以看到，指数值最高的是北京（0.231），比平均水平高出 23%；最低的是吉林（-0.158），比平均水平低 16%。有 14 个省市高出平均水平，数量接近一半。各地区指数值差异不大，表明各地政府重视程度都相对较高。排在政府政策支持度前十位的省份依次是：北京、浙江、江苏、重庆、山东、宁夏、上海、青海、陕西和安徽（见图 14-1）。其中，绿色投资指标排名前十位的省份依次是：青海、宁夏、浙江、重庆、陕西、山西、北京、甘肃、上海和内蒙古；基础设施和城市管理指标排名前十位的省份依次是：北京、江苏、山东、浙江、天津、上海、重庆、福建、新疆和广东；环境治理指标排名前十位的省份依次是：北京、海南、内蒙古、山东、安徽、贵州、江苏、浙江、福建和江西。各地区政府政策支持度的情况见图 14-1。

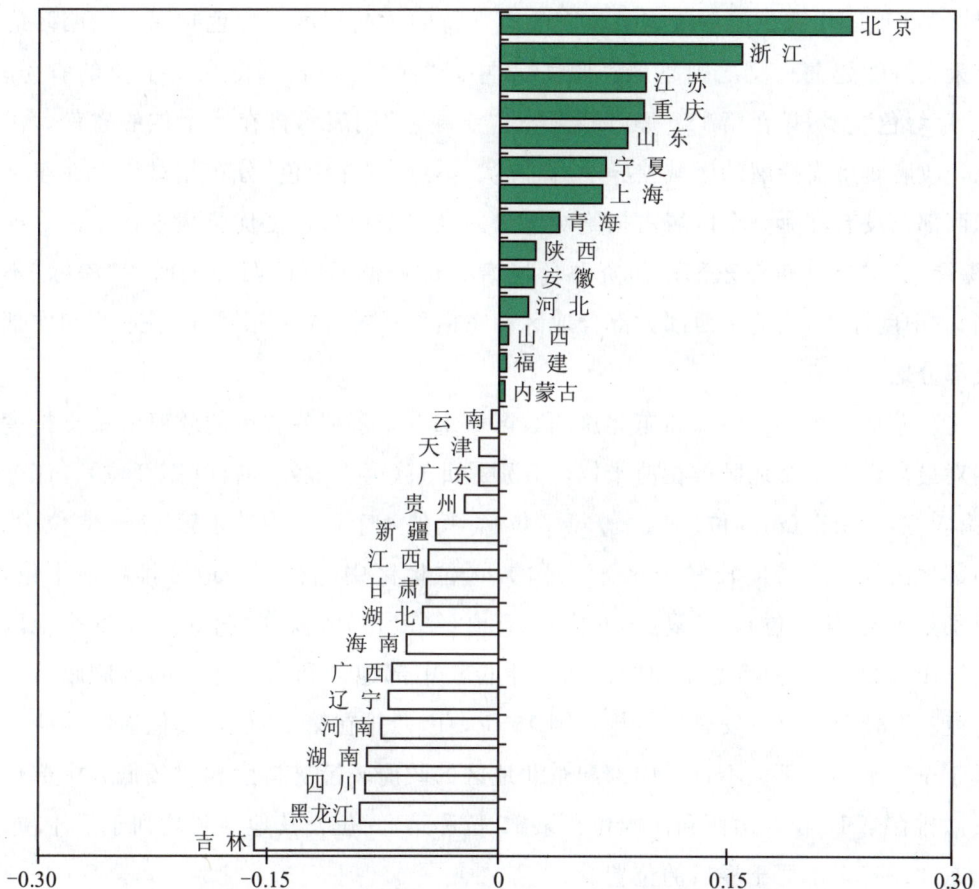

图 14-1　政府政策支持度排名地区比较图

图 14-1 是根据表 14-1 中各地区的政府政策支持度的指数值绘制出来的，其中省（区、市）的顺序与表 14-1 中政府政策支持度的排名顺序是一致的。该图中，

横轴为政府政策支持度指数值，其中 0 点为政府政策支持度的平均水平。政府政策支持度指数值高于全国平均水平的省(区、市)用绿色条框表示，政府政策支持度指数值越高，其绿色条框就越长；相反，政府政策支持度指数值低于全国平均水平的省(区、市)则用白色条框表示，政府政策支持度指数值越低，其白色条框就越长。

各地区政府政策支持度具有以下几个特点。

(一)各地政府重视绿色发展，支持力度略有差别

如前文所述，各地区的政府政策支持度指数值相差不大，说明各地政府都重视绿色发展，但在支持力度上略有差别。各地区政府政策支持度的地理分布见图 14-2，在地图中颜色的深浅表示政府政策支持的不同程度，颜色越深，表明政府政策支持度越高；反之则越低。图 14-2 中，"深绿色"表示排在前十位的省份；"中度绿色"表示排在第 11～20 的省份；"浅绿色"则表示排在后十位的省份。由此，政府政策支持度的区域差异一目了然。不过，"深绿色"分布相对集中在东部和西部，没有在哪一个区域占据绝对优势。经济增长绿化度优势集中在东部，即"深绿色"主要分布在东部；而资源环境潜力优势偏西，即西部大面积"深绿"不同。"中度绿色"覆盖了西部大部分地区和东南部；"浅绿色"则覆盖了东北和中部大部分地区。

从东部、中部、西部和东北这四大区域来看，东部各省市的政府政策支持度相对最高，有 5 个地区排在前十位，分别是北京(第 1 位)、浙江(第 2 位)、江苏(第 3 位)、山东(第 5 位)和上海(第 7 位)，其他 4 个地区均处于第 11～20 位中。西部地区政策支持度较好，参与测评的 11 位地区中，有 4 个地区排在前十位，分别是重庆(第 4 位)、宁夏(第 6 位)、青海(第 8 位)和陕西(第 9 位)；5 个地区居第 11～20 位，只有甘肃和四川居后十位。中部地区和东北地区的政府政策支持度相对较差，仅有安徽一省排在第 10 位，山西排在第 12 位，其他地区均明显低于全国平均水平。不过，中部和东北地区的政府政策支持度相对较低，中部仅安徽排在第 10 位，山西和江西排在第 12 位和第 20 位，其他 3 省均列于后十位。而东北三省全部居于靠后的位置。

测算结果表明，各地区政府对于绿色经济发展的认识和支持力度与经济发展水平没有明显的相关关系，政府对绿色经济发展的政策和财政支持力度更具地方特色。

图 14-2　政府政策支持度排名地区分布图

(二)各地区政府政策导向与着力点各具特色

　　绿色发展指数研究从绿色投资、基础设施和城市管理、环境治理三个方面来测评政府政策支持度。测评结果表明，各区域政府政策对于绿色发展的政策导向、着力点和实施力度各具特色。从四大区域来看，东部地区基础设施和城市管理指标、环境治理指标平均指数值都为正值，高于全国平均水平(如图 14-3)；但是其绿色投资指标却为负值，低于全国平均水平。这一方面表明，东部较发达的地区在基础设施建设、城市规划管理和工业污染治理方面具有明显的优势，硬件过硬，硬指标过关。但另一方面，虽然发达地区的环保投入、科技教育投入总量高于欠发达地区，但仍然与其经济发展水平不适应，特别是需要加强有利于社会经济长期发展的科技环保投入。

　　西部地区的绿色投资指数明显好于其他地区，高于全国平均水平。环境保护支出占财政支出比重、环境污染治理投资占地区生产总值比重、农村人均改水改厕的政府投资、单位耕地面积退耕还林投资完成额、科教文卫支出占财政支出比重等多项指标排在全国前列。这充分体现了中央政府的政策导向，在西部大开发过程中，更加重视维护人类生存环境，合理保护和利用资源与能源，体现了绿色发展的理念。十年来，国家不断加大对西部地区的支持力度，西部地区经济社会发展不断加快的同时，生态环境保护和建设也取得了显著成效。测评结果显示，西部地区基础设施和城市管理、环境治理方面也取得了长远的进步，两项指数都好于中部和东北地区。

中部地区只有环境治理指数略高于全国平均水平，其他两项指数均低于东部和西部地区，而东北地区三项指数均为最低。对于经济欠发达、资源又相对稀缺的中部和东北地区，更需要科学规划，加大政策支持力度，走绿色发展之路。

中国四大区域政府政策支持度对照图

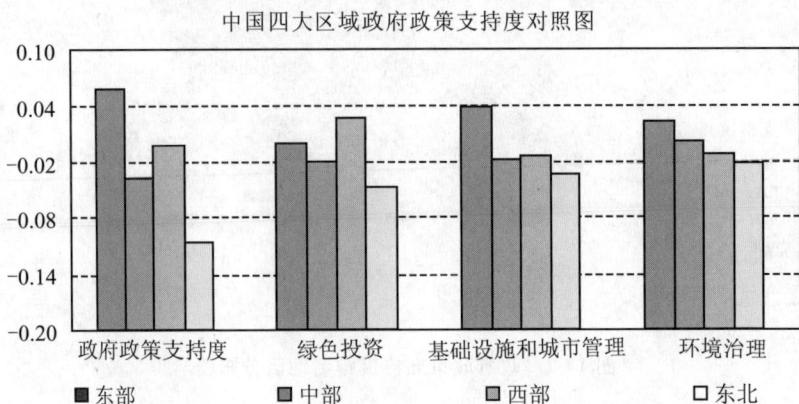

图 14-3　中国四大区域政府政策支持度对照图

注：上图中数据为四大区域中各省份指数值的算术平均值。

另外值得注意的是，部分省（区、市）"绿色投资"、"基础设施和城市管理"、"环境治理"三个指标的指数值和排名差异性较大，尤其是排名位于全国前 50％的地区更为明显，表明这些地区在"政府政策支持度"三个不同维度的度量上表现迥异。各地区在制定绿色发展政策上需要科学决策，需要全面统筹安排，需要增强政策措施的针对性和协调性。

（三）政府政策支持度高拉动地区绿色发展

政府政策支持有助于促进地区绿色经济发展。在绿色发展指数排名前十位的省市中，有 6 个省市的政府政策支持度也排在前十位，分别是北京、青海、浙江、上海、江苏和山东。其中，青海省虽然资源环境承载潜力排名在全国第一，但其经济增长绿化度排在最后一位，由于政府政策支持力度排在第 8 位，拉动绿色指数上升到第 2 位。同样的，经济增长绿化度较高的浙江、上海、江苏和山东，资源环境承载潜力却都相对较差，接近或处于全国的后十位，但是这几个省市的政府政策支持力度位于全国前列，提升了总体绿色发展水平。陕西和重庆的绿色发展指数位次的上升也源于政府政策支持力度较大。当然，各省市中也不乏政策支持力度较弱而影响绿色发展指数上升的例子。这说明，无论经济发展水平和资源丰欠程度如何，只要政府大力支持，就能不同程度促进当地的绿色经济发展。

表 14-2 绿色发展指数与政府政策支持度排名差异比较

地区	绿色发展指数排名	政府政策支持度排名	位次变化	地区	绿色发展指数排名	政府政策支持度排名	位次变化
北　京	1	1	0	河　南	29	26	3
天　津	6	16	−10	湖　北	22	22	0
河　北	26	11	15	湖　南	27	27	0
山　西	30	12	18	广　东	9	17	−8
内蒙古	11	14	−3	广　西	24	24	0
辽　宁	23	25	−2	海　南	5	23	−18
吉　林	21	30	−9	重　庆	25	4	21
黑龙江	13	29	−16	四　川	17	28	−11
上　海	4	7	−3	贵　州	16	18	−2
江　苏	8	3	5	云　南	12	15	−3
浙　江	3	2	1	陕　西	15	9	6
安　徽	18	10	8	甘　肃	19	21	−2
福　建	7	13	−6	青　海	2	8	−6
江　西	20	20	0	宁　夏	28	6	22
山　东	10	5	5	新　疆	14	19	−5

>>二、各地区政府政策支持度比较分析<<

为深入剖析各地区政府政策支持度特征，我们从绿色投资指标、基础设施、城市管理指标以及环境治理指标等三个方面分别进行比较。

(一)各地区绿色投资指标比较

绿色投资是一种满足科学发展观、符合可持续发展战略的投资方式。西方组织和学者认为绿色投资是一种基于环境准则、社会准则、金钱回报准则的投资模式，它考虑了经济、社会、环境三重底线，又称作"三重盈余"投资。顺应可持续发展战略，综合考虑经济、社会、环境等因素，促使投资者在追求经济利益的同时，积极承担相应的社会责任，从而为投资者和社会带来持续发展的价值。绿色投资具有一定的公益性，政府是绿色投资方式的主要投资者。

绿色投资指标由环境保护支出占财政支出比重、环境污染治理投资占地区生产总值比重、农村人均改水改厕的政府投资、单位耕地面积退耕还林投资完成额、科教文卫支出占财政支出比重等五项指标构成，这五项指标是当前政府绿色投资的主要领域，测度这五个因素，是对中国绿色投资水平一种客观的综合评价。各项指标的权重采用均权法（见表 14-3）。绿色投资指标各地排名情况见表14-4。

表 14-3 　　　　　　　　　　绿色投资三级指标、权重及指标属性

指标序号	指标	权重（%）	指标属性
1	环境保护支出占财政支出比重	2.00	正
2	环境污染治理投资占地区生产总值比重	2.00	正
3	农村人均改水、改厕的政府投资	2.00	正
4	单位耕地面积退耕还林投资完成额	2.00	正
5	科教文卫支出占财政支出比重	2.00	正

测算结果表明，各地区绿色投资指数值相差不大。青海排名首位，比全国平均水平高 11%；有 13 个省市高出平均水平，数量接近一半。按得分从高到低依次为青海、宁夏、浙江、重庆、山西、陕西、北京、甘肃、上海、内蒙古、河北、贵州和江苏。山东、安徽、广西、新疆、云南、福建、河南、湖北、吉林、广东、江西、湖南、黑龙江、四川、天津、辽宁、海南等地区的"绿色投资"水平低于全国平均水平。

表 14-4 　　　　　　　　　　绿色投资指标指数值及排名

指标	绿色投资指标		指标	绿色投资指标	
地区	指数值	排名	地区	指数值	排名
青　海	0.108	1	广　西	−0.013	16
宁　夏	0.108	2	新　疆	−0.014	17
浙　江	0.093	3	云　南	−0.020	18
重　庆	0.063	4	福　建	−0.033	19
陕　西	0.047	5	河　南	−0.034	20

指标	绿色投资指标		指标	绿色投资指标	
地区	指数值	排名	地区	指数值	排名
山　西	0.041	6	湖　北	−0.036	21
北　京	0.040	7	吉　林	−0.040	22
甘　肃	0.035	8	广　东	−0.042	23
上　海	0.029	9	江　西	−0.042	24
内蒙古	0.014	10	湖　南	−0.043	25
河　北	0.013	11	黑龙江	−0.050	26
贵　州	0.010	12	四　川	−0.056	27
江　苏	0.001	13	天　津	−0.056	28
山　东	−0.004	14	辽　宁	−0.056	29
安　徽	−0.007	15	海　南	−0.057	30

资料来源：根据《中国统计摘要 2010》、《中国统计年鉴 2009》、《中国环境统计年报 2008》、《中国环境统计年鉴 2009》、《中国工业经济统计年鉴 2009》、《中国城市统计年鉴 2009》等测算。

　　总体而言，各地区的绿色投资力度并非与地方经济发展水平和地方政府财力绝对正相关，近年来，部分生态环境破坏较为严重的地区用于环境治理和保护的资金投入已经明显呈增多趋势。此外，东部和西部地区的绿色投资水平相对较高，而中部相对较弱。青海在绿色投资指标排名中名列第 1 位，除了科教文卫支出占财政支出比重排名靠后外，其余四项指标均居全国前列。2007 年 5 月，青海省委十一届三次全体会议就提出了实施"生态立省"战略，指出要在保护好青海生态环境、维护好青海生态功能、立足青海生态承载力的基础上，实现生态、高效、循环、持续的经济发展模式；2007 年 7 月，青海省委十一届六次全会提出要闯出一条欠发达地区实践科学发展观的成功之路，着力推动"跨越发展、绿色发展、和谐发展、统筹发展"，积极探索具有青海特点的科学发展模式。青海省绿色投资力度不断加大，体现了青海省委省政府对于绿色发展的重视。山西虽然在绿色发展指数的排名中位列最后，但是其绿色投资指数排名却相对比较靠前，排在第 6 位。山西是我国煤炭资源大省，多年来形成了以煤炭、焦化、冶金、电力、化工、建材等行业为主的重污染型产业结构，环境污染和生态破坏十分严重，面临着巨大的历史欠账压力和严峻的现实挑战。30 多年来，山西先后投资700 多亿元，建设了 15 万多台（套）治污设施，环保投资力度之大、范围之广充分体现了山西对于环境保护的重视。山西省加快产业结构调整升级，加大环境治理力度，也表明山西省走绿色发展之路的决心。

（二）各地区基础设施和城市管理指标测算结果及分析

结合当前我国在城市基础设施建设和城市管理方面的政策措施和具体实践，"基础设施和城市管理"二级指标下设置了五个三级指标，分别是"城市人均绿地面积"、"城市用水普及率"、"城市污水处理率"、"城市生活垃圾无害化处理率"、"城市每万人拥有公交车辆"（见表 14-5）。

表 14-5　　　　　基础设施和城市管理三级指标、权重及指标属性

指标序号	指标	权重（%）	指标属性
6	城市人均绿地面积	1.50	正
7	城市用水普及率	1.50	正
8	城市污水处理率	1.50	正
9	城市生活垃圾无害化处理率	1.50	正
10	城市每万人拥有公交车辆	1.50	正

从表 14-6 可以看到，各省市基础设施和城市管理指数差异不大，有 14 个省市高于全国平均水平，按指数从高到低依次是北京、江苏、山东、浙江、天津、上海、重庆、福建、新疆、广东、云南、河北、青海和湖北。广西、安徽、陕西、辽宁、江西、四川、宁夏、黑龙江、湖南、河南、山西、海南、贵州、内蒙古、吉林、甘肃等省区的"基础设施和城市管理"水平低于全国平均水平。

表 14-6　　　　　基础设施和城市管理指标指数值及排名

指标	基础设施和城市管理指标		指标	基础设施和城市管理指标	
地区	指数值	排名	地区	指数值	排名
北　京	0.115	1	安　徽	−0.005	16
江　苏	0.073	2	陕　西	−0.010	17
山　东	0.050	3	辽　宁	−0.010	18
浙　江	0.049	4	江　西	−0.010	19
天　津	0.048	5	四　川	−0.017	20
上　海	0.037	6	宁　夏	−0.021	21
重　庆	0.033	7	黑龙江	−0.021	22
福　建	0.028	8	湖　南	−0.028	23
新　疆	0.028	9	河　南	−0.029	24
广　东	0.023	10	山　西	−0.039	25
云　南	0.013	11	海　南	−0.057	26

指标	基础设施和城市管理指标		指标	基础设施和城市管理指标	
地区	指数值	排名	地区	指数值	排名
河　北	0.012	12	贵　州	−0.058	27
青　海	0.009	13	内蒙古	−0.059	28
湖　北	0.003	14	吉　林	−0.073	29
广　西	−0.004	15	甘　肃	−0.077	30

资料来源：根据《中国统计摘要 2010》、《中国统计年鉴 2009》、《中国环境统计年报 2008》、《中国环境统计年鉴 2009》、《中国工业经济统计年鉴 2009》、《中国城市统计年鉴 2009》等测算。

与绿色投资指标不同，从东部、中部、西部和东北四大区域来看，总体而言，东部省市的指数值较高、排名靠前，前六名全部是东部省市。这是由于北京、江苏、山东、浙江、天津和上海等较发达地区城市化水平高，社会进步和文明程度较高，基础设施更加完善，城市规划更加科学，城市管理理念和水平也更加先进。表现在：城市绿化率高、城市供水和污水处理能力强、城市道路和公共交通发达、城市环卫设施建设加快等。但其他地区指数较低，前十名中仅重庆（第 7 名）、新疆（第 9 名）来自西部地区；中部、西部和东北各省市则大都处于全国平均水平之下。随着中西部地区经济发展水平提高、城市化进程加快，各地政府对基础设施的投资力度在不断加大，科学规划和管理城市理念在加强，各地绿色发展的环境基础将越来越优化。

(三)各地区环境治理指标测算结果及分析

基于环境治理指标的考察目的和内容，结合当前我国在环境保护和生态治理方面的政策措施和具体实践，本报告在"环境治理"二级指标下设置了六个三级指标，分别是"矿区生态环境恢复治理率"、"人均造林面积"、"工业二氧化硫去除率"、"工业化学需氧量去除率"、"工业氮氧化物去除率"和"工业氨氮去除率"（见表 14-7）。

表 14-7　　　　　　　　环境治理三级指标、权重及指标属性

指标序号	指标	权重(%)	指标属性
11	矿区生态环境恢复治理率	1.25	正
12	人均造林面积	1.25	正
13	工业二氧化硫去除率	1.25	正
14	工业化学需氧量去除率	1.25	正
15	工业氮氧化物去除率	1.25	正
16	工业氨氮去除率	1.25	正

　　环境治理指标是从各地区综合运用人力、物力、财力等资源，利用高科技手段，采用先进工艺，提高资源利用效率，降低人类生产、生活活动对环境的破坏程度，逐步恢复生态环境，加快生态文明建设成效的角度对各地的绿色发展程度进行考察的。依照统一的测算方法，本报告得出了全国 30 个省（区、市）"环境治理"指标的指数值和排名。具体指数值和排名见表 14-8。

表 14-8　　　　　　　　　　　　　**环境治理指标指数值及排名**

指标 地区	环境治理指标		指标 地区	环境治理指标	
	指数值	排名		指数值	排名
北　京	0.076	1	天　津	-0.004	16
海　南	0.055	2	甘　肃	-0.005	17
内蒙古	0.049	3	辽　宁	-0.006	18
山　东	0.038	4	河　北	-0.006	19
安　徽	0.035	5	河　南	-0.012	20
贵　州	0.026	6	四　川	-0.013	21
江　苏	0.021	7	陕　西	-0.013	22
浙　江	0.017	8	湖　南	-0.014	23
福　建	0.010	9	湖　北	-0.015	24
江　西	0.008	10	宁　夏	-0.017	25
广　东	0.007	11	黑龙江	-0.018	26
山　西	0.004	12	吉　林	-0.044	27
云　南	0.003	13	广　西	-0.051	28
上　海	0.000	14	新　疆	-0.053	29
重　庆	-0.002	15	青　海	-0.078	30

　　资料来源：根据《中国统计摘要 2010》、《中国统计年鉴 2009》、《中国环境统计年报 2008》、《中国环境统计年鉴 2009》、《中国工业经济统计年鉴 2009》、《中国城市统计年鉴 2009》等测算。

　　从表 14-8 中可以看到，环境治理指标指数值最高的是北京，为 0.076，高出全国平均水平约 8%。另有海南、内蒙古、山东、安徽、贵州、江苏、浙江、福建、江西、广东、山西、云南、上海 13 个地区高于全国平均水平。重庆、天津、甘肃、辽宁、河北、河南、四川、陕西、湖南、湖北、宁夏、黑龙江、吉林、广西、新疆、青海 16 个地区低于全国平均水平。

　　从东部、中部、西部和东北四大区域来看，东部省市的指数值较高、排名靠前，其中六省市排名在前十位，除天津和河北外，其他地区大都高于全国平均水平。而中西部省市则大部分处于全国平均水平之下，尤其是排名位居最末的三个省市全部位于西部地区，分别是青海（第 30 位）、新疆（第 29 位）和广西（第 28 位）。东部地区环境治理情况领先，一个重要原因是东部地区率先发展，率先实现产业结构优化升级，第二产业比重下降，特别是重工业比重下降，第三产业比重上升，产业结构实现"轻化"。例如，北京在环境治理指标中排在首位，与北京的三大产业结构密切相关。目前，北京已经逐渐成为我国高科技产业的中心，高污染、高能耗的工业相对已经很少。2009 年北京市第三产业占 GDP 的比重接近76%，金融、信息、商务、科技等生产性服务业的比重接近50%。下一步要继续提高产业的辐射力、竞争力、控制力，进一步加大发展生产性服务业。此外要发挥北京文化优势，加快发展文化创意产业。良好的产业结构使得北京各项环境治理指标的指数值都相对较高。从北京的发展模式可以看出，优化产业结构、提高工业效率对一个地区的绿色发展举足轻重。

>>三、从政府政策支持度指数测算中得到的启示<<

结合以上分析，我们从政府政策支持度指数的测算中得到如下几点启示。

(一)充分发挥政府主导作用，为绿色经济发展提供政策保障

发展绿色经济，已成为世界各国应对气候变暖，实现人类可持续发展的共同选择。在我国，走绿色发展道路，是践行科学发展观，实现经济、社会和环境协调可持续发展的重要途径。从总体上讲，各地政府对于绿色经济发展重要意义的认识还不充分，与发达国家存在一定的差距。对传统的粗放型、高增长的发展模式仍存在着惯性依赖，亟须转变传统观念，提高各级政府对绿色经济发展方式的认识，发挥政府主导作用，为实现绿色发展提供政策保障。

如前文所述，政府政策支持度与各地经济发展水平并没有显著的正相关关系，无论在经济发达的东部还是落后的西部，政府支持力度较大的地区绿色发展水平提升相对较快。正确的政策导向是发展绿色经济的关键，推动绿色经济需要政府统筹兼顾、制定一系列政策引导绿色经济的实施，不但要有明确的政策导向，更需要直接的财政支持。加大政府绿色投资力度，提高资金使用效率，以完善基础设施，科学管理城市，提升环境治理效果，推进地区绿色发展。

(二)加大政府绿色投资力度，改善绿色经济发展环境——

绿色投资，功在当代，利在千秋。绿色投资具有公益性质，回报率低、见效

慢，政府是绿色投资的主要投资者。近年来，各地区在生态环境保护、污染综合治理以及资源合理使用等领域的投资呈稳定增长势头。但是，各地区绿色投资总量小，绿色投资在政府财政支出中的比重仍然偏低。特别是东部发达省份，绿色投资与其经济发展水平不适应。需要加大政府投资力度，改善各地绿色发展的环境。同时，借鉴发达国家经验，拓宽绿色投资领域，鼓励绿色创新，推动绿色产业发展。建立和完善绿色投融资市场，通过政府政策引导和激励政策，鼓励企业、社会和个人广泛参与，使投资资金来源多元化，并提高资金使用效率，为绿色发展提供资金支持。

（三）加快基础设施建设，提高城市管理水平，提高绿色发展的支撑能力

绿色经济发展以现代化、完善的基础设施为基础，以科学的城市管理为依托。总体上看，我国基础设施建设虽然取得了长足的发展，但与发达国家相比，差距显著。四大区域发展不均衡，东部相对完善，但中西部地区落后，地区差异大。此外，我国城市化水平低，城市基础设施相对落后，供需矛盾突出，城市管理经验不足，与城市绿色发展的要求还有很大的距离。"十二五"期间，城市化是我国转变经济发展方式、实现可持续发展的重点。在城市化进程加快发展的时期，要按照绿色经济发展的要求，大力推动城市基础设施建设，提高城市基础设施承载能力；要建立科学的运营机制，提高城市科学管理水平，强化城市服务功能，为绿色经济发展提供有力的支撑。

（四）鼓励科技创新，是推进绿色经济发展的关键

绿色经济是以生态经济为基础、以知识经济为主导的可持续发展经济，科学技术是绿色经济发展的原动力。无论是发展生产性服务业、发展战略性新兴产业、发展循环经济，还是传统产业的优化升级，实现经济的绿色发展都离不开技术进步。环境污染的治理、资源的有效使用也都需要技术先行。重视科技进步，促进环保技术和产品的开发和应用，大力发展环保产业，是治理环境的有效途径。当前，各地区政府科技投入总量少，政府和企业的创新动力不足，缺乏突破性的科技创新成果。科技是推动绿色经济发展的关键。未来，应建立和完善有效的创新机制和激励机制，发展实验室经济，持续显著提高政府科技投入，实施人才培养计划，提高科技引领绿色经济发展的能力。

>>参考文献<<

[1] 国家统计局. 中国统计年鉴 2009[R]. 北京：中国统计出版社，2009.

[2] 国家统计局. 中国统计摘要 2010[R]. 北京：中国统计出版社，2010.

[3] 国家统计局国民经济综合统计司. 新中国六十年统计资料汇编[R]. 北京：中国统计出版社，2009.

[4] 林毅夫，蔡昉，李周. 中国的奇迹：发展战略与经济改革[M]. 上海：上海人民出版社，1994.

[5] 厉以宁. 经济增长方式转变为何缓慢[J]. 价格理论与实践，2005.

[6] 吴敬琏. 中国增长模式抉择[M]. 上海：上海远东出版社，2006.

[7] 李晓西等. 新世纪中国经济报告[M]. 北京：人民出版社，2006.

[8] 北京师范大学经济与资源管理研究院. 2008 中国市场经济发展报告[R]. 北京：北京师范大学出版社，2008.

第四篇
绿色发展专题研究

专题一
公众参与绿色经济

公众较为自觉地参与绿色经济并建设绿色生活是本世纪中国社会发展的重大标志之一。随着市场经济和信息化、全球化的发展，为了有效地保护自然环境和倡导健康的生活方式，中国的公众较为积极地参与了绿色经济的建设、发展与保护活动。

>>一、中国公众的绿色文化习惯<<

在国际社会，2008年12月联合国秘书长潘基文提出了"绿色经济"概念，同时展开了多项国际活动。其实，在中国，由于几千年农耕文明的长期积淀，形成了较为悠久的文化传统与生活习惯、生活方式。改革开放以来，中国公众的绿色历史习惯得到了新的发扬。

中国社会对于自然环境有着一种特殊的尊重，崇尚低碳的生活方式。敬天畏人、顺应自然的理念深入人心，以四川都江堰为著名代表的水利工程是中国社会巧妙利用自然的历史杰作。而精耕细作的耕作技术则是一种良好的绿色生产方式，农田使用农家肥保持地力，建立休耕、轮作和品种改良等技术与自然和谐相处。中国公众的生活方式也带有很强的绿色特征，比如建筑房屋注意风水、注意阳光与通风条件、看病运用中草药、生活中特别注意勤俭持家等。客观上，传统文明特别是绿色文明在中国有着雄厚的社会基础。当然，中国的传统也不是完美无缺的，中国的传统文明生产方式低下，社会管理处于自然状态，结果是朝代更替不断，一场战乱，往往导致上千万人的死亡。

在现代社会中，中国农耕文明的许多优良传统依然继承了下来。中国的粮食产量多年保持5亿吨以上，占世界粮食产量的近1/4，而中国的耕地面积只有世界的1/10左右，这说明中国的精耕细作传统在现代条件下得到了宏扬。社会对于树木种植、沙漠治理和环境保护的重视，则渗透于城乡居民的习惯之中。正是在这样的社会环境中，农村许多地方能够推广太阳能灶具、沼气池等类环保项目。在青藏高原，太阳能灶具的使用较为普遍，而在黄河以南的许多农村地区，沼气池的使用较为普遍。应该说，在中国的广大农村中，仍然流行着绿色生活方式，不过已经加入了现代的要素。中国社会大众有着较为广泛的绿色生活方式的基础，这是需要特别注意的。

>>二、民间组织的广泛参与<<

公众对于现代绿色经济的参与，主要是通过民间组织的参与来体现的。1994年以前，中国还没有环保类的民间组织，1993 年北京首次申办奥运会，当国际奥委会官员询问中国有无民间环保组织时，中方代表团不知如何作答。1994 年3 月 31 日，中国首家环保组织"中国文化书院·绿色文化分院"经民政部注册获准成立，简称"自然之友"。到 2007 年，中国已经有 2 768 家环保民间组织，从业人员总数近 23 万人，他们成为推动中国和世界环境事业发展的不可或缺的重要力量。[①] 截至 2008 年年底，中国生态环境类的民间组织达到 6 716 个，民间组织参与绿色经济已经成为一种社会趋势。

民间组织参与绿色经济主要通过以下四种方式。

(一)进行社会倡导

社会倡导是民间组织的一种重要使命。民间倡导一定的领先理念，往往能够产生较大的社会影响。如 1996 年前后，"北京地球村"、"绿家园"先后成立，与"自然之友"一并成为中国环保组织的领军者，他们组织开展垦荒、观鸟、种树、保护濒危动物、建造绿色社区等活动，参与者成了中国环境保护的义工。当中国再次申奥时，梁从诫、廖晓义等三家环保组织的负责人，被聘为北京市奥申委的环保顾问，他们给奥委会评委们留下了深刻印象。

在 2008 年 5 月 22 日国际生物多样性日，38 家中国民间环保组织向政府和社会发出倡议，停止捕猎、吃、用、养野生动物，并保护其生存环境，尽快批准联合国生物多样性公约《卡塔赫纳生物安全议定书》。

"自然之友"于 2010 年 3 月 19 日还发布了《中国环境发展报告(2010)》。报告

---

① 数据来源于《人民日报海外版》，2007-05-07。

称，2009 年环境健康事件高发并非偶然，经过 30 多年快速发展，环境污染的危害后果正日益显现。报告对 2009 年中国所发生的多起环境污染导致人体健康受损事件进行了分析，包括江苏盐城水源被污染使 20 万人饮水受影响，湖南浏阳镉污染(509 人尿镉超标，引发群体事件)，陕西凤翔 615 名儿童血铅超标，湖南武冈 1 354 人血铅疑似超标，"铅都"河南济源 1 088 名儿童接受驱铅治疗等。该环境绿皮书提出了一些解决环境与健康问题的具体建议，包括建立以人体健康为核心的环境标准体系，建立环境基准体系，修订质量标准，完善排放标准，对环境信息公开制度加以完善，进一步明确环境信息公开范围，明确政府环境信息公开和企业环境信息公开的项目与程序，建立环境信息公开司法审查机制等。

(二)直接参与建设绿色环保项目

民间组织多以志愿者的身份参与各项绿色环保项目活动。在荒山上种树、保护野生动物、回收再生能源、公众参与环境保护等领域中，往往活跃着环保志愿者的身影。

如 1996 年成立的民间环保组织绿家园志愿者，参加其志愿活动的人数超过 5 万，他们资助了近 200 名贫困地区的孩子上学，并且靠捐赠和义卖图书在世界自然遗产地"三江并流"中的怒江沿江小学建立了 30 个阅览室。

北京地球村环境教育中心在汶川大地震后参与恢复重建，探索出了包括乐和人居、乐和生计、乐和保健、乐和伦理以及乐和治理在内的"红十字乐和家园"项目模式。中国红树林保育联盟则是源于厦门大学的一个红树林保护项目，他们在中国东南沿海 5 省有 40 多个比较活跃的分中心和民间合作机构，进行红树林可持续发展教育、社区发展、生态旅游、人工造林、资源调查、合作平台构建和一些相关的基础科研等。

环保行动的项目具有多样性。如阿拉善 SEE 生态协会(SEE)成立于 2004 年 6 月，是由中国近百名知名企业家出资成立的环境保护组织，协会是会员制的非政府组织，同时也是公益性质的环保机构，奉行非营利性原则，他们开展了一系列公益行动在内蒙古阿拉善治理沙漠。

创新机制，与国际组织开展合作进行环境保护。2010 年 7 月 16 日，老牛基金会与美国大自然保护协会签署协议，捐赠 450 万美元，用于大自然保护协会在中国的生态保护工作，主要是内蒙古地区的生态保护与恢复。他们创新实践了引进捐赠的办法，即基金会对项目捐赠多少金额，美国大自然保护协会就投入多少金额。在此项目中，基金会捐赠美金 450 万美元(约合 3 000 万人民币)，大自然保护协议相应的也对项目捐赠美金 450 万美元(约合 3 000 万人民币)。大自然保护协会 The nature conservancy (TNC) 是从事生态环境保护的国际民间组织,致力于在全球保护具有重要生态价值的陆地和水域,以维护自然环境,提升人类福祉,该协会跻身于美国十大慈善机构行列。这样的项目,对于环保行动将产生重要的影响。

(三)发展绿色产业经济

绿色经济的发展甚至直接出现了以发展绿色经济为使命的经济组织。其中最为著名的是远大空调集团,他们走出了环保产业可以赢利的路子,受到了国际社会的高度评价。远大空调是中国私营企业,1992 年开发成功中国第一台商业用途中央空调主机,1995 年建成全球最大的溴冷机生产线,1996 年成为全球溴冷机产销量最大及技术水平最高的企业,1998 年产品通过美国 UL 认证,开始进入美国市场,1999 年通过 CE 认证,开始进入中国香港及欧洲市场。远大集团的产品已远销欧、美、中东、东南亚、中国香港等 30 余个国家和地区,成为全球规模最大、技术水平先进的燃气空调制造企业,在美、德、西、法以及东南亚等国市场占有率居同行业之首。远大集团的总裁张跃公开宣布其公司卖空调的目的就是节能,就是通过多种方式改造空调设备,让全世界空调消耗污染减少 90%。①

另一家著名企业是中国首善陈光标担任领导的黄埔再生资源利用集团有限公司,该公司是全国最大的房屋环保拆迁公司,也是全国唯一的一家拥有建筑废渣二次利用技术的公司,并在上海、北京设立分公司。该公司的突出特征是一方面推进环保并赢得可观的利润,同时又积极参与慈善事业。陈光标的郑重承诺是:"拆迁业务产生的利润,一半以上将回报社会。"2009 年,该公司实现净利润 4.7 亿元,其中 70%投入了慈善事业。②

(四)民众绿色行动的国际参与

中国大众参与环保的行动开始逐步进入国际社会。哥本哈根世界气候大会,即《联合国气候变化框架公约》缔约方第 15 次会议于 2009 年 12 月在丹麦首都哥本哈根召开。会议期间,192 个国家的环境部长和其他官员们出席会议商讨《京都议定书》一期承诺到期后的后续方案,就未来应对气候变化的全球行动签署新

---

① 资料来源于《社会创业家》,2010(4)。
② 资料来源于《羊城晚报》,2010-06-23。

的协议。在这次会议中，共有 60～70 名来自中国民间环保组织和企业的人士，他们通过自费、筹资等方式来到哥本哈根，表达中国公民的"气候观"；参会的十多家民间环保组织包括山水自然保护中心、中国青年应对气候变化行动网络等。与此同时，中国民间组织在国际贫困和灾害救援中也注重环保，开始展现中国社会大众的环保理念。

>>三、绿色生活的保护性反应与社会舆论监督<<

所谓保护性的反应，主要是指公众为了自身的生活健康而积极地行动起来，监督政府和企业，从而推动社会管理的改善。公众对于食品安全的关注、对于河流污染、水源污染以及毒奶粉、有害蔬菜的社会行动，是社会参与绿色经济和生活的突出表现。只有公众积极地参与环境的保护并揭露身边的不良事件，整个社会才会有健康的绿色发展的机制。绿色经济的社会自觉，需要有社会大众的压力。

公众保护性地参与绿色生活的一个重要标志事件是 2003 年的"非典"。这是一个严重的传染病，但处理这一传染病过程导致了社会大众的广泛参与从而使得社会大众开始公开关注自身所处的环境保护。在这个事件中，一开始，传统的风气是要保密，但有的社会人士开展了积极行动，最终导致了整个社会进入行动。这种社会反应方式客观上创造了一种新的社会参与方式，也就是，凡是关系到社会大众健康的事件，一定要及时公开。这以后，迅速发展为对于所有社会事件的及时公开。

公众参与食品安全最为突出的案例是 2008 年的毒奶粉事件。这个事件较为明显的表现是 2008 年 9 月 11 日，有媒体报道，甘肃 14 名婴儿患肾结石，省卫生厅介入调查，初步认为可能与某品牌奶粉有关。随后，全国各地多处发现婴儿因食用三鹿奶粉而出现肾结石的事件。当晚，三鹿集团承认婴幼儿奶粉受到三聚氰胺污染，并宣布召回市面上被污染的产品。国家质检总局、卫生部等有关部门随即展开调查。

其实，这一事件更为复杂而详细的过程是，2008 年 3 月，南京儿童医院把 10 例婴幼儿泌尿结石样本送至该市鼓楼医院泌尿外科专家孙西钊处进行检验，"三鹿问题奶粉"事件浮出水面；7 月 16 日，甘肃省卫生厅接到甘肃兰州大学第二附属医院的电话报告，称该院收治的婴儿患肾结石病例明显增多，经了解均曾食用三鹿牌配方奶粉。7 月 24 日，河北省出入境检验检疫局检验检疫技术中心对三鹿集团所产的 16 批次婴幼儿系列奶粉进行检测，结果有 15 个批次检出三聚氰胺。8 月 13 日，三鹿集团决定，库存产品三聚氰胺含量在每公斤 10 毫克以下的可以销售，10 毫克以上的暂时封存，调集三聚氰胺含量为每公斤 20 毫克左右的产品换回三聚氰胺含量更大的产品，并逐步将含三聚氰胺产品通过调换撤出市场。9 月 9 日，媒体首次报道"甘肃 14 名婴儿因食用三鹿奶粉同患肾结石"。当天下午，国家质检总局派出调查组赶赴三鹿集团。9 月 11 日上午，三鹿集团称奶粉仍旧合格；但到了晚间，则承认 7000 吨奶粉受到污染；其实，除甘肃省外，陕西、宁夏、湖南、湖北、山东、安徽、江西、江苏等地也有类似案例发生；于是，在 11 日当天，卫生部提醒停止使用该品种奶粉，三鹿集团股份有限公司工厂被贴上封条。9 月 12～18 日，政府正式处理三鹿事件。三鹿原董事长田文华被拘，石家庄市委副书记、副市长和三名局长被免职。9 月 12 日，联合调查组确认"受三聚氰胺污染的婴幼儿配方奶粉能够导致婴幼儿泌尿系统结石"。同日，石家庄市政府宣布，三鹿集团生产的婴幼儿"问题奶粉"，是不法分子在原奶收购过程中添加了三聚氰胺所致。9 月 13 日，党中央、国务院启动国家重大食品安全事故 I 级响应，并成立应急处置领导小组。卫生部发出通知，要求各医疗机构对患儿实行免费医疗。9 月 16 日，三鹿集团党委书记田文华被免职。同时，石家庄市分管农业的副市长张发旺、市畜牧水产局局长孙任虎、市食品药品监督管理局局长张毅和市质量技术监督局局长李志国也被免职。9 月 17 日，田文华被刑事拘留，石家庄市市长冀纯堂被免职。9 月 18 日，国家质检总局发布公告，决定废止《产品免于质量监督检查管理办法》，同时撤销蒙牛等企业"中国名牌产品"称号，并发出通知，要求不再直接办理与企业和产品有关的名牌评选活动。据舆论报道，截至 2008 年 9 月 21 日上午 8 时，全国因食用含三聚氰胺的奶粉导致住院的婴幼儿达 1 万余人，官方确认 4 例患儿死亡。9 月 22 日，国家质量监督检验检疫总局局长李长江因"毒奶粉"事件引咎辞职。10 月 8 日，卫生部等五部门公布了乳及乳制品当中三聚氰胺临时限量标准。其中 1 000 克婴幼儿配方奶粉中允许存在 1 毫克三聚氰胺。10 月 9 日，温家宝总理签署国务院令，公布了《乳品质量安全监督管理条例》。

　　详细地分析三聚氰胺事件发生的过程，可以清楚地看到公众和社会舆论对于食品安全的积极参与和重大影响。社会大众对于奶粉进行了检查，政府与社会的互动模式是积极的，在大众的高度关注下，政府不仅向社会明确通报具体的进展，同时也不断地采取各种措施来向社会做出回应。

　　需要特别说明的是，舆论监督在社会绿色行动中具有特别重要的作用。以下为一篇消息报道的一些内容：

"新华网北京 2010 年 7 月 8 日电（记者 周立权、朱国亮、王大千）河北'三鹿奶粉'，阴云未散，超标三聚氰胺奶粉再次'现身'！警方查明，在青海省一家乳制品厂，检测出三聚氰胺超标达 500 余倍，而原料来自河北等地。为了查清问题奶粉的来源与走向，记者分赴甘肃、青海、吉林等省进行了追踪。"

这样的消息表明，中国公众对于绿色行动的参与，通过舆论界广泛传播，已经形成了一种社会习惯。这在十多年前，是不可想象的。

四、公众参与绿色经济的基本挑战

绿色经济其实就是绿色生活，关注到整个社会的生活安全。中国公众参与绿色经济的挑战主要表现在两个方面。

第一，制度性的参与不足。许多污染环境的事件，往往在人民代表大会的组织机构中得不到强有力地表现。比较美国对待英国石油公司的机制，美国国会的强有力的表态，可以发现我国体制性的缺陷。而在西部开发中，有些地方沿江建设了许多水电站，各种各样的工地正在加紧施工。在一些沿江城镇，房地产开发也十分红火，结果导致山体滑坡并形成严重自然灾害。民众的自发性过强，会形成参与的无序与参与的弥散性，结果会导致行政管理公信力的减弱。

第二，公众参与的累积性成果较少。比如"三聚氰胺奶粉"事件，为什么 2008 年事件之后还会在 2010 年再度出现？煤矿的安全开采，为什么事故不断？这说明行政管理绿色经济的标准体系建设不足，结果形不成系统的力量，结果是理念很好，但日常生活中诸如塑料饭盒的安全还会出现漏洞，绿色经济的管理存在着重大挑战。

如何促成公众参与绿色经济行动的制度化，特别是如何将良好的习惯变成法律和规范？如何使公众的参与成为经常性的社会项目？如何使公众的参与更有组织性以及如何形成可积累的机制？这需要实现从传统到现代的转型，需要用现代方式发扬悠久的传统，才会使中国公众参与绿色经济形成健全的机制。在这些方面，中国还有很长的路要走。

参考文献

[1] 邓学雷. 中国公众参与可持续发展的现状分析与推进措施[J]. 湖北社会科

学，2005，3.

[2] 阿兰纳，伯兰德，朱建刚. 公众参与与社区公共空间的生产——对绿色社区建设的个案研究[J]. 社会学研究，2007，4.

[3] 发展绿色经济需要加强企业社会责任和公众参与[M/OL]. 中国国际经济交流中心，http://www.cciee.org.cn/gecc/NewsInfo.aspx? NId=1032.

[4] 贺振燕，王启军. 论我国环境保护的公众参与问题[J]. 环境保护，2002，2.

[5] 宁平，况荣平，魏佳宁. 云南绿色经济的公众参与与公众教育[J]. 环境科学导刊，2001，Z1.

专题二
中国历史上的绿色经济

人类文明的历程是人类为了求得生存与发展从依附自然到变革自然、创造新物的历史进程。世界工业化的潮流使人类征服自然的文化达到极致，一系列全球性生态危机的出现，需要开创一个新的文明形态延续人类的生存。当"绿色经济"引起世人重视之时，我们把它看作是对中国古代"天人合一"思想的凝练与提升。

>>一、农耕文明与中国古代可持续发展思想<<

五千年前，我国曾有相当长的历史时期处于温暖湿润的气候，森林地带大致占全国总面积的1/2左右。在先民直接从自然界获取天然衣食的蒙昧时代，产生了"民以食为天，食以土为本"，"草木畴生，禽兽群焉，树成荫而众鸟息焉"[①]的意识，萌生了"天生之，地养之，人成之"[②]的朴素观念。随着人类的经济活动由采集走向种植，由渔猎走向畜牧，出现了农耕文明。早期农业采用"火耕水耨"，是人类迈出改变自然，创造财富的一小步，也是破坏自然生态环境的一大步。但在金属工具普遍使用之前，人类的生产活动对天然植被的破坏毕竟还是局部的、缓慢的，在精神上，对自然环境更多地是充满了敬畏与感恩之情，把天地日月、江河山川与祖先一同祭祀。《诗经》说"是飨是宜，降福既多"[③]，《国语》中指出，九州山川河湖，生产物质资源，所以要保护和祭祀。这是处于萌芽状态中的"天人合一"。

经过漫长的演进，到西周，"天人合一"的观念逐渐由不自觉的、模糊的阶段

---

① 《荀子·劝学》。
② 董仲舒《立元神》。
③ 《诗经·鲁颂》。

发展为自觉的、清晰的阶段，人们逐渐认识到顺应自然如四季气候、地形水利与人类的生存和发展之间的密切关系，它开始包含人对自然规律的能动适应。一方面承认经济发展需要开采自然资源，另一方面又主张对自然资源要合理而有计划地应用。为了避免生态资源发生代际供求矛盾，孔子提出"钓而不纲，弋不射宿"[①]；荀子提出"草木繁华滋硕之时，则斧斤不入山林，不夭其生，不绝其长也"[②]；《礼记·月令》中说："孟春，草木萌动之时，牺牲毋用牝（母兽），禁止伐木，毋覆巢，毋杀孩虫"[③]；管仲指出，"春政不禁则百长不生，夏政不禁则五谷不成"[④]，产生了保护正在怀孕和产卵的鸟兽鱼鳖和封山育林的法令。《淮南子》一书中说，"是故人君者，上因天时，下尽地财，……故先王之法，……不涸泽而渔，不焚林而猎"[⑤]，以为这样才会出现草木、物种繁多，生机勃勃的景象。北齐贾思勰指出"丰林之下，必有仓廪之坻"[⑥]，宋代朱熹提出"天人一理，天地万物一体"之说，确定了人与自然关系的基本内涵与原则。

随着气候的变化和人类活动的影响，栽培植被替代天然植被成为不可逆转的趋势，随之而来的生态环境遭受破坏的情况逐渐严重。如秦汉两代出于政治的需要，推行"实关中"的政策。当大量人口迁居关中之时，加重了关中地区的粮食负担，由此造成了大规模的毁林造田，森林和草原的减少，使黄土失去了保护，加速了水土流失，西汉中期的黄河就呈现出了"泾水一石，其泥数斗"[⑦]的特点。唐宋时期，为了抵御游牧民族南下，军队的屯垦使农业区域逐步北移，森林和草地继续缩小，水土流失继续加剧，导致黄河多次发生改道。明清时期，实行"开中法"，驱使商人在北部与蒙古交接地区开垦荒地，黄河中下游一带几乎无地不垦，导致了黄河决溢的频繁程度超过了以往各代，过去分布于黄河下游的众多湖泊也先后淤平。自魏晋南北朝大量北方人口进入江南以后，江南地区无度地开发，也导致了森林资源的迅速减少，山区旱地增多，江河含沙量明显增加，水旱灾害频繁暴发。

此外，中国历代王朝大兴土木、毁林建都，日积月累，也是导致原始森林全面缩减的原因之一。唐人杜牧说"蜀山兀、阿房出"，元朝建大都，时人说"滦人

---

① 《论语·述而》。
② 《荀子·王制》。
③ 《十三经注疏》。
④ 《管子·第五十二》。
⑤ 《诸子集成》。
⑥ 同上。
⑦ 《汉书·沟洫志》。

毁巨松，童山八百里"，欠下了难以弥补的生态债务。

人是自然最大的受益者，也成为最大的破坏者。对此，朱熹指出，对自然资源的索取要"取之有时，用之有节"①。清人梅曾亮认为，开垦山地会造成水土流失殃及平地山田。但在生存压力与急功近利思想占主导地位之时，这些富有远见卓识的见解并没有引起世人足够的重视，对环境日积月累的掠夺，成为今天许多地区千疮百孔景象的历史根源。

>>二、中国古代可持续发展关注点是人地比例与节用的问题<<

资源的稀缺存在于一切时代与社会，正是这种稀缺性，使可持续发展承担着合理配置资源、实现自然资源可持续供给的重任。人口作为一种特殊形态的资源，与可持续发展构成了促进与制约并存的关系。

在农耕时代，土地与劳动力是其中最重要的生产要素。早在两千多年前，中国就有了类似于"劳动是财富之父，土地是财富之母"的观点。在地广人稀，广袤的土地资源需要有相应的生产者与之结合之时，人口对经济发展的重要性凸显，孔子在阐明这一基本关系之时提出"有人斯有土，有土斯有财"②。墨翟把土地、人口与农业生产联系起来考察，注意到了土地与人口之间的比例问题。商鞅以韩赵两国为例证明，地广民众未必富强，地狭民寡未必贫弱，问题在于能否充分发挥人口与土地的效力，这是当代集约经济思想的雏形。管仲认为单纯增加人口和土地未必富强，人口与土地必须在量上对应，才能形成真正的生产力，这对土地资源的合理利用具有重大历史意义，在社会实践方面形成了在中国历史上持续两千多年的土地租佃制度。

在生产力水平低下，剩余有限的条件制约下，为了维持社会简单再生产，在思想文化和社会习俗领域，以提倡"崇俭"、"节用"为主流的"黜奢从俭"成为了一个在经济上和道德上都被普遍肯定的原则。春秋前期就有人宣扬，"俭，德之共(恭)也；侈，恶之大也"③，孔子把"节用而爱人"作为治国的一项纲领提出来。墨家的节用标准则是维持人的基本生理需要，把消费的限度规定为：食"足以充虚继气，强股肱，耳目聪明，则止"；衣能够"冬以圉(御)寒，夏以圉署"、"适身

---

① 《孟子集注》。
② 《礼记·大学》。
③ 《左传·鲁庄公二十四年》。

体，和肌肤"[1]；居室"高足以辟（避）润湿，边足以围风寒，上足以待雪霜雨露"；行则有"全固轻利，可以任重致远"[2]的舟车。道家极力主张"去奢去泰"，对人们生活的改进和提高，视为违反人天性自然的东西。

随着人口的不断增加，人地比例逐渐趋于平衡，中国农耕时代的社会经济在唐宋时期趋于鼎盛。宋以后，人口的增长速度逐渐超过了土地资源的承载力，到明朝万历年间，人口已逾亿，加剧了"毁林开荒"、"围湖造田"，到清朝中前期，开垦区域已向西部丘陵山地推进。农业社会造就了庞大的人口，逐渐超过了资源环境的承载力，清代学者洪亮吉在推算人口增长的速度时，得出了每户人口每30 年约增 5 倍，60 年 10 倍，百余年 20 倍的结论。他以耕地与房产代表财富，推算其增长率，认为它们在三代人生存的时期中或无所增长，或增长 1 倍，至多3～5 倍，和同时期的人口增长速度相比，远不能及。[3] 提出人口增长应与生产、生活资料增长相适应的观点。

中国历史上对人口与资源、环境关系的见解，我们可以将其归结为：自然资料的有限性决定了人类物质财富的有限性，必须把发展理解为人与自然及社会之间的持续与协调、平等互动的统一过程。

>>三、中国古代社会为维护和改善生态环境的 探索与尝试<<

在经济发展、社会进步的同时造成了自然生态的破坏和经济效益的下降，中国古代社会为解决外部负效应做出了积极的探索。

（一）颁布相关法令与设置行政管理机构

首先是通过颁布相关法令约束人们的自发行为。周文王《伐崇令》规定："毋坏屋，毋坏井，毋动六畜，有不如令者，死无赦"[4]，这是中国历史上较早出现的保护生态环境的法令。周代还制定了保护自然资源的《野禁》和《四时之禁》。秦墓出土的《田律》规定，"春二月，毋敢伐树木及雍提水，不夏月，毋敢夜草为灰……"宋元时期政府明令的保护对象包括山场、林木、植被、河流、湖泊、鸟兽、鱼鳖

---

① 《墨子·节用中》。
② 《墨子·辞过》。
③ 《洪北江遗集·意言·治平篇》。
④ 《说苑·指武》。

等众多方面。清代设有专管水利的官员，并设堡专门保护水道、河堤。历代王朝首先是通过法律制度的方式把人与自然和谐相处的一系列思想主张固定下来，并通过法律制度的强制性来约束人们的行为，规范社会生产活动中人与自然环境的关系。

汉唐时期，自然资源和生态环境保护方面的理论和实践发展到较高水平，尤其是在唐代，已将山林川泽、苑囿、打猎、城市绿化、污水排放、郊祠神坛、五岳名山等纳入政府管理的职责范围，详细、具体地规定了保护自然环境和生活环境的措施及对违反者的处罚标准。据《旧唐书》记载，政府把京兆、河南两都四郊三百里划为禁伐区或禁猎区，通过设置"自然保护区"的方式来保护自然资源与生态环境。

其次，是设置专门的政府机构保护自然资源和生态环境，这就是虞衡制度。虞衡是我国古代掌管山林川泽的政府机构的泛称，其职责主要是保护山林川泽等自然资源，制定相关方面的政策法令，虞衡官执行这种政令法令。

早在部落联盟时代就有了管理山林川泽及草木鸟兽的官员——虞，以后又设立了虞部下大夫、大司徒等。《周礼》中规定大司徒"以土宜之法，……以阜人民，以蕃鸟兽，以毓草木，以任土事"，考察动植物生活状态，使之正常繁衍。周代的虞官设置"山虞'掌山林之政令'，林衡'掌巡林麓之禁令，而平其守'，柞氏'掌攻草木及林麓'"[①]。秦汉时期，虞衡转称少府，但其职责仍为管理山林川泽，具体分管的则有林官、湖官、陂官、苑官、畴官等。隋唐时期，虞衡管理事务范围不断扩大，据《旧唐书》记载，虞部"掌京城街巷种植、山泽苑囿、草木薪炭供顿、田猎之事"。宋元以后，由工部负责资源与环境保护方面的工作。由少府到虞衡司再到工部，表明古代当政者对环境保护重要性的认识已上升到了新的高度，并开始从系统性的角度来考虑和管理自然资源与生态环境的保护问题，这一制度是中国对世界自然资源管理做出的制度性贡献。

兴修水利，改善农业生态，是农业可持续发展的关键。夏商时代已设立治水官吏——司空。战国时代秦蜀都太守李冰修建都江堰，成为"天府"的富庶源泉。汉以来，"朔方、河西、酒泉皆引河及川谷以溉田"[②]，战胜和驾驭自然的能力不断提高。有人也意识到兴修水利带来的负效应，如许多内陆河流越来越细，流量越来越少，干旱风沙肆虐。但由于社会大多数人的急功近利，这些有远见的治理

---

① 《周礼·地官·山虞》。

② 《史记·河渠书》。

思想毕竟是少数，加之人地比例失衡之后迫于生存压力的"毁林开荒、围湖造田"，终于将成倍增长的生态赤字留给了后人。

（二）由政府主导山林川泽资源的开发

直至先秦两汉，在许多尚未开发的地区从山林川泽中获取衣食之源的重要程度甚至超过了从耕作土地中获取的收益。在管仲治齐所推行的富国之政中，有一条就是"山泽各致其时"，允许老百姓在特定季节进入山林川泽从事采伐捕捞等活动。这种季节，多半定在秋收之后至新春农忙开始之前，一来防止农忙时进入山林川泽妨碍农业生产；二来防止伤害幼树、幼兽。这样的政策，既可利用采伐捕捞等生产活动增加国民财富，又可保证农业生产有足够的劳动力，还可保护自然资源，防止滥捕、滥伐，破环生态环境。

获取资源，本身必须付出成本。许多资源，其成本和价格很难确定。如优美的生态环境、适宜于耕作的土地，都是一种资源，但由于不可能通过市场交易得到，只能用另一种方法计量其价格，就是为得到这种资源必须支出的费用，西周时便有了山林川泽税的征收，以后又有了矿税、盐税等诸多种类费用。

古代社会许多山林川泽资源虽为国有，但在将其使用权下放民间之时，产权界定模糊。在这种情况，人们难以考虑自己行为对他人的外部影响。一些重要资源若放任民间分散开采，也会造成资源使用的低效率，加剧人为破坏行为，故很早就有了由国家有计划地集中开发的思想与行为。如管仲在齐国率先作出了由国家全面管制盐铁生产销售的规定。西汉桑弘羊同样主张盐铁官营，在各郡遍设盐铁官署，严禁私人生产——"敢私铸铁器，煮盐者，钛左趾，没入其器物。"[1]北宋对矿课控制较松，但仍实行官榷法，禁止民间私自交易。这种做法，也曾不断遭致反对，如汉代盐铁会议上桑弘羊与贤良、文学之句的论争，唐代陆贽认为，"三代立制，山泽不禁，天地材利，与人共之"[2]，反对官府垄断山泽之利，主张让人们自由经营。因此，对山林川泽资源的开发与利用始终在"禁"与"弛禁"之间游离，影响着对生态环境的保护。

（三）树立可持续性发展的伦理道德观

在中华文明占主体地位的儒家生态智慧的本质是"主客合一"，主张以仁爱之

---

① 《汉书·食货志》。
② 《旧唐书》。

心对待自然，讲究天道人伦化和人伦天道化，体现了以人为本的价值取向和人文精神。《中庸》里说，"能尽人之性，则能尽物之性；能尽物之性，则可以赞天地之化育；可以赞天地之化育，则可以与天地参矣"[①]，这反映了一种对宽容和谐的理想社会的追求。

与儒家文化相对立的道家的生态智慧则是一种自然主义的空灵智慧。道家提出"道法自然"，强调人要以尊重自然规律为最高准则，以崇尚自然效法天地作为人生行为的基本皈依。强调人必须顺应自然，达到"天地与我并生，而万物与我为一"的境界。它通过敬畏万物来完善自我生命，这种追求超越物欲，肯定物我之间同体相合的生态哲学，与现代环境友好意识相通。

在外来文明本土化之后产生的中国佛教的生态智慧，是在爱护万物中追求解脱。佛家从善待万物的立场出发，把"勿杀生"奉为"五戒"之首，这种在人与自然的关系上表现出的慈悲为怀的生态伦理精神，为人们提供了通过利他主义来实现自身价值的通道。

时人用《周易》中"自强不息"和"厚德载物"来表述中华文明精神，这与生态文明的内涵一致。这种可持续性伦理道德观的核心就是尊重自然，把人类真正融入自然之中，把享受自然和生活的权力平等地分给当代人与后代人。以上思想转化为习俗与民风之时，又会对人们的行为产生一种非制度性的约束。

>>四、发展绿色经济是对中国古代"天人合一" 思想的升华<<

人类文明经历原始文明、农业文明、工业文明。文明的主体是人，体现为改造自然和反省自身，如物质文明和精神文明。

在生产力水平低下之时，人类往往是借助宗教、伦理、道德，以精神、未来、天国等抑制人们当下的物欲，以求得物质与精神、肉体与灵魂之间的平衡。自欧洲"文艺复兴"以来，人类对当下世俗物质利益的诉求得到了首肯。为了从自然界中获取更多的物质财富满足人们的欲望，在西方近代，由天人相分、天人相争产生了人对自然的控制、征服、对峙与斗争，它反映了工业革命和现代文明不再像农业社会那样依从于自然，而是用科技工业变革自然，创造新物。近代工业文明在为人类带来巨大的物质财富的同时，也使人类对自然的掠夺形成巨大惯

---

① 《礼记·中庸》。

性，屡刹不止。在商品经济浪潮中，传统思想观念、习俗与民风正面临着日益严峻的挑战。

在人类的活动与自然环境的矛盾冲突中，马克思、恩格斯充分肯定了自然界对人的优先存在地位，认为自然界制约和规定着人的生存和发展，人的解放只能是在对自然规律认识的基础上，通过调整人的社会存在属性与积极顺应自然才能实现。人与自然关系的和谐是人与人、人与社会关系协调的重要基础。

当前我们所倡导的绿色经济是指以人与自然、人与人、人与社会和谐共生、良性循环、全面发展、持续繁荣为基本宗旨的社会经济形态。是农业文明、工业文明发展的一个更高阶段。在绿色经济理念下的物质文明，将致力于消除经济活动对大自然自身稳定与和谐构成的威胁，逐步形成与生态相协调的生产生活与消费方式，它将引领人类放弃工业文明时期形成的重功利、重物欲的享乐主义，摆脱生态与人类两败俱伤的悲剧。

回顾我们世代演绎着的"天人合一"的思想，如同李泽厚所说，尽管它不再是基于农业小生产上由"顺天""委天数"而产生的"天人合一"，必须彻底去掉"天"的双重性中的主宰、命定的内容和含义，但我们在控制、征服自然的同时，也面临着一个人与自然相互渗透、相互转化、相互依存的问题。在这里，人与自然不再是对峙、冲突的关系，而更应是和睦合一的关系。人既是自然的一个部分，却又是自然的光环和荣耀，是它的真正的规律性和目的性。[①] 发展"绿色经济"恰好就是"天人合一"这个古老命题所具有的现代意义。

---

① 李泽厚：《中国思想史论三部曲》，130 页，天津，天津社会科学出版社，2007。

专题三

非化石能源发展前景

目前，对未来的化石能源替代的解决方案有多种探索与说法：新能源、清洁能源、可再生能源、绿色经济、低碳经济等，各种说法都有优缺点，存在一个更具代表性的说法很有必要，这些问题的核心是发展非化石能源。下面从这个角度进行一个总结与展望。

>>一、非化石能源发展前景的基本评估与展望<<

非化石能源主要有生物能、风能、水能、核能、太阳能五种形式，其他的海洋能、地热能也是非化石能源。总的说来，可利用的能源总量有限。

这些能源的发展主要是两个问题：发展空间问题与技术进展问题。下面对这五种能源进行一个基本评估与展望。

(一)生物能源发展前景的基本评估与展望

生物能源是以土地为依托的能源，是人类社会利用历史最为悠久的能源形式，主要是以三种形式作为能源利用：秸秆、木材与草、种子类植物(粮食、油料)。

如果不考虑人工的作用，全球整个陆地的平均光合作用效率约为 0.3%，地球上每年植物光合作用固定的碳达 2×10^{11} 吨，含能量达 3×10^{21} 焦，相当于全世界每年消耗能量的 10 倍。不同国家单位面积生物质的产量差异很大，地球上每个国家都有某种形式的生物质能源，中国理论生物质能资源有 50 亿吨左右。

生物质能资源需要用于解决人类的食品、生态环境保护需要，以及人类其他方面需要(主要是纸张、木材)，对全球大部分国家而言，相当时期内能够实际利用的生物质能资源较为有限，仅有少数国家如巴西、美国这种土地资源极为丰富的国家有一定的能力大力发展生物能源。

从本次全球经济危机的经验看，未来全球的大量发展生物能源的高质量的土地资源用于发展食品类产品的可能性大于发展生物能源的可能性。从全球的人口增长趋势及人均粮食消费的增长前景看，全球未来的生物能源的发展空间非常有限。

生物能源主要是三种利用形式：沼气、秸秆与木质类产品直接利用、生物性的液体能源（酒精、生物柴油等）。

巴西政府在20世纪70年代就开始实施生物液体发展计划，发展以甘蔗为主要原料的乙醇燃料，强制要求石油公司必须供应混合或纯乙醇汽车燃料。经过30多年的努力，巴西已成为生物液体燃料大国，年生产乙醇燃料1 500多万吨，不仅为上千万辆汽车和数百万辆摩托车提供燃料，还向国外出口上百万吨。巴西政府计划在2012年前将乙醇工厂从现在的336家增加到409家。美国、欧盟也通过制定相关优惠政策鼓励燃料乙醇产业的发展。

生物柴油应用最多的是欧洲，欧洲议会免除了生物柴油90%的税收。预计2010年，生物柴油将达到830万吨。据美国大豆协会发布的数据显示，2008年美国生产了26.12亿升大豆生物燃料，而2007年大约有117.84亿千克的大豆用于生产生物燃料。

此外，通过玉米制造乙醇也是美国发展生物能源的重要途径，2005年8月美国出台了《新能源法案》，提出到2012年美国每年利用燃料乙醇或生物燃料的总量将达到75亿加仑。2007年12月美国通过新的汽车节油法案，要求在2022年以前美国乙醇的使用量必须比目前提高六倍达到360亿加仑。近年来美国用玉米生产燃料乙醇的产业快速增长，2005年美国生物乙醇产量超过巴西，比2001年增加一倍，2004—2008年年均增长率达35.70%，2008年燃料乙醇的产量是2004年的3.39倍，且目前还是保持高速增长。[①]

中国生物能源目前主要是发展沼气，不具备大规模发展生物乙醇的能力。沼气还有处理废弃物的功能。

中国大中型沼气工程和户用农村沼气池的数量已位居世界第一，截至2005年年底，中国农村户用沼气达到1 700万户，年生产沼气65亿立方米，约相当于

①　中投顾问产业研究中心：《2009—2012年中国生物质能利用产业投资分析与前景预测报告》，2009。

468 万吨标准煤。到 2006 年年底，全国已经建设农村户用沼气池 1 870 万口，中国农村户用沼气总数已达到 2 200 万户，年产沼气约 90 亿立方米。2007 年，农村户用沼气池已有 2 800 万口，畜禽养殖场和工业废水沼气工程达到 2 200 处，年产沼气约 100 亿立方米。2007 年，中国已进入立项程序的生物质发电项目达到 105 项，产值约 3 000 兆瓦。国家计划在"十一五"期间，农村地区推广户用沼气，全国新建农村户用沼气 2 200 万户，到 2010 年，全国户用沼气总数达到 4 000 万户，年产沼气总计约 150 亿立方米。[①]

目前我国沼气资源总量有 446 亿立方米，如果按热值当量(23.02 兆焦/立方米)折算，相当于 3 500 万吨标准煤，到 2020 年中国沼气资源总量将达到 915 亿立方米，比 2000 年增加 1 倍，相当于 7 190 万吨标准煤。沼气资源总量是有限的，仅是现有能源利用量的极小部分，但有两个突出优点，一是废物利用，二是技术门槛较低，可以在广大农村发展，解决农民的燃料问题。

目前，中国的秸秆总量与粮食相当，约为 5 亿吨，相当于 2.5 亿吨标煤。但是，仅有部分可以用于能源使用，从未来的中国粮食以及肉食品的需求看，秸秆将更大程度上用于饲料。

中国目前进口的大豆与植物油相当于进口约 5 000 万吨大豆，从土地利用量看，相当于 1.5 亿吨粮食。这个量相当于中国粮食产量的 1/3，在未来的全球能源与粮食前景不确定的大背景下，中国的生物能源战略必须在这个根本前提下进行发展。

总体而言，中国生物能源未来 50～100 年内，很难有较大的发展空间，从绝对利用量到相对比例都难以取得突破。

(二)风能发展前景的基本评估与展望

风能是地球表面空气流动所产生的动能，是太阳能的一种特殊转化形式。太阳辐射在大气层中非均衡的能量分布形成大气的流动，产生风能。整个风能相当于太阳辐射能的 2% 左右，全球风能资源总量约为 2.74×10^9 兆瓦，这些风能分布在地球表面 10～20 公里的大气层中，可利用的仅是一部分，约为 2×10^7 兆瓦。中国风能储量很大、分布面广，仅陆地上的风能储量就有约 2.53 亿千瓦，

---

① 中国可再生能源学会风能专业委员会：《2009 年中国风电装机容量统计》，2010。

有一定的开发潜力。[①]

由于风能本身存在密度低、不稳定、地区差异大、随机性和能量的低密度性等问题,以及风场建设的条件要求高,开发难度很大。风电建设选址对自然环境(风速)要求较高,光测风阶段就要历时 1 年以上。同时,由于风速的不可控性,利用小时数低,通常低于 2 000 小时/年。目前一般每平方公里风力发电的装机容量为 0.6 万~1 万千瓦,相比之下,太阳能发电按目前比较保守的技术水平计算,每平方公里装机容量可达 5 万~10 万千瓦。考虑我国风能资源丰富地区集中于东南沿海发达地区、内蒙的草原地区,开发风电所需要的大面积土地将是一个非常棘手的难题,一个 100 万千瓦的风电站占地面积达到 100 多平方公里,对电网电力输送也将造成困难。

而且,根据欧美大力开发风电的经验,风力发电必然对当地的区域生态造成不良影响,阻滞或减缓大气层对流,就中国而言,倘若在东南沿海大范围开发风电,将对给中国大陆带来大量降水的东南季风形成拦截,导致大陆降水减少,甚至可能引起内陆水能、植被等生态的连锁损害,沙漠化将进一步加剧。此外,风电设备采用风轮机等机械传动装置,大规模应用的后期维护成本和难度较高。

全球风电真正发展始于 1973 年石油危机,过去 20 多年,风电是世界增长最快的能源。近十年来全球风电累计装机容量的年均增长率接近 30%,风电技术日臻成熟。

2005 年年底,世界风力发电装机总容量达到了 5 900 万 KW,年装机容量超过 1 000 万 KW,成为继水电、煤电和核电之后的第四大主要发电电源。2007 年全球风电装机增长率为 28.8%,高于过去十年的平均增长速度,2008 年年底总装机容量达到了 120.8 GW。2008 年新增装机容量在 27 GW 以上,同比增长 36%。其中,美国新增装机容量 8 358 MW,总装机容量达到 25 170 MW,超过德国(23 902 MW)。

2008 年世界风电新增装机容量的近 1/3 在亚洲。尤其中国装机容量新增 6.3 GW,总装机容量达到 12.2 GW。2009 年中国新增装机容量 13.8GW,年同比增长 124%,总装机容量达到 25.8GW,超过美国 2008 年的装机容量。成为世界风电发展最快的国家。

近年来,随着风电发展,围绕提高效率、安全可靠、降低成本、减轻重量、

---

① 中投顾问产业研究中心:《2009—2012 年中国风力发电行业投资分析与前景预测报告》,2009(4)。

增加寿命和扩大应用等方面，风电机组的技术水平也得到了提升。

目前风电主要的问题有以下两点：

一是与现有的电网体系接轨问题。风电由于风能的不稳定与非规律性，是一种非常不稳定的电源。此外，风能的不规则的分布，使风电的布局与电网的匹配也有一定的困难。目前这些问题还有待于解决。

二是风电的发展余地有限，风机有效利用的工作时间也是有限。

(三)水能

水能是常规能源，水直接被人类利用，还是能量的载体。它也是一种特殊的太阳能形式，太阳能蒸发海洋的水分，在大气流动的作用下，形成陆地上的雨水，产生水能，水流能量的大小取决于流量和落差这两个因素。

水能价廉、清洁，是可再生能源中利用历史最长、技术最成熟、应用最经济也最广泛的能源。据估计，全世界水力资源理论蕴藏量为 $350\ 000 \times 10^8$ kWh/a，技术可开发量约为 $150\ 000 \times 10^8$ kWh/a，经济可开发量约为 $93\ 500 \times 10^8$ kWh/a，目前，已开发利用的水力资源约为技术可开发量的 14%。中国水能资源十分丰富，理论蕴藏量达 $59\ 200 \times 10^8$ kWh/a，技术可开发量约为 $19\ 200 \times 10^8$ kWh/a，经济可开发量约为 $12\ 600 \times 10^8$ kWh/a，居世界第一位，由于多种原因，我国已开发利用的储量约占可开发储量的一小部分。

(四)核能

近年来，世界各国积极发展核电。俄罗斯计划到 2030 年在国内新建 58 台核电机组，使核发电占总发电量的比例从现在的 16% 提高到 25%，并在国外投标建设 40～50 台核电机组；美国计划到 2050 年新建核电机组 100 座；日本计划到 2030 年新建 10 座核电机组，使核电装机容量达到 6 286 万千瓦；韩国计划到 2015 年新建 12 座核电机组；印度计划到 2020 年核电装机容量达到 2 900 万千瓦，比现在增加 8 倍多，到 2050 年达到 27 500 万千瓦。[①]

据国际原子能局(IAEA)2007 年 10 月中旬发布的《至 2030 年的能源、电力和核能发电》报告最新预测指出，在今后几十年内，核能发电作为一种主要的能源将会继续存在。在 IAEA 高限预测中，增加了一些有前景的项目，估计全球核能发电能力到 2030 年将增加到 679GW，平均年增长率约为 2.5%。

---

① 徐红志：《核能：清洁、安全、高效的能源解决之道》，载《UPS 应用杂志》，2008。

　　核能发电占世界电力生产的份额已从 1960 年的小于 1％增加到了 1986 年的 16％，1986—2007 年的 21 年内，这一比例基本保持不变，核能发电随全球电力生产而稳步增长。截至 2005 年，全球正在运行的核动力堆总数达到 443 个，核能发电占世界总电力约 16％。2006 年，全世界运转中的核反应堆 435 座，有 29 座以上在建设中。美国运转最多，为 103 座；法国次之，为 59 座；日本为 55 座（1 座以上在建设中）；俄罗斯为 31 座（7 座以上在建设中）。拥有核能发电的 30 个国家中，由核能供电的份额变化较大，如法国占 78％、比利时占 54％、韩国占 39％、瑞士占 37％、日本占 30％、美国占 19％、南非占 4％和中国占 2％。俄罗斯有 31 座核反应堆在运转，5 座在建设中，并有大的扩能计划。美国有 103 座核反应堆，提供电力份额 19％。在过去几十年内，现有核反应堆提高了输出电力，并提供技术进行了更新。现在 48 座核反应堆已进行了 20 年的更新，因此其技术转让寿命期为 60 年。美国核反应堆总计的 3/4 已进行了技术更新。

　　近几年，核能发电站的扩建集中在亚洲：至 2006 年年底，建设中的 29 座就有 15 座在亚洲，最近建设的 36 座核反应堆已与电网联网的有 26 座在亚洲。印度核能发电所占比例现小于 3％，但截至 2006 年年底，拥有建设中核电站的 1/4，在建设中 29 座核电站中拥有 7 座。

　　2007 年，中国核电站共生产 620 亿千瓦时的电量，但只占整个国家电力的 2％，远低于法国的 3/4 和日本的 1/4。中国有 4 座核反应堆在建设中，并计划到 2020 年扩大近 5 倍，装机容量达到 4 000 万千瓦，占全国发电装机的 4％。[①]

　　核电的主要问题是核燃料的资源有限性问题。

　　上面讨论的是核裂变的核能利用方式，核聚变的核能利用方式如果可行，将是人类社会的能源最终解决办法，可接近无限的能量提供方式。但这是一个遥远的未来。

（五）太阳能

　　太阳能主要有两种形式，即太阳热能的利用方式与太阳能发电的方式。太阳热能的利用方式是一种比较成熟的技术，是一种有限的能量使用方式。太阳能发电是人类追求的主要能源利用形式，是全球一致认同的未来能源最终解决方案。

　　太阳能发电主要是两种形式：太阳能光伏发电和太阳能热发电。这两种方式都有成为最终的能源解决方案的可能性。目前，从技术成熟性角度考虑，太阳能

---

① 《快速发展的中国核能》，载《国防工业科技杂志》，2009(4)。

电池已经到了一个特别阶段，即接近可用的临界点阶段。将在后文予以特别介绍。

>>二、太阳能电池发展前景<<

(一)太阳能电池发展的能源解决效果

太阳能发电的能量转换路线是直接将太阳辐射能转换为电能，是所有可再生能源中对太阳能的转换环节最少、利用最直接的、效率最高的方式。目前，晶体硅太阳电池的转换效率实用水平在 15%～20% 之间，实验室水平最高可达 35%。因此，从这个角度讲，太阳能发电是我们目前可以使用的能源中一次性转换效率最高，并且使用最简单、最可靠、最经济的新兴能源，其一次性将太阳能转换为人类能够高效利用的电能的水平是高效植物的 100 倍左右。一亩土地的太阳能电池的能源效果相当于 100 亩土地的生物能源效果。太阳能电池实际是一种最实用的核聚变能源利用形式，从这个意义讲，这是一个能源问题的最终解决方案。

占我国国土面积 2/3 的西北地区，有丰富的太阳辐射资源，其中，西藏西部是我国太阳能资源最富集的地区，最高达 2 333 千瓦时/平方米（日辐射量 6.4 千瓦时/平方米），居世界第二位，仅次于非洲撒哈拉大沙漠。利用一亿亩西北地区的土地（国土面积的 1% 左右）来安装并网光伏发电系统，按目前比较保守的 100 瓦/平方米技术水平计算，装机容量即可达到 60 亿千瓦左右，相当于火电 20 亿千瓦左右的发电效果，相当于人均解决能源 3 吨标准煤，超过目前中国人均能源消费量。

从上述意义讲，太阳能电池是未来能源发展的根本方向，只有太阳能电池才具备最终解决能源问题的可行性。

(二)太阳能电池发展的实用前景

太阳能电池目前已经历约 50 年的发展历程，各种基本技术相当完善，成本也在迅速接近火电成本，非常有可能在未来 10 年左右，太阳能电池的成本可以与传统的化石能源的成本相当。如果这样，能源的可持续问题以及 CO_2 减排问题就会彻底解决，这将是一个全新的能源时代的到来。

>>参考文献<<

[1] 刘汉元，刘建生. 能源革命：改变 21 世纪［M］. 北京：中国言实出版社，2010.

[2] 农业部. 主要农产品进口量值表.

[3] 中国可再生能源学会风能专业委员会. 2009 年中国风电装机容量统计［R］. 2010.

[4] 中投顾问产业研究中心. 2009—2012 年中国风力发电行业投资分析与前景预测报告［R］. 2009.

专题四
从博弈论看发展绿色经济中的利益协调

　　构建社会主义和谐社会是科学发展观中的一个重要组成部分，和谐社会一般包括"人与人之间的和谐、人与自然之间的和谐、人与社会之间的和谐、社会与自然之间的和谐"等，绿色经济则主要体现的是"人与自然之间的和谐"。而绿色经济是在 20 世纪后半期，传统的经济发展模式遇到能源危机、生态危机后提出的一种新的经济发展模式。换句话说，绿色经济不过是人与自然的不和谐已快达到环境和资源无法承载的一种不得不进行的选择。然而，要达到人与自然的和谐却远非易事，必然会遇到许多类似于"囚徒困境"的两难选择。因为随着市场经济的建立，利益的多元化会带来更多的利益冲突，如经济发展与环境保护的冲突、中央政府与地方政府的利益冲突、地方政府与企业间的利益冲突、环保部门与能源消费企业的利益冲突等。面对这种利益冲突，传统的思维方式是牺牲一部分人或单位的利益用行政的手段来达到某种表面的和谐。但众所周之，这样的效果并不理想。如一些企业在环保部门的监督下才使用一些环保处理设备，而一但离开环保部门的监督则弃之不用，企业与环保部门玩起了"躲猫猫"。能否设计出一种兼顾冲突各方利益的可自动实施的机制呢？博弈论有关机制设计的思想为我们提供了这样一种可能。

>>一、从"夫妻露宿"看理性人的悖论<<

　　经济学和博弈论的理性人假设经常受到非难，但博弈论的悖论本质给我们带来的启迪是，正是因为这种理性人假设，才使得当利益冲突的双方在追求自身利益最大化时必须考虑对方的利益，否则受损的将会是自己，这样的制度设计才是有效的和可自动实施的。

　　夫妻露宿是讲一对夫妻到一旅游地准备搭帐篷露宿，但在选择露宿地点时却发生了矛盾。男的希望住在最高的地方，女的希望住在最低的地方，而且双方互不相让。正好该地东西向与南北向各有 4 条道路，于是他们约定，男的在东西向的 4 条道路中选一条道路，女的在南北向的 4 条道路上选一条道路，然后在道路的交叉处住宿。假定他们都是理性的，即他们都想让自己的利益最大化，他们各自会选中哪一条路呢？下表给出了 4 条道路交叉处的海拔高度（见表专题 4-1）。

表专题 4-1　　　　　　　　　　4 条道路交叉处的海拔高度　　　　　　单位：千尺

		女			
		Y1	Y2	Y3	Y4
男	X	16	1	5	1
	X2	1	2	3	4
	X3	4	3	5	5
	X4	4	2	1	6

在夫妻露宿中，夫妻间的利益（或目标）发生了冲突且互不相让。男方使自己利益最大化的道路是哪一条呢？男方是这样思考的，如果我选 X1，女方会选 Y2 或 Y4，交叉点的高度是 1 千尺；如果选 X2，女方会选 Y1，交叉点的高度是 1 千尺；如果选 X3，女方会选 Y2，交叉点的高度是 3 千尺；如果选 X4，女方会选 Y3，交叉点的高度是 1 千尺。男方本来是希望住得越高越好，但在寻找他自己的最优道路时，却似乎站在了女方的角度来进行思考，即男方先找出东西向 4 条道路与南北向 4 条道路最低的交叉点。同理，女方本来是希望住得越低越好，但在寻找她自己的最优道路时，却站在了男方的角度进行思考，即女方先找出南北向 4 条道路与东西向 4 条道路最高的交叉点。

表专题 4-2　　　　　　　　　　纯战略的寻找单位：千尺

		女				
		Y1	Y2	Y3	Y4	行最小值
男	X1	6	1	5	1	1
	X2	1	2	3	4	1
	X3	4	3	5	5	3
	X4	4	2	1	6	1
	列最大值	6	3	5	6	

在表专题 4-2 的得益矩阵中，行的最小值反映的是男方寻找自己最优选择的思路，而列的最大值反映的是女方寻找自己最优选择的思路。面临目标的冲突，

他们能否找到他们双方都认可的交叉点呢？

在博弈论中，博弈的解有纯战略解与混合战略解。在零和博弈中，判断是否存在纯战略解的定理是：若存在每行的最小值中的最大值等于每列最大值中的最小值，该值对应的战略称为纯战略（也称为极小极大解）。在夫妻露宿中，行的最小值中的最大值是 3，最大值中的最小值也是 3，二者相等，则表明该博弈存在纯战略。即男方应选 X3，女方应选 Y2，他们应在 X3、Y2 的交叉点上露宿，夫妻双方在冲突的目标中找到了利益的平衡点。即极小极大解表明了各参与人安全水准的最大限度，没有其他的战略能提供这种程度的安全水准（如表专题 4-2）。

由于对零和博弈的研究远早于纳什提出纳什均衡的概念之前，故零和博弈的纯战略的解不称为纳什均衡，而用一个非常形象的名称"鞍点"来表示。

在存在纯战略的两人零和博弈中，纯战略的寻找是简单的。但令我们感兴趣的是，为什么自利的男方在寻找自己最优道路时却站到了女方的角度去思考问题，而自利的女方在寻找自己最优道路时却站到了男方的角度去思考问题，这就是"理性人的悖论"。

>>二、理性人的悖论与制度设计<<

在夫妻露宿博弈中，自利的男方和女方在寻找自己的最优战略时将陷入理性人的悖论，进一步的问题是：

首先，是什么原因迫使自利的男方在寻找自己最优道路时不得不考虑女方的利益，而自利的女方在寻找自己最优道路时不得不考虑男方的利益呢？设想如果男方是一个大男子主义者，他剥夺了女方的选择权，只允许女方选择 Y1，男方自然会选择 X1，从而在 6 千尺的地方住宿，使自己利益达到了最大化；如果女方是一个"妻管严"，她剥夺了男方的选择权，只允许男方选择 X1，女方自然会选择 Y3，从而在 1 千尺的地方住宿，也使自己利益达到了最大化。正是由于双方都是地位平等且互不相让的"理性人"，才出现了双方在选择自己的最优道路时，不得不考虑对方的利益。有人讲，博弈论的本质是悖论的，在这里，自利的理性人顾及到了他人的利益，我们将此现象称为"理性人的悖论"。可见，要使自利的参与人在最大化自己的利益时充分考虑到其他参与人的利益，必须将自利的其他参与人放在同等的地位上才能达到这个目的。而综观现实经济中的许多现象，却出现了许多剥夺他人选择权的事实，许多垄断企业或处于强势地位的企业制定的一些规章制度和条例，都是剥夺或部分剥夺了消费者的选择权来达到自身利益的最大化。问题在于，你凭什么剥夺他人的选择权。但由于主观和客观的种种原因，现实中的参与人往往是地位不平等的，这就会产生强势的参与人剥夺弱势参与人正当利益的情况。这是中国在进行法治化建设中，立法者需要认真考虑的问题，即当参与人地位不平等时，法律如何有效地保护弱势参与人的正当利益。至于本例中，男女双方哪一方自愿放弃自己的选择权而迁就另一方，那就是他们夫妻间的事了，但在制度设计时，则应该使参与人具有同等的权力。

其次，假定这对夫妻每个周末都要到这个地方露宿，他们有没有改变自己选择的动机呢？他们是否会永远选择在 X3、Y2 的交叉点上露宿呢？从表 2 中可以看到，任何参与人单独改变自己的选择，吃亏的都是他自己。若男方不选 X3，而选 X1，则女方会选 Y2 或 Y4，交叉点的高度是 1 千尺；若选 X2，女方会选 Y1，交叉点的高度是 1 千尺，若选 X4，女方会选 Y3，交叉点的高度是 1 千尺。也就是说，如果男方不选 X3，而改选任何其他的道路，交叉点的高度都会低于 3 千尺，会让男方自己吃亏。同理，若女方不选 Y2，而改选 Y1、Y3、Y4 则男方会相应地选 X1、X1 或 X3、X4，交叉点的高度是 6、5、6 千尺，其高度都会高于 3 千尺，会让女方自己吃亏。因此，夫妻双方都没有改变自己选择的动机，他们会永远选择在 X3、Y2 的交叉点上露宿。可见，如果一个制度的设计是让任何一个不遵守规则的参与人吃亏，人们就会在没有任何外在压力的情况下自觉自愿地遵守他们作出的选择，这会降低许多管理成本。换句话说，如果一个制度的设计是让遵守规则的参与人得到好处，其他参与人就会跟进效仿，管理者希望达到的目标就会实现，即达到目标与手段的一致性，这样设计的机制才是"激励相容"的。如果一个机制是让不遵守规则的参与人得到好处，而让遵守规则的参与人总是吃亏，即不能达到目标与手段的一致性，这样设计的机制就是"激励不相容"的，管理者希望达到的目标就很难得以实现。可见，"理性人的悖论"在制度设计时带给我们的启迪是：当参与人之间的利益有冲突时，如果能设计出一个让参与人自我选择的机制，这个机制让不遵守规则的参与人吃亏，而让遵守规则的参与人受益，则利益冲突的参与人会通过自我选择找到利益的平衡点，而且他们会自觉自愿地遵守他们的选择，管理者希望达到的目标就可能实现。问题在于，能否找到这样的机制呢？夫妻露宿恰好给了我们这样的示例。但显然只有将参与人放在同等地位设计出的制度才是有效的和可自动实施的。当参与人的地位不平等时，法律应充分保护弱势参与人的正当利益。当然不是所有问题都可能设计出这样一种可自动实施的机制，这就产生了带有强迫性质的法律。但如能找到这样一种机制，则可大大减少管理成本。

>>三、理性人的悖论与和谐社会的构建<<

在中国市场经济的建设过程中，利益多元化的格局已经形成，各种利益集团间的矛盾和冲突必不可免并将长期存在。特别是人均 GDP 达到 1000 美元时，社会经济结构将面临重大的调整和转变，各种矛盾和冲突将会增加和突出。而各种利益集团间的矛盾和冲突大量地表现为人民内部矛盾，如何妥善地处理好这些矛盾和冲突，这既是对各级政府执政能力的一个重大考验，也是各级政府在一个较长时间内必须面临的重要问题，这也是关系到如何构建和谐社会的重大课题。和谐社会包括着许多方面的和谐，如人与人之间的和谐、人与自然环境之间的和谐、人与社会的和谐等等，但最重要的是人与人之间的和谐。而人与人之间经济利益的和谐又是人与人之间和谐的基础，如果说计划经济时代更多地是体现公平的话，则市场经济更多地是体现效率，而公平与效率的矛盾是长期困扰各国政府和经济学家的难题。由于种种原因，中国财富分配的不公已达到国际上公认的危险的警戒线，这种利益冲突的矛盾如果处理不好的话，将会增加社会的不稳定因素，也将极大地妨碍和谐社会的建设。从上面"夫妻露宿"博弈中可看出，当参与人的利益发生矛盾和冲突时，设计一种规则让参与人自己进行选择，可能比用强迫的行政命令更为有效，即使参与人自己选择错误而吃了亏，他(她)也会心悦诚服，因为这是参与人自己做出的选择，这会减少许多社会矛盾和冲突。当然，这种规则的设计首先必须是参与人地位平等时才是公平的，否则，这种规则就很难说是公平的了。如近来对许多问题(如电价、水价等)采用听证会的形式来加以解决，就是在这个方面一个有益的尝试。但我们也注意到，许多听证会流于形式，就在于参与人的地位并不平等。许多进行听证的单位都属于处于垄断地位的强势参与人，而消费者则属于弱势参与人，在这种情况下，规则应倾向于保护弱势参与人。其次，在这种规则的设计中，必须使不遵守规则的参与人受到惩罚，如在"夫妻露宿"博弈中一样，任何改变自己选择的参与人都会使自己的利益受损。而且这种惩罚不是由外力施加的，而是自动实施的，这样设计出来的规则才是有效的。如社会上流行的"人善被人欺，马善被人骑"的现象，如果我们的制度设计能让尊纪守法的"老实人"不是吃亏，而是受益(不仅是精神上，而且在物质上)，则会对"诚信社会"、"和谐社会"的建立构筑制度上的保证，而不仅仅是流于口号。

同样，要构建"人与自然和谐"的绿色经济也会面临许多矛盾和冲突，特别是在信息不对称时，就会产生许多"道德风险"或"逆向选择"的问题。面临这些问题，传统的做法往往采用自上而下的单向的行政措施，而博弈机制给我们的思路是，让矛盾和冲突的各方摆明各自的利益和得失，在各种可供选择的道路上找利益的平衡点，从而有可能寻找到自动实施的有效机制。

这种博弈机制设计的理念可用于社会经济的许多方面，如垄断企业定价、政府税收政策的制定、政府对垄断企业的规制、公共产品的供给、雇主对雇员的职位安排、保险公司的收费和赔偿政策、拍卖机制等。

综上所述，博弈论中许多悖论的现象给我们的启示是：良好的愿望不一定会达到良好的效果，要做到目标与手段的一致性，了解一些博弈悖论的现象，则在制度设计与规则制定上有可能得到新的启示与方法。

>>参考文献<<

[1] 张维迎. 博弈论与信息经济学：第 2 版[M]. 上海：上海人民出版社，1997.

[2] 艾里克·拉斯缪森. 博弈与信息：第 2 版[M]. 王晖等译. 北京：北京大学出版社，2003.

[3] 让·梯若尔，朱·弗登博格. 博弈论：第 1 版[M]. 黄涛等译. 北京：中国人民大学出版社，2002.

[4] 詹姆斯·米勒. 活学活用博弈论：第 1 版[M]. 李绍荣译. 北京：中国财政经济出版社，2006.

[5] 张照贵. 经济博弈与应用：第 2 版[M]. 成都：西南财经大学出版社，2008.

专题五
我国绿色消费的现状与发展趋势[①]

>>一、我国绿色消费的现状<<

(一)什么是绿色消费

在 1992 年的联合国里约热内卢环境大会上制定的《21 世纪议程》指出，不适当的消费和生产模式，导致环境恶化、贫困加剧和发展失衡是全球所面临的一个严重问题。绿色消费理念自此开始在全球范围内得到倡导和传播。中国消费者协会于 2001 年为绿色消费概括了三层含义：一是消费内容，消费者选择未被污染或有益于公众健康的绿色产品；二是消费过程，尽量减少环境污染，注意垃圾处置；三是消费观念，在追求生活舒适的同时，注意环境保护，节约能源和资源，实现可持续消费。我们认为，经过数年的发展，绿色消费的内涵已经得到了相当程度的扩充，包含了消费者所选择的环境——生态友好型、节能、低二氧化碳排放量的一切消费品和服务在内，如纯电动汽车、节能电冰箱、太阳能热水器等制造业产品以及节能服务项目等。绿色消费分为私人绿色消费和公共绿色消费，其中公共绿色消费是指政府为保护环境、治理污染而进行的绿色投入，比如为垃圾处理、污水净化等所购买的设备、技术、服务等。

(二)消费者的绿色消费行为与认知程度

美国国家地理学会和国际调查公司 GlobeScan 于 2008 年 5 月公布了《Green-

[①] 本文感谢北京大学国家发展研究院苏良以及西南交通大学经济管理学院查建平的工作，作者通讯地址：北京市海淀区颐和园路 5 号北京大学国家发展研究院，邮编 100871，电子邮箱 ff-tang@ccer.edu.cn。

dex™ 2008：消费选择与环境—全球跟踪调查》，这是国际上首次针对消费者个人行为表现而不是国家整体的排名衡量。该指数调查了 14 个国家消费者的有利于可持续发展的绿色消费行为，显示了各发达国家及发展中国家的消费者之间的差异。Greendex 在澳大利亚、巴西、加拿大、中国、法国、德国、英国、匈牙利、印度、日本、墨西哥、俄罗斯、西班牙和美国的 1.4 万名消费者中展开网上调查，每个国家选取了有代表性的 1 000 名。由可持续发展领域的 27 位国际专家协助确定了消费行为调查项目。每个参与者都获得满分为 100 的一个分数，反映其消费模式相对环境可持续性的尺度，包括居所面积和能源效率、上下班的方式和距离、淡水使用等数十项指标，反映其对环境的影响程度。巴西和印度的消费者得分最高，美国消费者得分最低。

与发达国家相比，发展中国家的消费者更强烈地感到环境恶化将使其身体健康以及生活质量下降，在谈到或听到环境问题时最集中精神，对他们造成的不良环境影响最感内疚，并且愿意尽最大努力减小这种影响。刘战伟（2009）指出消费者普遍具有较高的生态意识、环保意识以及责任感是实现绿色消费的终极支撑。自 2009 年 12 月的丹麦哥本哈根气候大会之后，由于政府的重视和媒体的广泛传播，"气候变化"、"低碳经济"、"低碳生活"等理念已经家喻户晓，低温、干旱、洪水等极端气候现象的频繁发生也使得我国消费者从切身感受中获得了对绿色消费的必要性的认识，绿色消费理念在近几年的发展中得到了普及。《发展首都绿色流通事业的对策研究》课题组，在北京 16 个区县开展的主题为"发展绿色流通、倡导绿色消费"的调研活动显示，对于绿色消费理念的清晰认识与消费者的文化程度以及年龄有关，文化程度越高者对绿色消费的内涵更加注重，20～35 岁间的年轻人对绿色消费认知程度更高。

（三）我国绿色消费的成本效益分析——以购物袋和绿色建筑为例

环保部门和消费者在绿色消费领域构成了紧密的经济链条。消费者的绿色消费意识、环保部门的处理方式都最终反映到整个社会的成本之上，这种经济成本通常具有隐性。以居民每日的垃圾倾倒和环保部门的垃圾处理为例，某固体废弃物填埋厂每天一般要回收 2 000 吨垃圾，而这些垃圾大部分是装在购物塑料袋中回收，每天回收垃圾袋不少于 200 万个。每 125 个垃圾袋重 1 千克，因此该厂一天将回收 16 吨垃圾袋。目前处理垃圾的方式通常有两种，填埋和焚烧。如果因为土地限制需要另建填埋场，则另需 1 亿～2 亿元，大型焚烧厂则需 20 多亿元。

绿色消费也会带来显而易见的经济、环境效益。消费者绿色消费需求水平的提升会促使企业生产更加环保、更加绿色的产品，或者开展节能改造，不仅给企业带来效益，同时可以改善环境友好水平。以绿色建筑为例，某地产项目总投资2.2亿元，与节能工程相关的投资为3 600万元人民币，直接投入资金增量成本资金约1 000万元人民币，在实施了节能减排技术工程之后，按每年节电300余万度，节约电费300余万元人民币计算，节约资金投资回收期在5年左右（资金利率为5.5％），投资回收后，每年仅节约电费就给企业增加利润达300万元人民币以上，因此，节能投资效益是显著的。在环境效益方面，该项目按每年节电300万度，每度电折合标准煤0.41千克，全年节约标准煤1 230吨；每年可减排CO_2、SO_2、NO_X、烟尘、煤渣等污染物量分别为3 271.8吨、7.5吨、11.07吨、3.1吨、132.33吨。

（四）我国消费者在绿色消费中存在的误区及主要障碍

由中国的经济发展阶段和国情所决定，我国消费者目前在绿色消费理念的理解上还存在一些误区，存在着一定的盲目性。

部分障碍来自于尚未发育成熟的市场环境。目前，假借低碳、绿色、环保之名，对其产品收取高价的现象的发生频率日渐增高，市场上充斥着的虚假营销宣传缺乏常识并具有误导性。如不加以纠正，就会在公众舆论层面造成消费者在绿色消费方面的认识障碍，将绿色消费和价格昂贵画上等号。绿色消费具有可持续发展的内涵，新技术的应用等因素可能会使绿色产品在价格上有所上升，而从长期而言，价格将会降低至消费者可以接受的水平，并且货真价实地满足消费者对环境保护和可持续发展的需求。

在流通渠道方面，刘伯雅（2009）认为我国目前在绿色消费中存在流通渠道不畅、市场准入制度不完善等问题，全国尚未建立起从批发到零售的绿色产品流通网络体系，也制约了那些想要购买绿色产品的消费者的实际消费能力。

>>二、我国绿色消费的发展趋势<<

(一)绿色消费对我国社会经济的影响及总体趋势

随着绿色消费作为一种新型的消费模式的普及与推广,其对我国社会经济的影响将越发深远。具体而言,绿色消费对我国社会经济发展的影响主要从短期与长期两个尺度来考察。短期内,一方面,由于技术与规模等因素的制约,与普通产品相比,部分绿色产品的生产成本较高,仅就价格而言绿色产品较之于普通产品缺乏竞争力,因而短期内绿色消费的发展需要依靠政府政策倾斜、经济资助以及消费者绿色消费意识的支持。另一方面,由于欧美发达国家的绿色壁垒越来越高,因而其市场进入难度加大。因而在短期内,发展绿色消费对我国企业是一项挑战,特别是对以欧美市场为导向的企业而言,这种紧迫性与艰难性最为明显。由于收入水平与消费意识的制约,我国消费者的市场消费结构将在短期内呈现二元化趋势,即绿色消费与普通消费并存。对我国政府而言,短期内将必须通过行政、法律、税收、补贴等手段,以促进消费结构的转化,推动消费模式向绿色消费升级。

长期内,随着绿色产品生产技术与绿色产品消费市场的成熟以及生产规模的壮大,绿色产品的相对成本将降低,无论从价格、质量还是环保需求上相对普通产品都具有绝对竞争力。因而,长期内,绿色消费将成为我国消费者的首选消费模式,也将成为我国企业走资源节约型、环境友好型发展道路的动力。就宏观层次而言,短期内大量的绿色投资和政策支持在当前全球经济低迷的形势下对于维持我国经济的健康、持续发展是一个有效选择。长期内,绿色消费将成为人类解决环境问题(诸如气候问题、大气污染、水污染等)的最终选择,也是推进我国经济走可持续发展道路的一剂良药。

从产品生命周期的角度思考,在目前这种消费导向的时代,居民选择正确合理的消费模式不仅能够有效减少消费环节的环境破坏,也能够从消费终端上对上游环节的种种环境问题进行有效规避。随着居民收入水平的显著提高,我国居民也逐渐从传统的"数量消费"向"质量消费"转变。绿色消费作为一种健康、安全、高质量的消费模式,是对传统的不可持续的低端消费模式的摒弃,迎合了我国广大消费者追求高质量消费的愿望,绿色消费模式将成为我国消费领域的趋势与最终选择。

(二)绿色产品的认证标准制定与执行趋势

为了推动我国绿色产品市场的发展,促进绿色消费模式的推广和普及,我国相继推出了一系列绿色产品认证机制及认证标准。如 QS 认证、GMP 认证、HACCP 认证、无公害食品认证、绿色食品认证、有机食品认证等。以绿色食品认证为例,绿色食品标准分为两个技术等级,即 AA 级绿色食品标准和 A 级绿色食品标准,具体标准详见《绿色食品标准体系和分级标准》。而在能效认证方面,目前我国的能效标识将能效分为五个等级。等级 1 表示产品节电已达到国际先进水平,能耗最低;等级 2 表示产品比较节电;等级 3 表示产品能源效率为我国市场的平均水平;等级 4 表示产品能源效率低于市场平均水平;等级 5 是产品市场准入指标,低于该等级要求的产品则不允许生产和销售。鉴于我国当前的科技与经济发展的现实水平,我国绿色产品认证标准相较于西方发达国家仍然较低,这就对我国产品对外出口构成一定的阻力。但随着我国经济的发展和技术水平的进一步提升,我国绿色产品认证标准必将逐步与西方发达国家接轨。在绿色产品认证的执行方面,由于执行体系的不规范,导致各种绿色认证标准执行不到位,形形色色的"伪绿色产品"泛滥市场,使得绿色产品认证制度逐步失去了部分消费者的信赖,因而加强绿色产品认证体系的管理与规范绿色产品认证制度的执行成为我国推进绿色消费的当务之急。

(三)政府对绿色消费的政策指引

为了积极引导绿色消费,我国政府相继颁布了一系列政策与法规,如制定和推广环境标志制度、推出绿色信贷政策、出台绿色消费补贴和资助政策等,取得了一系列成果。但是我们应该看到,由于政策体系不健全与政策执行不到位等原因,政策引导对我国绿色消费发展的作用依然有限。因而,我国政府应出台更为有效的绿色消费政策,如规范环境标志产品的标准及质量检验方法,严格绿色产品审查和淘汰机制,通过利率、税收、补贴等政策对环境标志产品给予优惠政策,构建绿色消费监督体系等。以电动汽车行业为例,我国政府已在《汽车产业宏观政策》中将汽车节约资源与保护环境列为汽车产品技术发展的重点,并在《产业结构调整目录》及《国家发改委关于汽车工业结构调整意见通知》里强调优化汽车结构促进清洁电动汽车发展的重要性。同时,为了消除电动汽车相对传统燃油汽车的劣势,中央及地方政府都出台了一系列针对消费者购买电动汽车的补贴和优惠政策,以减少汽车外部性效应内部化所造成的私人成本增加。但仅有这些政策措施尚不足以应对电动汽车市场僵局，因而有必要对电动汽车技术研发、生产以及电动汽车消费配套设施给予政策指引，构建全面、合理、有效的政策体系，促进我国电动汽车消费市场的发展。

值得注意的是，政府绿色采购也将成为拉动绿色消费的重要力量。郑小玲（2007）认为，由于政府采购具有消费规模大、资金量多、涉及面广和市场带动作用明显等特点，是我国建立可持续消费模式的突破口。只要政府将环境要求纳入其采购模式，增加绿色产品的购买力度，对市场中环境友好产品和服务的供给必然产生重大影响。另一方面，尽管消费者的绿色消费行为是多种因素综合作用的结果，但政府绿色采购无疑发挥了重要的表率和示范作用，可以促进绿色消费市场的形成。鉴于此，我国政府应当推动政府绿色采购的规范化和制度化，完善有关政府绿色采购的法律法规，加强政府采购清单管理，提高政府采购的公正性、透明性以及绿色性，完善政府采购过程中的监督执行体系，防止寻租行为的发生，等等。

（四）对策与建议

我们从政府、企业、消费者三个方面提出有关促进绿色消费的建议。

首先，政府部门应该发挥打击假冒伪劣产品的职能，对有关的伪绿色、伪低碳产品进行处理，对于炒作概念、借机涨价的不合理的价格现象进行相应的规范和调控，保证市场秩序的稳定。我国应在绿色、节能、低碳的标准上，与各行业协会通力合作，加强绿色认证、能耗认证，使绿色产品的生产和消费有章可循。与此同时，一方面，需要通过各种政策与经济措施加大对绿色消费市场的引导；另一方面，需要完善和健全有关绿色消费的法律法规，并加强执行力度。

其次，企业层面则应该抓住这一发展的有利时机，因地制宜，在绿色产品的生产、流通和营销上投入更多的资源，以合理的价格和能够经受市场检验的品牌迅速占领市场份额，疏通绿色产品的流通渠道。从而在有效满足绿色消费市场需求的同时保护自然环境，间接促进绿色消费的发展。

最后，消费者应该牢固树立可持续发展意识与环保意识，从心理与行为上接受和体现绿色消费的理念，并主动加以实践。与此同时，消费者应该增强识别能力，对于假冒伪劣产品应该拒绝购买，相关权益受到损害的应该及时去有关部门投诉、寻求帮助。失去了市场需求，才能从根本上使形形色色的伪绿色产品退出。

>>参考文献<<

[1] 刘战伟. 我国绿色消费存在的问题及营销对策[J]. 改革与战略，2009，25：39-40.

[2] 陈健. 绿色消费理念的一个实例阐释[J]. 生态经济，2008，4：83-86.

[3] 刘伯雅. 我国发展绿色消费存在的问题及对策分析——基于绿色消费模型的视角[J]. 当代经济科学，2009，31(1)：115-119.

[4] 郑小玲. 国外政府绿色采购的经验及启示[J]. 商业时代，2007，2.

专题六
绿色经济背景下人力资源能力建设

从人本发展观点来看,"绿色经济"是以西方高度发达的市场经济和现代公民社会为现实背景提出来的新概念,它是在后工业化时代背景下对工业化社会的"白色经济"和前工业化社会的"黑色经济"的否定之否定,具有显著的"人本化发展"历史含义。中国,作为发展中的人口大国,其产业、能源和就业结构演化始终面临着低成本优势与高附加值诱惑、黑色现实与绿色前景、下岗失业压力与新领域再就业潜力这样一系列两难困境,发展绿色经济也面临着一系列战略性挑战。未来 10 年,是中国全面建设小康社会的关键时期,也是中国从人口大国走向人力资源强国的奠基时期。如何立足国情、放眼世界,坚持"以人为本,全面、协调、可持续发展"的人本科学发展观,通过致力于人力资源能力建设,特别是加大人力资源教育开发力度和建立健全人力资源市场化配置机制,来为经济"绿色化"可持续发展提供强有力的人文环境和人力资源能力支撑,是一个具有理论和现实重大意义的研究课题。本专题抛砖引玉,主要从人力资源市场配置能力建设和人力资源教育开发能力建设两个方面,对于中国绿色经济发展走势及其存在的主要矛盾和关键问题展开初步讨论。

>>一、绿色经济背景:基于人本发展观审视
中国面临的战略困境<<

我们认为,一切关于经济发展的理论学说,归根结底,都是关于人类自身发展这一根本性问题的学说,即:人们在稀缺的资源环境约束下,如何在技术上挣脱自然压迫并与之和谐共生,通过制度创新建立和谐社会以与他人友好相处,并最终在内在的心智追求中获得自我超越,从而完满达成生存自由、社会自由和精神自由的总福利目标。这就是所谓"人本发展经济学"的基本观点。

按照"工业化"这个具有"革命"意义的历史标记，可以将人类社会经济发展史分为前工业化社会、工业化社会和后工业化社会三大社会形态。在这样的"大历史"时间尺度上，我们又可以按照"颜色"将三大社会形态下的经济性状，分别以"白色经济"、"黑色经济"和"绿色经济"命名。从人本发展观来看，所谓"白色经济"，就是在前工业化社会背景下，自然环境压迫人、人与人在极度稀缺的资源环境下恶性竞争的一种经济发展状态，其典型表现可以形象地描述为"自给不足、一穷二白"；所谓"黑色经济"，就是在工业化社会背景下，人以大机器生产体系而从大自然中攫取资源，不断压榨乃至破坏自然环境的一种经济发展形态，其典型表现可以形象地描述为"大干快上、秃山黑水"；所谓"绿色经济"（Green economy），则是在后工业化社会背景下，人们在经济高度发展后重新意识到"敬畏大自然"的重要意义，追求人与自然环境和谐相处，以图经济长期可持续发展的一种新型经济形态，其典型表现为"绿色环绕，莺歌燕舞"。按照这样的人本发展史观，我们就可以深刻而准确地把握时下炒作得沸沸扬扬的"绿色经济"之时代背景和实质意义。

首先，需要明确的是，"绿色经济"是后工业化时代背景下，对工业化社会的"黑色经济"和前工业化社会的"白色经济"的否定之否定。我国是一个正处在"发展中"的人口大国，虽然已经摆脱了前工业化社会"一穷二白"的落后面貌，正在着力"全面建设小康社会"，但作为"三农"人口大国，我国在总体上依然处于高速工业化和城镇化的"发展中"，如何坚持"以人为本，全面、协调、可持续的科学发展观"，既能从"黑色经济"的残酷现实中快速走出又不至于陷于可怕的"白色经济"困境，是未来相当长时期内我国经济发展面临的一个战略性挑战和重大难题。

其次，要知道，"绿色经济"概念的提出，是以西方高度发达的市场经济为基础和背景提出来的。1989 年英国经济学家皮尔斯（Pearce）等发布《绿色经济蓝皮书》中首次提出"绿色经济"的概念时，特别强调绿色经济是"以市场为导向、以传统产业经济为基础"。① 中国是一个有着数千年集权统治文化传统和数十年高度集中的计划经济体制惯性的发展中国家，虽然改革开放已经进行了 30 多年，很多领域的市场化及其开发程度已相当高，但长期以来政府的直接干预作用依然相当强势，特别是在自然资源采掘、管理和保护方面，以及环境污染治理和保护领域，政府行政性垄断经营和计划经济管理色彩一直都很浓厚。在这种情况下，如何推进市场化改革进程，逐渐淡化政府行政性指令计划干预，充分发挥市场机制

---

① D. Pearce，*Blueprint For a Green Economy*，Earthscan Publications Ltd London，1989。

在有效配置和利用自然资源以及优化自然生态及生活环境中的基础作用，也是中国绿色经济转型和人本经济发展面临的一个具有挑战性的重大难题。

最后，需要特别强调的是，"绿色经济"是在现代公民社会高度发达的基础上提出的一个具有显著"人本化"发展含义的历史概念。一些西方学者和国际组织在倡议发展"绿色经济"时，提出国民财富由四类资本存量组成：一是自然资本（Natural capital），即大自然赋予人类生存和发展的物质资源，包括农用地、牧场、森林、保护区、金属和非金属矿产、煤炭、石油和天然气等；二是生产资本（Manufactured capital），或称人造资本（Man-made capital），是人类物质生产活动积累的财富，包括机器、厂房以及公路、铁路、供水系统、输油管道等形式的物质财富存量；三是人力资本（Human capital），即人们对自身进行教育、健康和营养等方面的投资而形成的一种主体性能力和精神创造力；四是社会资本（Social and organization capital，SOC），是指参与社会经济活动的人们之间的相互关系，以一定组织形式表现出来、具有"介质"作用的财富类型，包括各种组织、网络、制度规范、司法系统及伦理道德和政治法规体系等。绿色经济特别强调人力资本和社会资本对经济的推动作用，尤其是地方小区、商业团体、工会乃至国家法律和国际环保条约，以及由此衍生出来的习惯、规范、惯例、传统、伦理、秩序、程式、意识、价值和文化，以及效率、活力、动机及创造力等，由此引导国民社会成员自觉、自愿和自主地投身于有利于增进人类福祉的公益活动中。这对于公民社会功能长期缺失、人本经济发展水平不高的中国来说，要实质性地发展绿色经济，也是一个在短期内难以逾越的制度障碍和发展鸿沟。

>>二、发展绿色产业，扩大绿色就业，充分发挥人力资源比较优势<<

近年来，"绿色经济"之所以成为人们普遍关注的焦点问题，一个重要现实背景就是全球范围内遭遇前所未有的金融风暴、经济衰退以及能源危机、粮食短缺等多重发展困境，人们把发展绿色经济作为应对危机的新策略、摆脱困境的新出路和推动经济复苏的新引擎。为应对危机，中国政府也提出要大力发展绿色经济，并将之作为经济的新增长点加以积极培育，加快建设低碳排放的工业、建筑业和交通体系。在2008年启动的4万亿元经济投资刺激计划中，至少有2100亿元直接用于生态环保方面，2008年4月到2009年4月的1年期间，中央新增投资的 10%、共计 230 亿元用于节能减排、生态建设和环保项目。[①] 那么，就中国这样一个处于发展中的人口大国来说，大力发展绿色产业是否有利于促进经济结构优化，充分发挥劳动力资源丰富的比较优势，能否对于整个经济可持续发展起到有力的支撑作用呢？对此，我们需要做出客观审慎地分析。

发展绿色产业，无外乎两个指向：一是"经济绿色化"，即对钢铁、化工、建材、造纸等传统产业及经济系统，通过推行清洁技术、循环利用和节能减排的生产方式，进行"绿色化"或"生态化"改造；二是"绿色经济化"，即利用市场机制有效配置自然、生态和环保资源，向"环保"要效益、向自然索取"绿金"，并积极发展对自然环境影响小、有利于改善生态环境或专门致力于环境保护的新产业，例如生态农业、生态旅游、生态食品、可再生能源开发、环境污染治理和环境基础设施建设等产业。这些产业可以分为两类：一类是传统、低端的劳动密集型产业，如植树造林、生态农业和生态旅游、绿色节能建筑、生态恢复工程建设、环卫和废品回收及其他各类绿色服务业等；另一类属于需要依托专业化、高素质人力资本的高科技产业，如太阳能、风能和生物质能等可再生新能源的开发，往往需要大量高科技人才和高资本投入。基于中国"人口多、素质低"的人力资源状况，在短期内重点发展劳动密集型绿色产业，将高科技绿色产业作为长期努力目标和方向，可以很好地利用人力资源动态比较优势，为经济社会全面、协调、可持续发展提供强有力的支撑。

绿色就业潜力，可以说遍布各行各业。长期以来，劳动就业主要集中在农业、制造业、建筑业、交通运输业和服务业等行业。按照温室气体排放量、自然资源要素密集度和经济增长拉动力，以及对就业和收入的贡献率等指标来衡量，绿色就业除了挖掘建筑业、制造业和交通运输业的"绿色"潜力之外，大规模人力资源支撑力主要来自传统环保产业、生态农林产业和可再生能源开发利用产业三大领域。在所有绿色产业中，传统环保产业吸纳就业能力最大。据联合国环境规划署统计数据显示，近 10 年来环保产业就业人数从 1 460 万人激增到 7 300 万人，其中，垃圾回收、处理和再利用行业吸收就业人数增长最快，平均每年增长25%～30%；[②] 在所有绿色产业中，最直接、最天然的绿色产业当然要数森林业了，森林被认为是最大的"储碳库"和最经济的"吸碳器"，生态林业是典型的劳动密集型绿色产业，就业潜力也很大。发展绿色生态林业，包括植树造林、恢复退

① 李晓西等：《国际金融危机下的中国经济发展》，北京，中国大百科全书出版社，2010。
② 张业亮：《绿色就业带来什么启示》，载《中国环境报》，2009-03-18。

化生态系统、构建农林复合系统、加强森林保护和再生管理、可持续开发利用森林木材、森林药材、森林旅游、森林食品和森林花卉等相关产业，都可以吸纳大量劳动力就业。

20 世纪 80 年代以来，中国绿色经济取得了长足发展。传统环保产业发展迅速，植树造林成为长期行动，生态农业、生态旅游业快速成长，太阳能、风能发电等新能源开发已初具规模，工业企业三废治理力度不断加大，清洁生产、循环经济试点范围和废品回收利用规模正在逐步扩大。近年来，中国也加大了环保基础设施建设步伐，环保相关产业市场需求和就业规模快速扩大。据统计，2004—2008 年，全国环保相关产业国有单位和年销售（经营）收入 200 万元以上的非国有单位从业人员，从 159.5 万人增加到 300 多万人。但在非农就业总规模中，环保产业就业规模微乎其微，所占比例不到 1%，可见就业潜力巨大。2002 年以来，国家开始实施各种森林公园和林业重点工程项目建设，每年可安置 500 多万人就业，加上其他相关产业，总计可安置林业就业 3 000 万人左右。当然，对于中国这样长期以木材砍伐维持的森林工业大国来说，在发展绿色林业的同时，以开发利用天然林资源为主的 135 个大型森工企业（国有林业局）、近 50 万名富余职工需要转业安置，传统林业向绿色林业转型过程中人力资源再配置任务繁重。

大力发展太阳能、风能和生物能源等可再生新能源，是未来绿色经济发展的基本趋向，其大规模发展必然会带动绿色就业增加。2008 年 11 月，美国政府计划在未来 10 年斥资 1 500 亿美元大举开发新能源，由此将在 2030 年创造绿色就业岗位 500 万个，以引领绿色经济新潮流。[①] 2007 年，中国新能源行业就业人数达 110 万人，占当年非农就业的 0.24%。但应该清醒地认识到，新能源开发属于资本密集型的高科技产业，不仅需要高素质、专业化的人力资本支撑，而且需要远远高于传统产业的资金投入支持。据有关研究估计，每创造一个就业岗位，风能需要投资 115 万元，太阳能光伏电池需要 91 万元，太阳能热利用需要 70 万元，生物质能需要 14 万元。对于中国这样一个正处于"发展中"的人口大国来说，工业化、城市化和市场化转型远未完成，经济发展仍然主要依托以煤为主的一次性能源为动力来驱动，这样"高端"的绿色产业和绿色就业还是有些高不可攀。由于经济对传统能源的惯性依赖，以及巨大的就业转换压力，在可以预期的将来，新能源与传统能源行业的发展规模和就业比例，也不太会像美国等发达国家那样

---

① 《新能源：美国走出金融危机阴霾的新引擎？》，载世界石油网，http://www.worldoil-web.com/。

很快发生逆转。但从长远发展方向来看，要实现人力资源比较优势的可持续动态转换，发展以新能源开发为主导的绿色经济，大力开拓新能源产业领域的绿色就业，是不可避免的战略性选择。

总之，中国要大力发展绿色经济，必须立足"人口多、素质低"的基本国情和人力资源状况，巧妙利用人力资源的动态比较优势，在短期内必须将发展重心放在传统环保产业和生态农林产业等劳动密集型绿色产业领域，然后在此基础上才可以面向未来致力于新能源开发等高科技绿色产业的长期可持续发展。发展绿色产业、开拓绿色就业，可以说是任重而道远，需要经历一个漫长而痛苦的转换和变革过程。在全球化新时代背景下的国际竞争格局中，由于自身产业结构、能源结构和就业结构长期处于低端、落后状态，中国经济发展深受发达国家高端的产业、能源和就业结构"压迫"乃至"胁迫"，其产业、能源和就业结构高度化转换始终面临着低成本优势与高附加值诱惑、黑色现实与绿色前景、下岗失业压力与新领域再就业潜力这样一系列两难困境，如何有方向感地、策略艺术地平衡处理好这些矛盾、冲突和问题，对于实现绿色经济全面、协调、可持续发展具有关键决定意义。

>>三、发展绿色教育，开发绿色人才，建立新型国民素质教育体系<<

人力资源能力建设，关键在于教育开发。中国教育面临的矛盾、问题和挑战，既有发展阻滞，更有制度掣肘。追根究底，是多元化的市场经济改革和发展大环境，与大一统、一刀切传统体制下的标准化应试教育模式，存在根本性的矛盾和冲突。2010 年 7 月 14 日，胡锦涛在全国教育工作会议上，号召"全党全国要积极行动起来，坚持育人为本，以改革创新为动力，以促进公平为重点，以提高质量为核心，推动教育事业在新的历史起点上科学发展，加快从教育大国向教育强国，从人力资源大国向人力资源强国迈进，为中华民族伟大复兴和人类文明进步作出更大贡献"。未来中国人力资源强国之路，必须以制度创新为先导，大刀阔斧地开创教育新局面。放眼世界、展望未来，积极发展绿色教育，大力开发绿色专业技术人才，建立新型国民素质教育体系，是 21 世纪上半叶中国人力资源强国建设的必然选择、基本方向和长期目标。

发展绿色经济需要有高素质、专业化的人力资本支撑，需要开发、培养和塑造出一大批绿色科学技术人才、绿色技术工人、绿色企业家和职业经理人队伍。

按照联合国环境计划署（UNEP）定义，绿色人才包括环境和生态系统的基础设施建设、清洁技术、可再生能源、废物管理、生物多样性、绿色建筑和可持续交通等领域的各类专业技术人才。绿色人才培养应该着眼于绿色经济价值链、产业链的全过程，瞄准国家经济社会重点发展领域，着力加强新能源、新材料、绿色农业、绿色交通、绿色建筑、装备制造、工程管理等领域的人才队伍建设，建立起专业全面、基础扎实、梯度适当的人才储备，为经济社会的可持续发展奠定人才基础。

绿色经济发展要依托绿色科技进步来支撑，科技创新是推进绿色经济高级化发展必不可少的强力杠杆。但是，中国由于仍处于"发展中"的状态，在绿色经济高端发展领域存在诸多科技瓶颈约束，从长远来看，国家要有计划地投资和培养绿色经济高端专业科技人才。但是，鉴于特殊国情一定要量力而行，不可过分侧重和强调专业技术人才，忽视低端绿色技术工人、绿色商业人才、绿色经营管理人才及其他各方面人才的基础支撑作用。发展绿色经济，不仅需要具备较强科研创新能力的领军科技人才，还需要具备战略眼光和国际视野、拥有较强管理能力的绿色产业运营人才。要注意发挥产、学、研各方面的力量，充分发挥理工科、人文和社会科学各学科的综合互补优势，加强彼此间的流动和整合，努力培养一大批既有扎实理论功底又有丰富产业实践经验的复合型绿色人才。

此外，在绿色人才培养方面，要避免重高等教育、轻职业教育，重科技研究人才、轻职业技能人才的偏误，注意各类中等职业技术人才的开发和培养。与传统能源产业动辄百万千瓦级的规模相比，新能源自身分布不均衡、规模相对要小得多，最大量的人才需求还是在传统低端部门。因此，绿色人才教育培养体系，既要注意培养从事科技开发的领军研究人才，也要重视培养产业急需的实用技能人才。各级学校教育应有所侧重、做好分工，重点研究型大学和科研机构要重点培养专业基础扎实、创新能力突出、具有国际视野的高素质复合型人才，而普通高校、中高等职业技术学校则担负着培养生产一线高级应用型人才的重任。就近期来看，学校与企业双轨并行、彼此联手，尽快培养出一大批动手能力强、上手快的专业技能型绿色人才，对于增强绿色产业工艺制造基础，节约生产成本，发挥比较优势，获得长期可持续发展潜能，具有重大战略意义。

当然，绿色教育不仅仅是一个绿色专业技术培养的问题，还涉及更为广泛的文化传承、精神素质修炼、生活习性修养和社会环境维护等一系列活动。从根本上看，绿色教育还要从娃娃抓起，要上升到应试教育制度变革层面乃至整个国民素质再造的战略层面来认识。要通过大刀阔斧的制度变革，彻底革除封闭、畸形的应试教育模式，在新时代背景下努力建立健全一种新型绿色国民素质教育体系。概括地说，这种新型教育模式的基本指向是：坚定秉承"育人为本"的核心理念，基于中国"天人合一"的优秀文化底蕴，顺应人的自然天性和多样化个性，注重人自身内在的多元化全面发展要求，使青少年能够在人与人、人与自然良好互动的和谐环境中，自由、自在、自主地健康成长，直面现实，学会学习、学会生活、学会工作，学会与自己（身心）、与他人、与社会、与自然环境和谐相处，从而在心、德、智、体、劳等方面得到全面发展。只有在这样一种"绿色"的教育土壤上，才可以塑造出具有"全面、协调、可持续发展"的高素质绿色专业技术人才来。

>>四、绿色人本战略：从人口大国走向人力资源 强国的基本指向<<

目前，中国政府绿色经济战略指向已经明确，国家相关发展战略规划（如《可再生能源中长期发展规划》）也将新能源、新材料、节能环保和生物医药等绿色产业作为战略性新兴产业来重点发展，并出台了《中国应对气候变化国家方案》和《可再生能源法》等相关法规政策。同时，党中央和国务院也制定并推出"人力资源强国战略"，颁布了教育、人才和科技发展等一系列中长期规划纲要。将二者整合在一起，我们提出"绿色人本战略"概念，强调"绿色经济"是中国未来数十年从人口大国走向人力资源强国的长期指向，"以人为本"是中国未来绿色经济全面协调可持续发展必须始终坚守的核心理念；也就是说，以人为本、绿色发展，实施"绿色人本战略"，是21世纪前半叶中国全面、协调、可持续发展的必然战略选择。

发展绿色经济，必须以人为本，具有强有力的人力资源支撑。而绿色人力资源能力的形成，不仅要有前瞻性、战略性，更要立足现实、切合国情，有利于发挥动态比较优势。近年来，一些高校鉴于绿色经济，尤其是新能源的未来发展前景，纷纷整合学科力量开设相关绿色专业，这种前瞻性地把握经济发展脉搏、快速回应现实需要的做法值得肯定，但同时需要清醒地认识到，绿色经济未来发展具有很大的不确定性，目前即使一些发达国家也只是初现端倪，尤其是高端的绿色专业教育需要有雄厚的科研基础、扎实的学科功底和有力的经费支持，如果不自量力地应景赶时髦式地为专业"上色"，其后果令人堪忧。绿色人力资源能力建设是脚踏实地、循序渐进的一种历史累积过程，要深刻汲取已有经验教训，千万不可以作为急功近利的"政绩工程"来搞。

立足工业化、城镇化发展和市场化制度转型的现实，考虑国际绿色经济发展大趋势，中国"绿色人本战略"的总体思路应该是：真正秉承"以人为本"的核心理念，坚决破除行政本位主义和精英主义意识形态，坚持党一贯倡导的"相信群众、依靠群众，走群众路线"，彻底开放绿色教育，降低绿色教育办学门槛，发动群众，真正依托社会力量和民间资本，以市场机制为基础，面向社会、面向世界、面向未来，大力发展多层次、多元化的绿色教育，实现绿色人力资源市场一体化有效配置，从而使绿色经济全面、协调、可持续发展至始至终建立在扎实的人力资源支撑能力基础上。

>>参考文献<<

[1] 李宝元. 人本发展经济学[M]. 北京：经济科学出版社，2006.

[2] 张丽宾. 发展绿色就业[J]. 中国发展观察，2010，1.

[3] UNEP. Briefing notes of Green Economy Initiative[R]. Nairobi，2008.

专题七
绿色金融悄然兴起

金融业的定位历来与经济社会的发展同步，伴随着可持续理念的日益深入，绿色金融已经悄然兴起，并且逐渐渗透到金融理论与实践中，改变了传统的金融活动，成为金融活动重要的组成部分。

>>一、绿色金融产生的背景<<

"绿色金融"的含义最初来源于生态银行。[①] 1988 年春，世界上首家以保护生态为目的的的银行——德意志联邦共和国金融中心在法兰克福成立。该银行是以促进生物和生态事业发展为目的的银行，由于其主要经营自然和环境保护信贷业务，因此这类生态银行又被外界称为绿色银行。

随后伴随着可持续发展概念的提出，金融业的绿色革命悄然来临。1987 年，世界环境与发展委员会提出《我们共同的未来》报告，为世界各国的环境政策和发展战略提出了"持续发展"的基本指导原则。1992 年，联合国环境与发展大会又颁布了《里约环境与发展宣言》和《21 世纪议程》等文件，标志着可持续发展从理论走向实际。1994 年 3 月，中国政府为履行联合国环境与发展大会上所作出的承诺，在国务院第十六次常务会议上讨论并通过《中国 21 世纪议程》，议程要求在社会生活中的各方面贯彻实施可持续发展。伴随着可持续发展战略在广泛领域达成共识，倡导绿色观念也逐渐被人们认可。由于当时与环境保护有关的事物都形象地冠之以"绿色"，如国际上的"绿色经济"、"绿色人居环境"，国内的"绿色消费"、"绿色食品"，绿色金融也顺应了这种绿色潮流，被赋予了新的时代内涵。

---

① 赵静：《实施绿色金融措施保护环境概论——以英国绿色金融项目为例》，载《法制与社会》，2009(2)，132～133 页。

关于绿色金融的定义，目前学术界并没有一个完全统一的认识，而如果参考绿色经济[①]的概念，绿色金融可以表述为以市场为导向，以传统产业金融为基础，以金融、环境和谐为目的而发展起来的一种新的金融形式，是金融为适应人类环保与健康需要而产生并表现出来的一种发展状态。通俗地讲，绿色金融就是指金融业在投融资行为中要注重对生态环境的保护及对环境污染的治理，注重环保产业的发展，通过对社会资源的引导作用，促进经济的可持续发展与生态的协调发展。可见，绿色金融不仅是对传统金融的延伸和扩展，更是现代金融发展的一个重要趋势。从金融活动的过程来看，它与传统金融一脉相承，但其更加强调维护人类社会的长远利益及长远发展，把经济发展和环境保护协调起来，减轻传统金融业的负面效应，强调促进经济健康有序发展。

>>二、绿色金融的国际经验与启示<<

国外社会在可持续发展和绿色金融等方面做出了大胆的探索，相关立法与准则不断完善，金融产品推陈出新，绿色金融呈现出立体性、多元化的发展趋势。

(一)绿色金融立法受到重视

伴随着金融在环保领域的作用越来越被重视，各国纷纷制定修改国内法律，进行绿色金融改革。1992 年，联合国在《21 世纪议程》中提出，发展中国家在实施可持续发展战略过程中，要根据各国情况，实行经济政策改革，必须提高银行信贷、储蓄机构和金融市场领域实现经济可持续发展的能力。其后，联合国环境署于 1992 年、1995 年相继推出了《银行界关于环境可持续发展的声明》和《保险业环境举措》，规范金融行业的国际条约不断丰富。

2002 年，国际上首个环境与社会风险的项目融资指南——"赤道原则"被提出[②]，它具有十分重要的意义。"赤道原则"是世界银行下属的国际金融公司和荷兰银行在伦敦召开的国际知名商业银行会议上提出的一项企业贷款准则，其意义在于它首次在项目融资中将模糊的环境和社会标准明确化、具体化，为银行评估

---

① 英国经济学家皮尔斯 1989 年出版的《绿色经济蓝皮书》提出"绿色经济"的概念。绿色经济是以市场为导向、以传统产业经济为基础，以经济、环境和谐为目的而发展起来的一种新的经济形式，是产业经济为适应人类环保与健康需要而产生并表现出来的一种发展状态。
② 2002 年 10 月，世界银行下属的国际金融公司和荷兰银行在伦敦召开的国际知名商业银行会议上提出赤道原则，此原则又被称为"环境与社会风险的项目融资指南"。

和管理环境与社会风险提供了一个操作指南。这一规范准则要求金融机构在向一个项目投资时，要对该项目可能对环境和社会的影响进行综合评估，并且利用金融杠杆促进该项目在环境保护以及与周围社会和谐发展方面发挥积极作用。2006年7月，成员银行对赤道原则进行了修订，将适用赤道原则的项目融资规模从5 000万美元降低到1 000万美元；在项目分类上更加明确区分社会和环境影响评价，更加强调项目的社会风险和影响；承诺定期进行信息披露以增加项目的透明度。修订后的赤道原则更趋完善，到目前为止，已有来自19个国家的53家金融机构宣布实行赤道原则，业务遍及全球100多个国家，项目融资总额占全球项目融资市场总份额的80%以上。[①]

　　金融在环保领域的作用越来越被重视，各国纷纷制定修改国内法律进行金融的绿色改革。1980年，美国"超级基金法案"（CERCLA）要求企业必须为其引起的环境污染承担责任，这使信贷银行不得不高度关注和认真防范因放贷可能引起的潜在环境风险。1993年，美国证券管理委员会（SEC）要求上市公司从环境会计的角度对自身的环境表现进行实质性报告。1997年，英国特许注册会计师协会（ACCA）发布《环境报告和能源报告编制指南》。2001年，澳大利亚通过了《金融服务改革法案的修正案》，要求所有金融机构向国家披露有关环境保护因素在选择、保留或实现投资中被考虑的程度和范围的汇报。不断完善的国际绿色金融立法，为确保绿色金融广泛开展提供了先决条件。

（二）绿色金融产品不断创新

　　目前，各国金融机构为个人和企业提供绿色金融产品和服务种类繁多，绿色金融服务越来越普遍。部分银行已经建立了普遍环境报告制度和环境管理系统，系统性地降低内部流程可能产生的环境影响。有些银行在经营决策中已经开展环境风险评估，并积极制定环境风险指导意见防范业务操作过程中带来的影响可持续发展的风险。例如，欧洲的商业银行明确规定银行不能向某些部门或活动提供融资，而北美洲的银行更乐于采用世界银行的环境分析原则。

　　与此同时，国际金融机构对于可持续发展的认识也从单纯管理环境和社会风险转变为从可持续发展中寻找成长的优势和机会，立志于在绿色金融方面提供更

---

　　①　曹小奇、郭焦锋、方志敏、中国工商企业法律咨询服务中心"我国能源市场需求决策系统与国家能源安全研究"课题组：《"绿色信贷"的国际经验及其借鉴》，载国务院发展研究中心信息网，2008-09-03。

为优质的金融产品和金融创新。主要表现为以下四个方面。

第一,加大了对低碳消耗项目的贷款。[①] 根据 ABI 研究公司预计,全球碳排放交易市场到 2014 年将达到 3 950 亿美元,这一数字将是 2008 交易数额的 3 倍之多。碳交易风生水起,其金融化更是日趋明显。全球各大碳交易所陆续推出与 EUA、CER 等挂钩的期货、期权交易,使二氧化碳排放权如同石油、大豆等商品一样可自由流通。发达国家还为碳排放市场设计了更多的金融交易工具,例如碳基金、碳资产管理、碳排放交易保险以及碳银行等。

第二,提供环境基金产品,也称为"绿色基金"。例如,2007 年 4 月荷兰银行推出其首创的"荷银气候变化与环境指数"基金[②],投资全球约 30 家与洁净再生能源、水资源、废物处理、生物乙醇、铂钯开采等与环境改善有关的行业,帮助投资者可直接追踪低碳消耗的环境友好型上市公司在股票市场上的表现。而目前 IMF 也正在计划筹措一个 1 000 亿美元的"绿色基金",从而为各国提供应对气候变化所需的资金,并依靠基金组织的成员国特别提款权来筹集部分资金。[③]

第三,提供环境融资租赁服务。由于 CDM 项目在建设开发的过程中需要购买昂贵的动力设备,通过融资租赁的方式,由银行或租赁公司等金融机构为项目企业购买这些设备。在项目建成后,金融机构将设备出租给项目企业使用,企业从出售 CER 的收入中支付租金,融资租赁释放了企业的流动资金,保持了资金的流动性。

第四,提供其他绿色金融产品。例如,荷兰合作银行已向 100 万银行客户发行气候信用卡,银行以该信用卡进行的各项消费为基础计算出二氧化碳排放量,然后以此为依据购买相应的可再生能源项目的减排权。同时,有部分金融机构通过分发节约能源的书籍,提供各种定制的和现场的疑难解答提供咨询服务等。

>>三、国内绿色金融实践<<

目前,中国金融业已经认识到自身在环境发展中的作用,并开始行动起来。2007 年以来,国家环保总局同银监会、保监会、证监会,相继提出"绿色信贷"、

---

① 《全球碳排放交易市场到 2014 年将达到 3 950 亿美元》,载国际能源网,2010-01-05。

② 《荷兰银行首创挂钩气候变化与环境指数理财产品》,载东方网 http://www.forex.com.cn/html/2007-04/406202.htm,2010-04-30。

③ 《IMF 拟设立 1 000 亿美元"绿色基金"》,载新华网,http://stock.sohu.com/20100201/n269959732.shtml,2010-02-01。

"绿色保险"和"绿色证券",我国绿色金融体系正式建立并进入探索阶段。

绿色信贷是我国绿色金融活动最重要的内容。2007年7月,环保总局、人民银行、银监会联合发布了《关于落实环保政策法规防范信贷风险的意见》,标志着绿色信贷全面进入到我国污染减排的主战场。根据该意见的规定,"各商业银行要将支持环保工作、控制对污染企业的信贷作为履行社会责任的重要内容;根据环保部门提供的信息,严格限制污染企业的贷款,及时调整信贷管理,防范企业和建设项目因环保要求发生变化带来的信贷风险;在向企业或个人发放贷款时,应查询企业和个人信用信息基础数据库,并将企业环保守法情况作为审批贷款的必备条件之一"。之后,银监会相继于2007年7月和11月发布制定《关于防范和控制高耗能高污染行业贷款风险的通知》和《节能减排授信工作指导意见》,要求银行支持节能减排工作。2008年1月,国家环保总局和国际金融公司签署协议,合作研究制定符合中国国情的绿色信贷指南,为深化绿色信贷提供技术支持。2009年1月,中国银行业协会又发布了《中国银行业金融机构企业社会责任指引》,督促银行业承担企业社会责任,促进经济、社会、环境的和谐与可持续发展。

在一系列政策的支持和促进下,我国银行业在绿色金融方面的积极举措已经取得了阶段性、局部性成果,并刺激金融市场对环境问题予以更多关注,客观上促进了可持续发展。尽管这只是中国银行业向绿色银行迈出的第一步,但却是值得肯定与鼓励的重要创新。

大型商业银行绿色信贷逐步扩大。中国工商银行率先提出建立信贷"环保一票否决制",对不符合环保政策的项目不发放贷款,对列入"区域限批"、"流域限批"地区的企业和项目,在解限前暂停一切形式的信贷支持,初步形成了客户环保风险数据库,现有贷款余额的近6万法人客户中,约4.7万户录入了环保信息标识。截至2010年5月底,工行环境友好类、环保合格类企业共计6.8万户,涉及贷款总量4.7万亿元,直接用于绿色信贷项目的贷款余额近4 200亿元,涉及客户1 500余户,项目2 000多个。中国农业银行在绿色金融方面做出了探索性的实践,其推出"碳金融"业务和金穗环保卡,帮助中小企业节能减排,获得碳减排收益。截至2009年年末,农行已累计发行金穗环保卡42.6万张,绿色信贷贷款余额2 090亿元[1],比年初增加534亿元。中国银行绿色信贷及低碳金融业务贷款余额1 661亿元,较年初增加483亿元,其中清洁能源项目贷款1 156亿

---

① 《中国银行业监督管理委员会2009年报》。

元。建设银行绿色信贷贷款余额 2 270 亿元，比年初增加 360 亿元，其中支持清洁能源的项目近千个，装机规模达 1.2 亿千瓦，贷款余额 1 130 亿元。

股份制银行绿色金融发展迅速。2006 年兴业银行基于品牌和市场价值与 IFC 合作签署了《能源效率融资项目(CHUEE)合作协议》，成为国内首家推出"能效贷款"的商业银行，也是国内首家遵循赤道原则的银行。2008 年浦发银行在银行业内率先推出针对低碳经济的整合服务方案《绿色信贷综合金融服务方案》，涵盖包括 IFC 能效融资、AFD 能效融资、CDM 财务顾问、绿色控股融资、专业支持在内的五大解决方案，旨在为国内节能减排相关企业和项目提供综合、全面、高效、便捷的金融服务。2009 年，招商银行颁布了《绿色金融信贷政策》与《可再生能源行业营销指引》，从信贷政策与资产营销方面对绿色金融给予了充分的指导和支持。此外，招行还积极开展清洁发展机制(CDM)咨询服务、法国开发署能效及可再生能源低息贷款项目，以及绿色私募基金等新业务。

绿色保险方面同样有所突破。2007 年 12 月，环保总局出台的《关于环境污染责任保险工作指导意见》，标志着我国已经正式建立环境污染责任保险制度的路线图。根据《关于环境污染责任保险工作指导意见》的要求，将对生产、经营、储存、运输和使用危险化学品企业、易发生污染事故的石油化工企业和危险废物处置企业，特别是近年来发生重大污染事故的企业和行业开展环境污染责任保险的试点工作。这是继绿色信贷政策之后，环保总局推出的第二项绿色金融政策。

绿色证券方面亦已经启动。2008 年，环保总局发布的《关于加强上市公司环保监管工作的指导意见》，标志着我国开始建立绿色证券政策。该意见要求对从事火电、钢铁、水泥、电解铝行业以及跨省经营的"双高"行业(13 类重污染行业)的公司申请首发上市或再融资的，必须根据环保总局的规定进行环保核查。环保核查意见也作为证监会受理重污染行业 IPO 申请的必备条件之一。

>>四、绿色金融发展展望<<

绿色金融为金融的可持续发展开辟了新领域，随着绿色金融理论和实践的不断深化，绿色金融体系将更加完善，金融工具及金融产品将更加丰富，未来的前景非常乐观。

(一)绿色金融体系将更加完善

尽管目前我国绿色金融已经有了一定的实践经验，但与世界绿色金融发展仍有一定差距。未来几年内，我国的金融体系有望在核算体系、信息管理、机构建设方面逐步完善。

第一，绿色金融核算体系的构建。1995年，世界银行引入绿色的GDP的国民经济核算体系以衡量一国和地区的真实国民财富，并于1997年首次提出了真实国内储蓄的概念和计算方法。这就要求未来金融业要适时改革金融评价体系，把绿色投融资引入金融评价，即把生态环境投资和环保产业融资作为评价金融业的重要参数之一。

第二，绿色金融信息收集部门的设立。编制信息数据库管理系统，定期向金融决策层通报最新绿色信息和发展态势分析，使金融决策层随时掌握绿色发展动态，及时做出绿色金融决策。同时，未来绿色信息系统的建设可以有效地加强金融业各组成部门间的沟通，促进涉及跨区域环境问题的金融决策协调，减少决策风险。

第三，未来将成立专业性绿色金融机构为实施"绿色金融"筹措资金。20世纪80年代后期，德国成立第一家生态银行，专门贷款给一般传统银行不愿意接受的环保工程。1991年波兰成立的环保银行，重点资助促进环境保护的投资项目。国际金融业的这些绿色金融举措都体现了现代金融的发展方向，同时，完善金融体系，建立绿色银行，专门为环保产业和产业中的环保项目融资，也将成为我国金融业发展的一个方向。

(二)绿色金融工具及金融产品将更加丰富

未来"绿色金融"发展，不仅依靠金融体系的构建和完善，更重要的是依靠金融工具及金融创新的实现。

第一，绿色产业基金将成为一种常规性金融产品。近年来，在一系列政策支持和促进下，绿色基金已初见规模，多家银行成立绿色产业基金，为绿色环保产业筹集资金，推动低碳经济的可持续发展。随着绿色金融理念的不断深化，绿色产业基金的政策性概念将逐步淡化，绿色产业基金将成为一种常规性金融理财产品。

第二，发行绿色债券作为长期筹资渠道。资金投入的不足直接导致了环保技术和产业发展滞后，影响我国社会经济的可持续发展进程。绿色金融债券的发行，将使金融机构筹措到稳定且期限灵活的资金，银行通过发行绿色金融债券吸收大量中长期稳定资金，再以贷款及相关方式投资于一些周期长、规模大的以循环经济模式运营的环保型产业或生态工程项目上，一方面，解决环保型企业资金的不足；另一方面，优化其资产结构。

总而言之，绿色金融的发展既是压力，也是机遇。既是中国金融业的责任，也是其自身发展的所需。既是宏观政策导向，也是金融企业的创新。在传统金融业务的发展受到诸多制约和挑战的今天，发展绿色金融无疑将成为金融业新的盈利点和发展方向。

>>参考文献<<

[1] 发展低碳经济的金融支持体系研究[N]. 中融网周刊，2010-07-20.

[2] 赵静. 实施绿色金融措施保护环境概论——以英国绿色金融项目为例[J]. 法制与社会，2009，2：132-133.

[3] 曹小奇，郭焦锋，方志敏，中国工商企业法律咨询服务中心"我国能源市场需求决策系统与国家能源安全研究"课题组. "绿色信贷"的国际经验及其借鉴[M/OL]. 国务院发展研究中心信息网，2008-09-03.

[4] 徐诺金. 论我国的金融生态问题[J]. 金融研究，2005，2.

[5] 高盛公司研究报告——中国银行业的风险与出路[N]. 经济观察报，2004-03-16.

[6] 刘国涛等. 循环经济·绿色产业·法制建设[M]. 北京：中国方正出版社，2004.

[7] 李树. 金融业的"绿色革命"及其实施的策略选择[J]. 商业研究，2002，3.

[8] 王军华. 论金融业的"绿色革命"[J]. 生态经济，2000，10.

专题八

中国推进绿色经济中的跨部门协同

推进绿色经济发展涉及人口、资源、环境等诸多要素，是一项复杂而又艰巨的任务，需要在我国中央政府和地方政府之间、同级政府不同职能部门之间的科学分工基础上进行有机协作。西方国家"协同政府"模式的提出对我国构建推进绿色经济的跨部门协作机制具有重要的启示。

>>一、"协同政府"的内涵及对我国推进绿色经济的作用<<

(一)"协同政府"的内涵

"协同政府"(Joined-up government)又称"整体政府"(Whole of government)或"全面政府"(Holistic government)，是 20 世纪 90 年代中期以来，英国等西方国家提出的一种有别于传统官僚制政府和新公共管理的新型政府治理模式。新公共管理改革主张引入市场竞争机制，实施分权管理，以提高政府效率，但它忽视了不同部门之间的合作与协调，造成了碎片化的制度结构，[①] 带来了公共治理与公共服务的困境。针对这种情况，协同政府模式主张采用协调、合作与整合的方法提高公共管理水平和公共服务质量。

目前，"协同政府"这一改革模式在英国、美国、澳大利亚、新西兰等国家得到普遍应用，并成为发达国家政府改革实践和学术研究的热门领域。"协同政府"的基本观点是：公共管理目标的实现既不能靠相互隔离的政府部门，也不能靠设

---

① 　Sylvia Horton，David Farnham，*Public Administration in Britain*，Macmillan Press LTD，Great Britain，1999，p251.

立新的"超级部门",唯一可行的办法是围绕特定的管理目标,在不取消部门边界的前提下实行跨部门合作与协同。[1] 这种合作是全面的,它至少包括三个层面:横向不同部门间的协同、纵向不同层级间的协同、政府组织与非政府组织的协同等。其中,以横向不同部门间的协同最为重要。

(二)"协同政府"对我国推进绿色经济的作用

在推行"大部制"改革的过程中,我国学者开始关注西方"协同政府"模式出现的社会背景、主要内涵、运行机理及对我国政府改革的经验借鉴,并将其运用于危机管理、食品安全、环境保护等专业领域。在我国推进绿色经济的过程中,也有必要借鉴西方"协同政府"的治理经验,构建我国的跨部门协同机制。

首先,我国推进绿色经济建设需要构建中央政府与地方政府之间的纵向协同机制。面对中国社会转型期高投入、高能耗、高污染、低效益的 GDP,中央政府和地方政府都意识到降低能耗、节约资源、治理污染、保护环境、科学发展、实现转型的重要性,但在优先措施和实施力度方面,却有着不同的立场和见解。中央政府希望通过"绿色 GDP 核算"来统筹全国的环境治理和经济转型,使得地方政府和中央政策保持一致,但是,地方政府为了本地经济发展和官员仕途晋升,对中央政府的政策阳奉阴违。中央政府与地方政府能否在多轮博弈的基础上实现纵向协同,是推进绿色 GDP 建设的关键因素之一。

其次,我国推进绿色经济建设需要构建不同地方政府之间的横向协同。以长江流域水资源保护与利用为例,长江水资源同时具有灌溉、发电、供水、养殖、航运和旅游等多种社会功能和对工农业生产、城乡供水、城市发展、水力发电、内陆渔业、水上运输、休闲娱乐等人类活动的多方面利益。同时,水资源具有整体流动的自然属性,它以流域为单元,水量水质、地上水地下水相互依存,组成一种完整的生态系统。但在保护治理和开发利用上,其左右岸、干支流、上下游却被人为地划分成了多个行政区域,形成了实际上的分割管辖的局面。在这种情况下,由于地方利益的存在,各行政区域之间在水资源保护和使用上经常会发生以邻为壑、转嫁危机、推诿责任的事情。没有不同地方政府之间的横向协同,长江流域水资源的有效保护与科学利用就难以实现。

再次,我国推进绿色经济建设需要构建同一级政府不同职能部门之间的横向

---

① 解亚红:《"协同政府":新公共管理改革的新阶段》,载《中国行政管理》,2004(5),58～61 页。

协同。以城市垃圾分类处理为例，该项工作的主导部门是原建设部，制定政策的是国家发改委，具体管理资源回收产业链的是商务部，垃圾处置过程中产生的污染归环境部门监管。划分到具体地区，一般来说，垃圾分类相关事务归城管部门管，有害垃圾归环保部门管，可回收物归商务部门管，过期药品属于药监部门管，而小区物业一般由地方建设、房管部门管。此外，相关垃圾中转站或区域垃圾楼的规划由地方规划部门管，土地审批由地方土地部门管，分类相关配套资金由地方财政部门管，资金审批归地方发改委管……在这种"九龙治废"的格局中，没有同一级政府相关职能部门之间的横向协同，垃圾分类处理就难以扎实推进。

因此，我国推进绿色经济建设需要借鉴西方"协同政府"的理念与做法，既要构建中央政府与地方政府之间的纵向协同机制，又要构建不同区域地方政府之间和同一级政府不同职能部门之间的横向协同机制。

>>二、我国推进绿色经济中缺乏跨部门协同的表现与成因<<

在我国推进绿色经济建设的实际过程中，跨部门协同机制比较薄弱。除了遇到突发性环境事故、启动应急机制时，各部门能够做到较好的协同之外，在日常管理工作中，各部门之间存在着明显的不协调现象。

(一)绿色经济管理部门林立，职能界定不清、交叉重叠现象严重

我国的政府管理在纵向上从中央到地方分成了不同的层级，在横向上又按照专业分工建立了不同的职能部门，注重纵向的行政隶属关系超过横向的分工合作关系，很容易出现部门林立、彼此分割的现象。与绿色经济有关的职能部门设置也受政府管理宏观体制架构的影响，历史形成的按资源要素分工的部门管理模式强化了部门利益，弱化了统一监管。环境保护行政部门总管和其他相关部门分管相结合的管理体制在各自责任和义务不清的情况下是造成部门保护主义的主要原因。[①] 在我国，有权行使经济、资源和环境管理权的机构众多，从而在同一治理客体上同时存在两套管理班子甚至多套管理班子。如对水资源的保护，《水法》和

---

① 戴燕艳、余甫功：《我国环境可持续发展管理跨部门协调存在的问题及对策》，载 http://www.docin.com/ p-16267144.html。

《水污染防治法》对"水"的表述在外在表现上是非常一致的，都定义为地表水（主要指江河、湖泊、冰川等）和地下水。水资源管理机关是各级水行政部门、流域管理机构和其他部门，水污染防治的管理部门主要包括各级环保行政部门、水利管理部门、卫生行政部门、地质矿产部门、市政管理部门、主要江河的水源保护机构，除此之外，各级交通部门的航政部门、渔政监督部门也在各自的职权范围内享有一定的管辖权。上述管理机构各自职能界定不清，甚至职能交叉重叠。应当明确的是，跨部门协同机制构建的基础是各个部门的职能划分清晰，没有重叠，如果各个部门之间职能有重叠，利益有冲突，就基本上失去了协调与合作的可能性。

（二）缺乏高规格的专门性法定协调机构

在我国，绿色 GDP 建设的任务分散到不同职能部门中，工作的复杂性和挑战性、机构林立和职能交叉的现状要求加强不同部门间的沟通与协商，形成高度共识与一致行动，这就需要依法设立高规格的专门性协调机构来切实担负起跨部门协同的重要职责。但在我国 1998 年机构改革中，撤销了承担综合协调职能的国务院环境保护委员会，对环境影响重大的宏观协调权和微观协调权全部授予国家环境保护部。然而就目前状况而言，国家环保部的协调权威不够，难当高规格的法定协调机构之责。一是《环境保护法》并未明确规定其为协调机构，根据该法第十五条的规定，跨行政区域的环境污染和环境破坏的防治工作由有关地方人民政府协商解决，或者由上级人民政府协调解决。二是宏观管理方面，因为国家环保部是一个只享有具体管理权限的机关，因而与国家发改委等综合决策部门的协调能力受到极大限制。

（三）不同部门在制定法律与政策时常有冲突

在我国，与绿色经济有关的立法和决策权分散到不同职能部门，部门立法与部门决策的体制导致不同部门制定的法律和政策在价值目标、内容规定、具体措施上往往是冲突的。例如，林地同时被我国《森林法》、《土地管理法》和《农村土地承包法》作为调整对象。由于三部法律的立法目的、任务和侧重点各不相同，起草部门和执行部门各不相同，各部门法之间必然出现某种程度的冲突性规定。《土地管理法》和《农村土地承包法》侧重于对土地资源的合理开发和有效利用，二者对林地的使用方式做出了相对一致的规定："农村土地承包采取农村集体经济组织内部的家庭承包方式，不宜采取家庭承包方式的荒山、荒沟、荒丘、荒滩等农村土地,可以采取招标、拍卖、公开协商等方式承包。"《森林法》则侧重于对生态环境的有效保护和良性维续,根据其第十五条的规定,"可转让使用权的林地仅限于用材林、经济林、薪炭林等林地,以及上述林的采伐迹地、火烧迹地的林地等",这意味着单位和个人对林地的使用权转让是被限定在一定范围之内的。三部同一位阶的部门法对林地使用方式的规定并不完全一致。由于历史原因,目前我国的林地依然由国家林业局按《森林法》的规定进行管理,没有统一纳入国土资源部的土地管理中。[①] 为了实现法律与政策在推进绿色经济中的积极作用,我们必须避免部门法律与政策之间类似的矛盾与冲突。

(四)不同部门在联合行动上难以形成合力

我国部门立法与部门决策的体制在缺乏有效制约与监督的情况下,必然导致部门权力和部门利益的恶性膨胀,部门保护主义日益严重,"弱政府、强部门"的治理格局在所难免。部门保护主义把本机构的行政权行使同国家行政总权割裂开来,从自己部门的狭隘利益出发,对其他行政部门行使职权采取不合作、不支持、不协助的消极对策,不同部门在联合行动上难以形成合力。以绿色 GDP 核算框架的研究和建立为例,2005 年年初,当时的国家环保总局和国家统计局在 10 个省市启动了以环境核算和污染经济损失调查为内容的绿色 GDP 试点工作。这一系统性的工程需要包括统计、环保、农业、林业、水利等相关部门的通力合作,但此次试点工作由国家环保总局担纲,国家统计局负责配合。有人认为既然是以 GDP 为基础的经济指标,就应该由统计部门主导,其核算权、数据的发布权等都应该属于统计部门;有人甚至还批评环保部门的"高调"行为有"越权"之嫌……[②]此类中央部委间的争议加上地方政府的抵制,使得绿色 GDP 险些被"乌托邦化"。

>>三、我国推进绿色经济中构建跨部门协同机制的对策<<

绿色经济的国家性、全民性、长期性决定了该项工作必须由多部门共同参与、各司其职、分工合作。根据我国现实情况,构建跨部门协同机制的对策措施有:

---

① 周训芳:《〈农村土地承包法〉中的林地与林地权利》,载《中国林业企业》,2003(5),29~31 页。
② 庞皎明:《绿色 GDP:在部委争议中被"乌托邦化"》,载《理论参考》,2006(4),42~43 页。

（一）设立跨部门协同的领导和管理机构，加强跨部门协同机制建设

中共十七大报告已明确：要加大机构整合力度，探索实行职能有机统一的大部门体制，健全部门间协调配合机制。发展绿色经济的任务超越了现有任何一个政府部门的职能范围，有必要设立跨部门协同的领导和管理机构，建立定期协商机制和日常工作机制。

首先，要建立由国务院主持的跨部门协调机制。模仿国家能源委员会、反垄断委员会等机构，设立非常设的国家环境保护委员会，主要负责协调解决下列问题：协调重大的国家环境安全责任、活跃的国际环境事务、复杂的能源环境与经济发展综合决策，经济发展主管部门的眼前和短期目标与国家环境保护的长期目标存在的矛盾冲突，超出环境保护行政主管机构职能范围的环境保护政策最终制定和执行等。

其次，根据环境保护内容和范围设立不同级别的协调机构。一是省与省、市与市之间通过联席会议制度等形式，建立联动协同机制，定期对地区间的环境保护、资源利用等工作进行协调；二是由省级政府牵头，成立部门之上的协调机构，协调部门间、行业间、企业与社会间和环境保护、能源利用相关的利益关系，解决短期利益与长期目标之间、不同法律政策之间关于能源环境与经济发展的关系问题；三是在省以下政府设立协调机构，建立联席会议等定期协商机制和日常工作机制。

（二）通过经济与环境的综合决策强化跨部门的规则协同

各级政府要采取切实措施，将环境、能源问题纳入经济和社会发展规划，通过改变规则制定程序，将经济、社会发展和能源利用、环境保护全面、充分地结合起来，使经济发展的各项重大决策符合社会和生态发展的需求。

具体说来，规则协同包括法律协同、政策协同和标准协同等相关内容。在制定与绿色经济相关的法律、政策和标准时，要引入"无知之幕"下的第三方立法和决策，确保立法、决策和标准制定超越部门利益而具有更强的中立性。"要明确环境法律（政策）与其他基础部门法律（政策）共同构成一个完整有序的法律（政策）体系，它们之间相互制约与合作，在促进各自利益和目标的同时，相互协调、妥协和平衡，以共同实现法律（政策）调节私人利益、国家利益和社会利益相互关系的目标，环境法律（政策）只有在与其他部门法律（政策）良性互动、相互妥协中，

才能更好地促进可持续发展。"①

（三）在经济与环境日常管理中实现跨部门的行动协同

资源法和环境法内容的综合性与保护范围的广泛性决定了执法行为具有多部门性的特点，② 所以资源、环境执法与管理应该强调各部门之间的行动协同。无论是在日常的环境管理，还是面临环境突发事件，都应做到多部门同时行动，相互配合。

为了实现各有关部门的环境管理、资源管理及其执法的统一协调、统一监管，国家有必要设立进行统一执法的机构，从而形成统一执法与分级、分部门执法相结合的环境执法体制。所以，无论是行政机关还是司法机关，无论是环境保护行政主管部门还是环境保护行政相关部门，都必须严格按照法律的规定，切实履行其能源、环境保护职责，规范能源、环境执法行为。不容许有的部门忽视或放弃自己的能源、环境执法的职责，使各部门能源、环境执法的协调和配合受到影响。

（四）加强跨部门协同的基础设施投入，形成跨部门协同的长效机制

为发挥跨部门协同机制推动绿色 GDP 发展的实效作用，确保不同职能部门之间的规则协同和行动协同，各级政府有必要建立绿色经济信息共享平台，尽快实现相关数据信息的互通与共享。为此，需要相关政府职能部门拨出专项预算，加大投入。

总之，随着环境法的日益完善和发展，纳入环境法的管理对象越来越庞杂，环境管理部门的分工越来越精巧、细密，职能越来越独立，但环境要素是一体的，不可能把它们截然分开，这就需要环境管理部门在环境管理过程中，更加体现一体化的要求，行政体制是一个组织严密的体系，是一个分工协作的大系统。各机构的总体目标、总体利益是一致的。必须依法建立行政协助关系。③ 在我国，仅建立了不同政府职能部门之间的横向协同对绿色经济发展的助推作用还是

---

① 秘明杰、李梅：《环境保护部门法之间的协调运作》，载《法制与经济》，2006(8)，24～25页。

② 黄明生：《环境执法的多部门性与环境保护的综合整治》，载《荆门职业技术学院学报》，2000(9)，26～29页。

③ 武从斌：《减少部门条块分割，形成协助制度》，载《行政与法》，2003(4)，20～22页。

相当有限的，还需要建立中央与地方之间的纵向协同、不同地方政府之间的横向协同，甚至于政府与非政府部门之间的协同等。

>>参考文献<<

[1] SYLVIA HORTON，DAVID FARNHAM. Public Administration in Britain [M]. Great Britain：Macmillan Press LTD，1999.

[2] GEOFF MULGAN. Joined-up Government：Past，Present and Future，In V. Bogdanor，Joined-up Government [M]. Oxford：Oxford University Press，2006.

[3] PERRI 6. Towards Holistic Governance：The New Reform Agenda[M]. New York：Palgrave，2002.

[4] 张兵生. 绿色经济学探索[M]. 北京：中国环境科学出版社，2005.

[5] 赵弘志. 绿色经济发展和管理[M]. 沈阳：东北大学出版社，2003.

[6] 戴燕艳，余甫功. 我国环境可持续发展管理跨部门协调存在的问题及对策 [M/OL]. http://www.docin.com/ p−16267144.html.

[7] 秘明杰，李梅. 环境保护部门法之间的协调运作[J]. 法制与经济，2006，8.

[8] 庞皎明. 绿色GDP：在部委争议中被"乌托邦化"[J]. 理论参考，2006，4.

专题九
科技在推进经济绿色增长中的作用

  绿色经济在后哥本哈根时代已成为国际社会应对环境和金融双重危机的历史性抉择。经济的绿色增长离不开科技创新和科技进步，新型的绿色环保生态技术、绿色生产的工业方式、绿色消费模式等都潜移默化地影响着人们的生活。充分认识和发挥科技在推进经济绿色增长和实现可持续发展中的作用，业已成为推进现代化产业发展中的重要课题。以节能减排为目的的低碳经济和以发展生态型资源为目标的循环经济，以及在日常生产和生活中推广应用低碳技术，大力发展循环经济，促进经济增长方式的转变，实现产业结构调整，兴建高科技绿色经济示范园区，则要依靠科技进步与科技创新来实现。

>>一、以循环技术支持经济增长方式转变<<

  调整经济结构和转变经济增长方式是缓解我国目前人口资源环境压力、实现经济社会全面协调和可持续发展的根本途径。面对这种形势，按照科学发展观的要求，大力发展循环技术，加快建立循环经济体系显得尤为重要。[①]

  循环技术是运用生态学规律来指导人类社会活动的技术和技术原则，以保护生态和最有效地利用资源为特征，通过改变生产工艺流程，提高资源的利用效率，减少进入生产流程的物质和能源量，以达到减少污染排放和减少资源消耗的目的。随着增长方式转型问题的日益凸显，循环技术已成为循环经济的核心。循环经济所遵循"减量化，再利用，再循环"的原则对传统的经济结构提出了挑战，有利于促进中国经济结构向低消耗、高利用、低排放的绿色经济结构转型，并有

---

  ① 牛文元：《循环经济：实现可持续发展的理论经济模式》，载《中国科学院院刊》，2004，6 (19)，408～411 页。

利于建立节约型和高效率的绿色经济体系。

发展循环经济、转变增长方式是解决环境与发展问题的治本之策，政府通过坚持实行开发和节约并举的政策方针，鼓励开发和应用节能降耗的新技术，能加快推进资源综合利用和循环利用。对于那些能源消耗大的冶金、石化、建材等部门，如何利用科技进步，提高生产设备的利用率，减少资源在生产过程中的损耗成为当前转变发展方式的核心问题。以科技进步带动并整合石油化工—精细化工—化工新材料产业链、有色金属冶炼—深加工产业链、煤电—冶金—建材产业链、延伸装备制造产业链、热电联产—资源化再利用产业链等循环经济产业链，[①] 在推进石化、冶金、建材等高耗能行业循环经济实施方案完善清洁生产政策措施的同时，引导企业对照行业清洁生产评估指标体系和行业发展水平开展对标达标活动，推广应用清洁生产技术，通过洁净使用和循环利用资源，提高资源利用率，在实现经济增长的同时减少单位能耗，将粗放式经济增长转变为可持续的经济增长，提高绿色经济系统的经济效益与经济效率，核算绿色 GDP，鼓励绿色市场、绿色生产以及绿色消费，建设绿色经济系统。[②]

发展循环经济的关键是推进循环技术，这也是制约循环经济发展的瓶颈。因此国家在"十二五"期间提出，要分类分行业提出技术需求，加强产学研的紧密结合，充分利用已有科技支持政策，力争突破一批重大节能、节水、节材技术以及固体废物再利用技术、再制造技术等，支持循环经济发展；要积极开展应用示范，加快科技成果的推广和产业化进程，对先进、适用、成熟的循环经济技术要充分利用中介，组织力量加强推广应用，全面提升循环经济发展水平。

>>二、以低碳技术主导节能减排<<

低碳经济是以低能耗、低污染、低排放为基础的经济模式，而低碳技术是实现低碳经济的技术手段。要想最终实现低碳经济的发展目标，就必须在可持续发展理念指导下，通过技术进步、新能源开发、产业转型、制度创新等多种手段，尽可能地减少煤炭石油等高碳能源消耗，限制温室气体排放，从而达到实现经济

---

① 于成学、武春友、王文璋：《基于循环经济的中国鲁北生态工业模式选择》，载《中国软科学》，2007(6)，135～140 页。

② 付允、刘怡君、马永欢：《低碳经济的发展模式研究》，载《中国人口、资源与环境》，2008，3(18)，14～19 页。

社会发展与生态环境保护双赢的经济发展模式的要求。① 它的核心是要通过技术创新，最大限度地减少温室气体排放，减缓全球气候变暖，实现经济社会的清洁发展、可持续发展。

当前世界面临的最大问题就是全球变暖问题。全球变暖源于发达国家自工业革命以来高投入、高产出的工业文明发展模式，导致大气中二氧化碳浓度不断增加，使全球气候变暖，而使用化石燃料这种高碳能源是产生这种生态环境灾难的主要原因。② 这种粗放式的能源消耗型生产模式既是全球变暖的主要元凶，也是资源日益匮乏的真正原因。因此提倡节能减排是低碳经济的重中之重。

节能减排就是指加强用能管理，采取技术上可行、经济上合理以及环境和社会可以承受的措施，从能源生产到消费的各个环节，降低消耗、减少损失和污染物排放、制止浪费，有效、合理地利用能源。

节能减排是对我国传统工业化进程的一次挑战。我国经济持续高速的发展与高投入、高排放的经济发展模式密切相关。目前，我国高耗能、高污染行业的节能减排任务依然艰巨，产业结构不尽合理，单位国内生产总值（GDP）能源消耗仍然偏高，污染物排放量超标或者主要污染物排放浓度超标，配套措施与政策不完善等问题使节能减排的形势十分严峻，而节能减排技术的应用以及废弃物的再利用不仅可以提高设备的能效，有利于有限资源的最大化利用，同时还可以有效解决高耗能企业的现实问题。③ 这是国有重点大型企业推动经济结构调整，转变发展方式的必由之路，是增强企业核心竞争力的迫切需要，更是履行社会责任，树立企业良好品牌形象，引领行业健康发展义不容辞的责任。因此要实现节能减排的目标，就要以科技进步为依托，以高新技术推动高耗能产业和部门的产业结构、技术设备的升级，实现低排放、高能效、高效率的目标。

科技进步是节能减排工作的重要支撑。因此，加强节能环保新技术的攻关和突破的要求十分迫切。在政府层面，要将节能环保领域的共性和关键性技术纳入科技开发计划和产业发展计划，积极组织科研单位力量，大力推进节能减排技术的研究开发和自主创新，努力开发能源利用率高、污染物排放少的新技术、新科技。在企业层面，要引导企业积极引进和吸收国外先进节能减排技术和设备，开

---

① F. Schmidt-Bleek：《人类需要多大的世界：MIPS——生态经济的有效尺度》，北京，清华大学出版社，2003。

② 中国科学院可持续发展战略研究组：《2009中国可持续发展战略报告：探索中国特色的低碳道路》，北京，科学出版社，2009。

③ 冯之浚：《论循环经济》，载《中国软科学》，2004(10)，1～9页。

展消化吸收再创新，形成具有自主知识产权的关键技术和装备。另一方面，要在现有企业中大力推广节能环保的先进技术，并注重挖掘、总结重点行业、重点企业节能减排工作的先进经验，在本产业和本行业中加以推广、示范、应用。

比如消除污染的洁净燃煤技术，就运用到了科技进步与传统技术的改进：一是对常规燃煤技术的改进，如燃烧前洗选和固硫，燃烧中加石灰石等吸附硫，燃烧后脱硫并除尘；二是通过把煤事先汽化或液化再燃烧的办法减少烟尘，然后，采用在燃烧前或燃烧中加石灰石或金属氧化物及钾盐的方法脱硫。

此外，在全球倡导低碳经济的大环境下，除了节能减排之外，还要建立低碳能源系统、低碳技术体系和低碳产业结构，积极开发和推广新型能源与节能环保新技术，以适应经济和环境的新需求，同时也是当前优化能源结构、发展绿色经济的根本方向。

>>三、以洁净煤等技术推动传统高污染产业变脸<<

在推动新型工业化道路的过程中，我国将更加积极地采取有效的措施，推动绿色经济的发展，加快工业发展方式转变的产业结构调整。国家要求重工业部门都以节能增效和生态环保为目标，强化技术改造，淘汰落后设备，加快发展绿色经济、循环经济和节能环保产业，推广应用低碳技术，积极应对气候变化，实现产业结构优化和绿色生产。现以洁净煤技术为例说明科技创新和科技进步是如何推动我国传统煤炭产业结构调整的。

我国已将发展洁净煤技术列入《中国 21 世纪议程》，主要涉及四个领域：煤炭加工（选煤、型煤、配煤、水煤浆等）、煤炭高效洁净燃烧与发电（硫化床燃烧、整体煤气化联合循环发电等）、煤炭转化（气化、液化、燃料电池等）、排放控制与废弃物处理（烟气净化、煤层气的开发利用、工业锅炉等）。煤炭转化中的煤炭液化是指煤炭通过化学加工转化为液体燃料及化工产品的统称，可分为直接液化和间接液化。煤炭直接液化是指通过加氢使煤炭中复杂的有机化学结构直接转化为液体燃料，加氢是在含煤粉和溶剂的浆液系统中进行的。煤炭间接液化是将煤炭气化制成合成气（$CO+H_2$），再经过催化合成生产液体燃料或化工产品。因此可在煤炭直接液化工业与煤炭间接液化工业的基础上，着力打造煤制烯烃项目。该项目以煤炭为原料，通过煤炭气化制成甲醇，甲醇转化制成烯烃，烯烃聚合生产聚烯烃，有助于发挥我国煤炭资源相对丰富的优势，使用煤炭生产低碳烯烃（重要的石油化工基本有机原料），找到石油替代战略的新技术路径，缓解我国对石油的进口依赖，开辟煤制烯烃新产业，奠定中国在煤制烯烃工业化生产的国际领先地位，引领低碳能源化工的科学发展，从而实现传统煤炭业向新型能源化工业的产业结构调整，带动产业经济新的增长点。

>>四、以"氢基能源"技术摆脱对"碳基"能源的依赖<<

我国东西部能源结构及经济发展水平不同，同时能源资源分布与消费不均衡。我国是煤炭生产和消费大国，储量丰富，但煤炭资源呈西多东少和北多南少的分布格局；水能资源大部分集中于西南部较难开发的地区；石油资源也分布不均。由于我国生产力发展水平地区差异很大，能源需求主要集中在东部和中部经济发达地区，由此形成了北煤南运、西煤东运、西电东送、西气东输的大运输量、长距离传输的基本格局。以氢的规模制备和高效利用为标志的氢经济的出现为我国解决日趋严峻的能源短缺问题、环境污染问题等提供了一种全新的战略选择[①]。

氢气可以通过传统的燃烧方式转化为能源，或通过电化学过程用于燃料电池。使用氢燃料电池发电，是将燃料的化学能直接转换为电能，不需要进行燃烧，能量转换率可达60%～80%，而且污染少、噪音小，装置可大可小，非常灵活。从本质上讲，氢燃料电池的工作方式不同于内燃机，氢燃料电池通过化学反应产生电能来推动汽车，而内燃机车则是通过燃烧产生热能来推动汽车。由于燃料电池汽车工作过程不涉及燃烧，因此无机械损耗及腐蚀，氢燃料电池所产生的电能可以直接被用在推动汽车的四轮上，从而省略了机械传动装置。实验证明，使用氢燃料电池的汽车排放的碳仅为常规内燃机的30%，造成的大气污染仅为内燃机的5%。2004年5月，美国建立了第一座氢气站，加利福尼亚州的一个固定制氢发电装置"家庭能量站第三代"开始试用。这个装置用天然气制造氢气维持燃料电池，第三代比第二代的重量轻了30%，发电量却提高了25%，同时氢气的制造和储存能力提高了50%。2005年7月，世界上第一批生产氢能燃料电池汽车的公司之一戴姆勒—克莱斯勒公司研制的"第五代新电池车"成功横跨美国，刷新了燃料电池车在公路上行驶的纪录，该车以氢气为动力，全程行驶距5 245千米，最高时速145千米。2006年，北京建立起第一条氢燃料电池汽车示范运输线。

---

① 徐云：《谁能驱动中国——世界能源危机和中国方略》，北京，人民出版社，2006。

加拿大在氢能源技术利用方面，提出了以下多项开发计划。如"氢能村计划"，由政府和私营企业在多伦多地区建立氢能村，部署和示范不同的氢设施技术；"温哥华燃料电池车计划"，加拿大联合福特汽车公司在不列颠哥伦比亚低地地区测试燃料电池汽车的性能。此外，正在酝酿中的计划有"氢能走廊"，即在温莎与蒙特利尔之间的 900 千米高速路设置加氢站；"氢能机场"，即以氢能技术装备机场，使蒙特利尔机场内部各式交通车辆氢能化。此外，以氢能为燃料的烹饪炉、发电机组和氢照明灯等的研究也取得显著进展。

在我国，氢能资源可从多种资源取得，成为燃料方式转变中的重要替代产品。我国南部和西南地区势能差大，水资源丰富，水电发达，在丰水期可用大量剩余电力通过电解水制取氢。西部煤炭和天然气资源丰富，可以利用煤炭和天然气制氢。东部则可以采用生物制氢。例如相应示范点的建立：北京（生物制氢），成都（水电制氢），太原（煤炭制氢），乌鲁木齐（利用风能、天然气等资源制氢）等。

>>五、以高新技术集中区充分彰显绿色经济发展成果<<

根据相关统计数字，2009 年 56 个国家高新区的万元 GDP 能耗只有 0.52 吨，是全国平均值 1.22 吨的 50%，足以凸显国家高新区引领绿色经济发展的作用。

国家高新区对区域经济发展的支柱性地位日益显现。发展低碳经济、绿色经济已是大势所趋，56 个国家高新区已成为节能环保、新能源、资源再利用等绿色产业发展的重要载体，呈现出可持续发展的勃勃生机。国家高新区在环境建设与工业发展方面相互促进，实现工业布局和工业积累的同时，倡导绿色生产、清洁生产和循环经济，积极推进节能减排工作，努力建设资源节约型、环境友好型社会。目前已有 2/3 的国家高新区通过了 ISO 14000 环境管理体系认证。与此同时，国家高新区建立了完整的企业创新和产业培育体系，探索形成了培育成长型企业和产业集群的有效模式。国家高新区现已拥有良好的制度、政策和服务环境，能够为培育绿色产业提供有力支撑。

科技在高新区的绿色经济发展中起着不可替代的作用，绿色经济在科技强有力的推动下不仅带动了高新区乃至工业间、行业间的创新与发展，也收到了丰厚的经济效益，真正实现了区域经济的绿色增长、资源与环境的和谐发展。

"十一五"以来，根据绿色发展的实际需求，科技部在清洁生产、节能减排以及应对气候变化方面的投入已经超过 130 亿元，先后启动了清洁生产与循环经济关键技术开发及应用，在资源、能源、环境、先进制造等领域开展绿色科技研发和示范，提高了绿色发展的创新能力，为绿色发展提供了有力的科技支撑。国家高新区不仅有效地加快了工业绿色发展进程，其自身发展也是一种低碳模式。从规模以上工业企业单位增加值综合能耗来看，国家高新区平均增加值综合能耗仅为全国规模以上工业企业平均水平的 40%。中关村国家自主创新示范区拥有国内顶尖的技术资源优势。目前中关村从事清洁技术的企业及科研机构近 2 000家，其中清洁技术领域国家重点实验室、国家工程研究中心及国家工程技术研究中心数量在全国名列前茅，在空气环境、新能源、高效节能等领域形成了一批实力雄厚的技术产品，为全国的节能减排工作提供了强大的科技支撑服务。

>>参考文献<<

[1] 付允，刘怡君，马永欢. 低碳经济的发展模式研究[J]. 中国人口、资源与环境，2008，18(3)：14-19.

[2] F. Schmidt-Bleek. 人类需要多大的世界：MIPS——生态经济的有效尺度[M]. 北京：清华大学出版社，2003.

[3] 中国科学院可持续发展战略研究组. 2009 中国可持续发展战略报告：探索中国特色的低碳道路[M]. 北京：科学出版社，2009.

[4] 牛文元. 循环经济：实现可持续发展的理论经济模式[J]. 中国科学院院刊，2004，19(6)：408-411.

[5] 于成学，武春友，王文璋. 基于循环经济的中国鲁北生态工业模式选择[J]. 中国软科学，2007，6：135-140.

[6] 冯之浚. 论循环经济[J]. 中国软科学，2004，10：1-9.

[7] 徐云. 谁能驱动中国——世界能源危机和中国方略[M]. 北京：人民出版社，2006.

专题十
绿色经济与法律、法规

随着人们对绿色经济的重视，对法律法规的要求也就日益迫切。要使绿色经济持续健康发展必须要有相应法律法规的支撑保障。法律法规越完善，绿色经济的发展也就越迅速。包括中国在内的世界各国近些年来都越来越重视法律法规在发展绿色经济中的作用，各自进行了一些探索，取得了初步成效。

>>一、依法促进绿色经济发展的紧迫性和必要性<<

依靠法律法规促进绿色发展已成为全球共识。在全球为改善气候而努力合作的大背景下，各国都在积极探索低碳社会的实现形式。尽管手段各异，奇招迭出，但是存在一个共同的特征，那就是要走低碳发展之路，制度创新是关键，法制保障是根本。只有通过法律法规的形式将有关低碳经济的相关制度予以原则性、权威性规范，才能为各种政策的制定和实施提供法律依据，并不断完善配套措施，才能真正实现绿色经济的有序发展。

依靠法律法规促进绿色发展是依法治国和人与自然和谐相处的客观需要。人与自然和谐共处，是可持续发展的根本出路。我国幅员辽阔、人口众多、经济社会发展很不平衡，推动绿色发展只能以有组织、有秩序的方式进行，而法治秩序则是最公平、最强调程序的社会秩序，只有通过科学的法律体系，才能规定、调整好与资源环境有关的各种利益、利害关系，统筹好环境保护、清洁生产、环境贸易、城乡建设、资源开发、区域综合开发整治等活动。

依靠法律法规促进绿色发展是适应新时期我国环境保护工作战略性转变的必然要求。温家宝总理在第六次全国环境保护大会上强调："做好新形势下的环保工作，关键是要加快实现三个转变：一是从重经济增长轻环境保护转变为保护环境与经济增长并重；二是从环境保护滞后于经济发展转变为环境保护和经济发展同步；三是从主要用行政办法保护环境转变为综合运用法律、经济、技术和必要的行政办法解决环境问题。""三个转变"的提出，是对我国经济发展与环境保护关系认识的新飞跃，是我国环境保护发展史上一个新的里程碑。为了推进"三个转变"，必须完善我国的环境法律法规体系，不仅要完善法律空白，还要对不符合"历史性转变"的法律法规及时作出调整。

　　依靠法律法规促进绿色发展是加强环境监管的迫切需要。我国环境问题日趋严重，有多种原因，但环境监管力度不够是一个重要原因。环境监管的具体过程发生在基层，但监管的权力来自于国家的法律授权。在许多环保法律法规中，法律责任的规定都比较轻，处罚程序漫长，执法主体不明确，导致环境执法监管先天不足。加强环境监管，迫切需要尽快完善相关法律法规体系。

>>二、国际社会有关绿色经济立法的概况<<

　　绿色经济最重要的特点是可持续。因此，国外有关绿色经济的法律法规大都是从促进可持续发展开始的，并超越国界，成为全球的共同行动。

(一)三个具有里程碑意义的国际协议

1.《联合国气候变化框架公约》

　　《联合国气候变化框架公约》是 1992 年 5 月 22 日联合国政府间谈判委员会就气候变化问题达成的公约，于 1992 年 6 月 4 日在巴西里约热内卢举行的联合国环发大会(地球首脑会议)上通过。《联合国气候变化框架公约》是世界上第一个全面控制二氧化碳等温室气体排放，应对全球气候变暖给人类经济和社会带来不利影响的国际公约，也是国际社会在处理全球气候变化问题上进行国际合作的一个基本框架。该公约于 1994 年 3 月 21 日正式生效。2004 年 5 月，已拥有 189 个缔约方，截至 2009 年 12 月在丹麦首都哥本哈根举行的缔约方第 15 次会议，加入该公约的缔约国增加至 192 个。《联合国气候变化框架公约》由序言及 26 条正文组成。这是一个有法律约束力的公约，旨在控制大气中二氧化碳、甲烷和其他造成温室效应的气体的排放，将温室气体的浓度稳定在使气候系统免遭破坏的水平上。《联合国气候变化框架公约》对发达国家和发展中国家规定的义务以及履行义务的程序有所区别，《联合国气候变化框架公约》要求发达国家作为温室气体的排放大户，采取具体措施限制温室气体的排放，并向发展中国家提供资金，以支付他们履行公约义务所需的费用，而发展中国家只承担提供温室气体源与温室气体汇的国家清单的义务，制定并执行含有关于温室气体源与汇方面措施的方案，不承担有法律约束力的限控义务。

2.《京都议定书》

1997 年通过的《京都议定书》是又一个在联合国主持下签署的、各国广泛加入的、具有强制性的条约。其目标是"将大气中的温室气体含量稳定在一个适当的水平，进而防止剧烈的气候改变对人类造成伤害。"该条约于 1998 年 3 月 16 日至 1999 年 3 月 16 日开放签字，其间共有 84 个国家签署，并于 2005 年 2 月 16 日开始生效，截至 2009 年 2 月，共有 183 个国家加入了该条约（超过全球排放量的 61%），但是，美国是唯一一个没有签署《京都议定书》的工业化国家。条约规定，在"不少于 55 个参加国签署该条约，且温室气体排放量达到附件 I 规定国家在 1990 年总排放量的 55% 后的第 90 天"开始生效。随着 2002 年冰岛和 2005 年俄罗斯先后批准该条约，《京都议定书》于 2005 年 2 月 16 日开始强制生效。

3.《哥本哈根协议》

2009 年 12 月，联合国气候变化框架公约第十五次缔约方和京都议定书第五次缔约方会议在丹麦首都哥本哈根落幕，达成了不具法律约束力的《哥本哈根协议》。协议维护了《联合国气候变化框架公约》和《京都议定书》确立的"共同但有区别的责任"，就发达国家实行强制减排和发展中国家采取自主减缓行动作出了安排，并就全球长期目标、资金和技术支持、透明度等焦点问题达成广泛共识。

（二）美国促进绿色发展的法律法规体系

美国促进绿色发展的法律法规体系主要集中在环境保护和节约能源两个方面。

美国环境法律法规体系可以分为两个层次，第一是 1969 年颁布实施的《国家环境政策法》；第二是包含污染控制法和资源保护法。目前美国环境污染控制与资源保护方面的法律已经达到了 30 多部，其中许多法律历经多次修改已日益完善。这些法律重新规定了政府的环境管理职责，共同构成了美国环境污染控制与资源管理的支柱。在此基础上，美国建立了一个比较完整的、明确的、职责分工比较合理的联邦环境管理体系（见表专题 10-1）。

表专题 10-1　　　　　　　　　美国主要污染控制法律

	法律	制定或修订时间	主要内容与贡献
空气保护	《清洁空气法》①	1970 年制订 1977 年修订 1990 年修订	管理体制上划分了联邦与州的权力与责任。形成了七项具有深远影响意义的制度：关于未达标地区空气污染控制；关于清洁空气地区的空气污染控制；规定了许可证制度；对移动源进行控制；将臭氧层保护列入管理范围；实施酸雨控制计划（排污权交易制度）；公民诉讼制度
水污染防治与保护	《清洁水法》②	1972 年制定 1977 年修订 1987 年修订	划分联邦与州各自的权限与职责；采纳了污染控制技术为基础的排放和水质标准相结合的管理方法；点面源划分，采用不同的控制政策
	《安全饮用水法》	1974 年制定 1986 年修订 1996 年修订	专门保护饮用水安全的法律，授权联邦环保局制定控制技术以及水质标准、执法监督；从水源地到水龙头全过程确保饮用水的安全；联邦环保局向通过财政补助的形式资助供水体系；州与环保局向公众发布年度供水质量报告
有毒有害物质控制	《有毒物质控制法》	1976 年制定	企业应当提供化学品环境影响方面的数据；政府具有充分的权力控制有毒物质风险；新旧化学品采取不同的管理方法，新化学品需提交"产前告知书"
	《联邦杀虫剂、杀菌剂和灭鼠剂法》	1942 年制定 1988 年修订	授予联邦环保局农药注册、制定食品中最高残留限量和执法权；规定企业应保留化学品的生产和销售记录
	《联邦食品、药品以及化妆品法》		
	《食品质量保护法》	1996 年制定	解决《联邦杀虫剂、杀菌剂和灭鼠剂法》与《食品质量保护法》间的标准不一致问题；对应用于所有食品的全部杀虫剂制定了一个单一的、以健康为基础的标准，为婴儿和儿童提供了特殊的保护；对安全性提高的杀虫剂进行快速批准，要求定期对杀虫剂的注册和容许量进行重新评估，以确保杀虫剂注册的数据不过时

① 1955 年美国联邦政府制定了第一部有关空气污染的法律——《联邦空气污染法》，但这部法律主要内容是规定联邦政府资助空气污染研究。1963 年美国制定了第一部关于空气质量的法律——《清洁空气法》，之后又于 1967 年进行了修订，被称为《空气质量法》。但目前美国关于空气污染控制的法律基础主要是来源于 1970 年制定的《清洁空气法》。

② 1948 年美国国会制定了《联邦水污染控制法》，1965 年进行了修订案，被称为《水质法》。目前的《清洁空气法》是 1972 年基于《联邦水污染控制法》的修订案，此后 1977 年和 1987 年又进行了两次修订。

法律	制定或修订时间	主要内容与贡献
废物管理和有害物质排放	《资源保护和回收法》	1976 年制定 1984 年修订	对固体废物污染从产生到处理全过程监督；制定废物处理具体的设计、建设和运行标准；定义危险废物或提供评估是否是危险废物的标准；许可证制度；报告和档案记录
	《综合环境反应、赔偿和责任法》①	1980 年制定 1986 年修订	规定了有物质责任、赔偿、清理和紧急反应以及有废物处置场所清理程序、责任；建立有害物质应对信托基金(超级基金)；规定了补偿责任，确定人的连带责任和具有追溯力的法律效力；明确了联邦在处理危险物质上的权限和应急制度；建立了信息报告和发布制度
	《石油污染法》	1990 年制定	储油灌的运输和使用安全以及石油泄漏污染
	《噪声控制法》②	1972 年制定	在联邦环保局设有专门的噪声削减和控制办公室，主要负责确定噪声源、制定噪声排放标准，协调联邦政府机构之间，主要包括联邦航空局、联邦职业安排和健康管理局与环保局之间的协调；推进州和地方噪声控制计划、促进教育和研究等项工作。该办公室于 1981 年被取消

为降低能耗，美国先后颁布了《国家节能政策法规》、《国家家用电器节能法案》等法案。为了适应形势的需要，加强节能和新能源开发工作，2005 年又颁布了《国家能源政策法——2005》，这部能源政策法长达 1 720 多页，共有十八篇章，420 多条，是近 40 年来包含内容最广泛的能源法。其主要内容包括：提供消费税优惠，促进提高家庭用能效率；设定新的最低能效标准，提高商用和家用电器效率；通过税收优惠，废止过时的不利于基础设施投资的规定，加强和提升国内电网等能源基础设施；通过减税等措施促进可再生能源的开发利用；支持高能效汽

---

① 1986 年，通过了一项对该法的修订案《超级基金修订与重新授权法》，该修订案中最突出的部分是关于应急管理和信息发布制度，也被称为《应急计划与公众知情法》。

② 1968 年，美国发布了《飞机噪声削减法》，由联邦航空局实施。为了协调联邦噪声削减活动，1970 年，美国环保局成立了噪声削减和控制办公室。1972 年，美国国会通过了《噪声控制法》。1978 年，又通过了《宁静社区法》，它修正了 1972 年《噪声控制法》的部分内容，以增加联邦机构之间的协调，主要是促进联邦航空局在噪声管理上的责任，让其向公众提供噪声影响的详细分析。1981 年美国国会取消了噪声削减和控制办公室的政府资金，这样该办公室只是在名义上存在。美国环保局也不得不终止了大部分联邦噪声削减活动，而将首要噪声管理职责转移到州和地方政府。参见张国宁、周扬胜：《美国的噪声污染控制法规与标准》，载《中国环境报》，2004-12-02。

车生产，减少对国外能源的依赖等。

美国总统奥巴马执政以来，在全球气候问题上采取了更积极的姿态，力图将发展绿色经济作为化"危"为"机"、振兴美国经济的主要政策手段，并推动美国国会通过备受争议的《美国清洁能源安全法案》。《美国清洁能源安全法案》要求减少石化能源的使用，规定美国到2020年时的温室气体排放量要在2005年的基础上减少17%，到2050年减少83%。实现途径主要有三个：增加国内油气供应，提高能源利用率，大力发展新能源。《美国清洁能源安全法案》还引入了"总量控制与排放交易"的温室气体排放权交易机制，允许各企业通过植树和保护森林等手段抵消自己的温室气体排放量，要求到2020年时，电力部门至少有12%的发电量来自风能、太阳能等可再生能源，批准每年投资10亿美元，供新建立的燃煤发电站进行碳捕捉。这部法律对美国乃至全球绿色发展都有重要影响。

（三）欧盟促进绿色发展的法律法规体系

欧盟成立以来，一直高度重视可持续发展、绿色发展，并完善相关法律法规。

1992年签署的《欧洲联盟条约》提出了欧盟"可持续发展"的目标，并规定"环境保护要求必须纳入其他共同体政策的界定和执行之中"。在1997年新修订的《阿姆斯特丹条约》中，正式将可持续发展作为欧盟的优先目标，并把环境与发展综合决策纳入欧盟的基本立法中，为欧盟环境与发展综合决策的执行奠定了法律基础。至今为止，欧盟总共制定了300多个法律文件以实施其环境政策，包括了环境管理的各个主要方面，包括法律活动、研究和技术开发活动、监督和实施活动以及环境信息协调活动等。

2008年12月，欧盟首脑会议通过了《气候行动和可再生能源一揽子计划》这一里程碑式的法案文本。《气候行动和可再生能源一揽子计划》的核心内容是"20-20-20"行动，即：承诺到2020年将欧盟温室气体排放量在1990年基础上减少20%，若能达成新的国际气候协议（其他发达国家相应大幅度减排，先进的发展中国家也承担相应义务），欧盟则承诺减少30%；设定可再生能源在总能源消费中的比例提高到20%的约束性目标，生物质燃料占总燃料消费的比例不低于10%；将能源效率提高20%。《气候行动和可再生能源一揽子计划》还制定关于碳捕获和封存以及环境补贴的新规则。这部法案被广泛认为是全球通过气候和能源一体化政策实现减缓气候变化目标的重要基础，也是欧盟大力发展绿色经济的重要动力。

此外，日本、韩国等也在依靠法律法规促进绿色经济发展方面进行了积极努力。日本于1979年制定首部《节约能源法》，之后连续两次修订该法。2008年7月，日本内阁会议通过了"建设低碳社会行动计划"，2009年4月，日本环境省又公布了《绿色经济与社会变革》的政策草案，目的是通过实行削减温室气体排放等措施，加速发展绿色经济。2009年7月，韩国政府公布了绿色增长国家战略及5年计划，确定了发展"绿色能源"的一系列指标，争取使韩国在2020年前跻身全球七大"绿色大国"。

>>三、当前我国发展绿色经济的有关法律法规<<

从20世纪70年代开始，我国环境立法从无到有，从少到多，逐渐建立了由综合法、污染防治法、资源和生态保护法、防灾减灾法等法律组成的环境保护法律体系。目前已经形成了以《中华人民共和国宪法》为基础，以《中华人民共和国环境保护法》为主体的环境法律体系，也就是促进绿色发展的有关法律法规。

1973年8月国务院召开第一次全国环境保护工作会议，审议并通过了我国第一个环境保护文件——《关于保护和改善环境的若干规定》，成为我国环保事业的第一个里程碑。改革开放以后，我国环境立法进一步加快。1978年通过的《中华人民共和国宪法》第一次对环境保护作出规定，"国家保护环境和自然资源，防治污染和其他公害"，这为我国的环境保护工作和以后的环境立法提供了宪法依据。1979年9月，第五届人大常委会第十一次会议批准和颁布了新中国成立以来第一部综合性的环境保护基本法——《中华人民共和国环境保护法（试行）》，把我国环境保护方面的基本方针、任务和政策，用法律的形式确定下来，标志着我国环境保护事业逐步走上法制轨道，也标志着我国的环境法制体系开始建立。

此后，我国的环境立法发展十分迅速，特别是20世纪90年代，随着全国人大环境与资源保护委员会的成立，加快了资源环境立法的进度。这一阶段，国家在制定其他法律法规的过程中也特别关注对资源与环境的保护，强调可持续发展。迄今为止，国家针对环境保护对象制定颁布和修订了多项环境保护专门法以及与环境保护相关的资源法。初步形成了适应市场经济体系的环境法律和标准体系。在污染防治方面，制定了《大气污染防治法》、《水污染防治法》、《环境噪声污染防治法》、《固体废物污染环境防治法》、《放射性污染防治法》、《海洋环境保护法》等；在资源和生态保护方面，制定了《森林法》、《草原法》、《渔业法》、《土地管理法》、《矿产资源管理法》、《水法》、《煤炭法》、《电力法》、《野生动物保护法》、《水土保持法》等；在防灾减灾方面，制定了《防震减灾法》、《防洪法》和《气象法》等，环境立法在环境保护的主要领域都基本做到了有法可依。国家颁布了《放射性污染防治法》、《医疗废物管理条例》，为消除放射性废物、医疗废物环境安全隐患奠定了法律基础。

近年来，我国又先后制定了《节约能源法》、《可再生能源法》、《清洁生产促进法》、《循环经济促进法》等法律，其中《可再生能源法》、《清洁生产促进法》与《循环经济促进法》的出台与实施对于从节能减排、提高资源能源利用效率、大力发展新能源和可再生能源方面来支持低碳经济的发展具有突出的作用。

另外，我国还积极制定并实施了减缓气候变化的《节能中长期规划》、《可再生能源中长期发展规划》、《核电中长期发展规划》、《中国应对气候变化科技专项行动》、《节能减排综合性工作方案》、《节能减排全民行动实施方案》、《2000—2015年新能源与可再生能源产业发展规划要点》、《新能源与可再生能源产业发展"十五"规划》、《能源发展"十一五"规划》、《中国应对气候变化的政策行动》等规划与政策。

据不完全统计，截至目前，我国已制定了9部环境保护法律、15部自然资源法律，制定颁布了环境保护行政法规50余项，部门规章和规范性文件近200件，军队环保法规和规章10余件，国家环境标准800多项，批准和签署多边国际环境条约51项，各地方人大和政府制定的地方性环境法规和地方政府规章共1 600余项。初步形成了适应市场经济体系和生态文明建设要求的法律和标准体系，对加快我国绿色发展，起了重要的促进作用。

但是，也不可否认，我国在绿色经济立法方面还存在不少问题。

一是立法缺乏统筹协调，相关法律之间的衔接不够。截至目前，我国出台的有关绿色经济方面的法律法规，主要是针对某一领域的，不同部门和层次的法律法规相互之间缺乏统筹，协调也不够，发挥不出应有的法律效能。二是法律体系尚不完备，存在着一些重要的立法空白。如缺少土壤污染、化学品管理、生物安全、遗传资源保护、核安全等法律法规，涉外环境法律法规不健全，对污染转嫁或生态侵略、出口产品遭遇外国绿色壁垒等问题没有法律规范。三是法律配套滞后。不少环境法律的条例、规章、标准、政策迟迟不能出台，影响了法律的贯彻执行。地方立法特色性不强，可操作性较差。四是缺少一部专门约束政府行为的环境法律。现行规定侧重于追究企业违规责任，而对作为节能减排主要参与者的政府部门涉及甚少，地方保护干扰正常执法现象普遍。五是环境法律法规中的处罚力度弱。环境法律法规缺乏强制手段，取证难、举证难、执行难。环境司法软而不刚，现实生活中环境案子虽然发生多，立案却很少，进入审判程序更是寥寥无几。特别是环境民事赔偿尚无法律依据。弱势群体受到环境损害后得不到必要补偿，环境损害社会保险的法律缺失，一些重大环境事故的后续补偿无经费来源。

>>四、推进有关绿色经济法律法规建设的基本思路<<

当前，中国已经站在了一个新的发展起点上，正处于加速发展、由大国向强国迈进的关键阶段。特别是面对全球发展绿色经济的竞争态势，给我们在法制建设方面提出了更高的要求。因此，应该借鉴国外经验，结合我国实际，更加重视依靠法律法规促进绿色经济发展。

1. 完善配套，梯度推进

绿色经济涉及经济社会生活的各个方面，其相关立法是一项复杂综合的宏大系统工程。在目前条件下，若想制定一部调整范围广泛、涵括绿色经济的全部内容的《绿色经济法》，既不现实也无必要。但是，应当统筹规划，尤其是要协调好有关绿色经济的相关法律法规之间的关系，完善绿色经济的配套立法。特别是要鼓励地方进行立法探索，推进多层次梯度立法。在国家层面，应进一步完善基本法或部门法，加快其他法律的"绿化"进程。重点是加快修改《环境保护法》或者制定《中华人民共和国环境法》。《环境保护法》作为我国环境保护领域的基本法，从1989 年实施至今已经 20 年，已经不能适应全面落实科学发展观的需要，因此，修改《环境保护法》应尽快列入全国人大常委会的立法日程，最好是直接制定《中华人民共和国环境法》。修改完善的重点是淡化污染防治色彩，增加可持续发展的立法宗旨，增加有关生态保育与资源保护的原则性规定，明确环境保护主体的权利义务、环境保护基本政策和主要对策，补充环境资源管理体制与管理机构的权责规定、以及涉外环境法的原则性规定。同时，梳理好资源综合利用立法、能源立法、污染防治立法、自然资源保护立法以及《循环经济促进法》、《可再生能源法》、《节约能源法》、《环境影响评价法》、《固体废物污染环境防治法》和《清洁生产促进法》等与绿色经济相关法律之间的关系，避免重叠和矛盾。在地方层面，各地应在国家立法的框架内，结合本地特色和实际，制定适合地方需要、可操作性强、可促进绿色经济发展的地方性法规、规章和政策标准。尤其是对于现行国家级绿色经济立法空白的区域，如餐桌污染、信息污染、电磁污染和其他污染等，地方可以出台法规或规章，进行试点，对立法的实施效果及时进行评估，为国家级绿色经济立法积累经验。

2. 结合国情，突出重点

绿色经济在我国是新事物，法律法规建设的任务还很重。这些年来，国际社会在绿色经济的立法方面积累了一些经验，我们应理性分析，科学甄别，汲取精华，为我所用。但我国与其他国家所处的发展阶段不同，面临的发展问题也不同，绿色经济的发展模式和侧重点各异，这就决定了我们的法律法规建设必须立足国情，从实际情况出发。比如，应重点加强节能降耗和资源综合利用方面的立法，抓紧制定节约用水、节约用地、节约原材料、资源综合利用、节约能源等方面的专门法规，抓紧出台《农村环境保护条例》、《畜禽养殖污染防治条例》、《排污许可证管理条例》、《饮用水水源保护区污染防治条例》、《生态功能保护区建设与管理条例》、《生态补偿条例》等行政法规，以缓解我国能耗物耗过高、资源能源浪费严重、环境污染形势日趋严峻的现象。

3. 强化激励，完善税制

积极推进修改完善现行绿色经济相关法律法规的工作。特别是要完善相关约束和激励机制；强化现有立法的法律责任条款，对企业高消耗、高污染、高排放的行为要有硬约束；要通过制定一系列的激励措施，支持和推动企业等有关主体大力发展绿色经济。重点是构建完整的环境税制度体系，调整现行税制中不利于环境保护的税种，如对目前的资源税、消费税进行改革；改革排污收费制度，达到以污染控制税为主、排污费为辅的目的，实现环境责任的社会化；开征必要的环境税新税种。环境税的开征可分三个阶段推进。比如，第一阶段，用3～5年时间，完善资源税、消费税、车船税等其他与环境相关的税种。尽快开征独立环境税，二氧化硫、氮氧化合物、二氧化碳和废水排放也可成为环境税税目，选择典型地区进行环境税开征试点。第二阶段，用2～4年时间，进一步完善其他与环境相关的税种和税收政策，扩大环境税的征收范围。如果环境税没有在第一阶段开征，需要在此阶段开征。第三阶段，用3～4年时间，继续扩大环境税的征收范围。结合环境税税制改革情况，进行整体优化，从而构建起成熟和完善的环境税制。

4. 理顺体制，明确职责

目前，我国还没有建立明确的绿色经济监督管理体制，循环经济发展综合管理部门、环保主管部门、农业部门、建设部门等很多部门均有对绿色经济支持、促进、监管的职能，但各部门间的职责不够明确，存在着管理交叉、推诿扯皮、互相掣肘、互相抵消等现象，不利于绿色经济的推进，必须在法律层面理顺绿色经济的监督管理体制。应明确统一监督管理部门和其他相关部门的职责，从机制上做到权责一致、分工合理、执行顺畅、监督有力，形成胸怀全局、干事创业的良好氛围，为绿色经济的推进提供强有力的组织保障。

5. 开放合作，国际衔接

按照 WTO 规则及有关国际环境、气候公约的要求，在维护国家核心利益的前提下，积极开展绿色法律国际合作。进一步完善对外贸易中的环境保护管理法规，特别是涉及人类健康、动植物生命安全、公共安全产品强制性认证以及全球环境保护(如削减和淘汰消耗臭氧层物质)等方面的国内配套立法工作；加强与国际社会的环境交流合作，借鉴其在环境标准管理方面的立法经验，出台适于我国使用的环境标志、环境标准管理体系的实施法规，并对环境税收、生态标志、绿色包装、绿色检疫等环保市场准入制度作出规定；强化外贸与引资项目环境管理、制定和完善以制止国外对我国可能进行的"生态侵略"、"污染转嫁"等方面的法律法规。

>>参考文献<<

[1] 王曦. 小议美国的环境法规体系[J]. 环境保护，1994，4：41-42.

[2] 张国宁，周扬胜. 美国的噪声污染控制法规与标准[J]. 中国环境报，2004，12(2).

附录一

55 个测度指标定义及数据来源

1. 人均地区生产总值

国内生产总值(GDP)是指按市场价格计算的一个国家(或地区)所有常住单位在一定时期内生产活动的最终成果。对于一个地区来说,称为地区生产总值或地区 GDP。计算公式为:

$$人均地区生产总值 = \frac{地区生产总值}{该地区年平均人口数}$$

资料来源:国家统计局:《中国统计年鉴》,北京,中国统计出版社。

2. 单位地区生产总值能耗

能源消费总量是指一定时期内全国(地区)各行业和居民生活消费的各种能源的总和。能源消费总量分为三部分,即终端能源消费量、能源加工转换损失量和能源损失量。

单位地区生产总值能耗是指一定时期内该地区能源消费总量与地区生产总值的比值,反映的是该地区每增加一单位地区生产总值所带来的能源使用的增加量。计算公式为:

$$单位地区生产总值能耗 = \frac{能源消费总量}{地区生产总值}$$

资料来源:国家统计局:《中国统计年鉴》,北京,中国统计出版社。

3. 非化石能源消费量占能源消费量的比重

非化石能源是指除煤炭、石油和天然气之外的其他能源。

非化石能源消费量占能源消费量的比重是指非化石能源消费量在能源消费总量中的百分比。计算公式为:

$$非化石能源消费量占能源消费量的比重 = \frac{非化石能源消费量}{能源消费总量} \times 100\%$$

资料来源：国家统计局：《中国统计年鉴》，北京，中国统计出版社。

4. 单位地区生产总值二氧化碳排放量

单位地区生产总值二氧化碳排放量是指一定时期内某地区二氧化碳排放量与地区生产总值的比值。计算公式为：

$$单位地区生产总值二氧化碳排放量 = \frac{二氧化碳排放量}{地区生产总值}$$

资料来源：国家统计局：《中国统计年鉴》，北京，中国统计出版社。

5. 单位地区生产总值二氧化硫排放量

二氧化硫排放量分为工业二氧化硫排放量和生活二氧化硫排放量，其中工业二氧化硫排放量是指报告期内企业在燃料燃烧和生产工艺过程中排入大气的二氧化硫总量，计算公式为：

工业 SO_2 排放量 = 燃料燃烧过程中 SO_2 排放量 + 生产工艺过程中 SO_2 排放量

生活及其他二氧化硫排放量是以生活及其他煤炭消费量和其含硫量为基础，根据以下公式计算：

生活及其他 SO_2 排放量 = 生活及其他煤炭消费量 × 含硫量 × 0.8 × 2

单位地区生产总值二氧化硫排放量是指一定时期内某地区二氧化硫排放量与地区生产总值的比值。计算公式为：

$$单位地区生产总值二氧化硫排放量 = \frac{二氧化硫排放量}{地区生产总值}$$

资料来源：国家统计局：《中国统计年鉴》，北京，中国统计出版社；国家统计局：《中国环境统计年鉴》，北京，中国统计出版社。

6. 单位地区生产总值化学需氧量排放量

化学需氧量（COD）是指用化学氧化剂氧化水中有机污染物时所需的氧量。COD 值越高，表示水中有机污染物污染越重。化学需氧量排放量主要来自工业废水和生活污水。其中，生活污水中化学需氧量（COD）排放量是指城镇居民每年排放的生活污水中的 COD 的量。用人均系数法计算。计算公式为：

城镇生活污水中 COD 排放量 = 城镇生活污水中 COD 产生系数 × 市镇非农业人口 × 365

单位地区生产总值化学需氧量排放量是指一定时期内某地区化学需氧量排放量与某地区生产总值的比值。计算公式为：

$$单位地区生产总值化学需氧量排放量 = \frac{化学需氧量}{地区生产总值}$$

资料来源：国家统计局：《中国统计年鉴》，北京，中国统计出版社；国家统计局：《中国环境统计年鉴》，北京，中国统计出版社。

7. 单位地区生产总值氮氧化物排放量

单位地区生产总值氮氧化物排放量是指一定时期内某地区氮氧化物排放量与地区生产总值的比值。计算公式为：

$$单位地区生产总值氮氧化物排放量 = \frac{氮氧化物排放量}{地区生产总值}$$

资料来源：国家环境保护总局：《中国环境统计公报》。

8. 单位地区生产总值氨氮排放量

单位地区生产总值氨氮排放量是指一定时期内某地区氨氮排放量与某地区生产总值的比值。计算公式为：

$$单位地区生产总值氨氮排放量 = \frac{氨氮排放量}{地区生产总值}$$

资料来源：国家环境保护总局：《中国环境统计公报》。

9. 单位地区生产总值工业固体废物排放量

工业固体废物排放量是指报告期内企业将所产生的固体废物排到固体废物污染防治设施、场所以外的数量，不包括矿山开采的剥离废石和掘进废石（煤矸石和呈酸性或碱性的废石除外）。

单位地区生产总值工业固体废物排放量是指一定时期内某地区工业固体废物排放量与地区生产总值的比值。计算公式为：

$$单位地区生产总值工业固体废物排放量 = \frac{工业固体废物排放量}{地区生产总值}$$

资料来源：国家统计局：《中国统计年鉴》，北京，中国统计出版社。

10. 第一产业劳动生产率

第一产业劳动生产率是指一定时期内第一产业增加值与第一产业年平均就业人员数的比值。计算公式为：

第一产业劳动生产率

$$= \frac{第一产业增加值}{(上年年末第一产业就业人员数 + 当年年末第一产业就业人员数)/2} \times 100\%$$

资料来源：国家统计局：《中国统计年鉴》，北京，中国统计出版社。

11. 土地产出率

土地产出率是指一定时期内该地区种植业产值与农作物播种面积的比值。计算公式为：

$$土地产出率 = \frac{种植业产值}{农作物播种面积} \times 100\%$$

资料来源：国家统计局：《中国统计年鉴》，北京，中国统计出版社。

12. 第二产业劳动生产率

第二产业劳动生产率是指一定时期内第二产业增加值与第二产业年平均就业人员数的比值。计算公式为：

第二产业劳动生产率

$$= \frac{第二产业增加值}{(上年年末第二产业就业人员数 + 当年年末第二产业就业人员数)/2} \times 100\%$$

资料来源：国家统计局：《中国统计年鉴》，北京，中国统计出版社。

13. 单位工业增加值水耗

工业增加值是指工业企业在报告期内以货币表现的工业生产活动的最终成果。

工业用水量是指工矿企业在生产过程中用于制造、加工、冷却、空调、净化、洗涤等方面的用水，按新水取用量计，不包括企业内部的重复利用水量。

单位工业增加值水耗是指一定时期内工业用水量与工业增加值的比值。计算公式为：

$$单位工业增加值水耗 = \frac{工业用水量}{工业增加值}$$

资料来源：国家统计局：《中国统计年鉴》，北京，中国统计出版社。

14. 规模以上工业增加值能耗

规模以上工业增加值能耗指的是规模以上工业企业能源使用量与规模以上工业增加值的比值。计算公式为：

$$规模以上工业增加值能耗 = \frac{规模以上工业企业能源使用量}{规模以上工业增加值}$$

资料来源：国家统计局：《中国统计年鉴》，北京，中国统计出版社。

15. 工业固体废物综合利用率

工业固体废物综合利用率是指工业固体废物综合利用量占工业固体废物产生量（包括综合利用往年贮存量）的百分率。计算公式为：

$$工业固体废物利用率 = \frac{工业固体废物综合利用量}{工业固体废物产生量 + 综合利用往年贮存量} \times 100\%$$

其中，工业固体废物产生量是指报告期内企业在生产过程中产生的固体状、半固体状和高浓度液体状废弃物的总量，包括危险废物、冶炼废渣、粉煤灰、炉渣、煤矸石、尾矿、放射性废物和其他废物等，不包括矿山开采的剥离废石和掘进废石(煤矸石和呈酸性或碱性的废石除外)。酸性或碱性废石指采掘的废石其流经水、雨淋水的 pH 值小于 4 或 pH 值大于 10.5 者。工业固体废物综合利用量是指报告期内企业通过回收、加工、循环、交换等方式,从固体废物中提取或者使其转化为可以利用的资源、能源和其他原材料的固体废物量(包括当年利用往年的工业固体废物贮存量),如用作农业肥料、生产建筑材料、筑路等。综合利用量由原产生固体废物的单位统计。

资料来源:国家统计局:《中国统计年鉴》,北京,中国统计出版社。

16. 工业用水重复利用率

工业用水重复利用率是指在一定时期内,生产过程中使用的重复利用水量与总用水量之比。计算公式为:

$$工业用水重复利用率 = \frac{重复利用水量}{生产中取用的新水量 + 重复利用水量} \times 100\%$$

资料来源:国家统计局:《中国环境统计年鉴》,北京,中国统计出版社。

17. 高载能工业产品产值占工业总产值比重

工业总产值是指以货币形式表现的,工业企业在一定时期内生产的工业最终产品或提供工业性劳务活动的总价值量。它反映一定时间内工业生产的总规模和总水平。

高载能工业产品产值是指一定时期内石油加工、炼焦及核燃料加工业,化学原料及化学制品制造业,非金属矿物制品业,黑色金属冶炼及压延加工业,有色金属冶炼及压延加工业,电力热力的生产和供应业六大行业产品产值之和。

高载能工业产品产值占工业总产值比重是指一定时期内高载能工业产品产值与工业总产值的比值。计算公式为:

$$高载能工业产品产值占工业总产值比重 = \frac{高载能工业产品产值}{工业总产值} \times 100\%$$

资料来源:国家统计局:《中国工业经济统计年鉴》,北京,中国统计出版社。

18. 火电供电煤耗

火电供电煤耗是指报告期内每供一千瓦时电量所需耗用的标准煤量。计算公式为:

$$火电供电煤耗 = \frac{发电标准煤耗}{1 - 发电厂用电率/100} \times 100\%$$

资料来源:《中国电力工业统计快报》。

19. 第三产业劳动生产率

第三产业劳动生产率是指一定时期内第三产业增加值与第三产业年平均就业

人员数的比值。计算公式为：

第三产业劳动生产率

$$= \frac{第三产业增加值}{(上年年末第三产业就业人员数＋当年年末第三产业就业人员数)/2} \times 100\%$$

资料来源：国家统计局：《中国统计年鉴》，北京，中国统计出版社。

20. 第三产业增加值比重

第三产业增加值比重是指报告期内第三产业增加值占地区生产总值的百分比。计算公式为：

$$第三产业增加值比重 = \frac{第三产业增加值}{地区生产总值} \times 100\%$$

资料来源：国家统计局：《中国统计年鉴》，北京，中国统计出版社。

21. 第三产业从业人员比重

第三产业从业人员比重是指报告期内第三产业就业人员占全部产业就业人员的百分比。计算公式为：

$$第三产业从业人员比重 = \frac{第三产业就业人员}{全部产业就业人员} \times 100\%$$

资料来源：国家统计局：《中国统计年鉴》，北京，中国统计出版社。

22. 人均当地水资源量

水资源总量是指评价区内降水形成的地表和地下产水总量，即地表产流量与降水入渗补给地下水量之和，不包括过境水量。

人均当地水资源量是指一定时期内一个地区个人平均拥有的地表和地下产水总量。计算公式为：

$$人均当地水资源量 = \frac{该地区的水资源总量}{该地区总人数}$$

资料来源：国家统计局：《中国统计年鉴》，北京，中国统计出版社。

23. 人均森林面积

森林面积是指由乔木树种构成，郁闭度 0.2 以上（含 0.2）的林地或冠幅宽度 10 米以上的林带的面积，即有林地面积。森林面积包括天然起源和人工起源的针叶林面积、阔叶林面积、针阔混交林面积和竹林面积，不包括灌木林地面积和疏林地面积。

人均森林面积是指一定时期内一个地区个人平均拥有的有林地面积。计算公式为：

$$人均森林面积 = \frac{该地区森林面积}{该地区总人数}$$

资料来源：国家统计局：《中国统计年鉴》，北京，中国统计出版社。

24. 森林覆盖率

森林覆盖率指一个国家或地区森林面积占土地面积的百分比。在计算森林覆盖率时，森林面积包括郁闭度 0.20 以上的乔木林地面积和竹林地面积、国家特别规定的灌木林地面积、农田林网以及四旁(村旁、路旁、水旁、宅旁)林木的覆盖面积。森林覆盖率表明一个国家或地区森林资源的丰富程度和生态平衡状况，是反映林业生产发展水平的主要指标。计算公式为：

森林覆盖率

$$= \frac{森林面积}{土地总面积} \times 100\% + \frac{灌木林地面积}{土地总面积} \times 100\% + \frac{林网树占地面积}{土地总面积} \times 100\% +$$

$$\frac{四旁树占地面积}{土地总面积} \times 100\%$$

资料来源：国家统计局：《中国环境统计年鉴》，北京，中国统计出版社。

25. 自然保护区面积占辖区面积比重

自然保护区是指对有代表性的自然生态系统、珍稀濒危野生动植物物种的天然分布区、水源涵养区、有特殊意义的自然历史遗迹等保护对象所在的陆地、陆地水体或海域，依法划出一定面积进行特殊保护和管理的区域。以县及县以上各级人民政府正式批准建立的自然保护区为准(包括"六五"以前由部门或"革委会"批准且现仍存在的自然保护区)。风景名胜区、文物保护区不计在内。

自然保护区面积占辖区面积比重的计算公式为：

$$自然保护区面积占辖区面积比重 = \frac{自然保护区面积}{辖区面积} \times 100\%$$

资料来源：国家统计局：《中国环境统计年鉴》，北京，中国统计出版社。

26. 单位土地面积二氧化碳排放量

土地调查面积是指行政区域内的土地调查总面积，包括农用地、建设用地和未利用地。

单位土地面积二氧化碳排放量的计算公式为：

$$单位土地面积二氧化碳排放量 = \frac{二氧化碳排放量}{土地调查面积}$$

资料来源：国家统计局：《中国环境统计年鉴》，北京，中国统计出版社；国家统计局：《中国统计年鉴》，北京，中国统计出版社。

27. 人均二氧化碳排放量

人均二氧化碳排放量的计算公式为：

$$人均二氧化碳排放量 = \frac{当年二氧化碳排放量}{年平均人口}$$

28. 单位土地面积二氧化硫排放量

单位土地面积二氧化硫排放量的计算公式为：

$$单位土地面积二氧化硫排放量 = \frac{二氧化硫排放量}{土地调查面积}$$

资料来源：国家统计局：《中国环境统计年鉴》，北京，中国统计出版社；国家统计局：《中国统计年鉴》，北京，中国统计出版社。

29. 人均二氧化硫排放量

人均二氧化硫排放量的计算公式为：

$$人均二氧化硫排放量 = \frac{当年二氧化硫排放量}{年平均人口}$$

资料来源：国家统计局：《中国环境统计年鉴》，北京，中国统计出版社；国家统计局：《中国统计年鉴》，北京，中国统计出版社。

30. 单位土地面积化学需氧量排放量

单位土地面积化学需氧量排放量的计算公式为：

$$单位土地面积化学需氧量排放量 = \frac{化学需氧量排放量}{土地调查面积}$$

资料来源：国家统计局：《中国环境统计年鉴》，北京，中国统计出版社；国家统计局：《中国统计年鉴》，北京，中国统计出版社。

31. 人均化学需氧量排放量

人均化学需氧量排放量的计算公式为：

$$人均化学需氧量排放量 = \frac{当年化学需氧量排放量}{年平均人口}$$

资料来源：国家统计局：《中国环境统计年鉴》，北京，中国统计出版社；国家统计局：《中国统计年鉴》，北京，中国统计出版社。

32. 单位土地面积氮氧化物排放量

单位土地面积氮氧化物排放量的计算公式为：

$$单位土地面积氮氧化物排放量 = \frac{当年氮氧化物排放量}{土地调查面积}$$

资料来源：国家环境保护总局：《中国环境统计公报》；国家统计局：《中国统计年鉴》，北京，中国统计出版社。

33. 人均氮氧化物排放量

人均氮氧化物排放量的计算公式为：

$$人均氮氧化物排放量 = \frac{当年氮氧化物排放量}{年平均人口}$$

资料来源：国家环境保护总局：《中国环境统计公报》；国家统计局：《中国统计年鉴》，北京，中国统计出版社。

34. 单位土地面积氨氮排放量

单位土地面积氨氮排放量的计算公式为：

$$单位土地面积氨氮排放量 = \frac{当年氨氮排放量}{土地调查面积}$$

资料来源：国家统计局：《中国环境统计年鉴》，北京，中国统计出版社；国家统计局：《中国统计年鉴》，北京，中国统计出版社。

35. 人均氨氮排放量

人均氨氮排放量的计算公式为：

$$人均氨氮排放量 = \frac{当年氨氮排放量}{年平均人口}$$

资料来源：国家统计局：《中国环境统计年鉴》，北京，中国统计出版社；国家统计局：《中国统计年鉴》，北京，中国统计出版社。

36. 单位土地面积工业固体废物排放量

单位土地面积工业固体废物排放量的计算公式为：

$$单位土地面积工业固体废物排放量 = \frac{当年工业固体废物排放量}{土地调查面积}$$

资料来源：国家统计局：《中国环境统计年鉴》，北京，中国统计出版社；国家统计局：《中国统计年鉴》，北京，中国统计出版社。

37. 人均工业固体废物排放量

人均工业固体废物排放量的计算公式为：

$$人均工业固体废物排放量 = \frac{当年工业固体废物排放量}{年平均人口}$$

资料来源：国家统计局：《中国环境统计年鉴》，北京，中国统计出版社；国家统计局：《中国统计年鉴》，北京，中国统计出版社。

38. 单位耕地面积化肥施用量

农用化肥施用量指本年内实际用于农业生产的化肥数量，包括氮肥、磷肥、钾肥和复合肥。化肥施用量要求按折纯量计算数量。折纯量是指把氮肥、磷肥、钾肥分别按含氮、含五氧化二磷、含氧化钾的百分之百成分进行折算后的数量。复合肥按其所含主要成分折算。计算公式为：

折纯量＝实物量×某种化肥有效成分含量的百分比

耕地面积指经过开垦用以种植农作物并经常进行耕耘的土地面积。包括种有作物的土地面积、休闲地、新开荒地和抛荒未满三年的土地面积。单位耕地面积化肥施用量的计算公式为：

$$单位耕地面积化肥施用量 = \frac{化肥施用量}{耕地面积}$$

资料来源：国家统计局：《中国环境统计年鉴》，北京，中国统计出版社；国家统计局：《中国统计年鉴》，北京，中国统计出版社。

39. 单位耕地面积农药使用量

单位耕地面积农药使用量是指在一定时期内单位耕地面积上的农药使用量。计算公式为：

$$单位耕地面积农药使用量 = \frac{农药使用量}{耕地面积}$$

资料来源：国家统计局：《中国环境统计年鉴》，北京，中国统计出版社；国家统计局：《中国统计年鉴》，北京，中国统计出版社。

40. 环境保护支出占财政支出比重

环境保护支出是指政府环境保护支出，包括环境保护管理事务支出、环境监测与监察支出、污染治理支出、自然生态保护支出、天然林保护工程支出、退耕还林支出、风沙荒漠治理支出、退牧还草支出、已垦草原退耕还草支出、能源节约利用支出、污染减排支出、可再生能源和资源综合利用支出等。环境保护支出占财政支出比重是指环境保护支出占财政支出的百分比。计算公式为：

$$环境保护支出占财政支出比重 = \frac{环境保护支出}{财政支出} \times 100\%$$

资料来源：国家统计局：《中国统计年鉴》，北京，中国统计出版社。

41. 环境污染治理投资占地区生产总值比重

环境污染治理投资是指在工业污染源治理和城市环境基础设施建设的资金投入中，用于形成固定资产的资金。包括工业污染源治理投资和"三同时"项目环保投资，以及城市环境基础设施建设所投入的资金。

环境污染治理投资占地区生产总值比重是指环境污染治理投资与地区生产总值的比值。计算公式为：

$$环境污染治理投资占地区生产总值比重 = \frac{环境污染治理投资}{地区生产总值} \times 100\%$$

资料来源：国家统计局：《中国环境统计年鉴》，北京，中国统计出版社；国家统计局：《中国统计年鉴》，北京，中国统计出版社。

42. 农村人均改水、 改厕的政府投资

农村人口是指居住和生活在县城（不含）以下的乡镇、村的人口。

农村人均改水、改厕的政府投资计算公式为：

$$农村人均改水、改厕的政府投资 = \frac{农村改水投资 + 农村改厕投资}{乡村人口}$$

资料来源：国家统计局：《中国环境统计年鉴》，北京，中国统计出版社。

43. 单位耕地面积退耕还林投资完成额

单位耕地面积退耕还林投资完成额的计算公式为：

$$单位耕地面积退耕还林投资完成额 = \frac{退耕还林投资完成额}{耕地面积}$$

资料来源：国家统计局：《中国环境统计年鉴》，北京，中国统计出版社。

44. 科教文卫支出占财政支出比重

科学技术支出是指用于科学技术方面的支出，包括科学技术管理事务、基础研究、应用研究、技术研究与开发、科技条件与服务、社会科学、科学技术普及、科技交流与合作等。

教育支出是指政府教育事务支出，包括教育行政管理、学前教育、小学教育、初中教育、普通高中教育、普通高等教育、初等职业教育、中专教育、技校教育、职业高中教育、高等职业教育、广播电视教育、留学生教育、特殊教育、干部继续教育、教育机关服务等。

文化教育与传媒支出是指政府在文化、文物、体育、广播影视、新闻出版等方面的支出。

医疗卫生支出是指政府医疗卫生方面的支出，包括医疗卫生管理事务支出、医疗服务支出、医疗保障支出、疾病预防控制支出、卫生监督支出、妇幼保健支出、农村卫生支出等。

科教文卫支出占财政支出比重的计算公式为：

科教文卫支出占财政支出比重

$$= \frac{（科学技术支出 + 教育支出 + 文化体育与传媒支出 + 医疗卫生支出）}{一般公共服务支出} \times 100\%$$

资料来源：国家统计局：《中国统计年鉴》，北京，中国统计出版社。

45. 城市人均绿地面积

绿地面积是指报告期末用作绿化的各种绿地面积。包括公园绿地、单位附属绿地、居住区绿地、生产绿地、防护绿地和风景林地的总面积。人均绿地面积计算公式为：

$$人均绿地面积 = \frac{绿地面积}{城市非农人口}$$

资料来源：国家统计局：《中国城市统计年鉴》，北京，中国统计出版社。

46. 城市用水普及率

城市用水普及率是指城市用水人口数与城市人口总数的比率。计算公式为：

$$用水普及率 = \frac{城市用水人口数}{城市人口总数} \times 100\%$$

资料来源：国家统计局：《中国环境统计年鉴》，北京，中国统计出版社。

47. 城市污水处理率

城市污水处理率是指城市污水处理量占城市污水排放量的比重。计算公式为：

$$城市污水处理率 = \frac{城市污水处理量}{城市污水排放量} \times 100\%$$

资料来源：国家统计局：《中国环境统计年鉴》，北京，中国统计出版社。

48. 城市生活垃圾无害化处理率

城市生活垃圾无害化处理率是指报告期内生活垃圾无害化处理量与生活垃圾产生量的比率。在统计上，由于生活垃圾产生量不易取得，可用清运量代替。计算公式为：

$$生活垃圾无害化处理率 = \frac{生活垃圾无害化处理量}{生活垃圾产生量} \times 100\%$$

资料来源：国家统计局：《中国环境统计年鉴》，北京，中国统计出版社。

49. 城市每万人拥有公交车辆

城市每万人拥有公交车辆是指报告期内城市每万人拥有的不同类型的运营车辆按统一的标准折算成的营运车辆数。计算公式为：

$$每万人拥有公共交通车辆 = \frac{公共交通运营车标台数}{城市人口总数}$$

资料来源：国家统计局：《中国统计年鉴》，北京，中国统计出版社。

50. 矿区生态环境恢复治理率

矿区生态环境恢复治理率是指矿山生态环境恢复面积占矿山占用破坏土地面积的比重。计算公式为：

$$矿区生态环境恢复治理率 = \frac{矿山生态环境恢复面积}{矿山占用破坏土地面积} \times 100\%$$

资料来源：国家统计局：《中国环境统计年鉴》，北京，中国统计出版社。

51. 人均造林面积

造林是指在宜林荒山荒地、宜林沙荒地、无立木林地、疏林地和退耕地等其他宜林地上通过人工措施形成或恢复森林、林木、灌木林的过程。人均造林面积计算公式为：

$$人均造林面积 = \frac{造林总面积}{年平均人口}$$

资料来源：国家统计局：《中国环境统计年鉴》，北京，中国统计出版社；国家统计局：《中国统计年鉴》，北京，中国统计出版社。

52. 工业二氧化硫去除率

工业二氧化硫排放量是指报告期内企业在燃料燃烧和生产工艺过程中排入大气的二氧化硫总量。工业二氧化硫去除量是指燃料燃烧和生产工艺废气经过各种废气治理设施处理后，去除的二氧化硫量。

工业二氧化硫去除率是指工业二氧化硫去除量占工业二氧化硫排放量和工业二氧化硫去除量总和的比重。计算公式为：

$$工业二氧化硫去除率 = \frac{工业二氧化硫去除量}{(工业二氧化碳硫去除量 + 工业二氧化硫排放量)} \times 100\%$$

资料来源：国家统计局：《中国环境统计年鉴》，北京，中国统计出版社；国家环境保护总局：《中国环境统计年报》。

53. 工业化学需氧量去除率

工业化学需氧量去除率是指工业化学需氧量去除量占工业化学需氧量排放量和工业化学需氧量去除量总和的比重。计算公式为：

$$工业化学需氧量去除率 = \frac{工业化学需氧量去除量}{(工业化学需氧量去除量 + 工业化学需氧量排放量)} \times 100\%$$

资料来源：国家统计局：《中国环境统计年鉴》，北京，中国统计出版社；国家环境保护总局：《中国环境统计年报》。

54. 工业氮氧化物去除率

工业氮氧化物排放量是指工业生产过程中排入大气的氮氧化物量。工业氮氧化物去除量是指工业生产过程中的废气经过各种废气治理设施处理后，去除的氮氧化物量。

工业氮氧化物去除率是指工业氮氧化物去除量占工业氮氧化物排放量和工业氮氧化物去除量总和的比重。计算公式为：

$$工业氮氧化物去除率 = \frac{工业氮氧化物去除量}{(工业氮氧化物去除量 + 工业氮氧化物排放量)} \times 100\%$$

资料来源：国家统计局：《中国环境统计年鉴》，北京，中国统计出版社；国家环境保护总局：《中国环境统计年报》。

55. 工业氨氮去除率

工业氨氮去除率是指工业氨氮去除量占工业氨氮排放量和工业氨氮去除量总和的比重。计算公式为：

$$\text{工业氨氮去除率} = \frac{\text{工业氨氮去除量}}{(\text{工业氨氮去除量} + \text{工业氨氮排放量})} \times 100\%$$

资料来源：国家统计局：《中国环境统计年鉴》，北京，中国统计出版社；国家环境保护总局：《中国环境统计年报》。

附录二
国外绿色指数相关研究述评

国民经济绿色发展成为世界的潮流，也构成中国科学发展的重要内容。目前，"绿色"在经济社会中的作用逐渐显现，国际机构和国外学者不断对绿色指数进行探索。虽然与绿色指数相关的研究很多，但明确提出"绿色指数"的不多，由于研究内容的不同，绿色指数的含义和指标测度体系的差异也很大。本文基于"绿色指数"测度的不同内容，对其相关研究进行述评，主要体现在宏观经济、生态环境、资源能源和生活质量四个方面。

>>一、测度宏观经济的绿色指数<<

20 世纪 60 年代以来，随着全球性的资源短缺、生态环境恶化等问题给人类带来空前的挑战，一些学者和专家意识到用 GDP 来衡量一个国家或地区的经济增长存在一定的缺陷。国外经济绿色指数的研究大部分集中在对绿色 GDP 相关理论和统计核算的探索方面。概括起来，与绿色 GDP 相关的理论指标可归纳为三类：

第一类是从经济增长与资源、环境关系的角度进行研究。20 世纪 70 年代以来，国际组织、各国政府和一些学者开始关注如何衡量资源、生态环境在经济发展中的作用并就实现其与经济增长相结合的情况进行了有益探索。Leipert 等（1987）提出在度量经济进步时，应该进行绿色国民经济核算，考虑引起环境污染的经济活动所带来的负面影响价值，主张从净投资的核算中减去消耗掉的自然资源储备价值。1989 年，卢佩托（Rober Repetoo）等提出净国内生产指标 NDP（Net Domestic Product），重点考虑了自然资源的耗损与经济增长之间的关系。

第二类是从福利经济的视角探讨绿色经济。最早对此进行尝试的是托宾（James Tobin）和诺德豪斯（William Nordhaus），1972 年他们提出了净经济福利指标 NEW(Net Economic Welfare)，主张把污染等经济行为所产生的社会成本从GDP 中扣除，同时加入被忽略的家政活动、社会义务等经济活动。1973 年，日本政府提出净国民福利指标 NNW(Net National Welfare)，该指标将超过政府污染标准的生产所产生的治污费用从 GDP 中扣除，同时将闲暇活动的价值也列入核算范围。1989 年，Herman E. Daly 和 John B. Cobb Jr. 提出了可持续经济福利指标 ISEW(Index of Sustainable Economic Welfare)，该指标考虑了社会因素造成的成本损失，如财富分配不均、失业率、犯罪率等对社会带来的危害，同时更加明晰地区分经济活动中的成本与效益，如医疗支出等社会成本，不能算作是对经济的贡献。在可持续的研究基础上，Clifford Cobb，Ted Halstead 和 Jonathan Rowe(1995)提出了真实发展指标 GPI(Genuine Progress Indicator)，用以衡量一个国家或地区的真实经济福利，该指标包括社会、经济和环境三个账户，为国家拥有的真实"财富"及其发展随时间的动态变化，提供了一种可比的统一标尺。可以说，可持续经济福利指标和真实发展指标是全面反映经济、社会、环境的计量工具，将 GDP 按照与环境、社会和人力资本相关的全部收益和成本进行调整(Neumayer，2000；Lawn，2003)。

第三类是从财富的视角探讨绿色经济。1995 年，世界银行在《世界发展报告》中首次用"扩展的财富"EW(Extensive Wealth)指标来衡量全球或区域的发展，该指标由自然资源、生产资本、人力资本和社会资本四类构成，专家们公认"扩展的财富"比较客观、公正、科学地反应了世界各地区发展的真实情况。同年，世界银行还在《监测环境进展》中提出了真实储蓄率指标 GS(Genuine Savings)，该指标核算了自然资源的枯竭和环境污染的损害之后的一个国家真实的储蓄率，为评价一个国家或地区财富与发展水平的动态变化提供了更加有力的依据。

以上三类指标可看作是对宏观经济绿色指数相关研究的早期探索，在理论分析的基础上，逐渐形成了规范和应用于实践的绿色 GDP 核算。目前国际上主要的绿色 GDP 核算方式有联合国的环境与经济综合核算体系 SEEA(System of Integrated Environmental and Economic Accounting)、菲律宾的环境与自然资源核算体系 ENRAP(Environmental and Natural Resources Accounting Project)、荷兰的包含环境账户的国民经济核算矩阵 NAMEA(National Accounting Matrix Including Environmental Accounts)和欧洲环境的经济信息收集体系 SERIEE(European System for the Collection of Economic Information on the Environment)四类。这几种核算体系在侧重点上各有不同，目前世界各国的国民经济核算，基本是按照联合国制定的国民经济核算体系进行(Castaneda，1999)，但是从各国开展绿色核算的情况来看，还没有形成一个能够客观、真实、全面反映资源环境的核算体系，绿色 GDP 核算仍处于不断研究探索中。

>>二、侧重生态环境的绿色指数<<

20 世纪 50 年代以来，生态环境问题受到越来越多的关注，对环境影响评价的研究逐渐兴起。侧重生态环境的绿色指数测算了经济活动对生态环境的破坏状况，并关注环境与经济增长之间的相互关系，是各国制定环境政策和调整环境战略的重要依据。

目前，明确提出评价环境质量的"绿色指数"的研究成果是 Hall，B. 和 Kerr，M. L. 的《1991—1992 绿色指数——对各州环境质量的评价》(Hall，B. & Kerr，M. L.，1991)。该书提出了"绿色指数"的概念，对美国 50 个州的环境质量状态进行了评估。绿色指数评价指标体系分为一级、二级、三级指标这三个层次。其中，一级指标包括两大类，一类是绿色状态指标，由空气污染、水污染、能源消费和交通、有毒物质、危险品和固体废弃物、社区卫生和工作环境、农林渔业和娱乐 7 类二级指标共计 179 个三级指标构成；另一类是绿色政策指标，包含议会领导、政策促进等 2 类二级指标共计 77 个三级指标构成，突出了政府在促进环境质量提高方面发挥的作用，对于督促地方政府在环境保护中有所作为具有明确的实践意义。该书的指标体系中大部分是相对指标，即大量采用比例、结构、平均、变动率等形式的指标①，评估方法采用的是排名法。

其他与绿色指数相关的侧重环境影响的指数有：环境可持续性指标 ESI(Environmental sustainability index)、环境绩效指数 EPI(Environmental performance index)、美国碳效率指数 USCEI(US carbon efficient index)等。2000 年，美国耶鲁大学和哥伦比亚大学合作开发了环境可持续性指标 ESI，对不同国家的环境状况进行系统化、定量化的比较，包含 5 个组成部分、21 个指标和 64 个变量，测试结果于当年 1 月在瑞士达沃斯举办的世界经济论坛(WEF)上公布。此后，该指标不断被更新、改进，分别于 2001 年、2002 年和 2005 年推出新版本。2006 年，

---

① 其中，比例指标是一个统计量相对于常见的参照统计量(如 GDP、人口、面积)的比值，这类指标主要是为剔除各州的人口、面积等差异对总量统计指标的影响，更为客观地进行评价；结构指标是反映部分与总体比例的指标，如受污染的河流长度的比例；平均指标用以反映一定时间段中某项经常处于不稳定状态的统计量的均值水平，如衡量酸雨严重程度的 pH 值水平，选用的是 1990 年 2 月、7 月、10 月统计数据的均值；变动率指标主要指增长率指标，它是反映某环境统计量在一定时间段中的变化程度的流量指标，如碳排放增速。

耶鲁大学和哥伦比亚大学的研究者首次发布了环境绩效指数 EPI，该指数是在环境可持续性指标 ESI 的基础上发展而来的，按照环境健康、空气质量、水资源、生物多样性和栖息地、生产性自然资源和可持续能源六大类别中的 16 项指数，评估各国政府在环保方面的表现，并对世界各国进行排名，其后他们又分别于 2008 年和 2010 年发布了新的报告。2006 年，《绿色环保指南》采用美国各城市的空气质量、废品回收利用情况、城市绿地面积及交通运输等指标用以评估"最绿色城市"，尤金市最终当选。2009 年，标准普尔公司针对投资者对环境集中指数日益增长的需求，推出了美国碳效率指数 USCEI，测量大型美国公司在相对较低的碳排放量方面的绩效，该指数是标准普尔公司全球专题指数系列的一部分。

另外，有些绿色指数则着眼于生态承载力的角度，如生态需求指标 ERI(Ecological requisite index)、生态足迹指标 EF (Ecological footprint)、生态服务指标体系 ESI(Ecological service index)等。1971 年，美国麻省理工学院提出了生态需求指标 ERI，试图利用该指标定量测算经济增长与资源环境压力之间的对应关系，此指标被国外一些学者认为是 1986 年布伦特兰报告的思想先锋(Goldsmith，1972)。1992 年加拿大生态经济学家 Willliam E. Rees 提出了生态足迹指标 EF，1996 年 Wackernagel 等人对这一指标进行了完善，该指标是指在一定人口和经济规模下，维持资源消费和废弃物吸收所必须的土地面积，实际上从环境和资源承载力的角度评估人类对自然的影响。1997 年，Constanza 和 Lubchenco 等人构建了生态服务指标体系 ESI，以测算全球自然环境为人类所提供服务的价值，按生态环境对人类的作用把生态系统分为生活与生产物质的提供、生命支持系统的维持、精神生活的享受三类。此外，OECD 和世界可持续发展商业委员会(WBCSD)开始在研究与政策中引入生态效率概念。OECD(1998)认为生态效率是生态资源用于满足人类需要的效率，WBCSD(2000)认为生态效率是通过提供能满足人类需要和提高生活质量的竞争性定价商品和服务，同时使整个寿命周期的生态影响与资源强度逐渐降低到一个至少与地区的估计承载能力一致的水平来实现的。

>>三、侧重资源能源的绿色指数<<

资源能源的绿色指数相关研究首先集中在资源承载力方面，Hadwen 和 Palmer(1922)在研究了阿拉斯加驯鹿的数量波动后，首次将承载力定义为：在草场条件不至于威胁到牲畜的变化范围内，所能支持的牲畜的最大数量。1977 年，联合国粮农组织协同联合国人口活动基金会和国际应用系统分析研究所,对全球五个区域 117 个发展中国家的土地资源的人口承载能力进行研究。Jonathan 和 Scott Kennedy (1999)从供水的角度对城市水资源承载力进行了相关研究。Rijisberman 和 Frans (2000)在研究城市水资源评价和管理体系中将承载力作为城市水资源安全保障的衡量标准。

　　能源作为最重要的资源,与能源绿色指数相关的研究有很多,大体可分为能源开发、能源消费结构等两类。第一类是与能源开发相关的绿色指数。比如,2008 年,标准普尔公司提出了全球替代能源指数 S&PGAEI(S&P global alternative energy index),该指数结合了标准普尔全球清洁能源指数 S&PPGCEI(S&P global clean energy index)和标准普尔全球核能源 S&PGNEI(S&P global nuclear energy index),从全球角度出发,强调重视清洁能源技术的推广运用,侧重引导更加广泛的替代能源的过渡。但是该指数主要运用于发达国家的新兴市场,具有一定的局限性。2010 年,美国著名研究机构 Clean Edge 在其报告 *Clean Edge Stock Indices Stumble* 中发布了纳斯达克清洁绿色能源指数 CELS(The NASDAQ clean edge green energy index),用以追踪那些致力于绿色能源技术领域的制造商、开发商、经销商企业的行为,并衡量其运营情况。

　　第二类是与能源消费结构相关的绿色指数。2000 年,Lee Schipper, Fridtjof Unander 和 Celine Marie-Lilliu 在 *The IEA Energy Indicators* 中介绍了绿色能源体系,分析了能源利用结构与经济和人类活动的关系,测算了人类经济活动所需要的能源量。他们采用因素分解法来构建指标体系,把影响能源利用结构的经济、技术、政策和人等因素作为指标选取的依据,描述了能源利用和碳排放对人类经济活动的重要影响,为各个国家减少碳排放量提供了依据,但是该指标体系不能对能源现状和经济活动进行完整的分析。2005 年,Greg Nothstein 在 2005 *Washington State Energy Indicators* 中详细阐述了美国华盛顿的 24 个"能源指标",并分析了华盛顿能源消耗的长期趋势,运用该指标体系能够对华盛顿长期的能源消耗及其影响进行评估。2009 年 5 月,新西兰经济发展部(New Zealand Ministry of Economic Development)发布了《新西兰能源发展指数报告 2009》,报告中将指标分为以下五大类:安全、环境影响、能源强度、承受能力和定价,这些指标试图衡量的是新西兰能源的关键领域。

>>四、侧重生活质量的绿色指数<<

　　目前,国外对绿色指数的研究还涉及消费者的生活方式这一领域。2008 年,美国《国家地理》杂志与加拿大的 GlobeScan 公司合作发起了一项名为"绿色指数（Green index）"的关于消费者环境相关消费行为的全球调查。首次调查在全球 14 个国家的 14 000 名消费者中进行，消费者被询问其与环境相关的消费行为，研究人员对反馈信息进行国别分析并撰写研究报告。该"绿色指数"旨在度量消费者的环保生活方式，测量消费者的生活方式在住房、交通、食品和商品这 4 方面对环境的影响。2009 年，此项调查扩展至 17 个国家，每个国家仍然是选取 1 000 名消费者参与网上调查，结果显示，发展中国家印度、巴西、中国和阿根廷名列绿色指数前四名，而美国、加拿大、日本和英国则排名倒数。

此外，与生活质量的绿色指数相关的研究还有物质生活质量指数 PQLI（Physical quality of life index）、人类发展指数 HDI（Human development index）、快乐星球指数 HPI（Happy planet index）等。其中，物质生活质量指数 PQLI 是在 1975 年曾任美国海外开发委员会主席的詹姆斯·格蒙特和客座研究员大卫·莫里斯的指导下，由美国海外开发委员会提出的，并于 1977 年作为测度贫困居民生活质量的方法正式公布，该指数由婴儿死亡率、预期寿命和识字率三个指标组成。人类发展指数 HDI，是联合国开发计划署在《1990 年人文发展报告》中提出的，是衡量包括生活质量在内的社会发展核心指标，由健康水平、教育程度、生活水平三个指标综合而成。2006 年，英国智库新经济基金会（NEF）提出了快乐星球指数 HPI，该指标主要采用预期寿命、生活满意度以及碳足迹来测量。

>>五、简评<<

国外关于绿色指数的研究确有诸多建树，不管从研究的基本思路、方法，以及指标体系的构建，都为进一步的研究奠定了坚实的基础。由于研究对象和研究目的不同，国外不同机构和学者对绿色指数的定义、评价指标和分析方法都存在一定差异，但总的来说，可以归结为文中提到的宏观经济、生态环境、资源能源和生活质量这四个方面。

第一，从对宏观经济绿色指标的探索到绿色 GDP 核算体系的诞生体现了由理论到实践的进步。测度宏观经济绿色指数的研究轨迹可以概括为：早期考虑的是经济增长与资源环境损失的关系；其后关注社会成本问题，关注污染和财富分配不公、失业率上升和高发的犯罪率带来的损失；进而又从可持续发展的观念出发，考虑财富和真实储蓄，为绿色 GDP 的核算奠定了理论基础。但是，在相关的宏观经济的绿色指数构建中，由于评价指标和分析方法的差异性，对同一目标的评价结果往往不同，同时对环境资源的非市场价值的评价方法也需要不断完善。

第二，国外对侧重生态环境的绿色指数研究较早，生态与环境问题也是绿色指数的重要研究内容之一。可以说，国外对侧重生态环境的绿色指数的研究经历了空间的转移和主题的转换，具体而言，20世纪中叶，面临严峻的生态环境问题，西方发达国家政府机构和专家学者尝试建立的相关绿色指数，主要集中在对生态环境污染破坏程度的测度。随着发达国家产业结构和技术水平的不断升级，很多高耗能高污染产业逐渐向发展中国家转移，发展中国家面临的生态环境问题日益突出，有关生态环境的测度等内容也逐渐在全球范围内展开，并由发达国家向中国、印度、巴西等发展中国家倾斜，而测度的视角也从单一评价环境变成了测度低碳经济、环境与经济增长之间的关系，以及测度环境的可持续性问题。

第三，国外基于资源能源的视角建立绿色指数指标体系，有助于将资源能源问题纳入社会经济规划中统筹考虑，促进经济社会的绿色发展，同时，有利于促进资源能源统计的规范化，提高信息透明度。目前，大部分从资源能源角度对绿色指数进行的研究都是基于国家层面的研究，综合性较强。由于指标项目繁多，许多发展中国家相关统计资料严重欠缺，很多指标难以精确计量；此外，指标体系具有很大的区域局限性，各国经济发展和科技水平悬殊，民众节能意识和认识水平相差甚远，或者缺乏相应的计量手段，给能源绿色指数的测算带来一定的困难。

第四，基于生活质量的绿色指数，是从人的角度构建了绿色指数，充分体现了"以人为本"的精神，同时，评估各国民众在节约以及保护自然资源方面取得的进步以及人民生活质量的改善状况，是从消费的角度审视社会生产，能够创新经济发展观念，并且合理配置经济资源，促进经济社会的绿色发展。不过，上述指标在构建和评价的过程中也存在一些问题需要突破。比如，美国国家地理学会的绿色指数，受一国经济发展水平、文化和政策的影响很大，如果消费者由于经济条件的限制选择了小的住房面积、步行、坐公交车等"环保"的生活方式，而一旦经济条件改善，消费者有可能丢弃"环保"的生活方式。

总的来看，国外与绿色指数相关的研究较多，虽然明确提出"绿色指数"的研究较少，国内也不多，但是不可否认，绿色指数的研究对我国这样一个工业化转轨时期的国家具有重要的理论和实践意义。在我国现有的条件下，如何构建适合我国经济和社会发展方式的绿色指数，并采用科学的指标体系和评价方法对各地区进行比较研究，是一项重要的研究课题，值得深入研究和探讨。

>>参考文献<<

[1] BOB HALL, MARY LEE KERR. 1991—1992 green index: a state-by-state guide to the nation's environmental health[M]. Island Press, 1991.

[2] BUSINESS WIRE. IES Creates Unique Climate Energy Index System for Sustainable Design[EB/OL]. http://www. allbusiness. com/science-technology/earth-atmospheric-science-climatology/13382287-1. html, 2009-11-03.

[3] CASTANEDA B E. An index of sustainable economic welfare(ISEW) for Chile[J]. Ecological Economics, 1999, 28(2): 231-244.

[4] CHRISTINE KIM, et al. , Environmental Performance Index 2010[R], Yale University and Columbia University, 2010-01-28.

[5] CLIFFORD COBB, TED HALSTEAD, JONATHAN ROWE. If the GDP is Up, Why is America Down? [Z]. The Atlantic Monthly, 1995: 59-78.

[6] CRAFTS, N. F. R. The Human Development Index and Changes in Standards of Living: Some Historical Comparisons[J]. European Review of Economic History, 1997, 1 : 299-332 .

[7] DONOVAN N, HALPEM D. Life Satisfaction: The State of Knowledge and Implications for Government [EB/OL]. United Kingdom Treasury Paper, 2002.

[8] GOLDSMITH E. A Blueprint for Survival[M]. London: Ecosystems Ltd. , 1972.

[9] GREG NOTHSTEIN, 2005 Washington State Energy Indicators[EB/OL]. www. commerce. wa. gov/ _ CTED/documents/ID _ 2550 _ Publications. pdf, 2005-09.

[10] HADWEN S. , L. J. PALMER. Reindeer inAlaska, USDA Bulletin. [M]. Washington, D. C. : US Department of Agriculture, 1922.

[11] HARRIS JONATHAN M , SCOTT KENNEDY. Carrying capacity in Agriculture : Global and regional issues[J]. Ecological Economics. 1999 , 29 (3): 443-461.

[12] HERMAN DALY, JOHN COBB. For the Common Good: Redirecting the Economy Toward Community, the Environment, and a Sustainable Future [M]. Boston: Beacon Press. 1989.

[13] LAWN P A. A theoretical foundation to support the index of sustainable economic welfare (ISEW), genuine progress indicator (GPI), and other related indexes[J]. Ecological Economics，2003，44(1)：105-118.

[14] LEIPERT C. A critical appraisal of gross national product：The measurement of net national welfare and environmental accounting[J]. Journal of Economics Issues，1987，21(1)：357-373.

[15] MICHIEL A. Rijsberman and Frans H. M. van de Ven . Different approaches to assessment of design and management of sustainable urban water system [J]. Environment Impact Assessment Review，2000，20（3）：333-345.

[16] NEUMAYER E. On the methodology of ISEW，GPI and related measures：Some constructive suggestions and some doubt on the'threshold'hypothesis [J]. Ecological Economics，2000，34(3)：347-361.

[17] OECD. Eco-efficiency[R]. Paris：Organisation for Economic Cooperation and Development，1998.

[18] REE W E. Ecololgical footprint and appropriated carrying capacity：what urban economics leaves out[J]. Environment and Urbanization，1992，4(2).

[19] WACKERNAGEL M，REES W. Our Ecological Footprint：Reducing Human Impact on the earth[M]. Gabriola Island：New Society Publishers. 1996.

[20] WBCSD. Measuring Eco-efficiency. A Guide to Reporting Company Performance[R]. Geneva：World Business Council for Sustainable Development，2000.

[21] YALE UNIVERSITY CENTER FOR ENVIRONMENTAL LAW AND POLICY，COLUMBIA UNIVERSITY CENTER FOR INTERNATIONAL EARTH SCIENCE INFORMATION NETWORK. 2005 Environmental Sustainability Index：Benchmarking National Environmental Stewardship [R]. World Economic Forum Annual Meeting 2005，Davos，Switzerland，2005-01.

[22] 纳斯达克清洁绿色能源指数"破冰而出"[EB/OL]. http://www. chinaedonline. com/dianzi/news/2010/0426/1779. html，2010-04-26.

附录三
我国绿色发展指数相关研究述评

　　随着资源环境在国民经济运行中地位的日益凸显，如何在资源有效利用和环境保护的基础上实现经济社会的可持续发展成为人们不断思考的问题。"绿色经济"、"生态经济"，以至于"低碳经济"，无一不记录了人们探寻人类社会可持续发展的足迹。虽然名词上不断转换，但"绿色发展"的理念始终贯穿其中。自1992年开始，183个国家和地区就经济增长、社会发展和环境保护问题制定《21世纪议程》，对可持续发展达成了共识以后，人们对绿色发展的探索就从未间断过。20世纪80年代以来，随着我国改革开放的不断深入和国民经济的持续快速发展，经济增长与资源开发、环境保护之间的矛盾不断加剧和凸显。在这种背景下，国内很多研究机构和学者对"绿色发展指数"的相关问题进行了探索性的研究，但由于评价的出发点、最终目的以及体系的不同，"绿色发展指数"的内涵差异较大。概括而言，国内对"绿色发展指数"的研究主要集中在对宏观经济发展、生态环境保护、能源资源有效利用以及生活质量提高等方面的评价。因此，本文主要从这几个角度对目前国内"绿色发展指数"的相关研究进行简要的归纳和述评。

>>一、测度宏观经济的绿色发展指数<<

　　目前，国内宏观经济视角下的绿色发展指数研究主要集中在对"绿色GDP"核算的相关研究和对可持续发展相关评价体系的构建两方面。

　　第一，"绿色GDP"的相关研究。关于绿色GDP的内涵，国家发展和改革委员会（2004）[①]提出，绿色GDP＝传统GDP－资源环境损害＋环保部门新创造价

---

① 兰国良：《可持续发展指标体系建构及其应用研究》，天津，天津大学出版社，2004。

值。杨帆(2003)①从"真实储蓄"②的角度提出了绿色 GDP 是考虑人力资本投资、生产资产损耗、环境损耗和破坏以后得出的真正储蓄。蔡劲松(2004)③强调绿色 GDP 应以社会总体生活质量的提高为核算标准，包括全社会所有人分享 GDP 增长带来的种种好处与便利。牛文元(2005)④提出绿色 GDP 的标志是生态赤字为零、环境胁迫为零、超出区域承载力的概率为零，资源的生产价值与生态价值之比保持常数，实现代际公平与区际公平。杨缅昆(2008)⑤认为广义的绿色 GDP 即国民福利总值(GNW)，即绿色 GDP＝现行 GDP＋外部经济因素－外部不经济因素。

在绿色 GDP 核算方面，首先是对自然资源核算和环境损失成本计量的初步探究。全国环境经济学术研讨会(1981)⑥首次介绍和探讨了关于污染造成经济损失的理论与方法；中国环境科学研究院(1984)⑦出版了《公元 2000 年中国环境预测与对策研究》，首次对全国环境污染损失进行了估算；国务院发展研究中心(1988)⑧与美国世界资源研究所开展了"自然资源核算及其纳入国民经济核算体系"的课题，尝试进行自然资源核算的研究。过孝民等(1992)⑨初步核算了"六五"时期的环境经济损失，在计量方法、数据处理、结果表述等方面获得了较好的评价。其次是基于 SNA 体系的资源、经济、环境综合核算。1992 年，随着我国国民经济核算体系转为世界通行的 SNA 体系，绿色 GDP 的核算研究不断深入。北京大学厉以宁教授、雷明博士等人(1996—1999)⑩应用"投入产出表"的基本原理，开展了中国资源—经济—环境的综合核算，建立了我国国家层面上的环境经济综合核算框架(CSEEA)，随后，雷明等人(2010)⑪提出了绿色投入产出核

① 杨帆：《发展与安全——"绿色 GDP"统计势在必行》，载《杭州师范学院学报》(社会科学版)，2003(5)。
② "真实储蓄"是世界银行提出的概念，用以衡量一个国家或地区未来的福利前景。
③ 蔡劲松：《积极倡导绿色 GDP》，载《中国财经报》，2004-02-03。
④ 牛文元：《新型国民经济核算体系——绿色 GDP》，载《环境经济》，2005(8)。
⑤ 杨缅昆：《论国民福利核算框架下的福利概念》，载《统计研究》，2008(6)。
⑥ 孙晓明：《关于绿色 GDP 理论和实践的思考》，南宁，广西大学出版社，2008。
⑦ 国家环境保护局课题组：《公元 2000 年中国环境预测与对策研究》，北京，清华大学出版社，1990。
⑧ 陈丽萍：《可持续发展经济理论及指标体系研究》，天津，天津大学出版社，2005。
⑨ 过孝民、张慧勤：《环境经济系统分析——规划方法与模型》，北京，清华大学出版社，1993。
⑩ 雷明等：《中国资源—经济—环境绿色核算(1992—2002)》，北京，北京大学出版社，2010。
⑪ 同上。

算（GIOA）体系。2001 年，国家统计局试编了"全国自然资源实物量表"[①]，相继开展了"土地、矿产、森林、水资源价值量核算"、"海洋资源实物量核算"、"环境保护与生态建设实际支出核算"、"环境核算"以及"综合经济与资源环境核算"等研究工作。最后是绿色 GDP 的具体核算和实践阶段。2004 年，国家统计局和国家环保总局（现为环境保护部）成立绿色 GDP 联合课题小组，开展了"中国绿色国民经济核算"研究[②]，提出了先对能源、土地、矿产等自然资源实物量的增减情况进行统计，后建立符合中国国情的绿色 GDP 核算体系框架的构想。2005 年，以环境核算和污染经济损失调查为内容的绿色 GDP 试点工作在 10 个省市启动。[③] 2006 年，联合发布了《中国绿色国民经济核算研究报告 2004》[④]，指出 2004 年全国因环境污染造成了 5 118 亿元的经济损失，占当年 GDP 的 3.05%。此外，山西省社科院核算出山西省 2002 年绿色 GDP 为 1 343 157 亿元，占当年 GDP 的 66.16%[⑤]，这是省级绿色 GDP 核算的首次尝试。北京工商大学世界经济研究中心发布了《中国 300 个省市绿色 GDP 指数报告》[⑥]（2007、2008），采用资源环境效率法测量了不同地区的绿色 GDP 并进行了排序。

　　第二，对可持续发展的研究和测度。目前国内对可持续发展的研究主要集中在测度指标体系的建立和评价方法的探索等方面，研究内容涉及国家级、省级、地方和部门以及特殊空间如流域、山区的评价指标体系等多个层级，成果颇丰。在国家层次上，代表性研究成果主要包括科技部组织的"中国可持续发展指标体系"研究以及中国科学院可持续发展研究组制定的指标体系（2000）[⑦]。前者是根据《中国 21 世纪议程》构建了涉及描述性指标 196 个，评价性指标 100 个的评价体系，由于指标庞杂，适用性有一定的局限；后者用资源承载力、发展稳定性、

---

① 尹伟华、张焕明：《绿色 GDP 核算研究综述》，载《农村经济与科技》，2007(6)，89～90 页。

② 齐援军：《绿色 GDP 研究综述》，载《国宏研究报告》，2004(12)。

③ 国家环境保护总局（现为国家环境保护部）：《关于征集开展绿色 GDP 核算和环境污染经济损失调查工作试点省市的通知》，载 http://www.zhb.gov.cn/info/gw/bgth/200410/t20041020_62176.htm，2004-10-20。

④ 《环保总局、国家统计局发布绿色 GDP 核算研究成果》，载 http://news.xinhuanet.com/fortune/2006-09/07/content_5062167.htm，2006-09-07。

⑤ 张可兴、刘砺平：《山西省社科院算出了我国第一个省级绿色 GDP》，载 http://news.sina.com.cn/c/2004-08-18/14273427279s.shtml，2004-08-18。

⑥ 《关注绿色 GDP 指数报告》，载中广网，http://www.cnr.cn/china/jrlt/wqhg/200710/t20071019_504598524.html，2007-09-24。

⑦ 中国科学院可持续发展研究组：《2000 年中国可持续发展战略报告》，北京，科学出版社，2000。

经济生产力、环境缓冲力和管理调控能力，分 5 个等级来测度区域可持续发展能力，建立了一个大型数据库和模型，每年发表 1 份报告对不同城市进行评价和对比，目前 2009 年报告已经发布。省级层次的研究成果有山东师范大学山东省可持续发展研究中心提出的山东省城市可持续发展指标体系(2001)①、南京大学数理与管理科学学院设计的江西省社会经济可持续发展评价指标体系(2002)②等。其他相关研究还有李锋(2007)③提出的城市可持续发展评价方法、张和平(2008)④进行的县域经济社会可持续发展指标体系及评价方法的探讨等。这些指标体系大多从经济、社会、人口、资源、环境等多个角度出发，综合考察国家或地区的可持续发展水平和潜力，既反映了区域间的差异，又突出了各自的特色。

>>二、侧重生态环境的绿色发展指数<<

在我国，随着生态环境问题的日益凸显，相关研究机构和学者也开展了大量研究讨论，并出现了一系列代表性的研究报告或著作。其中不乏侧重测度生态环境的绿色发展指数的相关研究。

在生态环境的绿色发展方面，顾海兵(2003)⑤提出了中国经济的绿色指数，他认为，较高的 GDP 增长率如果伴之以更高的环境质量损失，则不能说这样的经济形势是好的，因为这是对未来的透支。年度中国经济的绿色指数构造可以加权综合以下几个指标：年度空气质量指数平均值及其增长量，年度未达标废水排放累计量及其增长量、增长率，年度未达标固体废物堆放量及其增长量、增长率。杨多贵(2006)⑥从建立"绿色国家"的角度，在"自然第一，生态健康，环境友好"三个原则的基础上，从国家环境代谢量、环境效益、能源消费的"绿化"程度以及资源消耗和环境污染带来的损失四个方面，选取人均温室气体和废水排放量、单位 GDP 温室气体和废水排放量、可再生能源占能源消费的比例、净森林

① 常勇等：《山东省城市可持续发展指标体系研究》，载《山东师大学报》，2001(2)。
② 周启昌：《县级区域可持续发展评价指标体系设计》，载《南京人口干部管理学院学报》，2002(3)。
③ 李锋、刘旭升、胡聃、王如松：《城市可持续发展评价方法及其应用》，载《生态学报》，2007(11)。
④ 张和平：《县域经济社会可持续发展指标体系及评价方法——以江西省吉安县为例》，载《江西社会科学》，2008(2)。
⑤ 顾海兵：《经济形势的科学分析问题》，载《首都经济》，2003(1)。
⑥ 杨多贵：《"绿色"发展道路的理论解析》，载《科学管理研究》，2006(5)，20～23 页。

消耗的损失、二氧化碳排放的损失等相应指标，建立了绿色发展指标体系，计算出世界各国的绿色发展指数（Green development index，GDI），GDI 处在 0～1 之间，1 表示绿色发展程度最高。根据测算结果，大多数经济发展水平较低的国家的 GDI 相对较高，随着经济发展水平的提高，GDI 逐渐下降。人均 GNI 大于 10 000 美元时，GDI 相对稳定，但各个国家之间存在差别。这说明，经济发展不一定以损害环境为代价，适时的转变经济增长方式，可以减小对环境的压力。通过 GDI 的测算，杨多贵将国家发展分为"黄色发展"、"黑色发展"和"绿色发展"三个阶段，分别对应着以农业生产、工业生产、绿色生产为主的发展模式。在绿色发展阶段，随着国家的财富增长，环境质量获得持续改善，人均享受生态服务价值获得增值，基本实现生产、生活与生态三者互动和谐、共生共赢，经济社会环境可持续发展。

与之类似，中郡县域经济研究所县域科学发展评价中心进行了"全国县域科学发展评价"，这一评价自 2007 年开始，每年发布一次，2010 年报告中提出了"县域相对绿色指数"的概念，主要涉及绿色经济、绿色环境、绿色宜居和绿色调查四个方面，共涉及 12 个指标和一个"绿色调查"指标，是侧重于评价县域的生态、环保、绿化和卫生治理等内容的综合指数，旨在评价县域发展过程中生态环境的保护程度。从其评价过程来看，绿色指数通过设定每个指标的参照指标数据为基准 100，在此基础上，由高到低分成 A＋级、A 级、A－级和 B 级四个等级，具体为相对绿色级、相对浅绿色级、相对欠绿色级和相对绿色警示级县域。[①]

有些研究虽未明确提出"绿色发展指数"概念，但却体现了这一理念。归纳开来，这些与生态环境相关的测度体系主要集中于对某一领域或者某一相关行业的评价。如陈红喜（2007）[②]、余建等（2010）[③]提出的"企业绿色指数"，旨在反映企业的环保措施及资源与能源的有效利用和再利用情况。杨龙等（2010）[④]从工业制造业部门是我国环境污染主要来源的角度出发，选取工业废水排放量、工业废气

① 中郡县域经济研究所：《第十届全国县域经济基本竞争力与县域科学发展评价报告》，载中国县域经济网，http://www.china-county.org/cms/article.php? action = show&id = 4039，2010-08-15。

② 陈红喜、叶依广：《我国上市公司绿色竞争力实证研究——以纺织行业为例》，载《南京农业大学学报》（社会科学版），2007，7(3)，37～43 页。

③ 余建、陈红喜、王建明：《循环经济与企业绿色竞争力：基于江苏板块上市公司的实证研究》，载《科技进步与对策》，2010，27(4)，82～85 页。

④ 杨龙、胡晓珍：《基于 DEA 的中国绿色经济效率地区差异与收敛分析》，载《经济学家》，2010(2)，46～54 页。

排放量、工业烟尘排放量、工业粉尘排放量、工业二氧化硫排放量及工业固体废弃物产生量这六类污染排放物，构造了"综合环境污染指数"，以度量各地区在经济发展过程中环境污染程度。

此外，还有一些侧重于评价城市可持续发展水平的"绿色发展指数"相关研究。李锋等（2007）[①]从经济发展、生态建设、环境保护和社会进步四方面提出了城市可持续发展评价指标体系，采用全排列多边形综合图示法进行了综合评价。李晓燕等（2010）[②]以直辖市为例，从目标层、准则层、指标层三个层次构建了城市低碳经济发展综合评价指标体系，其中涉及了很多与生态环境相关的统计指标，从某一个侧面反映了四个直辖市的生态环境状况。

>>三、侧重资源能源的绿色发展指数<<

目前，国内对于资源能源绿色发展方面的研究比较多，具体可分为评价资源可持续发展的绿色指数和评价能源可持续发展的绿色指数。

资源绿色发展指数，主要是从矿产资源、土地资源和生态资源三种资源类型出发，建立评价指标体系。矿产资源方面，杨昌明等（2001）[③]提出了一个包括矿产资源可持续利用能力、开发利用对环境的影响、矿业自身的可持续发展能力的可持续发展指标体系。该指标体系以焦点问题法为评价准则，引进并提出了竞争力、消耗力、结构力、破坏力、承载力、环保力和矿业发展力等动态指标，建立了动态衡量矿产资源可持续发展的指标体系。胡鞍钢2003年提出绿色发展的理念，此后，在其一系列的文章中进一步阐述了绿色发展的重要性。胡鞍钢在2003年国家环保总局中国环境文化促进会举办的首届绿色中国论坛上指出：中国的资源环境问题归根到底是如何实现工业化的问题，中国既不可能回到传统计划经济的高增长高消费的发展模式，也不可能沿着西方发达国家的人均高能源消费的道路上走向现代化，只能创新发展模式，走出一条资源节约和环保型工业化道

---

① 李锋、刘旭升、胡聃、王如松：《城市可持续发展评价方法及其应用》，载《生态学报》，2007，27(11)，4793～4802页。

② 李晓燕、邓玲：《城市低碳经济综合评价探索——以直辖市为例》，载《现代经济探讨》，2010(2)，82～85页。

③ 杨昌明、洪水峰：《焦点问题法——建立矿产资源可持续发展指标体系方法探讨》，载《中国地质大学学报》，2001(2)，213～216页。

路。① 与之类似，骆正山等（2005）②提出了包括资源开发利用水平、经济发展水平、社会发展水平、环境保护水平和智力支持水平等指标的矿产资源评价体系，用于反映矿产资源可持续开发综合水平。土地资源方面，罗攀等（2010）③在大力发展县域经济的社会背景下，根据县域土地的基本特点，以提高土地资源可持续利用水平为立足点，构建了一个由目标层、准则层、指标层及亚指标层组成的指标体系，为县域范围内开展土地资源可持续利用提供了参考。生态资源方面，罗彦平等（2007）④为评价我国野生植物可持续利用能力，借鉴压力—状态—响应（PSR）框架，构建了野生植物可持续利用指标体系。田昕加等（2008）⑤以循环经济理论为基础，根据森林资源可持续发展的特点，从目标层、准则层和指标层三个层次建立了森林资源可持续发展评价指标体系，并根据不同的评价指标，选择了不同的评价方法。

　　能源绿色发展指数，主要以我国高耗能行业为研究对象，通过可持续发展的内涵及各行业的实际发展情况，建立了评价指标体系。周德群等（2001）⑥从发展水平和协调水平两个方面构建了能源工业可持续发展的指标体系，并运用主成分分析法进行了相关测度，评价了我国能源工业的可持续发展情况。陈莉（2003）⑦根据首都发展实际和电力工业特点，运用大量的数据及文献资料，建立了以发展度、协调度、资源承载度和环境容量为一级指标，下设发电机装机容量、电力弹性系数、环保支出比重等 29 个分指标的北京电力工业可持续发展的指标体系。刘妍（2005）⑧以石油工业的发展要适应社会经济发展和环境资源发展为目标，建立了包括石油资源发展水平、石油工业经济发展水平、社会发展水平在内的三大

①　载中国环境文化促进网，www.tt65.net/zonghe/luntan/wenxian/9/mydoc010.htm。

②　骆正山：《矿产资源可持续开发评价指标体系的研究》，载《金属矿山》，2005(4)，13～16 页。

③　罗攀、朱红梅等：《县域土地资源可持续利用评价指标体系研究》，载《科技与产业》，2010(Z2)，16～20 页。

④　罗彦平、刘俊昌等：《野生植物资源可持续经营利用评价指标体系研究》，载《中国林业经济》，2007(2)，17～19 页。

⑤　田昕加、王兆君：《森林资源可持续发展的评价指标体系研究》，载《中国农业经济》，2008(6)，11～13 页。

⑥　周德群、汤建影：《能源工业可持续发展的概念、指标体系与测度》，载《煤炭学报》，2001(5)，449～454 页。

⑦　陈莉：《北京市电力工业可持续发展指标体系与评价方法研究》，北京，华北电力大学出版社，2003。

⑧　刘妍：《我国石油工业可持续发展的指标体系构建及评价》，黑龙江，哈尔滨理工大学出版社，2005。

体系，以求对我国石油工业可持续发展进行评价。颉茂华等(2010)[①]根据煤炭企业的实际特点，从经济、资源、环境三个角度建立了一套针对煤炭企业可持续发展的评价指标体系。该指标体系由目标层、准则层和变量层组成，具体包括工业GDP增长率、GDP能耗、GDP水耗等10个指标，通过层次分析法为指标体系给出权重，最终计算出可持续发展水平指数。此外，中国社科院在"2007中国能源可持续发展论坛"上发布了"中国能源可持续发展指标评价体系"，具体包括能源行业总体可持续发展评价、能源各子行业可持续发展评价、能源企业可持续发展评价及能源区域可持续发展评价四部分。能源企业绿色评价体系以能源企业绿色评价为目标层，以资源利用、环境保护、循环利用、经济效益和社会责任五个一级指标为准则层，着力评价能源企业在"节约、减排、和谐发展"方面的工作成效。该评价体系将能源企业分为煤炭开采、焦炭、原油开采、石油化工、火电以及新能源6个子行业，针对其行业特殊性，分别选取数十个典型二级指标作为指标层，建立评价体系。在研究方法上，采用了定量和定性相结合的方法，以期全面反映能源企业的现实情况。[②]

>>四、侧重生活质量的绿色发展指数<<

当前国内对绿色发展指数的研究还涉及衡量居民生活质量的指标体系的构建，研究成果较多，归结起来主要集中在人类发展指数、可持续消费与绿色交通指数等几个方面。

对于人类发展指数的研究最近几年逐步开展起来。杨永恒、胡鞍钢等(2006)[③]使用主成分分析法分析了我国的人类发展，指出我国存在经济发展、人类发展、社会发展三方面之间的严重不平衡。宋洪远等(2004)[④]使用人类发展指数估计了我国的城乡差距，得出了我国城乡差距始终存在并波动性扩大的结论。

① 颉茂华、杨森、张子娟：《煤炭企业可持续发展评价研究》，载《煤炭经济研究》，2010，30(2)，34～37页。

② 《中国能源可持续发展的挑战与对策》，载中国经济网，http://www.ce.cn/cysc/ny/hg-ny/200709/20/t20070920_12980694_1.shtml，2010-08-21。

③ 杨永恒、胡鞍钢、张宁：《中国人类发展的地区差距和不协调——历史视角下的"一个中国，四个世界"》，载《经济学(季刊)》，2006，5(3)，803～816页。

④ 宋洪远、马永良：《使用人类发展指数对中国城乡发展差距的一种估计》，载《经济研究》，2004(11)，4～15页。

霍景东等(2005)[1]用实证分析方法研究公共支出与人类发展间的相关关系,指出公共教育支出、公共医疗卫生支出对人类社会发展的贡献明显。吴映梅等(2008)[2]从省级层面对我国当前人类发展指数作了一个空间比较,研究发现 GDP 指数偏低导致我国人类发展水平总体不高,且省级人类发展与我国经济发展一样存在东中西差异的发展格局。其他的一些学者则分别从不同角度对一些省市进行了人类发展指数的测算、排名与分析,并结合当地实际情况提出了切实可行的政策建议。

在可持续消费研究方面,杨家栋等(2000)[3]在《可持续消费引论》中把可持续消费指标体系定义为用一系列相互联系、相互制约、能从各个不同层面反映可持续消费水平和程度数量特征的指标群而构成的综合性整体。设立了 6 个类指标(公正指数、生活质量指数、消耗指数、生成指数、自净指数、利他指数),24 个组指标,169 个初级指标,根据初级指标计算出次级指标值,最后综合成总指标(可持续消费度)。周梅华(2003)[4]从居民人口、生活消费水平及质量、消费公正系统、消费环境系统、资源消费及利用、可持续消费潜力及持久性五个子系统的角度,对地区的可持续消费进行测度。在研究过程中利用熵权法来确定评价系统中各个指标的权重,得出不同地区的综合分值,然后进行横向的地区间比较,同时进行区域系统内部自身发展速度的纵向比较。通过对数据的搜集和计算得出结果,以明确当地可持续消费的发展速度变化和问题所在。杜延军等(2006)[5]运用德尔菲法建造了包括消费水平指标、公平消费指标、生态消费指标在内的可持续消费水平的评价模型。其中消费水平指标用于评价消费者的消费层次和水平,体现可持续消费的经济意义。公平消费指标设立了代内公平指标和代际公平指标,体现了可持续消费的社会公平意义。生态消费指标反映消费对自然、生态、环境的承载力的影响,体现了可持续消费的生态意义。周成(2009)[6]采用层次分

---

① 霍景东、夏杰长:《公共支出与人类发展指数——对中国的实证分析:1990—2002》,载《财经论丛》,2005(4),7~10 页。

② 吴映梅、普荣、白海霞:《中国省级人类发展指数空间差异分析》,载《昆明理工大学学报》(社会科学版),2008,8(8),53~58 页。

③ 杨家栋、秦兴方:《可持续消费引论》,北京,中国经济出版社,2000。

④ 周梅华:《可持续消费测度中的熵权法及其实证研究》,载《系统工程理论与实践》,2003(12),25~31 页。

⑤ 杜延军、吴伟伟:《可持续性消费水平的评价模型》,载《统计与决策》,2006(14),34~36 页。

⑥ 周成:《基于 AHP 法的可持续消费评估指标体系设计研究》,载《商场现代化》,2009(573),31~32 页。

析法构建了包括消费经济子系统、消费社会子系统、消费环境子系统、消费资源子系统和消费支撑子系统五个评价子系统在内的具有共识性的可持续消费评估指标体系分层模型及其评价方案。

　　发展绿色交通体现了可持续发展的理念。当前国内对于绿色交通指数的研究主要是从建立绿色交通规划、绿色交通工程建设、城市轨道网规划几个方面的评价体系展开的。白雁等(2006)[①]提出了涵盖城市综合交通规划、城市交通发展政策、交通影响评价以及绿色交通保障体系四个方面的城市绿色交通发展框架，旨在通过评价促进我国城市绿色交通良好发展。蒋育红等(2008)[②]从交通功能目标、环境保护目标以及综合效益目标三个方面来考察城市交通规划绿色程度，具体分为8个三级指标(既有定性指标又有定量指标)，应用价值函数法进行评价，初步建立了绿色交通评价指标体系，并以马鞍山市为例具体说明城市绿色交通规划评价指标体系的可行性。惠彦涛(2007)[③]从环境影响、资源消耗、建筑材料三个方面构建了绿色交通工程建筑指标评价体系，包含10个方面的三级指标，利用强大的数据库开发和管理工具实现指标体系的信息化。杜胜品(2003)[④]则利用层次分类展开法，提出了绿色交通原则下城市轨道交通线网规划综合评价指标体系的递阶层次结构，这一体系利于城市"绿色交通体系"的实现。以上的研究充分体现了绿色交通的建立要与资源、环境以及社会的发展相协调，才能实现城市可持续发展的理念。

>>五、简评<<

　　通过对国内绿色发展指数相关研究的梳理发现，虽然研究的角度、目的、方法以及指标体系的构建各有不同，但都对绿色发展指数进一步的理论探讨和实际应用提供了有价值的素材。

　　第一，国内宏观经济视角下绿色发展指数研究方面，对于"绿色GDP"的研

---

　　① 白雁、魏庆朝、邱青云：《基于绿色交通的城市交通发展探讨》，载《北京交通大学学报》(社会科学版)，2006，5(2)，10~14页。

　　② 蒋育红、何小洲、过秀成：《城市绿色交通规划评价指标体系》，载《合肥工业大学学报》(自然科学版)，2008，31(9)，1339~1402页。

　　③ 惠彦涛：《绿色交通工程建筑智能化评价系统研究》，载《交通企业管理》，2007(7)，46~47页。

　　④ 杜胜品、孔建益、熊玲：《城市轨道交通线网规划方案评价指标体系研究》，载《武汉理工大学学报(交通科学与工程版)》，2003，27(6)，841~844页。

究多集中在从国民经济统计角度出发的核算指标体系的构建方面，而侧重从福利经济学、环境经济学、生态价值论等方面的研究较少，同时由于"绿色 GDP"的核算公式大多缺乏可操作性，据其得出测算结果的研究不多。可持续发展指标体系的研究存在指标框架庞杂、指标量化困难、权重分配不够合理、指标的同一性与可比性不够协调等问题。因此尽管相关研究成果较多，但是总体研究水平与国际前沿尚有一定距离，至今还没有一致公认和接受的指标体系，且实证研究的决策支持能力弱的问题比较突出。

第二，对于侧重生态环境评价的绿色发展指数研究，国内涉及的领域较多。既有国家层面的研究，也有某一特定区域和行业的研究。从生态环境角度出发来测度绿色指数的研究几乎无一例外的体现了经济发展过程中对生态环境的保护和对自然资源的有序利用。这些研究既有宏观到微观的回归，也有微观到宏观的迈进。具体而言，既有尝试从国家层面来评价生态环境的绿色发展指数体系，也有对城市或者县域这一区域范围内的绿色发展指数体系的构建和评价，亦有很多学者专注于特定行业和相关企业的绿色发展指数体系的建立。通过这些评价，研究者们试图呼吁企业承担起保护生态环境的责任，提醒政府积极实现产业结构调整，以求为解决生态环境与经济发展之间的矛盾提供思路。

第三，侧重从资源能源角度建立的绿色指数测度体系，有利于提升对资源有序利用的程度，提高能源使用的"绿化度"。但同时，现有的指标体系也凸显了我国能源统计领域的缺失。目前，国内对于资源能源的研究主要集中于特定的资源领域和能源行业。对于资源而言，由于很多自然资源分布范围零散，分布地域的地理条件差异明显，从而增加了资源开发和利用的监督难度。目前已经建立的测度体系，基本没有考虑地理差异对于资源开发利用的影响，在今后的研究中，需进一步加强。对于侧重于能源评价的绿色指数体系而言，在目前的测度体系中，碍于统计资料的获取难度，很多涉及能源使用的重要方面难以被纳入到指标体系中，给测度造成了一定困难。因此在能源统计方面，我国还有待进一步完善。

第四，国内当前所开展的关于生活质量方面绿色指数的研究，更多的主要集中在定性分析而非定量分析方面。现有的研究大多提出了指标体系构建的原则、构建方法以及最后的指标体系，但利用构建而成的指标体系去具体测度某一地区或某些城市绿色发展状况的研究则少之又少。另外关于绿色交通评价体系的研究中所涉及的关于人类自身交通出行方面的考核指标较少，多集中于关注城市交通设施的规划建设以及保障体系等方面。在今后的研究中，我们可以合理的利用现有成果，进行定量分析，并针对实际情况具体地进行改进，从而为一个城市的可持续发展提供可操作的政策建议。

综合来看，目前国内与绿色发展指数相关的研究较多，有很多研究已经从不同的方面诠释了"绿色发展"的内涵。国内外形势要求中国经济必须向绿色经济转型，才能保证经济社会的可持续发展。在这种大背景下，"绿色发展指数"的相关研究有利于推动我国经济发展方式向绿色转型。但同时我们也要看到，目前的很多研究还停留在理论探讨的层次，距离实际情况还有一定的差距，需要我们进一步努力。

>>参考文献<<

[1] 国家环境保护局课题组. 公元 2000 年中国环境预测与对策研究[M]. 北京：清华大学出版社，1990.

[2] 过孝民，张慧勤. 环境经济系统分析——规划方法与模型[M]. 北京：清华大学出版社，1993.

[3] 毛汉英. 山东省可持续发展指标体系初步研究[J]. 地理研究，1996，15(4)，16-23.

[4] 肖彦花. 论可持续消费及其指标体系[J]. 湘潭大学学报(哲学社会科学版)，1999，3：67-69.

[5] 中国科学院可持续发展研究组. 2000 年中国可持续发展战略报告[R]. 北京：科学出版社，2000.

[6] 杨家栋，秦兴方. 可持续消费引论[M]. 北京：中国经济出版社，2000.

[7] 周德群，汤建影. 能源工业可持续发展的概念、指标体系与测度[J]. 煤炭学报，2001，5：449-454.

[8] 顾海兵. 经济形势的科学分析问题[J]. 首都经济，2003，1.

[9] 胡鞍钢. 绿色发展是中国的必选之路[J]. 环境经济，2004，2

[10] 胡鞍钢. 绿色发展就是绿色贡献[M/OL]. http://www.tt65.net/zonghe/luntan/wenxian/9/mydoc010.htm，2005-12-03.

[11] 宋洪远，马永良. 使用人类发展指数对中国城乡发展差距的一种估计[J]. 经济研究，2004，11：4-15.

[12] 蔡劲松. 积极倡导绿色 GDP[N]. 中国财经报，2004-02-03.

[13] 张可兴，刘砺平. 山西省社科院算出了我国第一个省级绿色 GDP[M/OL]. http://news.sina.com.cn/c/2004-08-18/14273427279s.shtml，2004-08-18.

[14] 牛文元. 新型国民经济核算体系——绿色 GDP[J]. 环境经济，2005，8.

[15] 杨永恒，胡鞍钢，张宁. 中国人类发展的地区差距和不协调——历史视角下的"一个中国，四个世界"[J]. 经济学(季刊)，2006，5(3)：803-816.

[16] 保总局，国家统计局. 绿色 GDP 核算研究成果[M/OL]. http://news. xin-huanet. com/fortune/2006-09/07/content_5062167. htm，2006-09-07.

[17] 白雁，魏庆朝，邱青云. 基于绿色交通的城市交通发展探讨[J]. 北京交通大学学报(社会科学版)，2006，5(2)：10-14.

[18] 胡鞍钢，张宁. 中国人类发展的地区格局与历史变迁[J]. 河北学刊，2006，26(4)：70-73.

[19] 杨多贵. "绿色"发展道路的理论解析[J]. 科学管理研究，2006，5：20-23.

[20] 尹伟华，张焕明. 绿色 GDP 核算研究综述[J]. 农村经济与科技，2007，6：89-90.

[21] 许光清. 城市可持续发展理论研究综述[J]. 教学与研究，2006，7：87-92.

[22] 孙玉国. 绿色 GOP 核算体系的建立与应用研究——以德州市为例[M]. 泰安：山东农业大学出版社，2007.

[23] 陈修兰. 绿色 GDP 核算方法研究——以山西省绿色 GDP 核算的应用为例[M]. 太原：山西大学出版社，2007.

[24] 李锋，刘旭升，胡聃，王如松. 城市可持续发展评价方法及其应用[J]. 生态学报，2007，27(11)：4793-4802.

[25] 杨缅昆. 论国民福利核算框架下的福利概念[J]. 统计研究，2008，6.

[26] 雷明等. 中国资源—经济—环境绿色核算(1992—2002)[M]. 北京：北京大学出版社，2010.

[27] 杨龙，胡晓珍. 基于 DEA 的中国绿色经济效率地区差异与收敛分析[J]. 经济学家，2010，2：46-54.

[28] 杨昌明，洪水峰. 焦点问题法——建立矿产资源可持续发展指标体系方法探讨[J]. 中国地质大学学报，2001，2：213-216.

[29] 中郡县域经济研究所. 第十届全国县域经济基本竞争力与县域科学发展评价报告[R/OL]. 中国县域经济网，http://www. china-county. org/cms/article. php? action＝show&id＝4039，2010-08-15.

[30] 中国能源可持续发展的挑战与对策[M/OL]. 中国经济网，http://www. ce. cn/cysc/ny/hgny/200709/20/t20070920 _ 12980694 _ 1. shtml. ，2010-08-21.

各章主要执笔人

部分	章数	撰 稿 人
总论		李晓西、潘建成
第一篇	第一章	王有捐、林卫斌
	第二章	胡必亮、刘志文、蔡宁
	第三章	张江雪、王溪薇
	第四章	刘金石、姜欣
	第五章	施发启、丛雅静
第二篇	第六章	梁进社、王红瑞、王天龙
	第七章	刘学敏、张生玲、范丽娜
	第八章	毛显强、侯蕊、宋鹏
	第九章	江源、林永生、孙晓鹏
	第十章	江明清、张江雪、宋涛
第三篇	第十一章	赖德胜、尹恒、蔡宁
	第十二章	张琦、金三林、王颖
	第十三章	唐任伍、杨冠琼、赵峥
	第十四章	赵军利、姜欣、宋涛
第四篇	专题一	王振耀
	专题二	刘方健
	专题三	刘建生
	专题四	张照贵
	专题五	唐方方
	专题六	李宝元
	专题七	曾学文
	专题八	王洛忠
	专题九	李丁
	专题十	侯万军
附录	附录一	赵军利、施发启、王有捐、江明清、丛雅静
	附录二	张江雪、宋涛、王溪薇
	附录三	丛雅静、姜欣、侯蕊、蔡宁

后　记

　　《2010 中国绿色发展指数年度报告——省际比较》一书是用了 4 个多月的时间完成的。在这段时间里，专家、师生们精诚合作、联合攻关；不断提炼，反复测算；多学科思路在汇聚，新想法一点点在展开。从 2010 年 4 月初到 8 月底先后开了大小会议 30 多次，在 1 500 余项指标中筛选修订、增增减减，最终得出 55 个指标。攻关过程中所听所见，不论是立志为民的决心，还是上下求索的精神；不论是观点交锋的坦诚，还是遵从真理的胸怀；不论是领导们的大力支持，还是各界专家的精心指导，均给我留下了深刻的印象。完稿之际，感慨万千。

　　本课题紧密依靠北京师范大学的学术阵地，不断得到前进的动力。钟秉林校长接到课题需要经费支持的报告，三天时间后即给了肯定的回复，并为本书作前言，大大鼓舞了奋战中的团队。葛剑平副校长始终关心本课题的进展，作为生命科学的著名学者，还认真审评了本课题的报告。本研究得到北京师范大学科学技术处的大力支持，处长高尚玉教授特将课题纳入中央高校基本科研业务费专项资金资助范围(the Fundamental Research Funds for the Central Universities)，社科处刘复兴处长和韦蔚副处长专程来到讨论会现场为大家鼓劲，校办主任曹卫东教授和任玲老师数次为讨论会安排场地。这里还要特别感谢学校领导和学科处通过组织"985 三期"工程大大推进了此项研究。北京师范大学经济与工商管理学院、管理学院和经济与资源管理研究院，正是在这一工程推动下组建了"科学发展观与经济可持续发展研究基地"，而三院的合作，奠定了联合攻关的基础。赖德胜院长、唐任伍执行院长、胡必亮院长和张琦书记以及参与课题的尹恒副院长、李宝元教授、杨冠琼教授、王洛忠副教授和张生玲副教授等，不仅积极参与讨论，还参加了本书的写作。北京师范大学环境学院的支持是非常重要的，杨志峰院长非常乐意与我们展开全面合作，毛显强教授与宋鹏博士还直接参与了课题，承担了其中一章的写作。北京师范大学资源学院书记刘学敏教授全程参与课题的讨论，并对全书专栏选择系统地提出了建设性意见，大大加快了本书的写作进程；北京师范大学地理学与遥感科学学院、北京师范大学水科学研究院、北京师范大学生命科学学院都在支持这个课题。江源教授是生态方面的专家，对承担的写作任务，非常认真，精心指导林永生、孙晓鹏博士参与撰写；梁进社教授不仅在讨论中提出非常有价值的观点而且试用了多种方案来撰写他所承担的第六章；王红瑞副教授从水利相关专业知识出发，提出宝贵意见并认真撰稿。还要特别感谢刚成立的北京师范大学壹基金公益研究院王振耀院长，在百忙之中，尽量与会，并提供了专题稿件。这里，我特别要提到 2010 年 8 月 4 日那天晚上，课题组最后确定指标体系与绿色发展指数测算结果，当"绿宝宝"被确认后，胡必亮院长从其接收的社会捐款中提资表示慰问，提升了课题组共庆初步成果的热度。

本课题一起步就得到了西南财经大学的大力支持，这是我们前进的又一关键动力。西南财经大学认准了中国绿色发展的必然性和重大意义，早在 2010 年 4 月，就在校领导班子会上通过了"组建绿色经济与经济可持续发展研究基地"的报告，并在经费上给予了支持，推动本课题提前进入了轨道。西南财经大学赵德武校长特意为本书作前言，给课题组很大鼓舞。边慧敏和丁任重两位副校长，非常关心课题进展，派出多位教授来参与共同研究。西南财经大学经济与管理研究院、西南财经大学经济学院、西南财经大学公共管理学院、西南财经大学统计学院、西南财经大学能源经济研究所、西南财经大学实验经济学实验室等多个院系所参与了这项工作。正是由于大家的积极支持、共同努力，才使课题能够顺利进行。这里要向参加报告撰写的刘方健院长、刘建生所长、张照贵教授、唐方方教授、刘金石副教授、刘志文副教授和李丁副教授，表示衷心的感谢！他们写作非常认真，在讨论中提出很多宝贵建议，且富有合作精神，给我很大支持。发展研究院的晏凌老师在经费管理上认真而高效，保证了课题的进展。

与国家统计局中国经济景气监测中心的合作是非常重要的，也是非常愉快的。在本项目启动之时，我联系潘建成副主任，电话一通，合作成功，深感相互之间的共识与高度信任。赵军利处长作为课题的协调人和撰稿人，非常认真与负责，不仅完成了重要章节的写作，还组织了两次以统计专家为主体的非常重要的讨论会，协助我和潘建成副主任一步步地推动研究进展。特别要感谢国家统计局施发启、王有捐和江明清三位处长。他们深度地参与了课题的研讨，在指标选择、权重确定和指数测算上，发挥了关键性的作用。统计专家们不仅专业水平高，而且工作精神好，放弃周末休息时间来参加测算工作的讨论，离校时已是深夜一两点了，让我非常感动。中国经济景气监测中心的顾文杰、宋倩等，也热心积极地参与了研讨或组织工作。

这里，我更要向全力以赴投入此项目的老师、同学们表示衷心的祝贺与感谢。祝贺我们共同承担完成这项具有重大且长远意义的研究课题，这将为社会为人民作出应有的贡献。感谢大家的刻苦、努力、高效、合作与追求高品质的学术精神，这是本书能按时保质完成的重要保证。各章及各专题的作者们，撰写极为认真，大量查阅资料，全面分析现状，反复提炼观点，充分借助数据、图表，精心编写专栏，尽力归纳国内外相关经验。这里特别介绍一个全天候工作的小班子，即 GIG 小组（Green Index Information Group）。这个小组是由我带领七位师生组成的团队。2010 年 4 月 21 日，"绿色发展指数"研究项目启动，就是以 GIG 成立为起点的。短短一个月时间里，GIG 对国内外相关资料进行了收集整理，初步选定了"绿色发展指数"的 360 个指标，为 2010 年 5 月 23 日第一次专家会议提供了讨论的基础文件。此后 3 个月时间里，GIG 服务于每一次指数测算的专家会，做了大量基础性工作，同时，每位 GIG 成员还参加到报告的两章和附录的撰写中，成为完成本报告的骨干力量。GIG 具体由北京师范大学经济与资源管理研究院张江雪讲师来负责，她也是本课题协调人之一。她工作认真、有效率、善于协调，在研究中细心深入；林卫斌讲师认真参与大小会议的讨论，认真思考，勇于承担任务；丛雅静博士不仅很好地完成了与统计单位的联系工作，而且在指标数据的填写、试算中，连续作战，反复核对，高效工作；姜欣博士全程参与了指标选取、数据核对和指数测算的工作，吃苦耐劳，细心加巧干，很好地完成了交办的各项任务；宋涛博士作为课题的联系人之一，除了参与指标的选取及正文、附录写作外，还承担与所有课题专家、评审专家及作者们的联系工作，非常投入，特别能吃苦；侯蕊硕士一丝不苟、保质保量地完成了课题任务；王溪薇硕士在课题前期准备和后期写作、排版工作中认真负责；蔡宁硕士很好地完成了写作任务，还主动承担了课题报销、排版等工作。还应提到的是，在完成本报告过程中，经济与资源管理研究院还有许多师生都付出了辛勤劳动：如组织安排专家会议的赵峥和林永生老师，为课题经费使用和报销而付出辛勤劳动的贾立民、王颖老师，主动积极参与课题写作的范丽娜老师，在较短时间内修改调整地图的郑艳婷讲师，为课题奔走取送资料的王庆超、靳荆荆硕士等。在我们课题组团队中，除了两所高校与国家统计局的专家外，还有国务院研究室的侯万军副司长、国务院发展研究中心的金三林副研究员、国家环保部的毛玉如副处长、中国农业银行的曾学文副教授、中国国际交流中心的王天龙博士、北京师范大学地理学与遥感科学学院的周彬学博士等，他们在紧张的本职工作之余，参与讨论与写作，为完善本报告作出了重要贡献。

　　由于此项研究意义重大，涉及面广，我们向 30 位各领域领导、专家提交了送审稿，希望能得到指教，以便修改。这里要特别感谢这批专家，他们在百忙中抽出时间审阅报告，对报告的框架结构、指标体系、观点论断、数据引用等诸多方面提出了具体而细致的修改意见。专家们科学严谨的态度令我们非常感动！这里我仅以几位专家的例子表达我们的谢意。因联系方面的原因，报告送呈吴敬琏教授时已经是 8 月 26 日了，为了不影响出版，吴老白天结束一整天的会后，晚上加班完成了评审意见。他看得很仔细，意见非常中肯，评论非常严谨，让我们这些晚辈不由得要向 80 多岁的老前辈肃然起敬！厉以宁教授出差回京后，立即提出了评论与建议，意见非常明确，思路特别清晰。多年来，厉老一直关心我院成长，对我先后主持的四本《中国市场经济发展报告》均有及时准确的评审，使我们的感激之情不断加深。魏礼群教授是我的老领导了。他工作非常忙，但每次请他评审，他都非常认真，提出有重要价值的修改意见和建议，让我获益颇丰。陈锡文部长、卢中原副主任和辜胜阻副主任，为报告题写的评审意见，既有充分的肯定，也有切实的建议，令我非常感动。作为国家三个重要部门的权威专家，我们特尊其评以为序，希望能更广泛、更有影响力地向公众传达绿色发展的理念。这里，我还想再重复一下本书在"专家评议摘要"中做过的说明，即我们逐条分析和吸收了专家的意见并在文中相应部分进行了修改。有一些建议涉及较大的修改，还有些意见反馈时稿子已交出版社了，我们准备在 2011 年报告编写过程中再逐步消化吸收。总之，专家评审意见对报告的完善和提高意义重大！这既体现了专家们对本报告的重视，也对我们提出了更高的要求。在此，向所有评审专家表示最诚挚的感谢！

最后，我要感谢北京师范大学出版社社长杨耕教授的一贯热情支持，他专门委派叶子副总编上门来了解报告的情况，表示一定坚决支持，做到短周期、高质量地出版，并亲自关注文前结构的安排、封面的设计等具体工作。叶子副总编针对时间紧、要求高的情况，事先就提出了规范性要求，不仅精心组织了编辑力量，还派马洪立老师多次参与本课题讨论。陈婧思老师在高烧不退的情况下加紧进度，很短时间内高质量地编辑加工了书稿。毛佳、胡廷兰两位老师提供了中国标准版地图，并于短时间内调整完善了地图。他（她）们对工作的热情和敬业精神，尤其是高质量的出版水平，让我深为钦佩。

我们期待着广大读者对本书提出批评意见，共同关注和推动中国经济向更加绿色的方向发展。

2010 年 8 月 31 日